인간행동과 사회환경

천덕희 · 김향은 · 김경은 · 이영순 · 전천운 · 이인순 · 배은영 · 최미영

창지사

머리말

사회복지 전문직은 인간을 돕는 사회복지 실천이며 이를 위해 반드시 인간에 대한 정확한 이해를 갖추어야 한다. 인간은 환경과 유리된 존재가 아니라 환경 속에 있는 존재(person in environment)로서 인간을 이해하기 위해서는 그를 둘러싸고 있는 환경과의 상호작용을 이해하여야 한다. 따라서 사회복지의 목적 달성과 사회복지 실천을 위해서 반드시 인간행동과 사회환경(Human Behavior and Social Environment)의 이해는 사회복지사가 갖추어야 할 가장 중요한 기초지식(foundation knowledge)이라고 할 수 있겠다.

이러한 측면에서 한국사회복지교육협의회는 사회복지과 교과목 지침서를 통해 인간행동과 사회환경의 교과목은 인간의 성장과 발달에 대한 이해, 인간행동에 관한 이론, 인간행동과 사회환경 체계에 따른 이해의 내용을 다루도록 하고 있다. 따라서 우리 공동저자들은 사회복지학에서의 인간행동과 사회환경 교과목의 중요성과 본 교과목에서 다루어져야 할 주요 내용에 동의하여 예비 사회복지사들의 기초과목에 대해 보다 쉽게 이해할 수 있는 교재를 만들고자 이 책을 집필하였다.

이 책의 전체 내용은 인간행동과 사회환경에 대한 전체적인 맥락과 소개를 위한 1부 총론, 2부 생애주기별 인간의 성장과 발달, 3부 인간행동에 관한 이론 그리고 4부 인간행동과 사회환경 체계에 따른 이해로 총 14장으로 구성하였다. 1장은 천덕희 교수, 사회환경 체계의 미시 · 중간 · 거시체계인 12 · 13 · 14장은 이인순 교수, 4장 청소년기와 7장 정신분석 이론은 김향은 교수, 8장 인지행동 이론과 11장 생태학 이론은 김경은 교수, 10장 사회체계 이론은 전천운 교수, 9장 인본주의 이론은 이영순 교수, 2장 태내기와 3장

아동 전·후기는 배은영 교수, 5장 성인기와 6장 노년기는 최미영 교수가 집필하였다.

본 책은 공동저술의 장점인 저자들의 다양한 학문적·실천적 배경에서의 관점을 적극 활용하고 한국사회복지학 교과목 지침서의 기준에 충실하도록 기술하였다. 그러나 공동저술의 단점인 일관성이 부족할 수 있는 점에 있어서 여러 번의 논의를 통해 이러한 단점을 줄이도록 최대한 노력하였다. 따라서 이 책이 앞으로 사회복지사로 활동할 사회복지 실천의 기본적인 틀로 좋은 지침서가 되기를 희망한다.

마지막으로 이 책을 사용하는 독자 여러분들께 이 책이 수정되고 보완되어져야 할 것들에 대해 아낌없는 비평과 조언 그리고 격려를 부탁드리고, 이 책을 출판하기까지 많은 도움을 주신 창지사의 김기섭 사장님과 이상대 부장님께 감사를 드린다.

2011년 2월

저자 일동

차 례

PART Ⅳ 인간행동과 사회환경 체계에 따른 이해

part I
총 론

chapter 01

인간행동, 발달, 사회환경과 사회복지

사회복지사는 인간에 대한 관심으로 인간의 행동을 이해하고 그러한 이해를 바탕으로 그들을 돕는 전문가이다. 사람들이 왜 그렇게 행동하는지 이해하기 위해서 인간의 신체적, 심리적, 사회적 발달의 특징과 문제점들을 이해하여야 한다. 또한 사람들의 행동을 이해하기 위해서 기본적인 인간발달에 대한 개념과 정상적인 발달주기 전반을 살펴보아야 한다. 이러한 발달은 사람들이 살고 있는 가족과 지역사회와 환경 내에서 발생되므로 개인의 발달에 집단, 조직, 문화, 지역사회가 어떻게 영향을 미치는지에 대한 사회환경에 대해서도 알아보아야 한다. 이러한 인간발달, 생애주기에 따른 발달단계, 인간을 이해하는 관점, 사회환경에 대한 이해는 인간을 이해하고 그들을 돕는 전문적인 사회복지 실천의 지식체계로 중요한 부분을 차지한다.

인간행동과 사회환경에 대한 이해의 중요성은 사회복지의 목적에도 잘 나타나 있다. 사회복지의 목적은 첫째, 사회복지사는 사람들의 문제를 해결하고 그들의 상황에 대처할 수 있도록 도울 수 있어야 한다. 둘째, 사회복지사는 사회기관, 조직, 지역사회, 정부기관과 같은 체계와 일할 수 있어야 하고, 사람들이 필요한 자원에 보다 잘 접근하고, 서비스를 받을 수 있어야 한다. 셋째, 사회복지사는 사람들과 체계를 연결시킴으로써 클라이언트 스스로 자원과 기회를 찾을 수 있도록 할 수 있어야 한다(Zastrow et al., 2001 : 3).

따라서 사회복지 전문직은 인간을 돕는 사회복지 실천을 위해 반드시 인간에 대한 정확한 이해를 갖추어야 한다. 인간은 환경과 유리된 존재가 아니라 환경 속에 있는 존재(person in environment)로서 인간을 이해하기 위해서는 그를 둘러싸고 있는 환경과의 상호작용을 이해하여야 한다. 궁극적으로 사회복지의 목적 달성과 사회복지 실천을 위해서 반드시 인간행동과 사회환경(Human Behavior and Social Environment)의 이해는 사회복지사가 갖추어야할 가장 중요한 기초지식(foundation Knowledge)이라고 할 수 있겠다.

1 인간행동에 대한 이해와 관점

1) 인간행동의 개념

인간행동이란 과거로부터의 인간의 생활, 경험, 타인과의 관계 등에 의해 형성된 일정한 인과 관계 유형으로 정의 내릴 수 있다. 즉, 개인으로 하여금 세상에 나름대로 적응하게 만드는 그 개인이 내재하는 정신신체 체계들의 역동적 조직이라고 할 수 있다. 이것은 인간행동이 개인의 독특한 성질이면서도 통합성과 안정성 그리고 일관성을 갖고 있기 때문에 상황이 달라지고 시간이 지나도 어느 정도 같은 방식을 띠게 된다는 것을 의미한다(구혜영, 2010).

인간행동은 겉으로 드러난 관찰 가능한 행동뿐만 아니라 개인의 사고, 감정, 무의식 등의 정신적인 측면과 정서적인 측면 더 나아가 그 사람이 처해 있는 상황적인 측면들이 인간행동으로 나타난다. 신체적 행동으로는 언어, 얼굴표정, 손 놀림, 일 등으로 나타나며 정신적 행동으로는 느낌, 스트레스 과정 등으로 나타나고 이러한 행동들은 특정 목적을 위해 의식적 또는 무의식적으로 나타난다. 또한 인간행동은 영아기, 유아기, 아동기, 청소년기, 성인기, 노년기와 같은 발달단계에 따라 정상적(normal) 또는 적응적(adaptive)인 행동과 비정상적(abnormal) 또는 부적응적(maladaptive)인 행동들이 나타난다.

인간행동에 영향을 주는 요인으로는 생물학적, 심리사회적, 사회적, 자연환경적, 문화적 요인 등이 있다. 하나의 요인들이 직접적인 영향을 주어 인간행동을 형성하는 것이 아닌 여러 요인들이 상호작용하여 인간의 행동에 영향을 미치는 것으로 보는 것이 타당하겠다. 이러한 인간행동에 대한 이해가 필요한 이유는 개인 간의 인관관계에서 나타나는 갈등을 줄이고 효율적이면서도 질적으로 자연스럽고 편안한 인간관계를 유지하며 삶의 만족을 얻도록 하기 위해서이다. 또한 인간의 자발적인 사회적 참여를 통해 집단의 목표달성과 공동체의 복지증진에 기여할 수 있는 기본적인 원리를 터득하게 하기 위해서이다(이근홍, 2006).

2) 인간행동 이해의 관점

인간행동은 주로 개인의 성격에 의해 결정되므로, 인간행동의 이해를 위해서는 발달뿐만 아니라 인간의 성격을 이해하여야 한다. 개인의 성격을 이해하게 되면 왜 그 사람이 그런 방식으로 행동하는지 그 원인을 이해할 수 있으며 앞으로의 행동변화를 예측하고 바람직한 행동으로 변화시킬 수 있는 방법까지도 모색할 수 있게 된다(권중돈 · 김동배, 2009).

인간행동을 이해하고자 하는 접근은 19세기 말에서 20세기 초까지의 접근은 정신분석 이론과 행동주의 이론을 들 수 있다. 정신분석 이론은 정신내적 갈등 특히 무의식 속에 자리잡고 있는 어린 시절의 정신적인 외상을 재구성함으로써 당면한 문제를 해결하는 데 목적을 둔 정신분석 이론이다. 행동주의 이론은 정신적인 경험과는 달리 행동은 측정되고 다른 사람에 의해 증명되어져야 한다는 객관적이고 실험적인 면을 강조한다. 20세기 중반에 들어서 인간에게 자유의지가 있고 개인의 고유한 정신적 경험을 강조하고 사랑과 이타성, 건강한 인격의 발전과 인간경험의 긍정적인 면에 중점을 둔 인본주의 이론과 인간을 환경 내에 있는 여러 체계와의 지속적인 상호작용에 포함된 존재로 간주하고 생태체계 이론에 의해 인간행동에 관한 이해의 관점은 변화되었다. 최근에는 인간행동 관련 이론의 발달과 함께 개인의 무한한 능력과 다양한 체계수준의 환경 간의 영향을 고려하여 인간행동을 이해하고 있다.

사회복지사는 인간행동과 관련된 문제를 제기하고 인간행동 문제의 원인을 분석하기 위해 이론을 활용한다. 이론은 사회복지 실천에서 인간행동을 역동적 원인관계를 이해하고 앞으로 행동이 어떻게 변화될 것인지를 예측하며 개입 방안을 모색하는 데 도움이 된다. 그러나 특정이론이 갖는 한계성으로 인하여 사회복지 실천에 오류를 범할 수 있으므로 사회복지사는 자신이 선호하는 특정이론을 근거로 하여 실천을 하되 반드시 그 이론을 보완할 수 있는 다른 이론들을 학습해 두어야 한다. 다양한 이론들을 어떻게 사례에 적용할 것인지 심사숙고하여 이론을 절충 또는 통합적으로 활용하여야 한다.

2 인간발달에 대한 이해와 관점[1)]

1) 인간발달의 개념

발달이란 전 생애에 걸쳐 신체적 · 운동적 · 정서적 · 도덕적 및 사회적 측면 등을 포함한 인간의 모든 측면에서 이루어지는 일련의 양적 · 질적 변화를 의미한다.

1) 손명희 · 박세정 · 김백수 · 임동빈 · 천덕희(2008). 인간행동과 사회환경. 창지사.

발달은 성장 또는 성숙이라는 개념과 구별 없이 사용되어지기도 하지만 구별되는 개념으로 성장, 성숙 및 경험을 포함하는 포괄적인 개념이다. 또한, 발달은 분화와 통합의 과정이며 유전과 환경의 상호작용에 의해 이루어진다.

발달의 원리를 3가지 개념으로 이야기할 때 기초성의 원리, 적기성의 원리, 누적성의 원리 등으로 나뉜다.

이러한 발달의 원리에 따른 발달과업을 수행하는 데 있어 잘 수행하지 못할 경우 부적응 상태가 유발된다.

발달을 인간이 출생하여 사망하기까지 전 생애를 통해 일어나는 계속적인 변화라고 볼 때 인간발달 연구의 초점은 이러한 변화의 양상과 그 과정을 밝혀내는 것이다. 많은 발달에 대해 연구하는 학자들은 인간발달에 있어서 결정적인 시기, 중요한 시기로 영·유아기를 들고 있다.

발달은 일생에 걸쳐 일어나는 체계적인 변화이며, 연령이 증가함에 따라 나타나는 신체적·심리적·사회적 변화를 포함하는 것으로 본다. 그리고 발달에는 크기·구조·비율·기능의 변화가 모두 포함된다.

인간의 발달은 상승적 변화와 하강적 변화로 구분할 수 있는데, 상승적 변화는 출생 후 청년기에 이르기까지 신체의 크기가 커지고 기능도 원활해지는 동시에 심리적 기능과 구조가 보다 높은 수준으로 진전되어 가는 변화를 뜻하며 하강적 변화는 청년기를 고비로 하여 성인기, 중년기를 거쳐 노년기에 이르는 동안 신체적, 심리적 기능이 약화되고 저하되어 가는 변화를 말한다.

2) 인간발달의 원리

발달적 변화는 체계적이고 규칙적인 변화이다. 발달의 8가지 원리를 요약하여 제시하면 다음과 같다.

(1) 유전과 환경의 상호작용의 산물

아동은 유기체와 그를 둘러싸고 있는 환경과의 끊임없는 상호작용의 결과로써 발달한다. 또한, 아동발달의 어떤 측면은 태어나면서부터 가지고 있는 유전적 영향을 받거나 환경 중 어느 하나에 의해 더 많은 영향을 받을 수 있지만, 발달의 어떤 측면도 유전 또는 환경 어느 하나에 의해 전적으로 영향을 받지는 않는다.

(2) 연속적 과정과 일정치 않은 속도

발달은 낮은 단계에서 높은 단계로 서서히 진행되어 가는 계속적이며 점진적인 과정이다. 그리고 발달은 어떤 특정시기에 두드러지고 다른 시기에는 완만하게 진행되는 특징이 있어 마치 어느 특정시기에만 이루어지는 것처럼 보이나, 발달이 매우 느리거나 정지한 것처럼 보이는 동안에도 계속적으로 진행되고 있다. 또한, 발달은 연속적이나 그것이 항상 일정한 비율이나 속도로 진행되는 것은 아니다.

(3) 일정한 순서와 방향

인간은 태어나면서 가지고 있는 유전인자와 자신이 속한 환경에 따라 다양한 속도로 발달하지만, 여러 가지 발달의 양상이 나타나는 순서와 방향은 일정하며 이 순서와 방향은 잘 바뀌지 않는다. 발달이 일정한 순서로 진행된다는 것은 어떤 발달단계에서 나타나는 변화의 양상은 이전의 단계에서 이루어졌던 변화의 내용에 기초하여 이루어진다는 것을 의미한다.

① 상부에서 하부로 진행 : 발달은 머리에서부터 발로 진행된다. 즉 뇌가 몸통이나 다리보다 먼저 발달한다.

② 중심에서 말초로 진행 : 신체의 중심에 가까운 팔을 움직이다가 차차 손목, 손가락을 움직일 수 있게 되는 것이다.

③ 일반적인 것에서 구체적인 것으로 진행 : 신생아의 정서는 전체적인 흥분 상태에서 사랑, 미움, 분노, 공포, 질투 등과 같은 구체적인 것으로 점차 분화되기 시작한다.

(4) 적기성

개체의 발달에는 결정적 시기가 있으며 인간의 전체 성장발달 과정 중에서 특정한 발달을 가져오는 시기가 따로 있다. 발달에 있어서 어떤 기관이나 기능의 발달이 급격히 진행되는 특정한 시기, 즉 한 사건의 영향력이 가장 큰 어떤 일정한 시기가 있는데 우리는 이러한 시기를 결정적 시기라 한다.

(5) 개인차 및 상호관련성

발달속도뿐만 아니라 발달유형에도 개인차가 있으며 남녀의 성 차이도 있다. 개인 내에서도 발달영역에 따라 그 속도 및 유형이 다르게 나타나는데 이 같은 개인차는 훈련방법, 동기유발, 학습기회, 연습량, 신체변화 등 여러 가지 요인에 의해 일어난다. 즉 개개인의 성장과 발달은 각 개인에 따라 독특하고 각기 다르며 개인차가 있다. 모든 유아의 성장은 공통된 일반적 특징이 있지만, 사람마다 다른 다양한 개인차가 있다. 이 같은 개인차는 각 개인이 지니는 신체적인 조건과 상호작용하는 환경의 차이에서 나타난다.

(6) 점성원리 또는 연속성 원리

에릭슨에 의하면 인간의 발달은 기존의 기초 위에서 이루어지는 점성원리에 따른다고 한다. 즉 특정단계의 발달은 이전 단계에서 성취한 발달과업의 영향을 받는다. 점성원리는 완전하게 기능할 수 있는 유기체로 발달될 때까지는 각 기능이 체계적인 방식으로 출현할 수 있도록 하는 일종의 생물학적인 계획들이 있기 때문에 발달은 그러한 계획들의 영향을 많이 받는다.

(7) 분화와 통합의 과정

신체 · 인지 · 성격발달 등 발달의 각 측면은 독립적으로 이루어지는 것이 아니라 서로 밀접히 상호연관이 되어 있다. 성장은 보다 큰 전체적인 행동에서 보다 작은 특수한 행동으로 변화해 가는 것이 일반적인 과정이기 때문에 분화와 통합의 연속적 과정이라고 할 수 있다. 또한, 성장은 일반적인 것에서 특수한 것으로 발달되어 가며, 동시에 보다 작고 특수한 행동은 보다 새롭고 복잡한 체제로 통합되어 간다.

(8) 연령의 증가에 따른 발달경향 예측의 어려움

발달은 일정한 방향과 원리가 있지만 개인차도 존재하고 성장하면서 외적인 요인 등 다양한 변수들의 영향을 받기 때문에 개인차의 폭이 커지고 예측 또한 어려워지게 된다.

3) 인간발달의 관점

현재까지 인간발달에 대해 발달의 결정은 생물학적인 힘의 천성으로 보는가 아니면 환경적인 힘의 양육으로 보는가? 인간은 자신의 발달에 대해 능동적인가 혹은 수동적인가? 발달은 양적이고 점진적인 연속적 과정인가 아니면 질적이고 급진적인 비연속적 과정인가? 등 수많은 질문과 논쟁이 이어지고 있다. 인간발달의 관점은 인간의 선천적 능력과 유기체로 기능하는 모든 요소들을 발달의 주요 원인으로 보는 생물학적 관점과 발달을 개인의 인식, 감정 및 행동상태와 그 과정들의 밀접한 관계로 보는 심리학적 관점이 있다.

표 1-1 인간발달에 대한 이론가별 정의

Greene(1986)	신체적, 심리적, 사회적 변인을 포괄하며, 일생에 걸쳐 일어나는 안정성과 변화의 역동
Schell & Hall(1979)	일정한 방향으로 질서정연하게 점진적으로 증진되며, 보다 복잡해지는 변화
Specht & Craig(1982)	생리적 요인과 문화적 요인을 혼합하는 과정이며, 시간이 지남에 따라 한 개인의 구조, 사고, 행동이 변화하는 것
Zanden(1985)	임신에서부터 사망에 이르기까지의 시간적 흐름에 따라 유기체에서 일어나는 질서정연하고 연속적인 변화
Birren & Woodruff	덜 분화된 상태에서 더 분화된 상태로, 덜 복잡한 유기체로부터 더 복잡한 유기체로, 능력과 기술은 낮은 단계에서 높은 단계로 진행해 가는 과정

Newman & Newman	인간의 성장과 발달은 삶의 모든 기간에 걸쳐 일어나며, 인간의 발달과 행동은 그에 관련된 상황이나 인간관계의 맥락에서 분석

(1) Freud의 정신분석학적 관점

인간의 생존을 위한 기본적인 욕구와 이를 충족시켜 주거나 억압하는 사회적 요인 간의 갈등과 극복 과정을 통해 나타나는 성격구조를 중시한다. 성격발달은 성격구조를 형성하는 원초아(id), 자아(ego), 초자아(superego) 세 요소의 구조와 기능의 변화과정으로 본다. 심리성적인 발달단계로 구강기, 항문기, 남근기, 잠복기, 생식기(성기기)로 나누어지며 리비도가 표출되는 양상의 변화에 따라 구분된다. 각 단계로서 리비도가 심하게 억압 또는 좌절될 시 그 단계에 '고착'된다. Freud 이론의 공헌은 무의식의 발견, 초기경험의 중요성 인식, 여러 정서적 측면에 대한 연구이며, 정서적으로 곤란을 겪고 있는 소수의 성인들의 경험에 기초한 것이라는 비판을 받는다.

(2) Erikson의 심리사회적 관점

에릭슨의 심리사회적 발달관점에서는 인간발달을 일련의 위기 극복과정으로 규정하고 있으며, 인간의 삶은 육체적 체계, 자아 체계, 사회적 체계의 세 가지 주요 체계로 구성된다. 심리사회적 발달단계는 〈표 1-2〉와 같다. 에릭슨 이론의 공헌은 인간의 합리적 적응적 본성 강조, 쉽게 예측되고 관찰 가능한 사회적 기능과 개인적 딜레마를 강조한 점이며, 발달의 원인이 모호하다는 비판을 받기도 한다.

표 1-2 에릭슨의 심리사회적 발달 8단계

연 령	단 계	특 징
0~2세 (유아기)	신뢰 대 불신	부적절한 양육으로 인한 불신감 형성
2~4세 (초기 아동기)	자율성 대 수치와 회의	자아정체감 상실로 인한 통제력 상실

4~6세 (아동초기~중기)	주도성 대 죄의식	실패에 대한 불안과 체벌로 인한 죄의식 생성
6~12세 (아동중기~후기)	근면성 대 열등감	가치 있는 작업과 기술, 능력과 이에 대한 열등감
12~22세 (청소년기)	정체감 대 역할 혼미	개성창출과 자아에 대한 혼미
22~34세 (성인 초기)	친밀성 대 고립	타인과의 관계형성의 실패로 인한 자기몰두
34~60세 (중년기)	생산성 대 침체	다음 세대의 보호와 관심 확대
60~사망 (노년기)	자아통합 대 절망	인생에 대한 좌절감과 죽음에 대한 공포

(3) Piaget의 인지발달 관점

인지적 관점으로 피아제는 주어진 환경 내의 사태를 이해하고 이에 적절히 적응하기 위해 '동화'와 '조절'을 통해 자신의 내재적인 인지구조(도식)를 바꾸어 간다고 하였다. 인지발달은 감각 운동기, 전조작기, 구체적 조작기, 형식적 조작기의 4단계를 거친다고 하였다. 피아제의 관점은 사회인지 연구에 기여하였고, 아동의 인지수준에 맞는 교육 측면에서 공헌하였으나, 영아, 유아, 학령기 아동들의 지적 능력을 과소평가하였고, 사회적 · 문화적 영향을 간과하였다는 비판을 받는다.

(4) Skinner & Bandura의 행동주의 관점

왓슨(Watson)의 행동주의 이론은 인간을 자신의 발달과정에 주도적인 역할을 하지 못하고 환경에 의해 통제되는 존재로 본다. 또한, 선천적으로 부여된 소인이나 개인차를 인정하지 않으므로 백지설(白紙設)로 설명된다. 스키너(Skinner)의 조작적 학습이론(급진적 행동주의)은 환경이 아동의 어느 측면을 강화 또는 처벌하느냐에 의해 결정된다고 본다. 반두라(Bandura)의 이론은 인간을 타인의 행동을 '관찰하고 모방'함으로써 새로운 행동을 획득하는 인지적 존재로 본다. 또한 상호결정주의로서의 사회학습 이론에서는 인간발달은 '능동적인 개인(P), 그 사람의 행동(B), 환경(E)' 사이의 상호작용(상호결정론)으로 이루어진다고 하였다. 학습이론은 아동 및 청소년발달에 대한 풍부한 정보를 제공하고, 정확한 검증을 가능하게 한 공헌에도 불구하고 인간발달을 지나치게 단순화하고, 인간의 개별성을 간과하며, 환경의 인위적 조성이라는 비판을 받는다.

(5) Maslow & Rogers의 인본주의 관점

인본주의 이론은 정신역동 이론의 결정론과 비판적인 인간관 행동주의의 객관성의 강조와 피동적인 인간관 등에 반대하는 제3의 세력으로 인지행동의 독특한 역동에 대한 관심이다.

로저스(Rogers)는 과거의 경험을 부정하는 것은 아니지만 현재의 경험세계를 강조하고 인간이 갖고 있는 긍정적인 힘을 강조하였다. 로저스의 인간중심 이론은 상담과 심리치료의 여러 분야에 영향을 미쳤으며, 매슬로우(Maslow)는 자기실현을 무조건적인 존중의 결과로 자연스럽게 얻어지는 것으로 보지 않고, 욕구위계이론에 따라 가장 높은 단계에 있는 자기실현의 욕구는 그 아래 하부단계의 욕구들이 어느 정도 충족되었을 때 기대될 수 있다고 보고 있다.

(6) Bronfenbrenner의 생태체계적 관점

가족, 지역사회, 문화 등 인간이 몸담고 있는 생태환경을 보다 체계적으로 구조화하고 환경체계와 개인 간의 관계를 이해하려 한다. 브론펜브레너(Bronfenbrenner)의 생태학적 체계이론은, 미시체계로 개인의 발달에 직접적으로 영향을 미치는 환경맥락(예 : 가정, 학교, 또래집단), 중간체계로 개인이 적극적으로 참여하는 미시체계 맥락들 간의 상호관계, 외체계로 개인의 발달에 영향을 미치지만 직접적인 역할을 하지 않는 생태환경(예 : 부모의 직장, 이웃, 교회), 거시체계로 중간체계와 외체계를 포괄하는 체계(예 : 각 문화의 가치관, 신념, 이데올로기)로 설명한다.

4) 인간발달에 영향을 미치는 개념

(1) 성장(Growth)

성장은 키가 커지고 몸무게가 늘어나는 것과 같이 신체의 크기와 근육의 세기 등의 양적인 증가를 의미한다. 대개 신체적 성장은 예측할 수 있으며, 따라서 성장 양상은 아동의 정상적인 발달을 알려주는 임상척도로도 사용된다. 그러나 학자에 따라서는 성장을 꼭 신체적 성장에만 국한하지 않고 심리적 변화까지 포함시키는 경우도 있다. 성장에 비해 발달이란 신체뿐만 아니라 양과 질에서의 상승적 또는 퇴행적 변화를 모두 포함하기 때문에 발달이 성장보다 넓은 개념이다.

(2) 성숙(Maturation)

동물의 본능적인 행동은 어떤 특정한 성숙의 시점에서 나타난다고 할 수 있으며 동물의 행동은 본능적이라고 이해되고 있지만, 어떤 특정한 시기까지 성숙하게 되면 후천적으로 획득한 행동으로 볼 수 있으며 이러한 형상은 인간에게서도 발견된다. 성숙은 부모로부터 받은 유전인자가 지니고 있는 정보에 따라 일어나는 프로그램화된 변화이며 경험이나 훈련에 관계없이 일어나는 것으로, 내적 · 유전적 메커니즘에 의해 출현되는 신체적 · 심리적 변화를 의미한다. 인간행동의 다양한 변화 중에서 사춘기의 제2차 성징의 출현과 같이 주로 유전적 요인에 의해 야기되는 변화를 의미한다. 발달은 유전과 환경 사이의 상호작용에 이루어지는 변화를 의미하므로 발달이 성숙보다 넓은 개념이다.

(3) 학습(Learning)

후천적 변화의 과정으로 특수한 경험이나 훈련 또는 연습과 같은 외부자극이나 조건, 즉 환경에 의해 개인이 내적으로 변하는 것을 의미한다. 경험을 쌓음으로써 행동이 비교적 지속적으로 변화하고 안정되어 그 뒤의 행동에 효과를 가지게 된 경우를 말한다. 즉 후천적 변화의 과정이라고 할 수 있다. 발달이란 경험이나 훈련은 물론 유전적 요인에 의해 일어나는 변화까지도 포함하고 있으며, 내적인 변화뿐만 아니라 외적인 변화까지도 포함하고 있기 때문에 학습보다 넓은 의미를 지니고 있다.

초기 학습에 의한 행동의 발생은 생물학적 성숙이 행동발달의 전조임에는 틀림없지만, 출생 후의 학습경험도 성숙 요인과 복잡하게 상호작용하면서 행동발달에 영향을 미친다. 그동안 초기 경험과 장차 학습능력이 구체적으로 관련되어 있다는 증거들이 계속 축적되어 왔는데, 이러한 증거들은 초기 학습이 장차 학습에 영향을 미칠 뿐만 아니라 어떤 것들은 초기에 반드시 학습되어야 한다는 것을 시사해주고 있다.

(4) 경험(Experience)

경험은 인간과 환경과의 만남이다. 즉 영양섭취, 약물복용, 가족생활, 학교, 사회생활, 대중매체 등 개인이 접하는 모든 심리적 · 물리적 환경과의 상호작용이 바로 경험으로 경험은 발달에서 중요한 역할을 담당한다.

5) 발달과업(과제)

발달과제는 인간의 환경에 대한 지배를 증가시키는 기술과 능력으로 구성되어 있으며 신체적 · 인지적 · 정서적 기술의 획득을 반영한다. 사람들이 사회에 의해서 부과된 과제를 배우는 과정이라는 발달의 맥락에서 살펴볼 때, 발달과업(development)이란 개인의 욕구(need)와 사회의 요구(demand)와의 가교적 역할을 하는 것으로서, 우리 삶의 어떤 특정 시기에 일어나는 것이라고 정의하는데 그것의 성공적인 성취는 이후의 삶에서 행복과 성공을 가져오는 반면, 실패는 불행과 사회적 불만, 그리고 이후의 과업에서 장애를 가져오며 발달과업을 잘 수행하지 못할 경우 부적응상태가 유발된다(Havighurst, 1972). 발달과업은 특정 연령이 되면 그 시기에 획득해야 하는 기술과 능력이 있으며 특정한 지식이나 기술 혹은 기능 등으로 구성되어 있다. 특정한 연령에서 어떤 기술이 획득되어야 하는지를 결정하는 데 사회적 역할과 더불어 육체적 성숙도 중요하다 할 수 있다. 또한, 특정한 사회에서 각 연령에 부합하는 정상적인 발달이 어떤 것인지 이해하는 근거를 제공하며 각 발달과업에 대해 성공하거나 혹은 실패한 경험은 사회복지 실천에서 중요한 의미가 있다.

발달과업의 원인에 따른 분류를 살펴보면 육체적 성숙에서 오는 과업은 걷고, 달리고, 던지고, 말하고 성인기에 이르러 이성의 마음에 들도록 행동하는 법 등을 배우는 일, 중년에 들어서 갱년기에 적응하는 것 등을 들 수 있다. 또한 개인적 동기에서 오는 과업으로는 인격의 성숙으로부터 나타나며 개인의 가치와 열망의 형태를 취하는 과업, 즉 직업적 성공에 필요한 기술을 습득하는 과업이다. 그리고 사회의 압력에서 그 동기를 찾을 수 있는 과업은 책임 있는 시민의 역할을 읽거나 배우는 과업이다.

표 1-3 발달단계에 따른 발달 과업

발 달 단 계	발 달 과 업[2]	
영 · 유아기 (0~6세)	• 보행학습 • 고형분 음식의 섭취 학습 • 언어학습 • 배설 통제 학습 • 성차 인식	• 생리적 안정 유지 • 환경에 대한 단순개념 형성 • 타인과의 정서적 관계 형성 학습 • 양심의 발달
아동기 (6~12세)	• 놀이에 필요한 신체기술 학습 • 자신에 대한 건전한 태도 형성 • 또래친구 사귀는 법 학습 • 성역할 학습	• 기본학습 기술의 습득 • 일상생활에 필요한 개념 학습 • 양심, 도덕, 가치체계의 발달 • 사회집단과 제도에 대한 태도 발달
청소년 전기, 후기 (12~25세)	• 자신의 신체 및 성역할 수용 • 유능한 시민으로서의 기본적 인지적 기능과 개념 획득 • 동성 또는 이성 친구와의 새로운 관계 형성 • 부모와 다른 성인으로부터 정서적 독립 • 경제적 독립의 필요성 인식	

	• 직업 선택 및 준비 • 사회적 책임에 맞는 행동 • 결혼과 가정생활 준비 • 과학적 세계관에 근거한 가치체계의 발달	
성인 초기 (25~39세)	• 배우자 선택 • 배우자와의 생활방법 학습 • 가정 형성	• 자녀 양육과 가정 관리 • 시민으로서의 의무 완수 • 친밀한 사회적 집단 형성
성인 중기 (40~60세)	• 사회적 의무 완수 • 경제적 표준생활 확립과 유지 • 10대 자녀의 훈육과 선도 • 적절한 여가 활용	• 배우자와의 친밀한 관계 유지 • 중년기의 생리적 변화 인정 및 적용 • 노년기 부모에 대한 적응
노년기 (61세~)	• 신체적 건강 쇠퇴에의 적응 • 은퇴와 수입 감소에의 적응 • 배우자의 사망에 대한 적응	• 동년배와의 유대관계 재형성 • 사회적 시민의 의무 수행 • 생활에 적합한 물리적 환경의 조성

6) 인간행동의 특성

인간행동은 연속적인 과정이며 일정한 방향이 존재한다. 또한, 인간행동의 속도는 일정하지 않으며 점성원리를 따르기 때문에 특정 단계에서 발달은 이전단계의 발달과업의 성취 정도에 영향을 받는다.

7) 인간의 발달단계

발달단계의 구분은 학자에 따라 차이가 있고 개인의 특성과 사회에 따라 독특하기 때문에 획일적으로 나눌 수 없다. 또한, 나이로 구분하지만 단계별로 나이를 구분하는 것은 대략적이며 엄격하지 않다. 대개 구분된 나이를 전후해서 발달적 전환이 이루어지며 연속적으로 일어나며 과정에 형성되었던 구조 속에서 현재의 경험이 복합적으로 융화되면서 발달한다.

발달단계란 어떤 과제의 성취와 특정한 측면의 발달이 강조되는 삶의 기

2) 권중돈 · 김동배(2009). 인간행동과 사회환경. 학지사.

간으로 고유한 특징이 있어서 전후 단계로부터의 구분이 가능하다.

표 1-4 인간발달의 일반적인 단계 구분

태아기		임신~출산
영아기		0~2세
유아기		3~4세
아동기	전기	5~6세
	후기	7~12세
청소년기	전기	13~18세
	후기	19~24세
성인기	초기	25~39세
	후기	40~60세
노년기	전기	61~75세
	후기	75세~

3 사회환경에 대한 이해와 관점

1) 사회환경의 개념

사회환경이란 일반적으로 자연환경과 가정환경, 학교환경, 제도 · 조직 · 계급 · 풍습 · 규범 등의 문화적 환경을 말하며, 이러한 환경은 한 개인이 사회적 인간으로 역할을 하는 데 중요한 요인이 되고 있다. 일예로 가정환경은 가정의 경제적 상태, 부모와의 관계, 교육 및 양육태도, 가정의 분위기 · 위계 · 질서 · 규칙 등에 따라 개인의 성격이나 행동에 지대한 영향을 미친다고 할 수 있다. 또한 학교환경은 또래친구나 선생님 그리고 학교와 부모와의 관계가 아이의 성장에 영향을 미친다.

인간은 환경의 요구에 효과적으로 순응하고 개인의 요구에 맞게 환경을 적절하게 변화시킬 수 있는가에 의해 인간의 생존과 번영이 결정되기 때문에 인간과 환경을 분리하여 이해할 수 없으므로 환경은 인간행동을 이해함에 있어 필수적이다. 환경은 사회(내부)환경(Social environment)과 물리적(외부)환경(physical environment)으로 나누고 물리적(외부)환경은 다시 기후와 지리적 조건 등의 자연환경(natural world)과 건축물, 대중매체, 교통체계 등과 같은 인위적 환경(built world)으로 구분할 수 있다.

사회환경이란 인간의 삶과 행동에 직접 혹은 간접적인 영향을 미치는 조건, 상황, 그리고 인간 존재 간의 상호관계를 의미한다(Zastrow & Kirst-Ashmana, 2001). 이러한 사회환경에는 미시체계(micro system)인 개인이 접촉하는 타인, 가족, 집단, 조직, 이웃 등의 중간체계(mezzo system)와 국가, 문화 등의 거시체계(macro system)가 포함된다. 개인을 둘러싸고 있는 사회환경, 즉 다양한 수준의 사회체계는 인간의 삶과 행동에 직접 또는 간접적 영향을 미치며, 인간으로부터 영향을 받기도 한다(권중돈 · 김동배, 2009).

따라서 사회환경은 인간행동과 상호작용하고 인간행동은 서로의 행동에 영향을 주는 사람들이나 사람들의 집단, 조직, 지역사회 문화 등과 같은 사회환경의 관계에서 이루어진다. 그리고 체계들은 개인들로부터 집단, 조직, 지역사회, 문화에 이르기까지 모든 수준에 존재한다고 볼 수 있다. 이러한 체계들은 인간과 함께 상호작용하면서 발달과 성숙을 이룬다.

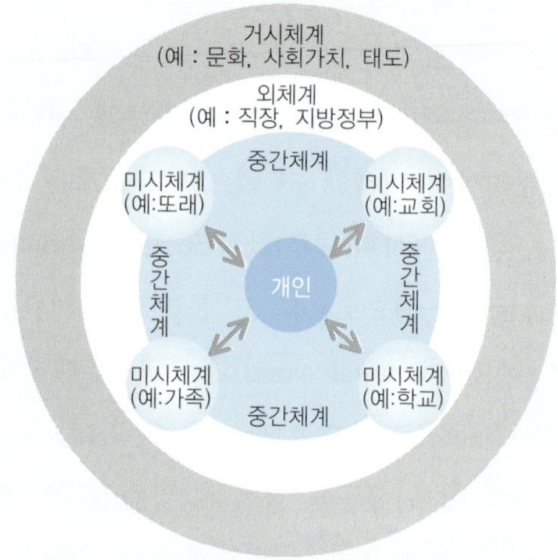

그림 1-1 체계적 관점에서의 환경체계 수준

출처 : 최옥채 외(2009). p.173. 양서원.

2) 사회환경 이해의 관점

인간과 상호작용하는 환경체계는 개인의 성격, 발달, 행동 욕구 등 인간의 모든 측면에 강한 영향을 미친다. 따라서 사회복지사는 인간의 내면세계에 대한 이해뿐만 아니라 인간행동이 이루어지는 환경체계, 즉 사회환경에 대한 이해를 하여야 한다.

사회환경에 대한 접근은 19세기 말 사회학에 기반을 둔 관점과 20세기 중반의 생태체계적 관점을 들 수 있다. 사회학에서는 사회환경을 가족, 집단, 조직, 지역사회 등과 같이 인간이 구성원이 되어 만들어진 환경을 말하며, 생태학적 관점은 인간이 접하고 있는 자연환경에 중점을 두었다. 생태학 이론은 생태체계 이론과 결합하여 생태체계적 관점으로 발전하였는데 이는 사회환경을 자연환경과 인공적 환경으로 확대하여 모든 환경을 포함하는 보다 넓은 개념으로 발전하였다. 이는 사회환경의 범주를 확대함과 동시에 사회환경의 규모에 따라 상호 간 교류를 강조하는 것이라 할 수 있겠다.

인간과 그들의 삶의 영역 모두에 강한 영향을 미치는 환경은 물리적(외적) 환경과 사회적(내적) 환경은 체계로서의 속성을 지니고 있다. 체계(system)는 독특한 방식으로 상호작용하고 상호의존하는 부분들로 구성된 전체, 즉 부분들 간에 관계를 맺고 있는 일련의 단위이다(Bertalanffy, 1968). 체계는 일정 기간 동안 물리적 환경을 공유하면서 맺은 상호관계를 통하여 조직화 되고 안정되어 있으며, 상호 간에 직접 또는 간접적인 영향을 미치는 구성요소들의 복합체이다. 이러한 체계는 개인, 가족, 집단, 조직, 지역사회 등 매우 다양한 수준에 걸쳐 존재하며, 체계는 그 자체로서 하나의 완전한 체계인 동시에 다른 체계의 상위체계이며 또다른 체계의 하위체계가 될 수 있다. 따라서 체계는 동시에 여러 차원의 체계에 속하며 인간을 둘러싸고 있는 생태체계 또는 환경체계는 상호의존적이고 역동적인 중첩구조를 형성하고 있다(권중돈 · 김동배, 2009). Bronfenbrenner(1979)는 인간을 둘러싸고 있는 생태체계를 미시체계(microsystem), 중간체계(mesosystem), 외(적)체계(exosystem), 거시체계(macrosystem), 그리고 시간체계(chronosystem)로 구분하고 있다.

4 사회복지 실천에서의 인간행동과 사회환경

1) 사회복지 실천과의 연관성

사회복지전문직의 기초 지식 중의 하나인 〈인간행동과 사회환경〉은 인간의 행동이 생물학적 · 심리적 · 사회적 · 문화적 체계인 사회환경과 서로 영향을 주고받으면서 나타나는 상호작용을 이해하는 교과내용이다. 이러한 인간행동과 사회환경의 이해가 사회복지 실천과 어떠한 연관성이 있는지에 대해서 살펴보고자 한다.

사회복지사는 인간이 경험하는 다양한 문제를 해결하고 상황에 적응하도록 클라이언트를 돕는 사회복지 실천에서 인간행동과 사회환경이 중요한 이유는 첫째, 클라이언트의 욕구나 문제를 이해하려면 인간행동의 이해가 필수적이기 때문이다. 또한 클라이언트가 관계하는 다양한 수준의 체계(환경) 내의 인간을 이해하기 위해서이다. 환경 속의 인간(person in environment), 즉 그가 속한 가족 · 집단 · 조직 · 지역사회 등의 환경 내에서 클라이언트를 이해하고자하기 때문이다. 둘째, 사회복지사는 클라이언트는 물론 그와 관계하는 가족 · 집단 · 지역사회와 함께 사회복지 실천을 하게 되므로 사회복지 실천 현장에 대한 접근을 위해 필수적이다. 셋째, 인간이 속해 있는 사회와 문제들은 항상 다양한 상황 속에서 존재하기 때문에 사회복지사의 다양한 역할을 위해 인간행동 이해와 사회환경에 대한 이해는 필수적이다.

또한 인간행동과 사회환경에 관한 이해를 위해서는 여러 이론과 개념들에 대한 체계적인 학습이 요구된다. 이러한 이해는 사회복지 실천에 적용에 용이하기 때문이다. 인간의 행동은 다양한 요인과 사회환경의 부분들과 끊임없이 상호작용하므로 이러한 역동을 파악하는 것이 중요하다. 사회복지사는 전문적인 도움을 제공하기 위해서 사람들의 욕구와 필요로 하는 서비스에 대한 명확한 이해가 요구된다. 인간행동과 관련된 지식이나 이론을 토대로 클라이언트의 욕구에 부응하여 지역사회, 정부조직과 같은 외부체계를 활용해서 클라이언트를 돕는 사회복지 서비스를 제공하여야 한다.

2) 인간행동과 사회환경의 이해 틀

사회복지전문직의 사명은 인간에 대한 이해를 바탕으로 개인, 가족, 집단, 지역사회 더 나아가 전체 사회의 사회적 기능향상과 삶의 질 개선을 도모하도록 인간적이면서도 효과적인 사회적 서비스를 제공하는 것이다. 이러한 사명을 이행하기 위하여 인간과 환경 간의 상호작용에 초점을 둔다(권중돈 · 김동배, 2009). 인간과 환경의 관계 특성으로 인하여 사회복지사는 인간과 환경을 분리된 실체가 아니라 하나의 통합된 총체로 이해하는 환경 속의 인간(person in environment)의 관점을 유지하고 있다.

인간행동에 관한 이해는 정신역동이론을 비롯하여 인지이론, 행동주의이론, 인본주의 이론, 생태체계적 이론들을 통해 가능하나 특정 한 가지 이론으로 인간행동을 설명하기에는 적합하지 않을 수도 있다. 따라서 이 이론들의 특성을 살펴보고 적절하게 적용하는 것이 필요하다. 또한 생태체계 이론 인간행동과 사회환경을 결합하여 설명하는 이론이 되기도 한다.

인간행동을 이해함에 있어 그 개인의 사회환경에 대한 이해 또한 필요하며 생애주기별 인간의 성장과 발달을 파악함으로써 인간행동과 사회환경의 맥락을 이해하는 것이 중요하다.

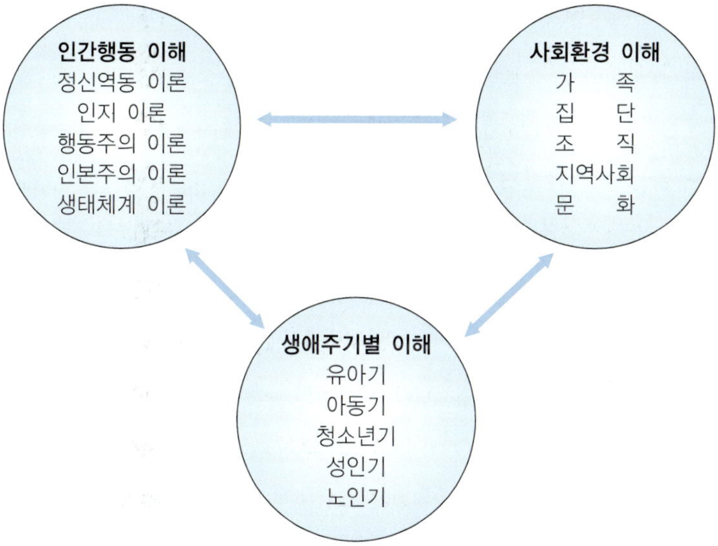

그림 1-2 인간행동과 사회환경의 틀

출처 : 최옥채 외(2009). p.25. 양서원.

요약

사회복지 전문직은 인간을 돕는 사회복지 실천을 위해 반드시 인간에 대한 정확한 이해를 갖추어야 한다. 인간은 환경과 유리된 존재가 아니라 환경 속에 있는 존재(person in enviroment)로서 인간을 이해하기 위해서는 그를 둘러싸고 있는 환경과의 상호작용을 이해하여야 한다. 궁극적으로 사회복지의 목적 달성과 사회복지 실천을 위해서 반드시 인간행동과 사회환경(Human Behavior and Social Environment)의 이해는 사회복지사가 갖추어야할 가장 중요한 기초지식(foundation Knowledge)이라고 할 수 있겠다.

사회복지 실천에서 인간행동과 사회환경이 중요한 이유는 첫째, 클라이언트의 욕구나 문제를 이해하려면 인간행동의 이해가 필수적이기 때문이다. 둘째, 사회복지 실천 현장에 대한 접근을 위해 필수적이다. 셋째, 사회복지사의 다양한 역할을 위해 인간행동에 대한 이해과 사회환경에 대한 이해는 필수적이다.

토의문제

1. 최근 이슈가 되고 있는 인간행동에 대해 살펴보고 사회환경과 어떠한 관계가 있는지, 사회복지 실천과 연관성에 대해서 생각해보자.
   (예: 성폭력자 000씨, 자신이 평생 모은 전부를 기부한 할머니, 주변인들 중 누구··· 등)
2. 현재 자신이 처해 있는 고민되는 상황은 어떠한 것이며, 그러한 이유로 행동은 어떠하고 주변에서는 어떻게 생각하고 있는지, 해결책은 어떠한 것들이 있는지 생각해보자.

part Ⅱ

생애주기별 인간의 성장과 발달

chapter 02

태내기, 영 · 유아기

인간의 성장은 지속적이고 순차적인 과정을 통해 이루어진다. 생애주기에서 영 · 유아기는 인간발달의 초기에 해당한다. 이 시기에 이루어지는 발달은 그 후에 전개되는 성장과정의 기초를 형성한다는 점에서 매우 중요하다.

1 태내기(임신~출산)

1) 태아의 발달

태내기는 남성의 정자와 여성의 난자가 결합하여 수정란이 이루어지는 순간부터 출산하기까지의 시기이다. 정자와 난자는 수많은 유전적 정보를 갖고 있는 유전인자(gene)를 염색체 안에 저장하고 있다. 각각의 정자와 난자에는 23개의 염색체가 있어서, 수정 이후에 인간의 염색체는 총 23쌍(46개)으로 구성되며, 단핵의 수정란을 접합체(zygote)라고 부른다. 이때 난자는 24시간,

정자는 48시간밖에 생존하지 못하므로 수정이 되기 위해서는 시간적 요소가 중요하다(이숙 외, 2009).

어머니의 자궁 내에서 280일(40주) 동안 태아의 신체 조직이 구성되고 빠른 속도로 성장하게 된다. 태내기에 형성되는 신체구조와 기능은 한 개인의 전 생애를 통해 특징지을 수 있는 발달의 기초가 되기 때문에 태내 환경에 대한 주의 깊은 배려가 필요하다(손홍숙, 2008).

2) 태내의 발달과정

태내기는 인간발달 단계 중 가장 급속한 발달을 이루는 시기이다. 임신기간 동안 태아의 발달은 3개월씩 세 단계로 구분하여 살펴볼 수 있다. 즉, 임신 1단계(1~3개월), 2단계(4~6개월), 3단계(7개월~출산)를 거치면서 태아가 성장하게 된다(Zastrow & Kirst-Ashman, 2001 : 54-55).

(1) 임신 1단계의 발달

임신 초기 3개월은 매우 중요한 시기이다. 배아(embryo)가 빠른 속도로 분화하고 조직이 발달하기 때문에 임산부가 유해한 약물을 복용하거나 건강 상태가 좋지 않을 때는 태아에게 나쁜 영향을 미친다. 임신 1개월에는 심장과 소화기관이 원초적인 형태로 나타나기 시작한다. 두뇌와 신경계의 기본 구조도 나타난다. 팔과 다리가 될 부위도 생겨난다. 2개월이 되면 배아는 인간의 모습을 갖추기 시작한다. 내부기관이 복잡해지고 눈, 코, 입을 비롯한 얼굴의 전체 모습이 드러나기 시작한다. 3개월이 되면 팔, 다리, 손, 발의 형태가 나타난다. 아직 덜 발달한 상태이지만 모든 기관들이 기본적인 형태를 갖추게 된다. 임신 1~3개월 동안 임산부는 호르몬 분비의 증가로 인해 다양한 증상을 경험하는데, 종종 피로, 유방 확대, 잦은 소변, 식욕의 증가, 메스꺼움 따위를 호소한다.

(2) 임신 2단계의 발달

태아는 임신 4~6개월 동안에도 계속 성장한다. 발가락과 손가락이 나뉘고, 피부, 손금, 머리카락, 눈이 발달한다. 심장박동도 규칙적으로 이루어진다. 또한 태아는 정해진 시간에 자고 일어나기 시작하며, 엄지손가락을 입에 넣기도 한다.

임산부가 1~3개월에 느꼈던 대부분의 증상이 없어진다. 이 시기에 임산부는 태아가 활발하게 움직이는 것을 더욱 느끼게 된다. 태아가 성장함에 따라 임산부의 복부가 팽창되며, 부종으로 인해서 얼굴, 손, 발, 발목이 부어오를 수 있다.

(3) 임신 3단계의 발달

임신 7~9개월에는 태아의 발달이 완성된다. 피부 아래 지방조직이 만들어지고, 내부조직뿐만 아니라 두뇌와 신경계도 완전히 발달한다. 이 3단계에서 가장 중요한 것은 태아의 생존능력이다. 이것은 태아가 어머니로부터 분리되어 자신의 힘으로 생존할 수 있는 능력을 말한다. 일반적으로 6개월 혹은 26주가 되면 태아는 생존이 가능하다. 임산부에게 이 시기는 매우 불편한 기간이다. 몸무게가 증가하면서 근육과 골격에 무리가 오게 되고, 이는 통증과 근육경련을 일으킬 수 있다. 또한 자궁의 팽창으로 주위 장기들이 압박을 받아 불편을 느끼게 된다.

3) 임산부가 태아에게 미치는 영향

(1) 임산부의 정서 상태

임신기간 동안 임산부가 경험하는 정서 상태는 태아에게 큰 영향을 미친다. 임산부가 정서장애를 갖고 있거나, 불안이 심하거나, 혹은 원치 않는 임신을 한 경우에는 그렇지 않은 임산부에 비해서 임신기간 중 입덧, 자연유산, 조산이나 난산의 가능성이 높아진다. 또한 이러한 임산부에게서 태어난 유아는 지나치게 활동적이거나, 많이 울고, 잠을 잘 자지 않으며, 젖도 잘 안 먹는 등 여러 가지 문제를 보인다. 이 밖에 임산부가 임신 중에 큰 충격을 받았거나 좌절을 겪은 경우에도 자연유산이나 조산이 되기 쉽다.

(2) 임산부의 영양 상태

임산부의 영양 상태는 태아발달에 매우 중요한 영향을 미친다. 임산부가 영양부족일 때 태어난 유아의 경우 모든 측면에서 발달이 저조하며 특히, 신경계의 발달이 잘 이루어지지 않는다. 만약 영양부족이 심했던 시기가 바로 태아의 신경계 발달, 특히 뇌의 발달이 이루어지는 시기와 맞물린 경우에는 더 큰 상처를 받게 되며, 여러 가지 장애를 가진 유아를 출생할 가능성이 높아진다(Kail & Cavanaugh, 1996). 따라서 임산부는 음식의 양을 늘리는 것뿐 아니라 영양가 높은 음식을 섭취하도록 관심을 기울여야 한다.

(3) 약물복용

임산부가 술, 담배, 신경안정제, 항생제, 마약 따위를 복용하는 것은 태아에게 부정적인 영향을 미친다. 임산부가 술을 많이 마시게 되면 태아가 안면기형, 체중미달, 중추신경계의 장애를 초래하는 태아알코올증후군(fatal alcohol syndrome)에 걸릴 가능성이 높아진다. 상습적으로 흡연하는 경우에는 조산이나 저체중아를 낳을 확률이 높으며, 중독성이 강한 마약을 과도하게 복용하는 것은 선천성 기형이나 정신지체를 초래할 가능성이 높아진다. 그리고 일상에서 쉽게 복용할 수 있는 카페인, 아스피린, 감기약, 항생제 따위도 임신기간 동안에는 매우 주의해서 사용하는 것이 최선의 예방책이라 할 수 있다(서봉연 · 이순형, 1983 : 181-185).

(4) 임신 연령

임신 연령은 임산부 자신과 태아 모두에게 영향을 미칠 수 있다. 일반적으로 모의 연령이 25~29세 사이에 있을 때 태어나면 성장에 가장 좋은 태내환경조건이 이루어지는 것으로 알려져 왔다(장수한 외, 2008 : 38). 그러나 근래에는 30~34세 사이의 임산 모에게서 태어난 아기도 마찬가지로 최적의 발달을 보이는 것으로 보고되고 있다(Ventura, 1989). 16세 이하와 35세 이상에서의 출산은 선천성 결함의 가능성을 높인다. 예를 들어, 45세 이상의 임산부는 20세 혹은 21세의 임산부에 비해서 다운증후군[3]을 일으킬 확률이 40배나 더 높다(Dill & McGillivary, 1992; Lefrancois, 1999). 최근 들어 의학적 예방법과 관리법의 발달로 나이 든 여성들이 건강한 아이를 출산하는 경우가 늘긴 했으나, 아직도 임산부의 연령은 태아건강에 영향을 미치는 중요한 요인이 되고 있다.

4) 사회복지 실천과제

태내기에서의 사회복지 실천은 전 생애 가운데 가장 적게 이루어진다. 태내기의 문제는 대부분 생리적이고 의학적인 문제와 결부되어 있으므로 사회복지사의 개입이 가장 적은 시기이기도 하다. 그러나 사회복지사들은 다음과 같은 문제에 관심을 가지고 도와주어야 한다(최옥채 외, 2008; 신종우 외, 2008).

첫째, 임산부의 건강문제와 선천성 장애아 발생의 예방이다. 태아에게 부정적인 영향을 미칠 수 있는 임산부의 상태를 점검하고 이에 대해 전문적인 개입을 해야 한다. 예를 들어 임산부가 불안이 심하거나, 원치 않는 임신이라고 생각할 때, 연령이 매우 높거나, 약물을 복용한 경우, 또는 유전적 질병이나 만성적인 질병이 있는 경우에는 의료적인 조치와 함께 심리적 · 정서적인 상담을 통해서 부정적인 영향을 최소화하는 노력을 해야 한다.

둘째, 낙태의 문제를 들 수 있다. 계획에 없던 임신이나 성폭력에 의한 임

3) 다운증후군이란 염색체 이상으로 생기는 선천성 질환으로서, 다른 사람보다 21번째 염색체가 하나 더 있다. 다운증후군을 가진 아이는 눈가에 두꺼운 주름 때문에 눈이 처져 보이고, 키가 작고, 두개골이 넓은 특징이 있다. 또한 손가락이 짧고 손이 넓으며, 첫째, 발가락과 둘째 발가락 사이가 넓게 보이는 특징이 있다.

신 등 임산부가 원치 않는 임신이거나, 태아와 산모의 상태가 매우 위험하여 낙태가 불가피한 경우에는 조기에 조치하도록 적절할 도움을 주어야 한다. 낙태를 원하는 여성과 상담할 때, 사회복지사는 다양한 정보와 대안, 그리고 가능한 서비스를 제시하여 클라이언트로 하여금 스스로 결정할 수 있도록 도와야 한다.

셋째, 임산부 가족의 사회경제적 문제이다. 임산부에 필요한 영양 공급과 의료보장을 지원해야 된다. 빈곤가족에게는 경제적 지원문제와 모성보호를 위한 가사지원 서비스가 요구된다.

넷째, 직업여성의 가사 분담 등의 가족 역할 재조정의 문제이다. 임신 기간 동안 직장에서의 과도한 업무로 인해 신체적 과로와 스트레스 등은 태아 발달에 부정적 영향을 미치므로 임산부가 직장생활과 가정생활을 병행할 수 있도록 원조하여야 한다. 따라서 사회복지사는 임산부의 환경과 상황에 적절히 대처할 수 있는 전문능력을 갖추어야 한다.

2 영아기(출생~2세)

영아기는 태어나서 만 2세까지를 말한다. 이 시기의 특징은 신체적으로 급속한 성장을 이루고, 인지, 언어 사회정서 발달이 싹트기 시작하는 시기이다. 영아기에 경험하고 획득한 발달과업은 성인이 되어서까지 지대한 영향을 미치게 된다.

성인에게 최대로 의존하는 시기로 이 시기가 끝날 즈음이면 간단한 어휘를 말하게 되고 걸을 수도 있게 된다(손홍숙, 2008).

1) 신체와 감각기관의 발달

(1) 신체발달의 특징

영아기는 신체적 발달이 빠른 속도로 이루어지는 제1차 성장급등기이다. 급속한 성장과 발달을 경험하게 되며 생애단계 중 발달행동이 현저하게 나타나는 시기이다(손홍숙, 2008).

생의 초기인 영아기에 신체가 잘 발달된 경우, 성인들로부터 많은 긍정적 반응을 받게 되어 정서적으로 안정되어 있으나 성장발육이 늦어 신체가 허약한 영아는 앞으로의 사회 · 정서적 적응까지에도 어려움을 겪을 수 있어 영아기의 신체적 성장과 발달은 이후의 삶에 초석적 의미를 지닌다(신종우 외, 2008).

출생 직후 신생아의 몸무게는 대체로 2.4~4.5kg 정도이며, 키는 45~55cm이다. 남아가 여아에 비해 몸무게와 키에서 약간 큰 경향이 있다. 신생아의 신체에서 가장 두드러진 특징은 가슴둘레보다 머리둘레가 더 크다는 점이다. 그러나 이 현상은 1개월이 지나면 바뀌기 시작하여 가슴둘레가 머리둘레보다 점점 더 작아진다(최옥채 외, 2009).

생후 6개월까지는 신장과 체중이 사회계층과 무관하게 모두 동일한 비율로 성장하지만 6개월 이후부터는 중산층의 아동이 영양이나 건강에 대한 높은 관심으로 인해 더욱 빨리 성장하는 경향이 있어, 사회계층의 영향을 받게 되어 차이가 나타난다(장수한 외, 2008; 손홍숙, 2008).

신체의 발달은 두미(頭尾)발달의 원칙에 따라 신생아기에는 머리가 신체에서 차지하는 비율이 1/4이나 되지만 첫 2년간 신체의 다른 부분이 성장해서 두 돌 무렵에는 신체의 1/5이 되게 된다. 또한 근원(近遠)발달의 원칙에 따라 몸통이 먼저 성장하고 그 다음 팔다리, 그리고 손발의 순서로 발달이 이루어진다(장수한 외, 2008).

영아의 치아는 생후 6개월경부터 아래 앞니부터 젖니가 나기 시작하여 1년이 되면 6~8개의 앞니가 나며 24~30개월경에는 20개의 젖니가 모두 나게 된다.

출처 : 이숙재 · 이봉선(1999). 영유아 발달과 교육 : 120.

영아기의 운동발달은 신체성장, 뼈와 근육의 성장, 신경계의 성숙의 결과로 획득된다. 운동기능은 특정 운동에 사용되는 근육의 부위와 신체부위에 따라 대근육, 운동과 소근육 운동으로 나누어진다. 대근육 운동은 기기, 서기, 걷기, 뛰기 등과 같이 팔, 다리, 몸통과 같은 대근육을 사용하는 운동을 말하며, 소근육 운동은 손으로 물건잡기, 손가락으로 글씨쓰기 등과 같이 몸의 소근육을 이용하는 운동을 말한다(김동배 외, 2009).

영아는 출생 후 1년 반 정도가 지나면 혼자서 걸어다닐 정도로 대근육 운동이 발달하게 된다. 영아의 대근육을 이용한 이행운동(locomotor)은 엎드린 상태에서 머리 들어올리기(2개월), 구르기(3개월), 혼자서 앉기(6개월), 붙잡고 서기(7개월), 붙잡고 걷기(9개월), 혼자서 서기(11개월), 혼자서 걷기(12개월), 달리기 및 혼자 계단오르내리기(24개월)의 순으로 발달한다(Hetherington & Parke, 1993). 소근육 운동 기능은 6개월이 되어야 매달려 있는 물체를 팔을 뻗어 잡을 수 있으며(Bower, 1979). 실이나 동전 같은 작은 물체를 잡기 위해 처음에 영아는 손 전체, 특히 손바닥을 사용하다가 10개월이 지나면서 엄지와 집게를 사용해서 작은 물건을 집을 수 있게 된다. 첫돌이 지나서야 자기 앞으로 던져준 물체를 제대로 잡을 수 있다(Von Hofsten, 1983).

(2) 신생아의 반사운동

영아는 출생 직후 외부자극에 대해 분명하게 반응하기보다 주로 반사반응을 한다. 대표적인 것으로 첫째, 빨기 반사(sucking reflex)를 들 수 있다. 이것은 영아가 입에 닿는 것은 무엇이든 빨려고 하는 것을 말한다. 둘째, 빨기 반사와 관련 있는 것으로 젖 찾기 반사(rooting reflex)를 들 수 있다. 이는 외부자극에 대한 자동적인 움직임을 말하는데, 영아는 입술이나 입 근처에 어떤 작은 것 하나라도 닿기만 하면 자동적으로 머리를 돌려 입으로 빠는 모습을 취하는 경향이 있다. 셋째, 모로반사(Moro's reflex) 혹은 경악(驚愕) 반사이다. 영아는 갑자기 큰 소리를 듣게 되면 그때마다 자동적으로 팔과 다리를 쫙 펴는 것은 물론 손가락을 펴고, 머리를 뒤로 젖히는 반응을 한다. 이 반사는 수개월이 지나면 자연적으로 사라진다.

이밖에 걷기반사, 쥐기반사, 바빈스키반사 따위가 있다. 걷기반사(walking reflex)란 영아의 발이 바닥에 닿아 바른 자세가 갖추어지기만 하면 자연스럽게 한쪽 다리를 들어 올리려고 하는 경향이다. 쥐기반사(grasping reflex)란 유아의 손바닥에 무어이든 올려놓으면 마치 작은 막대기나 손가락을 쥐는 것과 같은 반응을 보이는 것을 말한다. 그리고 바빈스키반사(Babin sky reflex)란 유아의 발바닥을 간지럽게 하면 발가락을 발등 위쪽으로 부채처럼 펴는 경향을 말한다(Zastrow & Kirst-Ashman, 2001 : 65-66).

(3) 감각 및 지각발달

영아가 주위세계를 이해하는 과정은 감각(sensation)과 지각(perception)으로 나누어 볼 수 있다. 감각은 감각기관에 들어온 자극을 받아들이는 자극에 대한 감각기관의 반응이고, 지각은 감각기관과 두뇌가 자극을 분류 · 통합하는 자극의 해석이다.

주위 환경에 대한 정보를 얻기 위해서는 감각활동을 통한 지각경험이 우선되어야 하며 이러한 감각과 지각능력은 인지발달의 기초가 된다(Berk, 1996).

출생 이후 주위 환경으로부터의 적절한 자극이 감각기능의 발달에 필수적이다. 주위 환경으로부터 주어지는 여러 자극을 오감을 통해 받아들이는 감각은 인간의 감각정보의 80%가 시각을 통해 들어옴에도 불구하고 시각은 영아의 감각능력 중 가장 늦게 성숙한다. 1개월경에는 사물에 초점을 맞추고 응시하는 것이 가능하며, 3~4개월경에는 색에 대한 지각도 가능하며, 생후 6개월 정도에는 시각 정확도가 20% 정도이지만 생후 1년 동안 점진적으로 개선되어 첫돌 무렵에는 시력이 1.0에 가까워져 정상시력을 갖게 된다(권중돈 · 김동배, 2005 : 98).

영아기의 지각에 관한 연구에서 영아는 전체보다는 부분을, 정지된 것보다는 움직이는 물체를, 흑백보다는 컬러를, 직선보다는 곡선을 선호한다(Fantz, 1963). 또한 다른 사물보다는 인간의 얼굴을 선호하며 얼굴 중에서도 눈을 가장 선호하는 것으로 나타났다. 또한 생후 4~6개월경에는 깊이지각이 발달하게 되어 영아가 침대나 계단에서 굴러 떨어지는 것을 막는 데 큰 도움이 된다(유안진 · 김혜선, 1996 : 137).

영아의 청각능력은 출생 후 곧 성인 수준에 도달하는 것으로 알려져 있다. 신생아는 단순히 소리의 크기나 음조뿐 아니라 말소리도 구분할 수 있다. 생후 2주경에는 사람의 목소리와 다른 소리를 구분할 수 있으며, 3주경에는 낯선 사람이나 아버지의 목소리보다 어머니의 목소리에 민감하게 반응한다. 출생 후 1개월경에는 '바'음과 '파'음 같은 음소의 구별이 가능하며, 2개월경에는 서로 다른 목소리에 다르게 반응하고 4~6개월이 되면 소리가 나는 방향을 정확하게 알아볼 수 있으며, 낯익은 목소리를 구별할 수 있고 음악을 들으면 좋아한다(정옥분, 2005 : 262).

영아는 여러 가지 다양한 냄새를 식별할 수 있는데, 생후 1주일 정도가 지나면 어머니와 다른 여성의 젖 냄새를 구분할 수 있고 나쁜 냄새에는 고개를 돌리거나 얼굴을 찡그리는 반응을 보이는 반면 좋은 냄새에는 기분 좋은 표정을 짓게 된다. 영아는 단맛, 신맛, 쓴맛을 구분하게 된다. 또한 촉각은 영아가 성인과 갖는 관계에서 매우 중요한 역할을 하게 되는데, 생후 6개월이 지나면 영아는 촉각을 사용해서(처음에는 입과 입술을 사용하고 나중에는 손을 사용한다) 주위 물체를 탐색하게 된다. 따라서 촉각은 영아가 자신의 환경에 대한 지식을 습득하는 주요한 수단이 된다(장수한 외, 2008).

2) 인지적 발달

(1) 감각기관과 운동기능을 통한 세상 인식

인지(cognition)란 감각을 통해 사물을 지각하고 지각한 정보를 기억해 두었다가 필요할 때 재생시켜 사고하며 문제를 해결하는 과정, 즉 세상을 이해하고 적응해 나가는 과정을 의미한다.

영아기에는 인지발달이 급격히 이루어진다. 영아는 자극에 반응하는 반사적 유기체에서 점차 자신의 행동을 통제하고, 생각하는 유기체로 발달된다. 영아의 인지발달은 감각기관과 운동기관을 통해 이루어진다. 언어가 발달되지 않은 영아는 지각과 환경 탐색을 통하여 개념을 형성하게 되고 운동 기능이 활발해짐에 따라 감각운동 유형이 복잡해지면서 세상을 이해하고 조작하게 된다(신종우 외, 2008).

피아제(Piaget, 1952)는 인간이 성장하는 과정에서 다양한 단계를 거치면서 생각하고 배우는 능력을 갖춘다고 하였으며, 영아기의 인지수준은 감각운동기(0-2세)에 해당한다. 이 시기에 유아는 세 가지 과업을 성취하게 된다. 하나는 유아가 정보를 받아들이면서 다양한 감각을 배운다. 동일한 대상에게서도 여러 가지 감각적 정보를 받아들일 수 있다는 사실을 이해하기 시작한다. 둘째는 목적지향적인 행동을 한다. 비록 단순하기는 하지만 어떤 목적을 위해 행동을 한다.[4] 셋째는 대상영속성의 개념을 획득하는 것이다(Zastrow & Kirst-Ashman, 2002). 대상영속성[5]은 아기가 8개월 이후부터 시작하여 18~20

개월 정도 되면 획득하게 되는데, 눈앞에서 사라진 물건을 찾을 수 있게 된다. 감각운동기는 6가지 하부 단계로 구성된다. 즉, 반사활동기(reflex actions), 일차순환반응(primary circular reactions), 이차순환반응, 이차도식들의 협응(coordination of secondary schemata), 삼차순환반응, 사고의 시작(beginnings of thought) 상징적 표상으로 구성된다(Norlin er al., 2003).

반사활동기(출생~1개월)에는 환경자극에 대한 자동적인 반응으로 목적 없는 충동적이고 반사적 행동을 한다. 빨기, 차기, 잡기, 소리나는 쪽으로 고개 돌리기 등의 반사적 도식이 주요 활동이다. 다음 단계는 일차순환반응(1~4개월)기로 최초의 습관이 형성되는 시기이며, 물체의 모양과 크기에 따라 잡고 빠는 방식이 다양화된다. 피아제(Piaget)는 우연히 발생한 행동을 반복하려고 시도하는 학습활동을 묘사하기 위해 순환반응이라는 개념을 활용한다. 예를 들어, 아기가 입에 자기의 손을 가져다 대고, 손을 떼었다 다시 입에 대고 하는 반복운동이 그렇다. 팔운동과 빨기라는 두 개의 별개의 운동도식을 협응하려는 시도이다. 일차순환반응에서는 둘 이상의 도식이 점차 연합된다(예 : 동시에 담요를 잡고, 보기). 이차순환반응(4~10개월)에서는 최초로 환경 내에 있는 사물이나 사태에 관심을 가지게 된다. 자신의 행동에 의해 어떤 결과를 볼 수 있다는 인과성을 가지게 되며 의도적 행동을 수행하는 것이 가능해진다. 예를 들어, 예상되는 어떤 결과를 보기 위해 반복행동을 한다(소리에 관심을 갖게 된 아기가 소리를 듣기 위해 딸랑이를 흔듦). 이차도식들의 협응(10~12개월)에서는 자신이 원하는 목표를 지각하고 목적성취를 위해 새로운 도식을 사용하는 실험을 시작하는 단계이다. 즉, 장난감을 잡고 싶어서 그 장난감을 덮고 있는 손수건을 치운다. 이 경우 잡기라는 목적을 위해 치우기라는 도식을 활용한 것이다. 이 단계의 행동은 목적적이다. 생후 1년경에 이 단계가 끝난다. 5단계인 삼차순환반응(12~18개월)에서는 수단과

4) 예를 들면, 영아가 장난감을 잡으려고 했을 때 엄마가 손을 뻗어서 가로막자 영아는 엄마의 손을 치우고 장난감을 잡았다. 이는 목적을 달성하기 위해 둘로 분리된 도식(방해물 치우기와 장난감 잡기)을 활용한 것이다(사회복지교육연구센터. 인간행동과 사회환경. 나눔의집. 2010).

5) 사물이 눈앞에 보이지 않거나 만질 수 없을 때에도 여전히 존재한다는 사실을 인식할 수 있는 능력이다.

결과간의 관계를 탐색하게 되는데 사물을 탐색하고 속성을 파악하여 새로운 도식을 형성하게 된다. 행동을 반복하지만 다른 방식으로 반복해 보고 다른 결과를 보며 그 관계에 대한 가설을 세워 본다. 예를 들어, 아기가 장난감을 이렇게도 떨어뜨려 보고 저렇게도 떨어뜨려 보며 결과를 관찰한다. 6단계인 통찰기 또는 사고의 시작/상징적 표상(18~24개월)에서는 눈앞에 없는 사물이나 사태를 내재적으로 표상하는 심상을 형성하게 된다. 따라서 아기가 직접 경험이나 실험하지 않아도 사고를 통해 어떤 활동을 할 수 있게 된다. 즉, 이 시기에는 사물을 숨기는 과정을 보지 않아도 사물을 찾을 수 있게 된다. 정신세계 내에서 수단과 목적을 연결시킬 수 있으므로 마음속으로 문제해결 활동 및 계획을 수행해 본다(이인정 외, 2000; 장수한 외 2008).

(2) 언어발달

영아기의 언어발달은 인지발달 및 사회성 발달과 밀접한 관련성을 지니고 있다. 언어는 인간의 정신능력에 영향을 주는 중요한 요인으로 인간의 욕구를 충족시킬 수 있고 다른 사람과 관계를 가지고 주위환경을 이해하고 조정함으로써 사회에 적응할 수 있는 사회생활의 기본이다. 언어획득에는 개인차이가 많고 비언적인 형태로 의사소통을 하다가 생후 12개월이 지나면 사람들이 알아들을 수 있는 말을 하기 시작하며 2세쯤 되면 언어발달 능력이 빠르게 증가한다. 언어발달요인은 생물학적 요인(청각, 발성기관), 인지적 요인(사물의 이해능력), 환경적 요인(상호작용의 대상, 어머니의 언어 모델, TV와 같은 언어 자극물)등을 들 수 있다(손홍숙, 2008).

① 언어 이전 시기(출생-12개월)

◦ 울음

아기가 처음 내는 소리로 가장 강력한 의사전달의 방법이다. 출생 후 처음은 울음소리가 미분화된 상태이며 울음의 목적을 구별하기 어렵다. 이 시기의 울음은 앞으로 말을 할 수 있다는 표시로도 볼 수 있다. 그 후 분화된 울음으로 울음소리의 음조와 강도에 따라 영아가 배고픈지, 졸린지, 아픈지, 화가 났는지, 기저귀가 젖었는지 등의 울음의 목적을 알 수 있게 된다. 다양한 울음소리는 자신의 욕구와 감정을 알리는 신호의 역할을 하게 된다. 생후 1주가 된 아기가 내는 울음에서 배고파서 우는 울음, 고통의 울음, 분노의 울음의 3 종류가 있는 것으로 나타났다(CRM/Random House, 1975).

◦ 쿠잉

쿠잉(cooing)은 출생 후 7~8주경에 영아가 꾸르륵하고 목 울리는 소리를 내기 시작하게 되는 현상이다. 젖을 먹고 난 뒤나, 장난감을 쳐다볼 때와 같이 즐거운 경우 대상물이나 미소 짓는 얼굴을 바라보면서 꾸르륵 소리를 내며 좋아하는 경우가 많다. 영아의 발성은 기쁨이나 즐거움의 표현인 것으로 간주된다.

◦ 옹알이

옹알이(babbling)는 4~5개월경에 나타나는 언어의 유사한 최초의 소리이다. 듣지 못하는 청각장애인 아이도 옹알이를 한다.

옹알이는 만족스러운 상태에서 가장 많이 나타나며 처음에는 옹알이를 하는 기쁨 자체를 위해 하였으나 다음에는 환경에 주는 영향 때문에 옹알이를 하게 된다.

그러나 피드백(feed back)을 받지 못하면 얼마 지나지 않아 옹알이를 하지 않게 된다. 옹알이를 할 때 어머니나 주위 사람들로부터 격려를 받으며 많은 피드백을 받은 영아는 점차 그 소리가 빈번해지고 다양해진다. 영아가 내는 옹알이 소리가 전 세계적으로 동일하다는 사실은 모든 아이는, 어떤 언어든지 습득할 수 있는 잠재력을 가지고 있음을 알 수 있다(손홍숙, 2008).

② 언어 시기(12개월-24개월)

◦ 한 단어 문장

한 단어가 문장을 의미하는 것으로 1어문(一語文, holophrase)이라고도 한다(Dworetzky, 1984). 생후 11개월부터 의미 있는 말을 하다가 1년경에 영아는 분명하게 이해할 수 있는 단어를 사용할 수 있으며 그 단어가 자신의 생각을 표현하는 수단이 된다. 한 단어로 된 말은 대체적으로 사물과 사건 또는 기분을 표현하거나 요구 등을 나타내는 것으로 자음 하나와 모음 하나가 합쳐진 말의 반복이 대부분이다.

◦ 두 단어 문장

두 단어를 결합시켜 자기의 의사를 표현하는 시기로 생후 20개월 내지 2돌 즈음이며 이 시기를 2어문(二語文, duos)이라고도 한다. 생후 1년에서 1년 반까지 획득하는 어휘의 수는 10개의 낱말을 말하고 20개월이 되면 50개의 낱말을 표현한다. 그러나 1년 반에서 2년까지 습득하는 어휘의 수는 급격하여 2세쯤이면 190개의 낱말을 사용하여 말한다(Smart, 1982). 보편적으로 아동이 50개 정도의 단어를 말할 수 있을 때 두 단어를 결합시킨다고 한다. 이들의 언어는 전치사나 동사의 어미를 빼고 중요한 단어만 나열하여 전보 같다고 하여 전보식 언어(telegraphic speech)라고 표현한다.

영아기의 언어발달의 특징은 자기중심적 언어를 사용하며 상대방의 입장을 이해할 수 있는 능력이 없기 때문에 혼자 중얼거리거나 반복하는 언어를 사용한다. 그러므로 부모가 아동의 질문에 성실하고 지혜롭게 답변을 해주고 새로운 세계를 경험할 수 있는 기회를 제공해 주게 되면 언어발달이 보다 촉진될 수 있다(손홍숙, 2008).

3) 심리 · 사회적 발달

(1) 정서발달

정서(emotion)는 외적 유발인자와 개인의 사고과정 및 감정변화 사이의 관계를 나타내는 용어로 자극에 직면하여 발생하거나 자극에 수반되는 생리적 변화(예 : 혈압, 맥박 수, 호흡의 변화)라든가 눈에 보이는 행동(예 : 미소나 찡그림) 등의 반응을 의미하며, 기쁨, 슬픔, 공포 등이 그 예이다. 기쁨은 미소나 웃음 등으로 표현되며, 건강한 영아일수록 기쁨의 표현이 명확하고 빈번하게 나타난다(장수한 외, 2008).

영아의 정서는 출생 시의 미분화 상태에서 성숙과 학습경험을 통해서 점점 분화되며(김동배 외, 2009), 버거(Berger)는 갓 태어난 아기는 불만족과 만족 두 가지 정서만을 가지고 있다고 보았다(신종우 외, 2008).

브리지스(Bridges)는 영아의 정서반응의 분화과정을 관찰하여 기본적 정서가 분화되어 가는 단계를 제시하였다. 그에 의하면, 2개월경에는 불쾌감이 분화되고 이를 울음 등을 통해서 표현하며, 즐거움은 미소를 짓는 방법으로 표현할 수 있게 된다고 하였다. 3개월이 되면 분노의 감정이 분화되고, 5~6개월이 되면 혐오감과 공포감이 분화되며 분노의 감정도 더욱 증가한다. 6개월 된 영아는 행복해서 미소 짓는 얼굴과 찡그린 얼굴을 구분할 수 있을 뿐만 아니라 타인의 정서에도 영향을 받게 된다(Bornstein, 1995). 그리고 12개월이 되면 의기양양, 성인에 대한 애정이 더욱 강해지고, 18개월에는 애정과 질투의 감정이 나타나며, 19개월경에는 환희의 감정이 나타난다고 하였다(김태련·장휘숙, 1998). 이러한 감정의 표현뿐만 아니라 정서를 이해하고 규제하는 능력 또한 발달하게 된다. 18개월 정도가 지나면 영아는 부정적인 정서를 숨길 수 있게 된다(김동배 외, 2009).

(2) 애착형성과 발달

영아기의 사회성 발달에는 많은 요인들이 복합적으로 작용한다. 영아가 사회적 존재로 성장·발달해 나가기 위해서는 반드시 어떤 집단이나 사회 속에서 다른 사람과 효율적인 인간관계를 맺을 수 있는 능력이 있어야 한다.

애착(attachment)이란 영아와 보호자 사이에 형성되는 친밀한 정서적 유대감을 의미하는 것이다. 영유아는 아버지와는 주로 놀이를 통해, 어머니와는 계속적인 상호작용을 통해 애착관계를 형성한다. 영아기에 형성된 애착은 이후 인지, 정서, 사회성 발달에 중요한 영향을 미치게 된다(Thompson, 1998).

안정된 애착이 이루어진 영아는 엄마와의 애착을 토대로 주위 환경을 적극적으로 탐색하게 된다. 주변의 탐색을 통해서 영아는 사물을 이해하게 되고 다루는 기술을 배우며, 자신에 대해 유능감을 느끼게 된다(이 숙 외, 2009).

영아들은 생후 6~8개월이 되면서 애착관계를 형성하게 되고, 애착의 정도는 12개월 전후에 절정을 이루며 소수에게만 집중되는 양상을 보인다. 18개월이 되면서 다른 사람에게 확대되기도 한다. 이러한 애착은 부모가 영아에게 필요한 자극을 주고, 영아가 울거나 신호를 보낼 때 신속하게 반응함으로 길러진다. 영아기의 신체접촉이 애착관계를 형성하는 데 중요한 요인이 되고 있다. 영아기에 형성되는 애착은 애착에 개입된 긍정적 감정에 신체적으로나 정서적으로 아이의 건전한 발달에 기여하게 되며 타인을 사랑하는 데 밑거름이 된다. 또한 사회화 과정에서 훈육과 통제를 하는 데도 필요하다. 외부 세상에 대한 호기심과 탐구하여 배우는 데 기초가 되며, 자율감을 갖고 행동하도록 해준다(손홍숙, 2008; 장수한 외, 2008).

또한 영아는 애착을 통해 어머니와 공생적 관계(symbiotic relation)를 이루게 되고 항상 영아를 도와주며 위험으로부터 구제해 주고 필요한 영양을 공급해 주는 어머니로부터 보호, 사랑, 접촉 등을 통해 영아는 기본적 신뢰감(basic trust)과 기본적 안정감(basic security)을 얻게 된다.

보울비(Bowlby, 1969)에 따르면 애착은 선천적일 뿐만 아니라 또한 학습의 영향도 인정하여 애착의 종류와 양은 개인의 과거의 경험과 상황에 따라 다른 것으로 간주되었다. 그러므로 영아는 생물학적인 부모와의 애착을 형성하지만, 생활학적으로 전혀 관계가 없는 사람과도 애착형성이 가능하다. 인간의 애착행동은 동물의 각인행동에서 그 기원을 찾을 수 있다. 보울비의 애착발달 단계는 다음과 같다.

① 전 애착단계(Preattachment stage : 출생 후 - 2주)

애착이 형성되지 않은 단계이며 낯선 사람과 혼자 남겨져도 영아는 별로 개의치 않는다. 매우 단순한 행동으로 자신 주위의 누구에게나 접근하고자 한다.

② 애착형성 단계(Attachment in the making : 2~3주 - 6~8개월)

친숙한 사람과 낯선 사람에게 다르게 반응하기 시작한다. 낯선 사람과 친숙한 얼굴을 구별할 수 있음에도 불구하고 부모가 자기를 혼자 남겨 놓고 자리를 떠나도 아직 이 단계에서는 분리불안을 보이지 않는다. 그러나 특정 친숙한 사람에게 가까이 가고자 한다.

③ 애착단계(Clear-cut attachment : 6~8주 - 18개월)

이미 애착이 형성된 사람에게 적극적으로 접근하고자 능동적인 행동을 하는 단계이다. 애착대상이 떠나면 분리불안을 보인다. 분리불안은 돌 전후에 나타나기 시작하며 친숙한 사람에게 강한 애착관계를 나타내고 점차 그 강도가 줄어들 뿐 아니라 여러 사람에게도 애착행동을 보인다. 애착을 가진 사람의 부재를 인식하기도 한다.

④ 상호관계의 형성단계(Formation of reciprocal relationships : 18개월 - 2세)

애착이 형성된 사람의 행동을 예측할 뿐만 아니라 원하는 방향대로 그 사람의 행동을 수정하도록 하는 단계이다. 2세 말이 되면 영아는 정신적 표상과 언어발달로 인해 이미 애착을 형성한 사람의 행동을 예측하게 된다. 즉, 어머니가 언제 돌아올지 예측할 수 있으므로 결과적으로 분리불안이 감소한다. 양육자와 협상하고 자신이 원하는 대로 그 사람의 행동을 수정하고자 한다.

보울비(Bowlby)는 애착이 잘 형성된 아동은 성숙한 성인이 되나 그렇지 못한 아동은 미성숙하고 과잉 의존적이며, 우울증, 정신박약, 반사회적 행동을 보이며 애착은 지적 발달과 관련이 있다고 한다. 특히 부모와 자녀 간에 형성되는 애착관계는 개인의 성장발달에 큰 영향을 미친다고 보고 있다.

(3) 낯가림과 분리불안

영아가 특정인물과 애착을 형성했다는 증거로 나타나는 현상이 낯가림과 분리 불안이다. 낯가림(Stranger anxiety)이란 영아가 특정인물과 애착을 형성하게 되면, 낯선 사람이 다가오거나 부모가 낯선 사람에게 자신을 맡기면 큰 소리로 우는데, 이런 반응을 낯가림이라고 한다. 낯가림은 영아가 익숙한 얼굴과 낯선 얼굴의 불일치에 대해 보이는 반응이다. 이러한 낯가림은 6~8개월경에 나타나기 시작해서 첫돌 전후에 최고조로 달했다가 서서히 감소한다(장수한 외, 2008).

낯가림은 영아가 애착을 형성한 결과로 나타나는 현상이며 영아기에 나타나는 보편적인 행동으로 간주하고 있다. 대부분의 영아가 낯선 사람에 대해 불안반응을 보이지만, 그러나 심한 낯가림은 영아의 탐색활동을 감소시킬 뿐만 아니라 또한 심리적으로 불안과 위축을 초래해서 사회성 발달을 저해하기도 한다.

분리불안(Separation anxiety)은 영아가 부모나 애착을 느끼는 대상과 분리될 때 느끼는 불안을 의미하며, 부모에 대한 애착 강도의 중요한 지표라고도 한다. 대체로 낯가림과 비슷한 시기인 출생 후 9개월경에 시작하여 15개월경에 절정에 달했다가 그 후에는 점차 감소된다. 생후 18개월 지나면서 어머니 이외의 여러 사람과 안정된 상태에서 자주 접촉하게 되면 낯가림이 누그러들고 애착대상과의 분리도 고통 없이 받아들이게 된다. 안정애착을 형성한 영아는 불안정 애착을 형성한 영아보다 분리불안 반응을 덜 보이는 경향이 있으며, 어머니를 탐색을 위한 기지로 삼아 주변 환경에 대한 탐색을 하게 된다. 또한 영아의 연령증가와 함께 감소되며 또한 친숙한 사람이나 물건의 존재는 영아의 불안을 약화시키거나 상쇄하는 작용을 한다(손홍숙, 2008; 장수한 외, 2008).

(4) 신뢰감 형성

에릭슨(Erikson, 1963)은 출생 후 첫 해에 획득되는 신뢰감은 평생 동안 지속되며 자신이나 타인, 나아가 세상에 대한 신뢰감의 기초가 된다고 하였다. 영아가 신뢰감을 형성하기 위해서는 언제든지 어머니가 요구를 충족시켜 줄 것이라는 기본적인 믿음이 있을 때 비로소 영아는 외부세계를 안정한 세상으로 인식하며 받아들이게 된다. 어머니의 심장 소리를 들으면서 심리적 안정을 가져다 줄 수 있게 수유를 하는 등 양육자는 애정을 가지고 영아의 심리적, 생물학적 욕구를 충족시켜 주어야 한다. 따라서 신뢰 대 불신은 영아기의 사회·심리적 위기로 표현되며 이 위기에 대한 영아기의 성공적 해결 또는 실패는 부모, 특히 어머니와의 관계와 양육태도에 의해 결정된다.

영아의 욕구가 수용되지 않고, 신체적·심리적으로 위안을 얻을 수 없는 환경에 처하게 되면 불신이 형성되며, 울고, 보채거나, 무감각, 무감동, 식욕상실 등의 증상으로 나타나게 된다. 이와 같은 영아의 신뢰감 대 불신감을 해결하기 위해서는 어머니의 안정된 애착관계형성이 가장 중요하다. 영아기의 신뢰감 형성은 세상에 대한 안정감을 갖게 되며 또한 청소년기에 자아정체감(Self-identity)형성에도 기본이 된다(강경미 외, 2005 : 280).

4) 사회복지 실천과제

사회복지 실천에서 관심을 기울여야 하는 영아기의 신체적 발달과 관련된 문제는 여러 가지가 있을 수 있으나(장수한 외, 2008; 김동배 외, 2009), 그 중에서 가장 중요한 문제는 바로 선천성 질병과 장애의 문제이다. 영아가 유전적 요인 또는 출산과정상의 문제로 인하여 신체 내부기관의 결함, 선천적 질병 도는 신체적 장애를 갖고 있는 경우에는 생존에 필요한 여러 가지 기능을 수행하는 데 어려움을 겪을 수 있으며, 부모와의 상호작용에도 많은 제한을 받게 될 것이다. 따라서 사회복지사는 선천성 질병이나 장애가 있는 영아들이 조기치료와 교육·훈련을 받을 수 있는 기회를 제공해 주어야 할 것이다. 이와 더불어 사회복지사는 장애아를 둔 부모나 가족에 대한 지지적 서비스를 제공하여, 부모의 고통과 가족 내의 갈등을 완화시켜 나가야 할 것이다.

두 번째로 영아기의 신체적 발달과 관련하여 관심을 기울여야 할 부분은 운동발달지체이다. 영아가 머리 들기, 앉기, 서기, 걷기 등에서 발달지체를 겪는 경우 외부세계에 대한 호기심과 자발적 탐색이 이루어지지 못하게 되므로 인지 · 정서발달영역에도 어려움을 겪게 된다. 이 경우에는 양육자인 부모와의 상담을 통해 영아의 운동발달 상태를 평가하고 필요시에는 의학적인 진료를 받을 수 있도록 의뢰를 할 수 있어야 한다.

세 번째, 영아의 심리적 발달과 관련하여 사회복지 실천에서 관심을 기울여야 할 영역으로는 먼저 감각과 지각발달의 문제가 있다. 영아는 감각을 통하여 양육자와 접촉하고 애착관계를 형성해 나가기 때문에 감각 및 지각의 장애는 신체발달뿐 아니라 심리사회적 발달에도 부정적 영향을 미치게 된다. 그리고 영아가 적절한 반응을 보이지 못하게 될 경우 부모도 정서적 고통을 겪게 된다. 따라서 사회복지사는 영아가 감각 및 지각발달정도에 대한 정확한 의료적 진단과 치료를 받을 수 있도록 의료기관에 의뢰할 수 있어야 하며, 부모를 위한 정서적 지원도 제공해야 한다.

사회복지사는 영아의 심리적 발달 중에서 인지발달에도 관심을 기울여야 한다. 특히 평균 이하의 지적 기능과 적응행동상의 결함을 보이는 정신지체(mental retardation)를 지닌 영아의 경우에는 조기치료와 훈련을 받을 수 있게 하여야 하며, 부모에게는 자조집단에 대한 참여 등 지지적 상담서비스를 제공하여야 한다. 그리고 언어발달상의 장애를 갖고 있는 영아에 대해서는 의학적 진단을 통하여 언어발달지체의 원인을 정확히 밝혀내고, 조기에 언어치료를 받을 수 있는 기회를 부여하여야 한다. 그리고 부모교육프로그램을 개설하여 영아의 인지 및 언어발달과 정서발달에 촉진적인 환경을 조성할 수 있는 기술을 교육할 필요도 있다.

마지막으로 영아기의 사회적 발달과 관련하여 관심을 기울여야 할 부분은 주된 양육자 또는 모자간의 부적절한 애착관계를 들 수 있다. 어머니가 우울증 등으로 인해 영아와의 신체적 접촉이나 애착관계 형성을 거부하는 경우에는 상담과 심리치료를 받을 수 있도록 지원하여야 한다.

영아의 분리불안이나 낯가림은 시간의 흐름과 함께 감소되는 것이 일반적이다. 그러나 맞벌이 가족의 경우에는 영아와 부모 사이의 접촉시간이 매우 부족하기 때문에, 영아가 분리불안을 강하게 표출하거나 해어졌다 다시 만났을 때 부모와 접촉을 두려워하거나 회피하는 경우가 나타나기도 한다. 맞벌이나 한부모 가정 등에서 영아의 부모의 접촉시간이 매우 짧거나 영아의 주양육자가 자주 교체되는 경우 등에 이러한 문제가 발생할 수 있다. 따라서 사회복지사는 맞벌이 부부를 대상으로 하여 짧은 시간 동안 영아와 효과적인 애착관계를 형성할 수 있는 양육기술에 대한 교육이나 정보제공을 위한 프로그램을 실시할 필요가 있다.

3 유아기(3~4세)

유아기(toddlerhood)는 걸음마기라고도 하며 만 3~4세까지의 시기로, 걸음걸이가 아직 완전히 안정되지 못한 특성 때문에 이와 같은 명칭이 붙여진 것이다. 걸음마기의 유아의 주된 생활환경은 가까운 이웃으로까지 확대되지만 여전히 가정이 주된 환경이다. 걸음마기에서 이루어지는 발달의 특징을 요약하면, 걸음마기는 3다(三多)의 시기라 할 수 있다. 즉, 걸음마기의 유아는 얘기를 많이 하고(多辯), 움직임이 많으며(多動), 자아의식을 갖게 됨으로써 스스로 계획을 수립하고 이를 이행하려 하는 등 활동성이 매우 강하며 자기주장이 강하게 나타나며 부모에게 반항하는(多抗) 등 좀 더 자율적이고 독립적 존재가 되어 간다(김동배 외, 2009).

신체가 전체적으로 균형을 잡아가면서 운동기술이 발달하여 독립된 개체로 활동하게 되며, 대소변 가리기 훈련이 가능해진다. 인지기능이 향상되고 운동능력의 발달에 의해 활동량이 증가하고 주변 환경에 대한 탐색이 보다 활발하게 이루어지며, 놀이 활동과 상상력이 풍부해지는 시기이다(장수한 외, 2008).

1) 신체적 발달

유아기는 영아기에 비해 속도는 완만하지만 꾸준한 신체적 성장이 이루어진다.

유아기 유아의 신체적 특징은 머리에 집중되어 있던 신체적 성장이 신체 하부로 확산되어가긴 하지만 아직까지는 머리가 크고, 가슴이 작고, 배불뚝이 인데다가 다리는 짧다(김동배 외, 2009). 유아기에는 팔 다리가 가장 빨리 성장하는 반면 머리 성장은 훨씬 느린 속도록 이루어지게 되는데 이는 2세에 이미 두뇌 무게가 어른 크기의 75% 정도에 도달하였기 때문이다. 신체적인 모습은 신체에서 머리가 차지하는 비율이 적어짐으로써 성인의 모습과 비슷해지며(이근홍, 2006), 이 시기는 남아가 여아보다 신장이 조금 크다. 유아기의 정상적인 성장발달을 위해서는 균형 잡힌 영양섭취, 규칙적인 생활습관 및 사고와 질병으로부터의 보호가 필요하다(장수한 외, 2008).

그러므로 세 끼 식사 이외에 간식 등을 통하여 충분한 영양을 섭취하도록 해야 하며, 점심식사 후 일정시간 수면이나 휴식을 취하게 하고, 물품보관이나 가구배치 등에 신경을 써서 사고를 미연에 방지하고 유아가 마음껏 뛰어 놀 수 있는 공간을 제공해 주어야 한다. 유아는 질병이나 영양불량에 의해 성장에 손상을 입을 수 있지만, 건강상태가 회복되고 적절한 영양공급이 이루어지게 되면 또래 아이들과 유사한 수준으로 성장하는 따라잡기 성장(catch-up growth)이 가능하다(김동배 외, 2009).

유아기의 신체발달에는 유전, 영양, 정서상태, 수면, 질병과 사고 등이 영향을 미치게 된다. 유전은 신체성장의 최대치뿐만 아니라 성숙의 속도에도 영향을 미친다. 예로 키가 큰 부모의 자녀는 키가 크며, 비만인 부모의 자녀는 비만이 될 확률이 정상 부모의 경우보다 높게 나타나고 있다(손홍숙, 2008).

유아기는 근육의 발달과 신경계통의 점차적인 성숙으로 운동기술이 보다 발전하여 운동능력이 정교화 된다. 일반적으로 유아기의 운동발달은 전신운동에 바탕을 둔 보행의 발달과 달리기, 뛰기, 계단 오르기, 세발자전거 타기 등의 전신운동이 발달되고 손가락 끝의 세부적·기교적 운동이 발달한다(장수한 외, 2008).

이러한 유아의 운동발달의 속도와 질적 특성은 신체적 성숙, 동기, 학습 및 연습기회, 성인의 지도방법, 장난감에 의해 결정된다(김동배 외, 2009).

2~3세경에는 달리기를 시작하지만 아직 달리면서 방향을 바꾸지는 못하며, 4세경에는 계단, 탁자, 난간 등에서 뛰어내리는 것도 가능해지며, 하루 종일 움직인다고 해도 과언이 아닐 정도로 운동량이 많아진다. 팔과 어깨를 이용하여 공을 던지고 팔꿈치를 구부려 가슴으로 공을 받을 수 있게 되며, 이 시기에는 특히 세발자전거를 즐겨 타는데, 이는 운동발달뿐만 아니라 가족으로부터 독립과 또래집단과의 동일시를 가능하게 해주는 수단이 되기도 한다(장수한 외, 2008; 김동배 외, 2009).

부분운동 중에서 상지운동과 관련된 발달을 보면, 2세경에는 숟가락을 사용할 수 있고, 컵으로 물을 마실 수도 있다. 3세경에는 엄지와 검지로 수저를 사용할 수 있지만 아직 서투른 편이며, 우리나라 아동의 경우 젓가락질하기는 2세반에서 3세경에 남아의 20%와 여아의 33%가 가능하다. 즉, 여아가 남아보다 이른 시기에 젓가락을 사용하는 것으로 나타났다.

소근육 운동 기술의 대표적인 예가 그림그리기이다. 그림그리기에서의 연령의 변화는 뇌와 소근육의 성숙하였음을 반영한다(Kellogg, 1970). 2세경에는 끄적거리기에도 나름대로 패턴이 있는데 수직 또는 지그재그로 끄적거린다. 3세경에는 원, 정사각형, 직사각형, 삼각형, 십자모양, X자 모양을 그릴 수 있다. 4세경에는 기본적인 형태를 조합하여 무늬를 그려낼 수 있으며, 사람을 그릴 때 눈은 큰 점으로 다리는 막대기 모양으로 그린다.

오른손잡이와 왼손잡이를 결정하는 요인은 유전요인, 생리적 요인, 학습요인이 상호작용한 결과인데, 3~4세경에 왼손잡이인지 오른손잡이인지가 거의 결정되며, 아동은 자라면서 보편적으로 오른손을 왼손보다 많이 사용한다. 생후 3세가 되면, 90%의 아동은 주로 오른 손을 사용한다고 한다(Helms

& Turner, 1976). 이것은 인간의 대뇌발달이 왼쪽이 우세하기 때문이다. 2세경에는 10%의 왼손잡이가 있음에도 우리 주변에서 왼손잡이를 보기 힘든 것을 일찍부터 오른손으로 가르쳤기 때문이다. 손뿐만 아니라 눈, 귀, 다리 등의 다른 부분에도 왼쪽과 오른쪽 중에서 선호도가 비슷하게 나타난다(김동배 외, 2009; 손홍숙, 2008).

3세가 되면 괄약근이 발달되어 대소변 가리기 훈련을 시키는 것이 적당하며, 부모의 훈련태도에 따라 개인차가 존재하기 때문에 엄하고 억압적인 것보다는 칭찬하고 격려하는 것이 바람직하다(장수한 외, 2008).

2) 인지적 발달

(1) 인지발달의 특성

유아기의 인지적 사고는 논리적인 조작이 아직 미숙한 시기이다. 조작이란 과거에 있었던 사건을 내면화시켜 서로 관련지을 수 있는 것, 즉 논리적인 관계를 지을 수 있는 것을 뜻하는데, 피아제(Piaget)의 인지발달의 네 단계 중 두 번째 단계에 해당한다. 이 단계는 논리적인 조작이 불가능하기 때문에 전조작기라고 하는데, 전조작기 중에서도 전개념적 사고 단계(preconception)에 속한다고 보고 있다. 이 단계는 영아기에 발달한 도식이 내적표상(representation)으로 전환되는 시기로 사물을 상징적으로 조작할 수 있지만 성숙한 개념을 활용하지는 못한다(김동배 외, 2009). 전조작기의 사고는 경직되어 있고 한 번에 한 가지 측면에만 관심이 제한되고, 사물을 외관만으로 판단한다. 전조작기의 아동은 추상적인 개념을 거의 이해하지 못한다. 뿐만 아니라 사실과 공상과의 차이도 깨닫지 못한다. 꿈을 실제로 본 것으로 믿는 것이 그 예다. 전조작기의 가장 중요한 인지적 성취는 상징적 사고의 출현이라고 할 것이다. 유아의 사고가 자신의 행동이나 감각에만 의존하지 않게 됨으로써 정신적 표상, 자연모방, 상징놀이 등이 가능해진다. 상징의 사용은 문제해결의 속도를 증가시키고 시행착오를 감소시킨다. 상징적 사고의 가장 중요한 결과 중의 하나인 가상놀이는 가상적인 사물이나 상황을 실제 사물이나 상황으로 상징화하는 놀이를 말하는데, 소꿉놀이, 병원놀이, 학교놀이 등이 가상놀이의 예이다. 영아기에 비해 기억능력이 크게 증가하며, 왕성한 호기심을 보이나 아직도 직관적이고 자기중심적인 사고의 특성을 보인다(손홍숙, 2008; 장수한 외, 2008; 이 숙 외, 2009).

피아제(Piaget)이론을 중심으로 유아기 사고의 특성을 살펴보면 다음과 같다(이 숙 외, 2009; 김동배 외, 2009).

첫째, 표상에 의한 상징적 사고(symbolic thought)가 가능해진다(Piaget, 1962).

상징적 사고는 더 이상 자신의 행동이나 감각에 의존하지 않고 정신적 표상을 만들어 내는 추상능력을 말한다. 유아는 더 이상 사물을 만지거나 보지 않아도 마음속으로 사물의 이미지를 만들 수 있게 된다. 상징은 어떤 것을 나타내는 징표를 말하며 언어가 가장 보편적인 상징이다. 이와 같은 추상능력의 발달로 인하여 유아는 모방, 상징놀이, 언어기술의 획득이 가능해진다. 만 2세경이 되면 부모의 행동을 모방하여 놀이를 시작하는데, 이것이 상징놀이(symbolic play)의 근원이 된다. 걸음마기 초기에는 부모행동을 모방하고 동물 또는 움직이는 사물 등 친숙한 사물을 상징화하여 단순한 놀이를 하지만, 점차 동화나 TV에서 보고 들은 얘기들을 상징화하는 놀이로 확대된다. 상징놀이를 통해서 유아는 내적 감정을 표현하고 사회, 신체 및 내적 세계를 실험하고 이해하며, 현실적으로 불가능한 것도 다룰 수 있게 되는 등 상상력이 확대된다.

유아들은 상징을 사용하면서 가상놀이를 한다. 예를 들어, 유아가 2세 이후가 되면 베개를 아기처럼 업고 다니며, 인형에게 우유를 먹이는 흉내를 내기도 하고 엄마, 아빠가 되어 역할놀이를 한다. 이러한 가상놀이는 점점 더 복잡해져서 '마치~인 것처럼' 행동할 수 있는 정신적 표상능력을 나타낸다. 유아들은 상상의 친구를 만들어서 혼자서 가상놀이를 하는데 많은 시간을 보낸다. 상상의 친구를 가진 유아들이 보다 복잡한 가상놀이를 하는 경향이 있으며, 타인의 관점을 좀 더 잘 이해하고 또래와의 관계에서도 보다 사회적인 경향이 있다.

둘째, 자기중심적인 사고를 한다. 이는 자기 자신의 입장에 집중하는 것으로 다른 사람들은 자신과 달리 본다고 보는 조망수용 능력을 갖추고 있지 못하다. 유아기의 이러한 자기중심성은 자기중심적 언어에서도 잘 드러난다. 자기중심적 언어는 자신이 하는 말을 상대방이 이해하든 못하든 상관없이 자기 생각만을 전달하는 의사소통양식이다.

셋째, 이 시기의 특징으로 사고의 비가역성을 들 수 있다. 사고의 가역성이란 사고과정에서 원상태와 변화된 상태를 되돌려서 가역성이 습득되어야만 보존개념(양의 보존과 수의 보존)이 형성된다. 그러나 유아기는 아직 가역성이 형성되지 못하기 때문에 보존개념 역시 거의 형성되지 못한다. 예를 들어, 만약 유아에게 높이와 넓이가 동일한 A컵과 B컵 두 개에 똑같이 물을 반쯤 붓고 물의 양이 같음을 확인시킨다. 그 다음에 길이가 길고 너비가 좁은 C컵에다가 A컵의 물을 보태거나 빼지 않고 부은 뒤 B컵과 C컵의 물이 여전히 같은지를 묻는다. 이 시기의 유아는 C컵의 물이 B컵의 물보다 많다고 대답한다(최옥채 외, 2009).

넷째, 꿈을 현실과 구분하지 못하기도 한다. 이는 마음속으로 상상한 것과 현실의 상황을 구분하지 못하기 때문이다. 그리하여 유아들이 엉뚱한 말을 하거나 거짓말을 한다고 여겨질 경우에도 잘 살펴보면 상상한 것이나 꿈꾼 것을 현실의 것과 구분하지 못해서 나타나는 경우가 많다.

다섯째, 물활론적 사고를 한다. 물활론적 사고는 생명이 없는 대상에게 생명과 감정을 부여하는 것으로, 만물은 생명이 있다고 여기는 것을 말한다. 예를 들어, 가위로 종이를 자르면 종이가 아플 것이라고 생각하는 것과, 유아들은 인형과 놀아 주지 않으면 인형이 심심할 것이라 믿는 것이다.

여섯째, 인공론적 사고는 자기중심성의 특별한 형태로 세상의 모든 사물이나 자연현상이 사람의 필요에 의해서 자신의 목적에 맞도록 쓰려고 만들어진 것이라고 믿는 사고로서, 세상을 비추기 위해 해와 달을 사람들이 하늘에 만들어 두었다고 믿는 것이 그 예다.

일곱 번째, 전도추리는 한 가지 특정 사건으로부터 다른 특정 사건을 추론하는 사고로서, 두 현상 간에 아무런 관계가 없는데도 인과관계가 있다고 생각한다. 예를 들면, 자기가 동생을 미워해서 동생이 아프게 되었다고 두 사건 간의 인과관계를 연결시키는 것이 그 예이다.

(2) 언어발달

인간은 언어를 통해서 자신의 욕구를 충족하고 다른 사람과 교재하며, 주위환경에 적응한다. 따라서 유아기에 언어의 획득과 발달은 매우 중요한 발달과업의 하나이다.

유아기 사고의 특성은 상징을 사용할 수 있는 능력이며, 가장 중요한 상징적 표현의 수단은 언어이다. 유아가 3~4세가 되면 상징적 기능을 획득하게 됨에 따라 단어획득 속도는 급격하게 빨라진다. 이 시기에는 유아가 사용하는 단어의 수가 증가할 뿐 아니라 성인이 사용하는 복잡한 문장을 그대로 반복하거나 새로운 문장을 만들어 내는 단계로 발달하게 된다. 또한 유아기 말을 하기 시작하면, 사회적 상호작용도 보다 활발해지면서 언어발달이 가속화된다.

유아의 언어활동은 성별의 개인차가 존재한다. 예를 들어, 말을 배우는 속도는 유아마다 다른데 일반적으로 남아가 여아보다 말을 배우는 속도가 느리며, 여아가 남아보다 더 빨리 말하는 경향이 있으며, 소수가족보다는 다수가족, 그리고 형제가 많은 가정의 유아들이 언어습득이 빠르다(최옥채 외, 2009).

유아가 24개월이 되면 두 단어로 이야기 하는 것이 증가하며 30개월이 되면 전보식 언어로 3~4개의 단어를 사용하여 이야기한다. 36개월이 되면 어휘 수가 1,000개에 이르는데, 문법적인 오류를 범하기도 한다(Papalia & Olds, 1998). 3세경에는 부정문이나 복수형에 대한 개념을 갖게 되며, 특히, '싫어', '아니'와 같은 부정적 의미의 문장을 사용할 수 있다(이 숙 외, 2009).

이 시기에는 다른 사람의 언어를 제법 이해하므로 언어로 지시하는 것은 그대로 할 수 있다(손홍숙, 2008).

처음에는 사물의 이름 등 명사부터 습득되고 동사, 형용사가 그 다음에 그리고 2세 반 이후에는 접속사와 조사 등을 사용하게 된다(김영호 외, 2005 : 60).

이것은 지적 · 사회적 · 정서적 · 성격적 발달에 영향을 미치게 된다. 이 시기에 유아가 이해하는 어휘가 얼마나 많은가 하는 것은 유아와 함께 하는 사람들이 유아로 하여금 말의 의미를 배우도록 얼마나 주의 깊게 도와주느냐에 달려 있다.

유아는 다른 사람과의 언어적 상호작용의 기회가 많을수록 언어 발달이 촉진되는데, 특히 어머니와의 상호작용은 유아의 초기 언어발달에 크게 영향을 미치게 된다. 또한 유아의 언어발달은 부모의 사회계층에 따라 달라질 수 있는데 부모의 사회계층이 낮은 유아가 높은 유아에 비해 언어발달의 수준이 낮은 경향이 있다. 이는 유아와 부모간의 상호작용의 양과 깊은 관련성이 있는 것으로 보인다(장수한 외, 2008).

3) 심리 · 사회적 발달

(1) 심리정서 발달

유아기의 정서는 영아기와 별 차이가 없으며, 2세 이전에 분화되었던, 여러 정서가 그대로 유지된다. 그러나 이러한 정서를 유발하는 요인이나 표현방법에서는 차이를 보이게 된다. 이 시기의 유아는 부모로부터 분리되어 또래와의 상호작용에 적극적으로 참여하려 하며, 3~4세경이 되면 성인과의 접촉보다는 또래와의 접촉이 많아진다. 걸음마기의 유아는 형제나 또래와의 놀이에서 자신의 것을 지키기 위하여 싸우고, 더 많은 것을 확보하기 위하여 경쟁하고, 걸음마기의 자아중심성과 왕성한 활동성 때문에 부모나 또래들과 갈등을 초래하게 되는 경우가 많다(김동배 외, 2009).

이 시기의 유아는 사회적으로 중요한 정서 상태, 즉 공포와 분노, 호기심, 질투, 애정 등의 정서를 표현하게 된다. 그러므로 어떻게 하면 이러한 정서를 사회적으로 용납하는 방법으로 표현하게 할 것인가 하는 것이 중요하다. 유아는 수많은 것에 공포를 느끼게 되는데 어둠이나 큰 소리, 새로운 상황에 대해 공포를 보이게 된다. 또한 유아기에는 상상력이 발달하여 자신이 직접 경험하지 않은 사건에 대해서도 공포감을 보이게 된다. 유아가 하고자 하는 일을 못하게 하거나, 어떤 일을 강요하거나, 부모가 관심을 가져주지 않는 것 등이 분노를 유발하는 요인이 된다. 호기심은 특히 유아기에 강하게 나타나는데 주위 인물이나 사물에 대한 호기심이 가장 왕성하게 나타나며 "왜"라는 질문을 끊임없이 하는 시기이다(장수한 외, 2008).

질투는 애정을 구하는 욕구가 충족되지 않은데서 일어나는 분노와 실망이 혼합된 정서라 할 수 있다. 질투는 대체로 공격적인 유아에게 많으며, 지능이 높은 유아일수록 많고, 남아에 비해 여아가 많다. 질투는 3~4세경에 가장 심하게 나타나며 동생이 생기는 경우 현저히 나타나고 퇴행적 행동을 하여 부모의 애정을 획득하려는 경향이 있다.

애정은 가정에서 부모와 유아와의 상호접촉을 통해 싹트게 되고 대인관계가 확대됨에 따라 애정관계도 점점 확대되어 간다. 애정은 상호적인 것이므로 유아기에는 특히 자기를 사랑해주는 사람을 사랑하며, 애정을 많이 받은 유아가 그렇지 못한 유아보다 정서적 · 신체적 발육이 빠르다. 그러나 지나친 보호와 사랑은 유아의 사회성 발달을 지연시키고 독립성과 자율성을 저해하는 결과를 가져올 수 있다(장수한 외, 2008).

(2) 사회적 발달

유아는 영아기에 비해 대인관계의 폭이 넓어지고 다양해지는 시기이다. 유아기에는 활동반경이 넓어짐에 따라 인간 상호관계에 따른 정서적 긴장이 심하게 나타나며, 언어능력의 발달로 인해 자신의 주장을 관철시키기 위해 언어적 표현을 많이 하게 된다. 또한 이 시기는 부모나 또래들과 갈등을 초래하는 경우가 많아지므로 유아의 행동에 제한을 가하면서 사회적 기준을 가르치기 위한 훈육을 시작해야 한다(장수한 외, 2008; 김동배 외, 2009).

① 놀이

놀이는 유아의 생활일 뿐 아니라 유아가 여러 가지 지식을 획득하는 수단이기도 하다. 놀이는 유아의 성장과 발달에 영향을 미치는 중요한 활동이며, 그들의 일이다. 유아는 자신의 생각과 감정을 쉽게 언어화할 수 없으므로 언어보다는 놀이에 의해 이를 더 적절하게 표현할 수 있으며, 놀이를 통해 새로운 지식을 쉽게 획득한다. 그 외에도 놀이는 또래와의 관계를 확장시키고 신체발달을 돕는 다양한 기능을 가지고 있다(정옥분, 2005 : 401).

걸음마기의 유아는 부모로부터 분리되어 또래와의 상호작용에 적극적으로 참여하려 하며, 3~4세경이 되면 성인과의 접촉보다는 또래와의 접촉이 더 많아진다. 유아기 아동의 놀이는 유아의 사회성 발달에 중요한 역할을 하는데, 놀이를 통해 유아는 사회적 관계를 형성하고 사회적 기술과 역할을 습득하게 된다. 이 시기에는 남아와 여아가 성을 분리해서 노는 경향이 있는데, 이 무렵의 유아는 남녀 간 성 차이를 어렴풋이 이해하게 되며 이것은 나중에 자신이 속한 사회의 남녀 성역할에 대한 이해의 기초를 제공하게 된다.

② 자아통제 및 자율성의 발달

자아통제(self control)란 외부의 요구에 자신을 일치시키는 능력, 상황에 따라 행동을 수정하는 능력, 행동을 연기하는 능력 그리고 타인의 지시를 받지 않고 사회적으로 바람직한 행동을 하는 능력을 의미한다(김태련 · 장휘숙, 1998).

프로이드 발달의 항문기에 해당하며, 이 시기 유아의 자기통제능력의 획득은 대소변 훈련(toilet training)에서 시작된다. 2~3세가 되면 유아는 대소변 의사를 정확히 표현할 수 있게 되므로, 대소변 훈련이 가능해지는 시기이다. 일반적으로 남아보다 여아가 대소변을 더 빨리 가리게 되지만 정확한 시기는 유아의 성숙도와 부모의 태도 등에 따라 많은 개인차가 있다. 대소변 훈련에 임하는 부모의 자세나 양육태도가 유아의 성격발달에 영향을 미치게 되며, 이러한 대소변훈련과 유아기의 자율성은 밀접한 관련을 갖게 된다. 대소변훈련은 개인의 자율성과 사회적 요구의 갈등이 최초로 일어나는 장(場)으로서, 이러한 갈등의 성공적 해결은 자아통제능력의 발달에 기여한다.

유아는 자신의 몸을 자유로이 통제할 수 있어서 자신의 일을 스스로 잘할 수 있다는 생각을 하게 되면, 이러한 생각에서 자율성이 획득된다. 그러나 운동발달이 미숙하거나 대소변 통제가 제대로 되지 않아 실수를 하여 주위 사람, 특히 부모로부터 꾸중을 듣거나 비난을 받게 되어 수치심과 의심이 생기면 자율성 발달에 장애를 받게 된다.

걸음마기 유아는 무엇이든 혼자서 해보려 함으로써 환경에 대한 통제를 시도한다. 이 시기의 유아는 부모와 자신이 분리된 별개의 존재라는 사실을 인식하기 때문에, 많은 것을 요구하고, 자기가 원하는 방식대로 하려고 한다. 그러나 부모로부터의 행동제한, 또래나 형제와의 경쟁에서의 무능력을 지각함으로써 분노를 표출하는 경우가 많아지며, 이러한 분노의 표출이 반항적 행동으로 받아들여지게 된다. 이러한 자기주장 적이고 반항적인 행동은 3~4세경에 절정에 달하는데, 이 시기를 제1반항기라고 한다. 하지만 이러한 자기주장 적이고 반항적 행동을 통해 자율성(autonomy)이라는 중요한 심리적 기제가 발달한다. 만약 부모가 자발적 시도를 차단하거나 혼자서 한 활동이 실패로 돌아가는 경우에는 수치감이 발달되고, 자신의 능력에 대해 신뢰를 하지 못하는 자아의심 성향이 강화되어 새로운 활동을 회피하거나 이미 알고 있는 친숙한 활동만을 수행하려고 한다. 유아의 환경통제능력을 고양시키기 위하여 부모는 처음부터 유아의 시도 자체를 억제시키기보다는 원하는 것을 하게 한 다음 필요할 때 도움을 주는 것이 바람직하다.

③ 성역할 발달

성역할이란 자신이 소속된 문화권내에서 특정성에 적절하다고 인정되는 행동, 태도, 가치 등을 획득해 가는 과정이다. 문화에 따라 특정성에 대해 기대하는 행동양식이 다르며, 부모들은 이러한 기준에 맞추어 자녀의 성역할과 관련된 행동을 강화하기도 하고 제한을 가하기도 한다(강인숙 외, 2007 : 90).

아동이 자신에게 기대되는 성역할을 이해하기 위해서는 먼저 자신의 성에 대한 정확한 이해가 있어야 하며, 성정체성·성안정성·성항상성의 획득은 성역할 이해의 기초가 된다(송영자, 1996 : 303). 유아는 자신이 성이 여자인지 남자인지를 인식하는 성정체감 형성으로부터 시작하여 성역할 고정관념과 유형화된 성적 행동양식을 발달시켜 나간다. 이 시기의 유아는 성정체감이 형성되기 시작하여, 3세경의 유아가 최초로 자신을 남자 또는 여자로 범주화하는 능력이 생긴다.

4) 사회복지 실천과제

유아기의 발달에 있어 사회복지 실천에서 관심을 기울여야 할 영역으로 영양결핍과 질병, 주의력결핍 및 과잉행동장애, 자폐증·늘어증·야뇨증, 아동학대 문제 등이 있다(장수한 외, 2008; 김동배 외, 2009).

첫 번째, 유아기에 영양불균형 상태에 이르거나 질병에 걸리게 되면 신체적 성장이 지연되고 운동능력이 뒤떨어지게 됨으로써 또래와의 사회적 상호작용에서 고립될 가능성이 높아진다. 그러므로 사회복지기관에서 유아를 보육하는 경우에는 걸음마기 유아의 활동성을 고려한 영양급식 프로그램을 만들고 이를 철저히 이행하는 것이 바람직할 것이다.

두 번째, 주의력결핍 및 과잉행동장애(ADHD)와 공격성이다. 최근 주의력결핍 및 과잉행동장애아의 출현율이 매우 높아지고 있으며, 이들에 대한 조기치료가 이루어지지 않을 경우 초등학교에서의 적응문제 및 성인이 되었을 경우 더욱 심각한 문제를 유발시킬 수 있으므로 유아기에 적절한 개입이 이루어져야 할 것이다. 따라서 사회복지사는 주의력결핍 및 과잉행동장애에 대한 정확한 진단을 통해 치료를 받을 수 있도록 함과 동시에 이러한 유아가 초등학교에 입학하기 이전에 과잉행동을 억제하고 주의집중시간을 늘려 나가고 공격성을 줄여나갈 수 있도록 지원해야 할 것이다.

세 번째로 자폐증(autism)·늘어증(stammering)·야뇨증(enuresis nocturma) 등의 문제이다. 이러한 장애의 발달을 예방하기 위하여 사회복지사는 부모를 대상으로 하여 유아와 애정 어린 신체적 접촉을 유지하고, 외부 환경에 대한 유아의 자발적 탐색을 조장함과 동시에 언어발달을 촉진시킬 수 있는 자극적 환경을 제공하고, 어린 동생에 대한 지나친 보호를 삼가는 등의 자녀양육교육을 실시할 수 있다.

네 번째, 걸음마기 유아가 혼자서 환경을 탐색하려는 시도를 지나치게 억제시킬 경우 공격성을 강화할 수 있으며, 과잉보호를 할 경우에는 새로운 탐색과 활동을 회피하고 부모에게 의존하여 문제를 해결하려는 성향이 강해진다. 따라서 사회복지사는 가족상담을 통하여 걸음마기 유아의 자발적 환경탐색을 조장해 줄 수 있는 훈육기술과 가족분위기 조성방법에 대한 정보를 제공할 필요가 있다.

다섯 번째로 아동학대의 문제이다. 아동학대는 아동에게 가해지는 신체적·정서적·성적으로 가혹한 행위를 의미하며, 방임은 부모가 아동에게 필요한 적절한 신체적 보호나 정서적 지지를 제공하지 않고 방치하는 것을 말한다. 유아를 학대하는 부모는 대부분 어릴 때부터 아이의 버릇을 가르친다든지, 말을 잘 듣지 않기 때문에 훈육한다든지 등의 이유로 유아를 신체적·정서적으로 학대한다. 또한 유아기에 필요한 영양이나 교육, 그리고 의료적 처치를 소홀히 하거나 방치하기도 한다(이근홍, 2007). 이러한 유아학대를 예방하기 위해서는 사회적인 차원에서의 신고의무제를 비롯한 아동학대에 대한 인식을 제고하고 잘못된 양육 및 훈육 방법을 바로잡을 수 있는 사회교육의 기회를 제공해야 할 것이다. 또한 학대부모에게는 학대에 대한 책임 인정과 함께 부모교육을 의무화하고 피해를 당한 유아의 경우에는 필요시 적절한 격리와 보호, 의료적 치료뿐 아니라 정서적 안정을 위한 상담과 치료를 제공해야 한다.

chapter 03

아동 전 · 후기

1 아동 전기(5~6세)

학령전기(preschool childhood)는 만 5~6세까지의 시기로 학동초기로 불리기도 한다. 이 시기에는 기억능력이 증가하고, 사고의 폭이 넓어지고, 언어를 습득하여 다른 사람과 의사소통을 할 수 있다. 또한 부모와 가족과 많은 시간을 보내던 유아는 유치원에 입학하는 등 한정되어 있던 접촉의 대상이 친구와 같은 가족 외의 사람들로 확대되면서 보다 복잡한 사회적 영향을 받게 되며, 사회의 가치관이나 규범을 습득한다. 특히, 또래집단과의 접촉을 통하여 사회적 기술을 본격적으로 습득하게 되고, 사물에 대한 호기심이 증가하며, 직관적 사고능력이 발달하게 되고, 걸음마기에 특징적으로 나타났던 반항적 행동은 점차 반항적 사고로 대치되어 나간다(손홍숙, 2008; 김동배 외, 2009).

1) 신체적 발달

학령전기의 신체적 성장은 이전 단계보다 성장률이 늦지만 만 5세경의 신장은 출생 시의 약 2배에 달하는 108㎝ 정도이며, 6세경에는 약 5㎝ 정도 더 커져 성인 신장의 65% 정도까지 성장한다. 체중은 5세경에는 출생 시의 5배 정도인 18㎏에 달하며, 6세경에는 19~20㎏으로 성인의 30% 정도로 성장한다. 몸무게는 키보다 불규칙한 성장을 보이며 개인차가 더 크다(김태련 외, 2004).

두뇌 발달은 유아기가 끝나는 6세경에는 성인의 90%까지 성장한다. 그리고 6세경에는 유치가 빠지면서 영구치가 나오게 된다. 유아기의 신장과 체중의 발달은 보편적으로 남아가 여아보다 우세한 편이며 개인 차이가 있다(손홍숙, 2008).

학령전기, 즉 5~6세경에는 모든 근육의 기능이 아주 높은 수준까지 발달하기 때문에 다양한 운동이 가능하다. 이 시기가 되면 유아는 장난감보다는 자신의 몸을 이용한 운동, 즉 달리기, 줄넘기, 축구, 등산, 자전거, 수영 등의 운동을 선호한다. 5세경에는 직선을 따라 걸을 수 있고, 달리면서 방향을 바꿀 수도 있으며, 갑자기 멈추어도 앞으로 넘어지지 않고, 발을 바꿔가면서 계단을 오르내릴 수 있다. 6세경에는 한 발 뛰기, 뛰어넘기, 오르기 등을 할 수 있다. 속력을 내서 잘 달리며 높이뛰기와 멀리뛰기를 할 수 있다. 발을 앞으로 내밀고 팔을 쭉 뻗어 공을 던진다. 운동속도는 연령에 따라 규칙적인 성장을 보이며 운동발달 속도는 여아가 더 빠르지만 팔 다리의 근육을 사용하는 운동능력은 남아가 더 높다(김동배 외, 2009; 손홍숙, 2008).

부분운동의 발달을 보면, 먼저 5~6세경에는 젓가락으로 음식을 먹을 수도 있고, 간단한 원이나 사각형과 삼각형을 그리던 것에서 벗어나 사물, 얼굴이나 집을 그릴 수 있게 되며, 작은 공도 던지고 받을 수 있고, 혼자 옷 입기가 가능해지며, 단추나 지퍼를 원활하게 조작할 수 있고, 신발 끈 묶기가 가능해진다. 이 시기에 자녀의 서투른 숟가락질로 식사시간이 오래 걸리고 단추를 잘못 끼워 옷 입는 것이 답답하더라도 부모는 그들이 스스로 할 수 있도록 기회를 마련하는 것이 소근육 운동 기능의 발달을 위해 바람직하다. 또한 5세경에는 블록으로 탑을 쌓는 단순한 놀이에는 더 이상 관심이 없고, 집이나 뾰족탑 등을 짓고자 한다. 종이를 반 또는 1/4로 접을 수 있으며 글자나 숫자를 베낄 수 있고 크레용으로 색칠을 할 수 있다(정옥분, 2004 : 255).

유아기는 발달특성상 안전사고의 발생률이 매우 높은 시기이다. 운동기능의 발달로 활동량이 증가하며 호기심이 많고 모방행동을 좋아하며 주변 환경에 대한 이해력이 부족하여 위험상황을 제대로 인지하지 못하기 때문에 교통사고, 화상, 낙상 등의 안전사고가 발생할 가능성이 높다. 따라서 부모나 보호자가 각별한 주의뿐만 아니라 유아들이 안전하게 놀 수 있는 환경을 제공해주고, 유아에게 사고를 미연에 방지할 수 있는 안전의식이나 태도를 길러주어야 한다(강인숙 외, 2006 : 82).

유아기의 운동능력은 자아개념의 형성과 친구와의 관계에 중요한 역할을 한다. 특히 남아의 경우 운동을 잘하는 아동이 또래 사이에서 인정을 받으며 자신감을 갖게 되고 적극적인 인간관계를 맺어가는 원동력이 된다(손홍숙, 2008).

2) 인지적 발달

(1) 직관적 사고 및 인지적 특성

피아제(Piaget)는 만 4~7세까지를 전조작적 사고단계 중에서 직관적 사고(intuitive period)라고 하였다. 직관적 사고란 어떤 사물을 볼 때 그 사물의 두드러진 특성을 바탕으로 판단하는 사고를 말한다. 이 단계의 유아는 여러 사물과 사건을 표상하기 위하여 많은 개념들을 형성하지만, 불완전한 분류능력, 전도추리(transductive reasoning), 중심화 경향(centration), 불가역성(irreversibility) 그리고 자기중심성(egocentrism)이 사고에 특징적으로 나타난다(김동배 외, 2009).

첫째, 이 시기의 유아는 수와 종류는 알지만 상위개념과 하위개념을 완전히 구분하지 못한다. 예를 들어, 축구공 4개와 농구공 2개를 놓아두고, '축구공이 많니? 공이 많니?' 라고 질문하면 축구공이 많다고 답한다.

둘째, 이 시기에는 걸음마기에 이어 사물이나 사건의 개별적 특성만을 고려하여 추리하는 사고유형이 지속적으로 나타난다. 예를 들어, '자동차가 죽었니?, 살았니?'라고 물으면 자동차가 움직이기 때문에 살았다고 대답한다.

셋째, 전체 상황 중에서 하나의 차원이나 측면에만 주의를 기울이고 다른 차원은 무시한다. 예를 들어, 같은 크기로 만들어진 두 개의 똑같은 진흙공을 보여 주면 똑같다고 대답하지만, 그 중 한 개를 납작하게 만들어 놓고 물으면 이 시기의 유아들은 길이나 높이 중 어느 한 가지에만 집중하여 그중 하나가 크다고 대답을 한다.

넷째, 이 단계의 유아들은 일련의 논리나 사건을 원래 상태로 역전시킬 수 없다고 생각한다. 예를 들어, 납작해진 진흙공은 다시 원래 모습인 동그란 공 모양의 진흙 공으로 돌아갈 수 없다고 생각한다.

다섯째, 전개념적 사고단계에서 타인의 관점과 역할을 고려하지 않은 채 자신의 입장에서 세계를 지각하는 자아중심적 사고가 나타나며 여전히 자기중심적 언어를 많이 사용한다.

(2) 기초적 수준의 도덕성 발달

걸음마기에 부모의 칭찬과 제한을 받았던 것이 학령전기에 자아개념으로 흡수되면서 세계를 보는 관점이 형성되기 시작한다. 따라서 학령전기에는 가족과 사회의 도덕적 규칙을 내면화하고, 내면화된 규칙에 따라 행동을 수행하게 된다.

피아제(Piaget)는 걸음마기부터 학령전기의 유아는 타율적 도덕성에 의존하여 도덕적 판단을 내린다고 하였다. 즉 이 시기의 아동들은 규칙을 어떤 권위자에 의해 주어진 고정불변의 것으로 반드시 지켜야 하는 것으로 간주하며, 행동의 옳고 그름을 자신이 입게 되는 손해의 양이나 처벌여부에 따라 판단한다. 그러므로 이 시기의 부모를 포함한 권위적 인물이 유아가 수행해야 할 올바른 행동에 대한 정의를 내리고, 이러한 행동을 수행하도록 요구하는 것이 바람직하다. 학령전기 유아가 지니고 있는 타율적 도덕성은 피아제(Piaget)가 말하는 구체적 조작사고단계에서 감소되고 점차 자율적인 도덕성으로 옮아가게 된다(김동배 외, 2009).

콜버그(Kohlberg, 1976)는 인간의 도덕발달에 대한 6단계 모델을 제시하였다. 그에 따르면 유아기는 1, 2단계에 해당하는 것으로 전인습적 수준의 도덕 판단을 하는 단계이다. 유아들은 단순히 자기만족과 성인이 바람직하다고 생각하는 행위의 규범에 맞추려는 판단을 한다. 이것은 피아제가 말하는 타율적 도덕성에 해당하는 것으로 성인의 신체적인 힘에 대한 두려움과 부모의 권위에 대한 복종에서 비롯되는 도덕성이다(최옥채 외, 2009).

프로이드는 이 시기를 생식기가 쾌감을 주고 긴장을 감소시키는 시기로 성격발달 단계의 3번째로 생식기(남근기) 단계라고 하였다. 이 시기의 남아는 엄마를 소유하고 싶어 아버지를 경쟁자로 여기면서도 거세로 보복당할 것을 두려워하는 갈등을 경험하는데 이를 오이디푸스 콤플렉스라 부른다. 한편 여아는 엘렉트라 콤플렉스가 있어 음경이 없다는 것을 알고 음경선호현상이 일어나면서 어머니에게 그 책임을 묻고 남자 성기에 대한 질투가 일어난다(신종우 외, 2008).

프로이드의 정신분석 이론에 의하면 4~6세경에 오이디푸스 또는 엘렉트라 콤플렉스(Oedipus or Electra complex)를 해결하는 과정에서 동성의 부모를 동일시함에 따라 도덕성이 발달한다고 보고 있다. 이 시기에는 기초적이지만 무엇이 도덕적인지에 대한 개념을 가지고 있다. 이것은 초기적 형태의 양심, 혹은 초자아라고 할 수 있으며, 부모나 주위 사람들에 대한 동일시 과정을 통해서 그들이 가지고 있는 가치, 태도 그리고 선악의 행동기준을 받아들이게 된다.

유아의 성적 충동과 공격적 충동이 부모의 훈육에 의해 통제되는 과정에서 유아는 그가 속한 사회나 문화집단의 규칙과 기준을 학습하는 사회화과정에서 부모의 도덕적 기준을 내면화하게 되고, 양심과 초자아가 발달하게 된다고 보고, 이러한 양심은 나이가 들면서 점차 보다 포괄적이고 이상적인 형태로서 양심과 이념으로까지 발전한다(김동배 외, 2009; 최옥채 외, 2009 : 206-207).

3) 심리 · 사회적 발달

(1) 정서발달

학령전기의 유아는 사랑, 분노, 공포, 좌절감 등의 여러 가지 감정을 다루고 적절한 방식으로 표현하며, 충동이나 사회적 요구 간에 균형을 유지할 수 있는 방법을 배우게 된다. 이 시기의 유아는 물리적인 것에서부터 형이상학적인 것에 이르기까지 모든 현상에 대해 호기심을 많이 느끼게 되는데, 이러한 호기심을 강력하게 제지하게 되면 죄책감이 형성된다. 이러한 죄책감은 특정한 대상이나 상황에 대한 불합리한 공포로 발전되는 경우가 많은데, 학령전기의 유아는 특히 유치원이나 어린이집, 어둠, 동물에 대한 공포감을 경험하는 경우가 많다. 이러한 공포감을 적절히 해결하지 못할 경우에는 유아의 환경탐색능력을 제한하고, 불안감을 증가시켜 공포증에 이르게 될 가능성이 있다. 그러므로 부모는 이러한 유아의 불안과 공포를 감정이입 적으로 이해하고 그것을 극복해 나갈 수 있도록 도와주어야 하며, 놀리거나 강제로 금지시키려 해서는 안 된다(김동배 외, 2009).

또한 아동이 5~6세가 되면 자신의 감정을 감추거나 가정하는 여러 가지 기제를 갖게 되므로 감정을 보다 능숙하게 숨길 수 있게 되며, 심지어는 부정적 감정을 감추기 위해 거짓말을 하기도 한다(Specht & Craig, 1987). 이러한 기제는 불안을 감소시키기 위하여 유아가 취한 노력의 결과라 할 수 있다. 이것은 유아가 어떤 상황을 있는 그대로 받아들이거나 감정표현을 했을 때 일어날 수 있는 극도의 불안으로부터 자신을 방어하기 위하여 자아가 사용하는 일종의 방어기제인 동시에 적응기제인 것이다.

그리고 5~6세경이 되면 상상력이 발달하여 귀신이나 도깨비처럼 존재하지 않는 대상에 대해 공포심을 느끼게 되며(조성연, 2005 : 311), 5~6세 아동은 어둠에 공포를 느낀다(Raig, 1977). 불안의 원인은 부모와 떨어지는 것이며 부모의 꾸지람도 불안을 야기시킨다. 아동은 자신의 상상에 의해서도 불안을 느낄 수 있는데 동생에 대한 질투는 어머니에 대한 사랑을 빼앗길 수 있다는 불안을 야기시킨다(손홍숙, 2008).

유아의 분노표출은 부모로부터 행동을 제한 받거나, 또래나 형제와의 경쟁에서 무능력을 지각하게 되는 경우이다. 즉, 일반적으로 자신이 하는 일을 방해받거나, 원하는 것을 못하게 하거나, 자신의 욕구를 거절당하거나 어떤 일을 강요하거나, 빼앗겼을 때, 저항하는 정서로서 분노를 나타낸다. 5세 이후가 되면 언어가 발달함에 따라 공격적인 행동보다는 욕설을 하는 등 공격적인 언어로 표현하고(조성현, 2005 : 311), 부모의 언어적 설명이나 벌에 의해 분노를 통제하는 방법을 학습하게 되며 부모의 분노통제행동을 모방하게 된다. 그러므로 부모가 화를 잘 내면 자녀도 분노의 표현을 쉽게 한다. 떼를 써서 욕구를 충족시킨 경험이 많은 경우는 분노의 표출을 빈번히 한다(손홍숙, 2008).

(2) 성역할 발달 : 성안정성, 성항상성 확립

학령전기 유아는 성과 관련된 사회적 관계성향에 관심을 나타내고, 자신의 성에 걸맞은 행동을 함으로써 성역할 정체감을 형성해 가기 시작한다. 그러므로 동성의 친구와 어울리며 성에 따라 옷차림, 놀이, 직업에 대한 사회적 기대를 의식하고 이에 따라 행동하고자 한다. 이러한 성역할(sex role)의 내면화는 어떤 문화 속에서 남성과 여성에게 적절하다고 인정되는 행동, 태도, 가치를 획득하는 것을 말한다. 문화에 따라 남아나 여아에게 기대하는 적절한 행동기준이 설정되어 있으며, 부모는 자신이 생각하는 문화적인 성역할 기준에 맞추어 자녀가 행동하도록 격려하거나 처벌을 가한다.

대체로 우리 문화에서는 남성성(masculinity)은 활동적이며, 다소 공격적이고, 독립심이 강하고 과제 중심적인 특성으로 규정하고 있으며, 반면 여성성(feminity)은 온순하고, 의존적이며, 인간관계 중심적인 특성으로 규정하고 있다. 그러나 시대가 점차 변하면서 이러한 구분은 바뀌고 있는 실정이다.

성안정성은 4~5세경에 형성되는 것으로 남아는 남자 어른이 되고 여아는 자라서 여자어른이 된다는 사실을 받아들이는 것이다. 성항상성은 사람의 행동이나 겉모습이 달라지더라도 성은 변하지 않는다는 사실을 인식하게 되는 것으로 5~7세경에 획득된다(최옥채 외, 2009; 김동배 외, 2009; 손홍숙, 2008).

(3) 집단놀이

유아의 사회성은 놀이를 통해서 이루어지는 부분이 많다. 놀이를 통해서 운동기술을 숙달시키고, 성취감을 키우며, 사회적 관계를 알게 되고, 타인의 역할을 수용하게 되며, 현실에서 경험한 좌절을 해소할 수 있다. 따라서 유아는 놀이를 통해서 실제 상황에서 겪는 어려움을 극복하고 연습을 하고 곤란을 스스로 극복하고자 노력하며, 이러한 과정을 통해서 내적인 힘을 키운다고 할 수 있다(최옥채 외, 2009).

학령전기에는 걸음마기의 자아중심적 상징놀이보다는 집단놀이에 더 많은 흥미를 갖게 된다. 이러한 또래와의 집단놀이 과정에서 유아는 협동과 상호작용의 쾌락을 경험하고, 역할관계의 상호성을 학습하게 되며, 이를 통하여 자아중심성이 어느 정도 완화된다. 학령전기의 유아는 또래와의 집단놀이에서 구체적인 물건을 교환하거나 또래와의 협력 활동을 통해 우정을 경험하게 된다. 그러나 아직도 자아중심성향이 남아 있기 때문에, 친구와 말다툼을 자주 일으키며, 있지도 않은 헛소문을 퍼뜨리기도 한다. 그러므로 학령전기에 형성한 또래와의 우정이 오래 유지되기 어렵고, 극단적인 좌절감을 유발하기도 한다. 친밀하고 지속적인 우정은 초등학교에 입학하는 아동기에 가서야 본격적으로 발달할 수 있게 된다(김동배 외, 2009).

학습 이론의 입장에서 보면 놀이는 학습된 행동이다. 따라서 주위 사람들로부터 강화를 받는 놀이는 점점 더 자주 하게 되며, 강화를 받지 못하는 놀이는 차츰 줄어들게 된다. 일반적으로 유아가 연령이나 성에 맞는 놀이를 할 때는 주위에서 묵인이나 칭찬을 받음으로써 그 행동이 긍정적으로 강화되며, 그렇지 않을 때에는 놀이행동을 놀리거나 금지시킴으로써 그 놀이행동이 감소된다(최옥채 외, 2009).

(4) 자아개념과 자아존중감의 형성

유아기에는 아이들이 점차 자아개념(self-concept)을 형성하기 시작한다. 즉, 한 개인으로서 자신에 대한 긍정적 혹은 부정적으로 인식하게 된다. 자아개념과 함께 자아존중감(self-esteem)도 발달하는데, 이는 자신을 얼마만큼 가치 있다고 생각하는가에 대한 것이다. 자아개념이 자아존중감보다 폭넓은 의미를 갖고 있지만 두 개념은 종종 혼용된다. 자아개념과 자아존중감은 인간이 일하고, 생활하고, 무언가를 추구하고, 다른 사람과 긍정적인 관계를 유지하기 위해서 필요한 것이다. 이것은 유아에게도 마찬가지이다.

유아가 적절한 자아개념을 발달시키기 위해서는 첫째, 다른 사람을 공감하기 시작해야 한다. 다른 사람이 자신에게 어떤 기대를 갖고 있는지를 알아야 한다. 둘째, 자신을 둘러싸고 있는 환경의 복잡함을 배워야 한다. 예를 들면, 유아는 아버지가 가족과 약속한 시간보다 2시간이나 늦게 집에 왔을 때, 어머니가 평소와는 달리 아버지에게 화를 내고 자기주장을 할 수 있다는 것을 배워야 한다. 또한 이런 상황에서 자신은 부모가 싸우고 있는 거실보다는 자기 방에 들어가 있어야 한다는 것도 배워야 한다. 셋째, 자신의 행동에 대한 일정한 기대를 발달시켜야 한다. 유아는 무엇이 옳고 그른지를 스스로 결정해야 한다. 넷째, 자신의 행동에 대해 책임감을 가져야 한다. 즉, 자신의 행동을 통제할 줄 알아야 한다(Zastrow & Kirst-Ashman, 2001 : 124-125). 유아가 긍정적인 자아개념과 자아존중감을 형성하기 위해서는 무엇보다 부모와 주위사람들의 긍정적인 관심과 배려가 중요하다(최옥채 외, 2009).

(5) 사회화

사회화(socialization)는 개인이 자신이 속한 사회집단에 적합하다고 생각되는 행동양식을 습득하는 과정을 말한다. 이러한 사회화 과정에 가장 많은 영향을 미치는 집단은 가족이며, 그중에서도 부모의 양육행동이 사회화뿐 아니라 이후의 성격발달에도 중요한 영향을 미친다.

학령전기에는 어머니와 보내는 시간보다는 형제와 보내는 시간이 더 많아지게 되는데, 형제관계의 상호작용을 통하여 서로를 모방하려는 경향이 강하게 나타나며, 이를 통하여 사회성을 발전시키게 된다. 조부모와 함께 사는 유아들은 보다 폭넓은 인간관계를 맺을 수 있는 기회를 갖게 되므로, 사회성 발달이 촉진될 수 있지만 최근에는 손자녀와 잠깐씩 만나 즐거운 시간을 보내기를 원하는 원거리형 또는 재미추구형 조부모 유형은 늘어나는 반면 손자녀의 양육이나 훈육에 적극적으로 관여하는 조부모 역할유형은 줄어들고 있다. 그리고 최근 들어 이혼율이 증가하면서 이혼가족, 한부모가족이 늘어나게 됨으로써 학령전기의 유아들이 자신의 성에 적합한 모델의 부재로 인하여 사회화 과정에 어려움을 겪는 경우가 많아지고 있다(김동배 외, 2009).

4) 사회복지 실천과제

학령전기의 아동들에게 가져야 할 사회복지 실천과제는 다음과 같은 것에 관심을 가져야 한다(김동배 외, 2009; 최옥채 외, 2009)

학령전기의 신체적 발달과 관련하여 사회복지 실천에서 관심을 가져야 할 것은 뇌염, 근이완증 등과 같이 신체적 발달뿐만 아니라 다른 발달영역에도 치명적 장애를 초래할 수 있는 질병을 예방하고 치료할 수 있도록 필요한 정보와 자원을 제공하는 것이다. 특히, 보육시설이나 육아시설에서는 거주하고 있는 유아들에 대한 정기적 진단을 통하여 신체적 발달상태를 확인하고, 전염성 질환의 발생을 예방하며, 질병의 조기치료에 많은 관심을 기울여야 한다.

학령전기 유아의 경우 근육과 운동기능이 상당히 발달되어 있는 것은 사실이지만 안전사고를 당할 위험 또한 매우 높아진다. 그 이유는 부모의 지속적 보살핌을 받는 가정환경을 떠나 유치원, 어린이집 그리고 놀이터와 같은 외부에서의 활동이 많아지기 때문이다. 따라서 학령전기의 유아를 보호하는 프로그램을 운영하는 사회복지기관에서는 놀이시설과 기타의 생활공간에서 일어날 수 있는 유아 안전사고를 미연에 방지할 수 있도록 철저한 안전점검을 실시하여야 할 것이다.

학령전기는 사실상 인지교육이 실시되는 첫 단계라 할 수 있다. 따라서 이 시기의 유아는 유치원이나 보육시설에서 적절한 인지교육을 받을 필요가 있다. 그러나 경제적 이유, 시설부족 등으로 인하여 조기교육 기회를 갖지 못하는 유아들도 예상외로 많이 있다(권중돈, 1997). 따라서 정부를 비롯한 사회복지 관련기관에서는 유아를 위한 조기교육 및 보육시설의 확충에 노력을 기울여야 할 것이다.

특히 다문화 가정의 영유아들은 많은 경우에서 언어적, 사회적, 인지적 문제를 겪는다. 이들 가족 간의 가치관과 문화 갈등이 자라나는 영유아들에게 직접적인 영향을 준다(구효진 · 최진선, 2007). 따라서 다문화 가족의 유아들의 건전한 발달을 지원해야 한다.

학령전기 유아의 경우 타율적 도덕기준에 입각하여 자신이 행한 행동의 옳고 그름을 평가하기 때문에, 부모나 학령전기 유아를 가르치거나 보호하는 유아교사나 사회복지사는 지나치게 강압적인 방식으로 도덕기준을 유아에게 부과하여서는 안 된다. 그리고 학령전기 유아의 환경에 대한 호기심을 억압함으로써 죄책감을 갖게 하여 유치원이나 교사 등에 대해 공포심을 유발하는 것은 바람직하지 않다. 따라서 사회복지사는 유아의 불안과 공포를 감정이입 적으로 이해하여야 하며, 놀리거나 강제로 금지시키려 해서는 안 된다. 그리고 심한 불안이나 공포증이 있는 경우에는 유아와 그 부모에 대한 상담을 실시하여 이의 해결을 원조함으로써 유아의 건전한 정서발달을 지원하여야 한다.

학령전기 유아의 경우에 사회적 관심 수용능력이 아직 낮고, 엄격한 성역할기준을 타인에게 요구하기 때문에 대인관계에서 많은 갈등을 일으킬 수 있다. 유아의 타인에 대한 감정이입적 이해와 성역할 기준의 융통성을 부여하기 위해서는 적절한 놀이지도와 부모상담이 필요하다. 따라서 영유아 보육 분야에서 일하기를 희망하는 사회복지사는 놀이치료(play therapy)와 가족치료에 대한 이론과 기술을 학습해 둘 필요가 있다. 그리고 학령전기 유아의 경우 또래와의 우정관계에서 극단적인 좌절감을 경험할 수 있기 때문에, 이들의 자아존중감을 고양시키기 위한 임상적 개입이 필요한 경우도 있다.

부모의 바람직한 양육태도는 유아의 심리적·정서적 발달에 큰 영향을 미친다. 예를 들어, 유아가 부모와 긍정적인 정서관계를 형성하는 것은 그 이후의 인간관계의 질을 결정하는 중요한 바탕이 된다. 따라서 유아를 둔 부모들이 긍정적인 양육태도를 가질 수 있도록 교육하고 상담하는 예방 프로그램들이 확대되어야 한다. 이러한 프로그램은 최근 전국적으로 운영되고 있는 건강가정지원센터를 비롯하여, 지역사회복지관 및 다양한 아동 관련 시설에서 다양한 형태로 실시할 수 있다.

2 아동 후기/학령기(만 7~12세)

아동기는 만 7~12세까지의 초등학교에 다니는 시기를 말한다. 생활의 중심이 가정에서 학교로 옮겨감에 따라, 이 시기의 발달에서는 학교생활이 중요한 역할을 하게 된다. 학교생활을 통해 아동은 많은 사회적 관계를 형성하게 되며, 다양한 학습과 활동을 통해 기본적인 사회기술을 습득하게 된다. 아동기는 공식적 학습이 시작된다는 의미에서 학동기, 사회적 행동이 현저하게 증가하면서 또래끼리 어울려 다니기 시작한다고 하여 도당기(gang age)라고도 한다(장수한 외, 2008; 김동배 외, 2009). 아동기는 건전한 사회구성원이 되기 위하여 알아야 할 기초적인 기술과 성역할의 습득 및 인지능력의 발달이라는 발달과업을 수행해야 하는 중요한 시기이도 하다(신종우 외, 2008).

아동기는 학교 교육을 통해서 사회가 요구하는 기본적 기술을 습득하는 발달단계로서, 일상생활에 필요한 개념을 학습하고, 양심, 도덕, 가치체계가 발달하고, 사회집단과 제도에 대한 태도가 발달한다. 이 시기의 아동은 부모와의 관계, 또래 관계를 바탕으로 하여 사회적 의무나 구속이 없는 자유로운 상태에서 자신이 속한 사회에서 생활하는 데 필요한 기본적 기술과 능력을 습득하고 이를 사회에 적응해 볼 수 있는 기회를 갖게 된다.

프로이드(Freud)는 이 시기를 잠재기(잠복기)라 하며, 이성보다는 동성과의 관계를 통해 사회기술을 배우고 사회화를 한다. 에릭슨(Erikson)은 자아의 성장이 가장 확실해지며 근면성이 발달하여야 하는 시기로, 피아제(Piaget)는 구체적 조작기로 새로운 형태의 사고발달이 이루어지는 매우 중요한 시기로 보고 있다.

1) 신체적 발달

(1) 신체적 성장

아동기는 이전 단계들처럼 급속한 신체적 성숙은 일어나지 않지만 신체적 성장과 발달이 비교적 원만하게 진행되는 시기이며, 전체적인 신체의 체계가 안정되는 시기이다.

아동기의 신체적 성장이나 성숙에 있어서 나타나는 특징적인 발달 양상은 초등학교 입학 시기에는 남아가 여아보다 신체적 성숙이 더 빠르지만, 11~12세경에 여아의 신체적 성숙이 남아에 비하여 더 우세해진다는 것이다. 이는 신체적 급성장이 이루어지는 사춘기가 남아보다 여아에게서 약 2년 정도 먼저 시작되는 데 기인하는 것이다(김동배 외, 2009).

아동기는 근육이 성장하는 시기이므로 지방보다는 근육의 증가로 체중이 늘어나며, 뼈의 빠른 성장에 의한 주위 근육의 성장을 초월하는 경우가 있다. 이때 통증이나 아동의 스트레스로 인해 성장통(growing pain)이 자주 일어날 수도 있는데, 보통 밤에는 심하지만 아침에는 사라진다(정옥분, 2002; Sheinanb & Slomin, 1988).

신경계 발달 면에서는 12세경 뇌 중량이 성인의 95%이며 이것은 아동의 지적 발달을 뒷받침하는 것이다.

아동기 동안의 가장 눈에 띄는 신체적 변화 중의 하나가 젖니가 빠지는 것은 아동기에 발생하는 하나의 통과의례로서, 6세경에 젖니가 빠지기 시작하여 아동기 동안에는 1년에 약 4개 정도씩 영구치로 대치되는데, 13세경이 되면 거의 모든 젖니가 영구치로 대치된다(김동배 외, 2009; 손홍숙, 2008).

이 시기에는 외모에 별다른 관심이 없으며, 청결에 대한 요구에 반항적 태도를 보이는 경우가 많다. 특히 여아에 비하여 남아의 경우가 이러한 경향이 더 강하기 때문에, 전형적이 개구쟁이 모습을 지니게 된다.

아동기에 미각이 발달하고 운동량이 증가함에 따라 위의 용적도 성인의 2/3에 이루게 된다. 최근에 문제가 되는 것은 아동 비만증이며 10세를 절정으로 9~13세에 집중적으로 많이 나타난다. 비만의 원인에는 유전, 활동수준, 음식에 대한 태도, 음식유형, 어릴 때와 성장기의 과잉 섭취, TV 시청 등의 요인으로 볼 수 있다.

신체의 크기나 골격은 운동이나 친구와의 놀이에서 중요하기 때문에 신체적 특징은 아동기에 매우 중요하게 작용한다(손홍숙, 2008).

(2) 운동능력의 발달

아동기에는 거의 모든 운동기능을 수행할 수 있게 되는데, 기존의 운동능력이 더 빠르고 정교하게 발달하며, 운동의 속도, 정확성, 안정성, 호응성, 역량 등이 더욱 발달되고 정교해지며(강봉규, 1992), 이러한 운동기술의 습득으로 아동은 큰 기쁨과 성취감을 맛보게 된다(장수한 외, 2008).

아동기의 운동능력의 발달에는 개인차와 더불어 성차도 점점 두드러지게 나타난다. 이 시기에 성차가 나타나는 이유는 신체발달 측면에서 남아가 여아에 비해 근육이 더 잘 발달하고 순환계도 더 효율적으로 발달한다(김광웅 외, 2003; 420). 남아는 17세까지 계속 운동능력이 발달하나 여아는 13세경에 최고조에 달한 운동능력이 이후부터는 쇠퇴하거나 유지하는 수준에 머물게 된다. 즉, 남아와 여아와의 발달차이(정옥분, 2002 : 456), 운동과 활동에 대한 사회적 기대와 참여정도에서의 차이(박성연 외, 2003 : 321) 때문인 것으로 보인다.

아동기의 소근육 운동 발달은 보다 정교해지는데, 아동의 쓰기와 그리기는 보다 통제적이며 정확해진다. 전반적으로 여아가 소근육 발달에 있어서 남아를 앞지르고, 남아는 힘이 필요한 대근육 운동에서는 여아를 앞선다(최미현 외, 2000 : 61-62).

이 시기에는 장난감보다는 자신의 신체를 이용한 달리기, 던지기, 뛰기 등의 능력을 활용한 스포츠와 조직적인 단체놀이에 강한 관심을 보인다. 아동기의 운동능력은 신체적 성숙과 학습의 상호작용에 의해 결정된다. 팔, 어깨, 손목의 근육을 통제할 수 있는 능력은 12세경이 되면 거의 성인 수준에 도달하므로, 수영, 야구, 축구 등 성인이 할 수 있는 운동은 대부분 할 수 있다. 아동기에 이러한 스포츠 게임에 참여하는 것은 운동 효과 이외에도 우정관계를 형성하고, 게임의 규칙을 준수하며 팀의 구성원들과 상호 협력하는 방법을 배우는 등 사회적 기술의 학습기회도 부여하게 된다(정옥분, 2004).

또한 아동은 이러한 다양한 운동을 통하여 신체적 균형을 시험해 보기도 하고, 신체 각 부분의 조정과 통합을 추구하며, 신체적 유연성을 기른다. 아동기의 운동발달은 신체적 발달뿐만 아니라 심리사회적 발달에도 영향을 미친다. 특히, 아동기에는 자신의 운동기술과 역량을 다른 아동과 비교하여 평가하기 때문에 아동기의 자존감 형성의 밑바탕이 된다. 그리고 아동의 운동능력의 발달은 성격발달과도 밀접한 관련성을 지닌다. 즉, 운동능력이 떨어지는 아동은 대체로 소심하고, 겁이 많고, 내성적이고 의존적인 성격 특성을 보이는 반면 운동능력이 뛰어난 아동들은 쾌활하고, 창조적이며 자기 자신을 적극적으로 표현하는 성격을 보이는 경우가 많다. 그리고 운동능력이 뛰어난 아동들은 다른 아동들로부터 부러움의 대상이 되는 반면 운동능력이 떨어지는 아동들은 멸시의 대상이 될 수 있으므로, 자아개념과 사회적 관계 형성에도 영향을 미친다. 그러므로 아동기에는 운동을 할 수 있는 적합한 환경과 기회를 많이 제공하여 자아존중감을 갖게 하고 높이는 것이 매우 중요하며, 또래에 비해 운동능력이 뒤처지는 아동에 대한 관심과 개입이 필요하다(신종우 외, 2008; 김동배 외, 2009; 장수한 외, 2008).

2) 인지적 발달

아동기는 피아제(Piaget)의 인지발달의 네 단계 중 세 번째 단계인 구체적 조작기에 해당된다. 이 단계에서는 아동의 사고가 자신이 직접 경험한 구체적인 세계에 한정되어 있다. 이 시기의 아동은 조작의 순서는 전환될 수 있고, 조작 전 상황의 특성들이 회복될 수 있다는 것을 이해한다. 조작(operation)은 심상(언어)이나 상징(숫자능력)을 변경시키거나 관련된 사고로 통합하고 재조정하여 논리적 결론에 이르게 할 수 있는 내적인 정신활동을 의미한다(손홍숙, 2008).

아동기는 유아기에 비해 인지능력에서 상당한 발전을 보이는데 좀 더 세련된 방법으로 상징을 사용하고, 논리적으로 생각할 수 있으며, 사물의 한 측면에만 집착하지 않고 여러 측면을 고려하여 결론을 이끌어 낼 수 있다(정옥분, 2005 : 473).

이 시기에는 구체적으로 조작하는 사고가 발달함에 따라 현상 간의 인과관계를 추론할 수 있으며, 물리적 세계의 규칙과 대상 사이의 관계를 지배하는 원리를 이해하고 그러한 원리에 따라 대상을 분류할 수 있게 된다. 따라서 아동기 동안에는 읽기, 쓰기, 셈하기 등의 기본적 학습이 가능해지며, 시나 이야기 또는 놀이 등을 창조적으로 만들어 낼 수 있으며, 능숙한 수공기술의 발달과 운동기술도 갖출 수 있게 된다. 구체적 조작기에 이르면 아동의 추리과정은 논리적으로 된다. 물체를 공통의 속성에 따라 분류하고 한 대상이 하나의 유목에 속하는 것으로 분류할 수 있다. 즉 사과는 과일, 자전거는 바퀴가 달린 탈 것이라는 개념을 갖는 것같이 더 높은 수준의 순서 유목화가 가능해진다(신종우 외, 2008).

보존기술, 분류기술, 조합기술 등의 개념적 기술들이 점차적으로 발달한다(장수한 외, 2008).

구체적 조작기의 아동은 문제해결과정에서 직관보다는 조작이나 규칙을 적용하기 시작하는데, 보존개념은 물체의 외형상 변화에도 불구하고 이를 빼거나 더하지 않으면 그 물체의 특정한 양은 그대로 보존된다는 것을 판단할 수 있는 능력이다. 이러한 보존개념의 획득에는 가역성(reversibility), 보상성(compensation), 동일성(identity)의 개념을 획득해야 한다. 가역성이란 어떠한 상태 변화가 그 변화의 과정을 역으로 밟아 가면 다시 원상으로 복귀될 수 있다는 것이며, 보상성이란 높이의 감소가 폭이라는 차원으로 보상된다는 것이고, 동일성은 어떤 방법으로든 더 하거나 빼지 않았으므로 양은 동일하다는 것이다.

분류기술은 대상이 공통적으로 지니고 있는 차원에 따라서 물체를 분류하고 통합하는 능력과 위계적 방식으로 하위집단으로 나열하여 하나의 새로운 집단으로 분류할 수 있는 능력을 의미한다.

조합기술은 수를 조작하는 능력으로서 일정한 수의 사물이 있으면 그것을 펼치든 모으든 또는 행태를 바꾸든 수는 같다는 것을 이해할 수 있는 능력을 의미한다(장수한 외, 2008).

구체적 조작기인 아동기 사고의 특징은 다음과 같다(손홍숙, 2008).

표 3-1 구체적 조작기의 주요 특성

개념	주요 논점	실례
보존개념	구체적 조작기의 아동은 물체의 외형이 변했을 때에도 동일하다는 물리적 특성을 인식한다.	민정이는 방바닥에 쏟은 동전을 찾으면서 어제 책상 위에 둔 동전은 모두 10개였으므로 동전 10개를 모두 찾으려고 한다.
탈중심화	구체적 조작기의 아동은 시각적인 특징으로 판단하기보다는 여러 특징들을 통하여 판단한다.	민정이는 주스 두 잔을 가져온 후 한 잔은 친구에게 건네면서 "주스는 똑같은 양이야, 내 유리잔은 깊고 좁지만 네 잔은 납작하고 넓거든" 이라고 한다.
가역성	구체적 조작기의 아동은 주어진 문제에 대해 단계적으로 사고할 수 있으며 시작점으로 돌아갈 수 있다는 것을 안다.	가감이 전환될 수 있다는 것을 이해한다. 다시 말하면, 7에 8을 더하면 15에서 8을 빼면 7이 된다는 것을 이해한다.
위계적 유목화 (분류화)	구체적 조작기의 아동은 물체를 나눌 때 여러 가지 특성에 따라 다양하게 나눌 수 있다.	민정이는 친구에게 자신이 수집한 조약돌을 보여주면서 "이것들을 크기에 따라 또는 색깔에 따라 분류할 수 있어! 또 형태와 색깔에 따라서도 분류할 수 있어"라고 제안하였다.
서열화	구체적 조작기의 아동은 물체를 배열할 때 전체적인 구도를 그리면서 배열한다.	민정이는 크기에 따라 조약돌들을 배열하기로 하였다. 그녀는 제일 먼저 가장 작은 것을 놓고 그 다음에는 그 다음으로 작은 것을 놓아 배열이 끝날 때까지 계속하였다.
전이적인 추론	구체적 조작기의 아동은 머릿속에서 서열화할 수 있다. A와 B를, B와 C를 비교한 후에 그들은 A와 C의 관계를 추론할 수 있다.	"영미의 도시락은 내 것보다 큰 것 같아" 라고 민정이가 말을 하였더니 "그러면 그 애 것은 내 도시락보다는 확실히 클 거야!" 왜냐하면 내 도시락은 네 것보다 작거든"이라고 희정이가 말하였다.
공간추론	구체적 조작기의 아동은 거리보존 개념이 있으며, 거리와 시간 그리고 속도 사이의 관계를 이해한다. 그리고 한 장소에서 다른 장소까지 갈 수 있는 방법을 비교적 잘 이야기할 수 있다.	민정이는 같은 시간 동안 영미보다 빨리 달린다면 더 멀리 갈 수 있다는 것을 알고 있다. 그리고 그녀는 그녀의 집에서 영미의 집까지 어떻게 가는지를 확실하게 안내할 수 있다.
수평적 위계	논리적 개념들은 아동 중기 동안 점차적인 순서대로 획득되어진다.	민정이는 면적과 무게의 보존을 습득하기 전에 수와 액체의 보존을 이해한다.

출처 : Berk, 1996 : 423.

3) 심리 · 사회적 발달

(1) 정서적 발달

아동기에도 정서의 발달은 지속된다. 아동기는 비교적 정서적으로 안정된 시기로서, 정서적 혼란이나 흥분은 비교적 적은 편이다. 아동기에는 정서적 통제와 분화된 정서표현이 가능해진다. 사회적 행동과 밀접한 관련성을 지니고 있는 정서 중에서 먼저 공포감에 대해 살펴보면, 상상적, 가상적인 것, 비현실적이고 초자연적인 것에 대한 공포가 많아진다. 예를 들면, 아동기에는 괴물, 유령, 죽음 등에 대한 공포감을 많이 느낀다.

이러한 공포감과 직접적으로 연관된 정서가 바로 불안정이다. 불안은 미래의 위험을 예상할 때 생기는 약한 공포반응으로 이러한 불안반응은 아동의 상상력 발달과 관련되어 있는데, 이 시기에는 주로 부모와 선생님의 기대를 충족시키지 못할 때 따르는 질책이나 벌, 성적 하락이나 운동능력 미발달에 대한 친구들의 조롱 등에 대한 불안이 특히 많다. 그리고 가정생활과 학교생활 사이에 조화가 이루어지지 못할 경우에 불안정서가 강해져 공포증이라는 정서장애로 나타나게 된다. 이러한 아동기의 정서장애 중에서 대표적인 것이 등교거부증(school refusal) 또는 학교공포증(school phobia)이다(김동배 외, 2009).

아동기에 공포나 불안보다 더 자주 나타나는 정서가 바로 분노이다. 사회적 관계가 넓어지면서 욕구 좌절이나 행동에 방해를 받고 놀림을 당하거나 꾸중을 듣는 경우가 많아지며 다른 아동과 비교 · 무시당하는 경험을 많이 하게 됨으로써 분노의 감정이 빈번하게 발생한다. 그러나 분노의 감정 발생빈도는 높아지지만 스스로 분노감정을 잘 통제하고 보다 간접적인 방식으로 분노를 표현할 수 있게 된다(장수한 외, 2008). 아동의 분노 표현에 있어서 성에 따른 차이가 존재하는데 남아의 경우에는 부정적 결과를 회피하고자 분노를 조절하는 반면 여아는 분노를 표현함으로써 상대방의 마음을 다치게 해서는 안 된다는 생각에서 분노를 조절하는 차이가 있다(정옥분, 2004). 그리고 슬픔의 정서에서는 남아는 우는 행동이 남자로서 적절치 못한 행동이라고 생각하여 슬픔을 조절하는 반면 여아들은 슬픔을 표현하는 것이 사회적으로 수용되기 때문에 슬픔을 조절하지 않고 그대로 표현하는 경우가 많다.

아동기에는 정서를 표출하는 규칙에 대한 이해도 크게 증가한다. 즉, 아동기가 되면 자신의 진짜 감정을 숨기는 일에 점점 능숙해지기 때문에 아동들의 진짜 감정이 무엇인지를 이해하기 어려울 때가 종종 있다. 예를 들면, 동생을 잘 돌본 것에 대해 부모에게 칭찬을 받았지만 자신이 원하는 물질적 보상이 주어지지 않았을 때, 아동은 물질적 보상을 받지 못한 것에 대한 서운한 감정을 숨기고 부모에게 미소반응을 보일 수 있다. 그리고 아동은 한 가지 이상의 정서, 특히 긍정적 정서와 부정적 정서를 동시에 경험할 수 있다는 것을 이해할 수 있으며, 동일한 상황이라도 사람에 따라 정서가 다를 수 있다는 사실을 이해하게 된다.

아동기에는 애정을 쏟는 대상이 가족성원에서 또래친구에게로 변화해간다. 그중에서도 이성의 친구보다는 동성의 친구에 대한 애정이 더욱 강해지며, 이러한 애정의 표시로 친구가 원하는 일이면 무엇이든지 해주고 싶어 하고, 같이 있고 싶어 한다. 만약 자신의 애정을 방해하는 경쟁자가 나타나게 되면 강한 질투감정을 느끼게 된다. 이러한 동성에 경향은 사춘기에 접어들면서 점차 이성애로 변화되며, 점차 사랑의 대상도 넓어지게 된다(김동배 외, 2009).

아동의 정서발달을 위한 사회적 경험으로 가족과의 정서적인 대화경험이 중요하며, 가족과의 대화는 아동으로 하여금 타인의 정서를 판단하고 이해할 수 있도록 도와줄 수 있다(신종우 외, 2008).

(2) 자기이해의 발달

아동기에는 학교에 다니기 시작하면서 인간관계가 확대되며 부모에 대한 의존심이 줄어들게 되고 개인적으로 자립하여 자기를 주장하게 되며 자아가 발달하게 된다. 자기의 존재를 자각하고 독자성을 가지게 되며 자아개념, 자존심, 근면성, 도덕성 등이 더욱 발달하게 된다(손홍숙, 2008).

자아개념(self concept)은 나는 누구이며 무엇인가를 깨닫는 것을 의미하며, 이러한 자아개념은 자신이 독특하고 타인과 구별되는 분리된 실체라고 인식하는 데에서 발달하기 시작하며(장수한 외, 2008), '다른 사람이 자신을 어떻게 보느냐'에 따라 자신을 평가하게 되고, 이는 자신을 타인과 구별되는 실체로서 인식해 나가는 인지적 구성의 일부가 된다(이 숙 외, 2009).

아동기의 자아개념 발달에는 학교에서의 성공이나 실패경험이 중요한 영향을 미친다. 학교에서의 성공과 그에 따른 긍정적 평가는 긍정적 자아상과 연결된다. 그러나 학교에서의 실패와 그에 따른 교사, 부모, 친구의 부정적 평가는 부정적 자아개념을 형성하는 데 결정적인 역할을 한다.

자아개념이 자아에 대한 인지적 측면이라고 한다면 자아존중감은 자신에 대한 정서적 측면이다. 즉, 자신의 존재에 대해 인지적으로 형성된 것이 자아개념이고, 자기 존재에 대한 느낌이 자아존중감이다(simmons & Blyth, 1987). 자아존중감(self-esteem)은 자기 자신에 대해 갖고 있는 개인적 가치감이나 긍정적 평가로서, 자아개념을 구성하는 하위요인이다(김태련 · 장휘숙, 1998).

자아존중감은 자신이 다른 사람에게 중요하게 받아들여지는 상호작용에서 시작되며, 작은 성공이나 칭찬 등을 통해서 형성되는데, 유아기에는 일반적으로 자아존중감이 높은 편이나, 아동기에 들어서 자신을 객관적으로 평가하고 타인의 견해를 수용할 수 있는 능력이 발달함에 따라 자아존중감이 재조정된다. 아동기의 자아존중감은 국어, 수학 등의 학업능력과 관련된 학업적 자아존중감(예, 난 수학을 잘해), 또래와의 관계 및 부모와의 관계에서 형성되는 사회적 자아존중감(예, 난 인기가 많아), 그리고 자신의 외모와 신체적 능력과 관련된 신체적 자아존중감(예, 난 키가 작아) 등으로 분화되어 간다(Harter, 1990; 이 숙 외, 2009).

이러한 자아존중감 발달은 에릭슨(Erikson)이 말하는 아동기의 근면성과 열등감의 발달과 밀접한 관계를 갖는다. 아동이 새로운 것에 많은 호기심을 갖고 사회에서 필요한 기본적 기술을 열심히 익혀 나가며 그 과정에서 부모의 물질적 보상이나 칭찬을 듣게 되면 근면성과 높은 수준의 자아존중감을 형성하게 된다. 그러나 어떤 일에 있어 성공보다는 실패를 더 많이 경험하고 그 결과로 사회적 관계망으로부터 부정적 평가를 더 많이 받게 되면 열등감과 낮은 수준의 자아존중감이 발달하게 된다. 자아존중감이 낮으면 새로운 과제에 직면하였을 때 불안을 경험하게 되고 솔선해서 행동하기 어려워진다. 현실적인 자아개념은 자기수용, 정신건강 등으로 이어지고, 현실적인 목표를 달성하게 만든다(신종우 외, 2008).

이처럼 아동기의 자아개념과 자아존중감의 발달에는 부모와 교사 및 친구에 의한 평가가 매우 중요한 역할을 한다. 따라서 아동을 지도하는 교사는 개별아동에 맞는 현실적 학습목표를 설정하고 아동의 현재 능력수준보다 약간 높은 수준의 과제를 부과하여 근면성과 동기를 조장하며, 아동이 과제수행을 통하여 성공감을 경험할 수 있도록 지원해야 할 것이다. 그리고 부모는 아동의 자아존중감을 고양시키기 위하여, 아동에 대한 세심한 주의와 관심을 가지고, 사회적 기준을 제시하고 분명한 행동의 한계를 설정하고 지나친 처벌을 삼가고 온정적이고 수용적인 양육태도를 취해야 하며, 학교에서의 성공을 부당하게 요구하지 않으며, 아동의 의견을 존중하며 조화로운 부부관계를 유지하여야 한다(김동배 외, 2009).

(3) 사회적 발달

아동의 사회적 환경은 가정과 이웃에서부터 학교, 특히 학급으로 이동 확대된다. 아동이 학교에 입학하게 되면 그들의 사회적 행동에 변화를 갖게 된다. 즉 자기중심성을 점차적으로 탈피하면서 행동이 서서히 사회화 되어 가고, 그들의 관심 또한 본인 중심의 주관적 세계에서 객관적 세계로 옮겨 가고, 개인주의 시기에서 집단행동의 시기로 변화하면서 기본적인 사회적 기술과 태도를 학습하게 된다. 이와 관련하여 몇 가지를 살펴보면 다음과 같다(신종우 외, 2008; 장수한 외, 2008; 최옥채 외, 2009; 김동배 외, 2009).

① 학 교

학교는 가정과 더불어 가장 중요한 사회화기관이다. 학교는 아동들에게 매우 중요한 사회적 활동의 장이며, 사회적 발달에도 많은 영향을 미친다. 특히 저학년일수록 학교교사의 영향을 많이 받으며, 고학년이 될 수록 또래 친구의 영향을 많이 받는다. 대부분 저학년에 있어서는 개인주의적 특성이 있어서 사회적 관계에 미숙하고 생활 전반에 걸쳐서 성인에 의존하는 경향이 남아 있다. 그러나 3학년부터는 학교생활에 익숙해지고 학우 상호간에 정신적 교류가 형성되어 교우관계의 리더를 중심으로 하여 집단을 형성하게 되는 것이다.

5학년 이상에서는 1~2명의 대표자가 있어서 학급 전원이 관계를 맺게 된다. 이 때 사회적 의식이 급속도로 발달하게 된다. 이 시기에 급우와의 상호작용을 통해 자기중심적 사고가 현저히 감소되고, 협동, 경쟁, 타협의 원리를 체득하게 되며 사회적 규칙이나 집단압력에 반응하는 방법을 학습하게 된다.

교사는 아동의 행동을 바르게 형성하고 발달시키기 위하여 칭찬, 비난, 특권, 처벌과 같은 정적강화, 부적강화 등을 사용하며, 아동의 능력과 성취도를 비교하여 동일한 사회적 지위를 지니고 있는 아동의 지위를 각 학생마다 차별화해야 한다. 즉 교사는 아동의 사회성 발달을 돕기 위해 환경을 조성하고 교육과정 운영 시에도 사회성 발달을 고무할 수 있는 방안을 통합적으로 고려하여야 한다.

또한 또래와 사회적 어려움을 갖는 아동의 상황을 파악하고 이를 근거로 긍정적인 사회적 경험을 증진시켜야 한다. 예를 들어, 또래와 전혀 어울리지 못하는 아동에게 강제적으로 또래와 어울리도록 강요한다면 실패로 끝날 수밖에 없을 것이다. 이러한 경우에는 교실에서 교사와 문제를 가진 아동이 긍정적인 사회적 경험을 한 다음, 또래를 잘 수용하는 아동을 선정하여 문제아동과 상호 작용하게 해야 한다.

아동이 교과학습을 통해 적절한 성취감이나 만족감을 경험하고 친구들과 좋은 관계를 유지해 나가며, 교사로부터 적절한 관심과 인정을 받게 되면 학교생활에 잘 적응하고, 학교에 대해 긍정적인 태도를 갖게 된다. 그러나 교과학습이나 친구를 사귀기가 힘들고 교사로부터 부당한 처우를 받게 되는 경우 학교생활에 적응하기 어렵고 학교에 대해서도 부정적인 태도를 가질 수 있다.

또한 학교에서 이루어지는 여러 가지 경험을 통해서 아동은 자신의 능력에 대한 자아개념을 획득하고 자신에 대한 평가내용에 따라 긍정적 혹은 부정적인 성격을 형성하게 된다.

② 또래와의 관계

초등학교에 입학하면 아동은 같은 나이의 또래들과 접촉하고 관계를 유지하는 것이 그들 생활 가운데 매우 중요한 의미를 차지하게 된다. 이 시기의 아동은 또래와의 상호작용을 통해 자기 자신에 대해 새롭게 지각하게 되고, 집단에 대한 소속감이나 그와 반대로 소외감을 발달시키게 된다. 그러므로 이 시기에 또래와의 관계는 아동의 사회성과 자신감 형성에 중요한 역할을 하는 것으로서, 그 이후의 발달단계인 청소년기와 성인기에도 지속적인 영향을 미치게 된다.

아동이 자신을 인식하는 데 또래들은 자신을 비춰 주는 거울의 역할을 하기 때문에 그들의 의견이나 반응에 민감해지며, 선생님과의 접촉에 신경을 쓰게 된다.

또래집단은 대개 동성집단으로 연령층과 취미가 같고 지능이 비슷하다. 이 시기는 종종 집단의 일부가 됨으로써 타인을 모방하는데 이때는 유행, 우상(가수, 영화배우 등)과 수집활동이 공통적 관심거리다(이종복 · 전남련, 2007 : 97).

7~8세경에는 주로 동성친구들과 어울리면서 이성 친구에게는 배타적이며, 9세경이 되면 아동은 집단을 형성하여 함께 놀기를 좋아하는데 이러한 집단을 짝패(clique), 도당(gang)이라고 한다. 이처럼 짝패 집단을 형성함으로써 아동은 자기표현의 기회를 갖게 되고, 상호의존적인 감정을 공유함으로

써 우정을 발달시키게 되며, 자아중심성을 극복하고 협력관계를 형성할 수 있게 된다.

아동기에는 또래집단에 동조하지 못하는 것에 두려움을 느끼고 또래의 압력에 쉽게 동조하는 경향이 있다. 이러한 동조성은 아동기에서 증가되기 시작하여 청년기 동안 서서히 감소된다. 동조성의 정도는 아동기에 가장 강하게 나타나고, 남아보다는 여아가 더욱 동조적이었다(Cosstanzo & Shaw, 1966).

아동기에는 접촉의 기회가 많고, 동일한 흥미가 있는 또래(peer)를 친구로 선택하는 경향이 있다. 친구를 선택하는 경향은 학년에 따라 다른데, 저학년의 경우에는 집이 가깝고, 가족끼리 교류가 있는 친구를 선택하는 경향이 있으나 고학년으로 올라갈수록 성격적 특성에 따라 선택하게 된다. 이 시기에 또래집단에 수용된다는 것은 아동의 자아 발달에 매우 중요한 역할을 한다.

또한 친구관계를 통하여 또래 및 선생님과의 관계를 유지하는 법을 배우며, 다른 사람에게 적대심과 경계심, 지배와 통제하려는 욕구를 적절히 표출하는 방법을 알게 되고, 서로 심리적으로 지지하고 격려해 주는 자아지지의 가치를 가지며 다른 아동이 자신과 같은 문제를 해결하는 것을 보면서 문제해결 방법을 배우며, 친구와 자신의 갈등이나 욕구불만을 나누게 되어 정서적 안정감을 얻은 심리치료의 효과를 갖는다.

③ 단체놀이 선호

아동기에는 단체놀이(team play)를 선호하는데, 이러한 단체놀이를 통하여 개인의 목표가 단체의 목표에 종속된다는 것을 깨닫게 된다.

아동은 단체놀이를 통하여 노동 배분의 개념을 학습하게 되며, 상대방을 존중하고, 규칙을 지키며, 예절을 배울 수 있으며 이를 통해 사회성과 성격 발달에 도움을 줄 수 있다. 즉 각자에게 부여된 지위와 역할을 충실히 수행하여야만 놀이의 승리를 보장받을 수 있음을 알게 되고, 이러한 과정에서 자신이 더 잘할 수 있는 역할이 있는 반면, 다른 아동이 더 잘할 수 있는 역할도 있음을 알게 된다. 또한 단체놀이를 통하여 경쟁의 본질과 승리의 중요성을 학습하게 되는데, 아동기의 단체놀이에서 패배하는 데 결정적인 기여를 한 아동은 다른 아동들로부터 비웃음거리가 되는 경우가 많은 것이 그 예이다. 아동은 이와 같은 단체놀이의 실패에 뒤따르는 사회적 비난을 피하기 위해 더욱 노력하고, 서로 협력하는 유용한 경험을 하게 된다(권중돈 · 김동배, 2006 : 102).

따라서 아동에게 다양한 놀이와 운동을 접할 수 있도록 하여 성격발달에 도움을 줄 수 있도록 도와주어야 하며, 성격에 따른 놀이와 운동 프로그램을 적합하게 선택하면서 아이의 성격과 그른 행동을 수정하는 데도 많은 도움을 주어야 할 것이다.

④ 대중매체의 영향

아동기의 사회성 발달에 큰 영향을 미치는 것이 TV, 컴퓨터 등과 같은 대중매체이다. 이러한 매체들을 교육적으로 잘 활용하여 아동의 학습 및 인지기능의 향상에 도움이 될 수 있으나, 그렇지 못할 경우에는 여러 가지 부정적인 문제가 발생하게 된다.

대부분의 아동들이 TV를 시청하지만 특히, 사회경제적으로 낮은 계층의 아동들이 그렇지 않은 아동들보다 TV를 더 많이 시청하는 것으로 나타났다(Huston et al., 1989). TV 시청에서 문제가 되는 것은 바로 폭력적이고 공격적인 장면들이 많다는 것이다.

TV는 아동에게 학습자료를 제공해주고, 친사회적 행동을 증가시켜 주기도 하지만 폭력적인 장면에 노출됨으로써 공격성을 증가시키고 바람직한 가치 형성을 방해할 수도 있으며, 또한 성에 대한 고정관념을 형성하게도 한다.

컴퓨터는 아동의 학업성취와 학습흥미를 높이는 효과적인 기제이며, 인지능력을 향상시키고 많은 양의 정보를 쉽게 얻고 활용할 수 있다는 장점이 있다. 또한 또래 사이의 상호작용을 촉진하는 매개물로 작용하기도 한다. 그러나 아동이 컴퓨터와 지나치게 많은 시간을 보내게 되면 사회적 관계의 발달을 저해할 수 있으며, 학업성취에 나쁜 영향을 미치고, 공격성을 높일 수 있다. 또한 최근에는 각 가정에 보급되어 있는 개인용 컴퓨터와 게임방 등에서 보호자의 지도 · 감독 없이 아동이 무방비로 폭력적이고 선정적인 내용에 노출되어 있는 경우가 많아 이에 대한 적절한 대책이 마련되어야 할 것이다.

4) 사회복지 실천과제

아동은 적절한 환경에서 사회적 보호를 받으면서 신체, 심리 그리고 사회적으로 건전한 발달을 도모할 수 있어야 한다. 그러므로 사회복지 실천에서 관심을 가져야 할 내용을 살펴보면 다음과 같다(김동배 외, 2009; 장수한 외, 2008; 최옥채 외, 2009).

우선 아동기에는 급격한 신체적 발달은 이루어지지 않지만, 전체적인 신체의 체계가 안정되는 시기다. 따라서 만약 이 시기에 신체적 성장에 필수적인 영양공급이 적절히 이루어지지 못할 경우 신체발달에 많은 제한을 받을 수 밖에 없다. 따라서 사회복지기관에서는 이들 결식아동을 위한 도시락배달이나 중식서비스 등의 프로그램을 실시하여 아동의 건강한 신체발달을 지원할 필요가 있다.

결식아동이 존재하는 것과 반대로 지나친 영양공급으로 인하여 아동기의 비만은 아동의 신체발달뿐만 아니라 심리사회적 발달에도 부정적 영향을 미친다. 따라서 사회복지기관에서는 아동의 영양관리 프로그램과 비만교실 등을 개설하여, 영양과잉이나 비만이 원인이 되어 사회적으로 소외되고 심리적으로 위축된 아동을 지원해 나가야 할 것이다.

아동학대는 부모를 포함한 양육자가 아동에게 신체적 · 정서적 · 성적 학대를 가하거나 유기 또는 방임을 하는 것을 말한다. 학대를 받는 아동은 대부분 신체적으로 발육이 저하되고 영양상태가 나쁘며, 행동적으로 공격적 행동, 과잉행동, 자해행동, 주의력 결핍, 우울증 등의 행동을 보이며, 정서적으로는 대인관계의 어려움, 낮은 자존감, 낮은 성취동기, 인지적 미성숙 등의 특성을 보여 학교생활이나 사회적 관계에 있어 어려움을 겪게 되며, 성인으로 성장한 후에도 더욱 복합적인 문제에 놓이게 될 가능성이 높다. 따라서 학대부모를 위한 프로그램을 실시함과 동시에 학대받는 아동들을 대상으로 일시보호프로그램과 의료 및 심리 상담과 치료프로그램을 병행 · 실시해야 할 것이다. 또한 교사들을 대상으로 아동학대에 관한 교육을 실시하여 신고 의무자로서의 역할을 성실히 해 낼 수 있도록 지원해야 할 것이다.

아동들은 여러 이유로 학교 가기를 꺼리거나 아예 가지 않는 경우가 있다. 등교를 거부하는 행동은 고의적으로 학교를 가지 않는 무단결석(truancy)과는 다르다. 무단결석은 부모에게 학교에 가는 것처럼 속이고 집을 나와서 다른 데로 놀러 다니며, 부모나 친구에게 이런 사실을 교묘하게 속이는 행동이다. 그러나 이와는 다르게 학교거절증(school refusal)이나 학교공포증(school phobia)은 심리적 원인으로 인해 학교에 가는 것을 극도로 꺼리거나 공포를 느끼는 것이다.

학교거절증을 갖는 아동들을 실제로 학교에 가기 싫다는 것을 말로 표현하지 않으며, 그보다는 다양한 신체증상으로 복통, 두통, 설사를 호소하고 어지럽고 토할 것 같다며 밥을 잘 먹지 않거나, 심하면 기절도 한다. 이러 행동은 대개 아침 일찍 시작되며, 학교에 가지 않고 집에 있거나 등교시간이 지나면 사라진다. 아울러 항상 어머니와 함께 집에 있고자 하는 것이 특징이다. 이런 경우 어머니도 아동이 자신의 곁을 떠나는 것을 불안해하는 경우가 많다(서봉연 · 이순형, 1983; 민성길, 2003). 저학년의 경우에는 이렇듯 어머니와의 분리를 불안해하는 심리에서 나타나지만, 고학년이 되면 학교에서 겪는 특정한 경험에서 시작되기도 한다. 그렇기 때문에 고학년의 경우 교사에 대한 불평, 공부에 대한 불평, 교통 불편, 다른 학생들에 대한 불평을 호소하기도 한다. 이러한 증상은 대부분이 무의식적 불안이나 심리적 상처에 기인한 것이므로 꾸중이나 강제적인 방법으로 접근하기보다는 부모상담과 교사의 협조를 얻어 아동의 정서적인 안정을 유도하는 것이 중요하다. 그러나 어떤 상황에서도 학교 가기를 꺼리는 아동을 돕는 최선의 목표는 가능한 학교로 빨리 돌아갈 수 있도록 다각적으로 지원하는 것이다.

아동기에는 공식적 학교교육을 통한 인지발달이 매우 중요하다. 그러나 뚜렷한 생리학적 문제가 없는 데도 학습에 어려움을 겪는 경우가 많이 있다. 이러한 학습장애(learning disorder)는 평균 이상의 지능과 신체 상태를 가지고 있으면서도 학업성취도가 낮은 경우를 의미하며 공부, 언어, 운동에 장애가 있을 때를 말한다. 대표적인 유형으로는 읽기장애, 산술장애, 표현성 쓰기장애 따위가 있다. 이 장애는 뚜렷한 신체적인 이상이나 정서장애가 있는 것이 아니라 뇌가 정보를 받아서 처리하거나 사용하는 방식에 문제가 있어서 나타나는 증상으로, 읽기 능력이 극히 제한적이고, 한 과제에 집중하는 데 문제가 있으며 다른 주제로의 전환도 매우 느린 것이 특징이다.

이러한 학습장애는 부주의, 통제하기 힘든 과도한 신체적 움직임, 충동성으로 대표되는 주의력결핍과잉행동장애(attention-deficit hyperactivity disorder : ADHD)의 형태로 나타나기도 한다. 학습장애가 있는 아동들은 실패감, 낮은 자아존중감, 무기력을 경험할 수 있다(Zastrow & Kirst-Ashman, 2001). 따라서 이러한 아동들이 조기에 적절한 치료를 받을 수 있도록 해 주어야 한다. 특히, 읽기장애를 갖고 있는 아동의 경우 초등학교 3학년까지 언어치료를 받지 못하면 평생 장애가 지속되므로 유치원 때나 초등학교에 입학한 후 즉시 정확한 평가와 함께 체계화된 언어치료를 받는 것이 중요하다. 산술장애는 숫자를 세고, 더하고 빼는 따위의 기본적인 수의 개념이 나이에 비해 현저하게 떨어지는 것이므로, 이에 대한 특수교육을 통해서 기본 능력을 높여 주어야 한다. 표현성 쓰기장애(disorder of written expression)는 생각한 것을 글(단어나 문장)로 표현하는 데 어려움이 있는 것이므로 이 역시 쓰기와 관련한 특수교육을 조기에 받는 것이 필요하다.

이런 학습장애를 갖는 아동들은 학교생활이 위축되거나 등교거부, 무단결석, 행동장애 따위가 함께 나타날 수 있으므로 아동의 전반적인 적응상태에 대한 점검과 더불어 사회복지기관에서는 학습장애아동들의 인지발달을 지원하는 데만 목적을 둔 교육프로그램을 실시하기보다는 언어, 지각, 운동과 관련된 문제들을 근원적으로 해결해 줄 수 있는 프로그램과 학습장애와 부모 상담과 그 가족에 대한 지지와 심리적 문제해결에 목적을 둔 치료프로그램을 개발하여 실시하는 것이 바람직하다.

아동기에 관심을 기울여야 할 심리적 발달문제로 부정적 자아개념과 연관된 열등감이다. 아동기에 학교에서 갖은 실패경험을 하고 부모, 교사 그리고 또래들로부터 부정적 평가를 받게 되면 부정적 자아개념이 형성되고 열등감이 강화된다. 이러한 아동의 열등감을 극복할 수 있도록 지원하기 위해서는 반복적인 성공경험을 거둘 수 있는 기회를 부여하는 것이 필수적이지만, 부모, 교사 그리고 또래집단에 대한 개입도 필요하다. 따라서 사회복지사는 아동의 열등감을 우월성 추구의 동기로 변화시키기 위한 개인 상담이나 치료뿐만 아니라 아동의 부모를 대상으로 한 가족치료, 교사를 대상으로 학교사회사업적 개입 그리고 또래 아동들과의 집단치료 프로그램을 실시하는 등 아동의 열등감 극복을 위한 다각적 개입을 하는 것이 바람직할 것이다.

아동기의 건전한 사회성 발달을 지원하기 위해서는 부모, 교사, 또래집단에 대한 개입이 필수적이다. 따라서 사회복지사는 앞서 언급한 바와 같이 가족치료적 개입, 학교사회사업적 개입 그리고 집단사회사업적 개입을 통하여 아동의 사회성 발달을 지원할 필요가 있다. 특히, '왕따' 아동의 치료와 지원을 위하여 교사와 또래 집단을 대상으로 한 적극적인 학교사회사업적 개입과 집단사회사업적 접근이 요구되며, 아동가족에 대한 상담과 치료가 요구되고 있다.

부모의 맞벌이 등으로 인하여 방과 후 적절한 보호를 받지 못하는 아동들을 위하여 사회복지기관에서는 방과 후 아동보호프로그램, 아동기능교실 등을 운영하여 아동의 안전보호, 학업지도 및 급식 프로그램 등을 적극적으로 실시해야 한다.

끝으로 행동장애의 문제이다. 행동장애는 억압된 감정을 무의식적으로 행동화하는 것으로 거짓말, 도벽, 가출, 방화, 파괴행위, 무단결석 등의 다양한 문제를 일으키는 것이다. 행동장애의 원인은 대개 부모를 괴롭힘으로써 부모에 대해 보복을 하거나 그들이 부족하다고 생각되는 주변의 중요한 인물로부터의 관심이나 사랑을 획득하려는 데 있다고 한다. 그러므로 가족, 교사 및 또래의 협조를 바탕으로 단순한 훈련이나 심리치료를 통해 치료할 수 있으므로 이러한 행동장애가 반사회적 행동으로 발전하지 않도록 사회복지사는 각별한 관심을 기울여야 할 것이다.

chapter 04

청소년기

1 청소년 전기(13~18세)

1) 신체적 발달

(1) 성장 급등과 사춘기의 성숙

청소년 전기에 나타나는 성숙의 초기 신호 가운데 하나가 성장 급등이다. 이는 키와 몸무게가 급격히 성장하는 것을 말하는데, 여아의 경우 10세, 남아의 경우 12~13세경에 시작된다. 아동기의 끝을 알리는 생물학적 변화라 할 수 있는 급격한 생리적 성숙, 신체 비율의 변화, 변성, 초경, 정액 사출 능력의 출현은 사춘기로 불리는 청소년 전기에 나타난다. 사춘기가 발현되는 평균 연령은 여아는 만 12세, 남아는 만 14세이며, 2년가량 지속된다. 성장 급등이 끝난 후에는 성장 속도가 퇴조하고 성적 성숙이 가속되며 태아기 이후로 남녀간의 성차가 가장 현저하게 증가한다. 남아는 어깨가 넓어지고 다리가 길어지며 더 큰 체격을 갖게 되는 반면, 여아는 피하 지방층의 발달로 곡선적인 외양을 갖게 되고 골반이 넓어져 출산이 용이하게 된다.

(2) 일차 성징과 이차 성징

일차 성징은 생식과 직접 관련되어 있는 특징이다. 즉, 여성의 난소, 자궁, 질과 남성의 고환, 전립선, 음경, 정낭을 포함하는 생식 기관과 관련된 성적 특징이다. 이들 기관은 사춘기 동안 그 크기가 점점 커지면서 성적인 성숙을 이루게 된다. 소변 속에 비치는 정액은 남자 아이들이 성적으로 성숙했다는 일차 신호로 간주되는데 정액을 배출할 수 있게 되면 바로 생식이 가능해진다. 여아의 월경과 같이 남아의 정액이 나오기 시작하는 시기는 매우 다양하다. 한편 이차 성징은 성적 성숙이나 생식 기관을 직접적으로 포함하지 않는 신체적 특징이다. 여아는 유방이 커지고 남아는 어깨가 넓어진다. 다른 이차 성징은 남녀 모두에게 나타나는데, 생식기와 겨드랑이, 온몸에 털이 자라고 성인의 피부와 목소리를 갖게 된다. 이러한 특징이 나타나는 시기에는 개인차가 존재하지만, 그 출현 순서는 일정한 양상을 보인다.

(3) 초경

여아의 경우 성적인 성숙을 가장 극적으로 보여주는 것이 초경이다. 매달 자궁 내벽에서 조직이 떨어져 나가는 일이 시작되는 것이다. 초경은 발달 순서상 꽤 늦게 일어나는데, 가슴이 커지기 시작하고 골반이 넓어지기 시작한 때부터 약 2년이 지난 시점, 즉 급격한 성장이 둔화하기 시작한 후에 나타난다. 많은 문화권에서 여아가 여자, 곧 어른이 되었다는 신호로 초경을 인지하고 있지만, 보통 월경 기간에는 배란이 일어나지 않으며 초경 후 12~18개월 동안은 임신이 되지 않는다. 사춘기 여아의 초경만큼 당혹스러운 경험이 사춘기 남아의 몽정일 수 있다. 이 시기의 남자 아이들은 종종 잠에서 깨어나 이부자리에 젖은 자국이나 마른 자국을 발견하면서 자신이 잠을 자는 동안 몽정, 곧 사정을 했다는 것을 알게 된다. 몽정은 지극히 정상적인 일이며 색정적인 꿈과 연관되어 일어날 수도 있고 그렇지 않을 수도 있다.

(4) 신체적 변화로 인한 심리적 영향

① 조숙과 만숙의 심리적 영향

여자 아이들의 경우 성숙의 유리함이 있을 때 조숙이 긍정적일 수 있지만 장기적으로 보면 부정적 측면이 강하다. 조숙의 경우 작은 키와 뚱뚱한 외모를 갖게 되기 쉬워 마른 체형을 선호하는 문화에서는 불리하다고 할 수 있다. 조숙한 여고생들은 다른 여아들에 비해 자아상이 낮고 우울, 불안, 섭식장애를 보이며, 조숙이 중고등학교의 입학이나 부모의 이혼·재혼과 결부될 때 난관에 봉착하는 것으로 보고되고 있다. 한편 만숙은 다른 아이들보다 유리한 신체를 갖게 하는 경향이 있다. 따라서 다른 사람들 앞에서 매력적인 외모로 비치고 싶어 하는 문화권에 있는 여성들에게는 만숙이 유리할 수 있다.

남자 아이들의 경우 조숙의 긍정적인 측면이 많다. 조숙한 남아는 긍정적인 자아상을 갖고 심리적인 문제가 적으며 친구들간에 인기가 있다. 상대적으로 우월한 신체 조건으로 남자들의 세계에서 중요한 신체 활동에 유리하여 동성간에 선호가 높을 뿐 아니라, 수염, 낮은 목소리와 같은 이차 성징이 매력적으로 느껴져 이성간에도 인기가 있을 수 있다. 그러나 모든 면에서 유리한 것은 아니어서 조숙한 남아는 진부한 성격, 부족한 유머감각, 문제 행동을 보이는 경우가 많은 반면, 만숙한 남아는 진지하고 통찰력이 있으며 창의적인 것으로 보고되고 있다(이소희 외, 2004, 재인용).

② 초경·월경에 대한 반응

과거에는 예기치 않은 불안이나 당황스러움 등 초경의 부정적인 측면이 강조되었다. 가정에 따라서는 월경에 대한 이야기를 꺼낼 수조차 없는 경우도 있었다. 이와 같은 문화적 금기는 초경을 통과의례로 보지 않고 위생상의 위기로 간주하여 심리적 불안을 조장하고 여성스러움에 대한 자긍심을 갖지 못하게 하는 등의 부정적인 태도를 강화하며, 어린 소녀가 성인 여성의 세계에 들어선 것을 환영하는 의식의 발달을 가로막아 왔다. 한편 오늘날 많은 여아들은 초경과 월경에 대해 혼합된 감정을 가지고 있기는 해도 대부분 이를 무난히 넘긴다.

초경이 일찍 시작된 경우 혼란을 겪기 쉬운데, 이는 자신이 아직 준비가 되어있지 않다고 생각하거나 또래들과 보조가 맞지 않다고 생각하기 때문일 수 있다. 실제로 여아가 초경에 대한 준비를 더 잘하고 있을수록 초경에 대해 보다 긍정적으로 생각하고 고민도 적은 것으로 보인다. 이러한 맥락에서 초경과 월경에 대한 준비로 긍정적인 경험이 강조될 필요가 있다. 월경은 여성이 보편적으로 경험하는 현상이며 상처나 질병과는 다르다는 것을 인식할 필요가 있고, 부모나 가족이 개방적인 분위기 속에서 월경에 대한 긍정적인 의미를 심어주는 것이 매우 중요하다.

③ 외모에 대한 느낌

대부분의 십대 청소년들은 자신의 신체적인 모습에 관심이 많다. 때로는 거울 속에 비친 자신의 모습에 불만스러워 하기도 한다. 남자 아이들은 큰 키와 넓은 어깨를 갖기 원하며 여자 아이들은 날씬하면서도 볼륨있는 몸매를 갖기 원한다. 남자 아이들이 여자 같아 보인다고 느끼거나 여자 아이들이 남자 같다고 느끼는 것은 이들을 비참하게 만든다. 십대 아이들은 남녀 모두 자신의 몸무게, 피부색, 용모에 대해 걱정한다. 보통 여자 아이들이 남자 아이들에 비해 외모에 더 관심이 많은데, 이는 우리 문화가 여성의 신체적 매력을 더 강조하기 때문일 수 있다.

어른들은 십대 청소년들이 그들의 외모에 몰두한다는 사실을 종종 잊어버린다. 사람들의 성격이나 인성이 그의 외모로 판단되는 사회에서는 젊은이들의 자아상이 자기 자신에 대한 느낌에 매우 오래 동안 지속적인 영향을 미칠 수 있다. 성인들을 대상으로 한 연구에 따르면, 십대 때 자기 자신이 매력적이라고 생각했던 성인들은 그렇지 않은 사람들에 비해 성인기에 자아존중감이 더 높았고 행복도도 더 높은 경향을 보였으며, 이러한 차이는 40대 중반이 되어서야 사라지는 것으로 보고되었다(정옥분 역, 1991, 재인용).

2) 인지적 발달

(1) 형식적 조작의 사고

청년기는 피아제의 인지발달 단계상 최후의 단계인 형식적 조작에 이르는 시기이다. 형식적 조작 단계의 대표적인 특징은 추상적 사고 능력의 발달이다. 청소년기에 이르면 사물이 눈앞에 존재하든 존재하지 않든 그 사물을 머리속에 생각할 수 있는 추상적인 사고가 가능해진다. 이러한 추상적 사고 능력의 향상으로 사회적·이념적 문제에 대한 논리적·진보적 추론을 할 수 있게 된다. 이에 따라 청소년의 관심은 정치, 경제, 사회, 문화, 종교, 철학 등으로 폭넓게 확장되기에 이른다(이옥형, 2002).

청소년기에 이르면 이와 같은 추상적 사고 외에 가설적이고 연역적인 추리와 사고가 가능해지게 된다. 즉, 아동기의 인지적 특징이라 할 수 있는 구체적이고 귀납적인 추리와 사고에 더 이상 머물러 있지 않게 되는 것이다. 이제 청소년들은 문제가 제시되는 상황에 직면할 때 일련의 가설을 세워 차례대로 문제 해결의 범위를 좁혀나갈 수 있게 된다. 이들은 주어진 문제를 해결하는 방안에 대해 체계적으로 가설을 설정하고 설정된 가설의 검증을 통해 결론을 도출하는 가설적·연역적인 추론을 할 수 있게 된다.

청년 전기는 형식적 조작의 사고 가운데 하나인 체계적이고 조합적인 사고가 발달하는 시기이기도 하다. 청소년들은 마치 과학자처럼 사고하기 시작한다. 문제를 해결할 때 되는 대로 체계 없이 접근하지 않고, 사전에 계획을 세우고 체계적으로 해결책을 시험해본다. 이는 조작의 수준을 한 차원 더 높은 수준에서 조직화하는 것으로, 제기된 문제와 관련된 다양한 요인들을 분리시키고 검증하는 체계적인 접근 방법을 여러 각도에서 활용할 수 있는 능력으로 발휘된다(이소희 외, 2004; 정옥분, 2004).

(2) 사회인지

사회인지는 다른 사람의 감정과 생각, 의도, 행동을 이해하는 능력을 말하며, 이는 모든 인간관계의 기본을 이룬다. 다른 사람이 무슨 생각을 하는지, 어떤 느낌을 갖고 있는지 아는 것은 다른 사람들을 이해하고 이들과 원만한 관계를 유지하는 데 필수적이다. 청소년기에 이르면 사회적 환경 속에서 자신과 타인 간의 사회적 관계를 고려할 수 있는 능력이 발달하게 된다. 청소년들은 인지적 성장에 힘입어 자신의 생각은 물론 타인의 생각을 보다 잘 인식할 수 있게 되어 다른 사람의 사고나 감정, 의도를 보다 정확하게 추론하게 된다.

한편 청소년기의 사회인지는 청소년기의 또 다른 사고 특징인 자아중심적 사고에 의해 방해를 받게 된다. 청소년의 자아중심적 사고는 자신과 타인의 관심사를 구분하지 못하는 것에 기인하며, 13~16세경에 절정을 이루다가 이후로 다양한 관계를 경험하게 되면서 차츰 사라진다. 청소년기 자아중심적 사고의 대표적인 예가 상상적 관중이다. 청소년들은 자신이 무대 위의 주인공인 양 생각하고 주위의 다른 사람들은 모두 자기를 바라보는 구경꾼으로 생각하는데, 이와 같은 사고는 다른 사람들의 눈에 띄고 싶어 하는 청소년들의 욕망에서 나온다.

자기중심성을 반영하는 또 다른 상황은 개인적 우화로, 자신의 사고와 감정이 너무나 독특해서 다른 사람들이 도저히 이해할 수 없다고 생각하는 것이다. 청소년들은 첫사랑에 대해 각별한 인식을 갖고 있는데, 어느 누구도 자신이 경험한 것처럼 아름답고 숭고하며 뜨거운 사랑을 해보지 못했을 것이며 그 사랑이 끝났을 때의 절망감, 비참함, 암담함을 짐작도 못할 것이라고 생각한다. 또 다른 예는 불멸로, 다른 사람은 죽어도 나는 죽지 않을 것이라고 생각하고 위험한 행동을 무릅쓰는 경우, 중상을 입거나 사망에 이르는 경우, 자신은 임신하지 않을 것이라 믿고 무모한 행동을 하게 되는 경우가 해당된다.

3) 심리사회적 발달

(1) 스탠리 홀

청년심리학의 아버지로 불리고 있는 스탠리 홀은 청년기에 대한 이론을 최초로 정립한 심리학자로 널리 알려져 있다. 그는 청년기에 두드러지게 나타나는 신체적인 변화가 곧 청년들의 심리적인 변화를 유발하게 된다고 주장한다. 즉, 급격하게 변화하고 있는 자신의 신체에 적응하고자 애쓰고 있는 청년들의 노력이 이들을 질풍노도의 시기(a period of storm and stress)로 이끌게 되고, 청년기를 동요, 방황, 혼란 가득한 격동의 시기로 만들게 된다는 것이다.

홀은 청년기에 이와 같이 격렬하고 요동하는 감정의 시기를 거치게 되는 것이 피할 수 없는 양상이라고 설명하고 있다. 그러나 이와 같은 격동의 시기를 거치면서 청년들은 도덕적으로 보다 강해질 수 있는 이점이 있다고 주장하고 있다. 청년기를 개인의 인생에서 불가피한 질풍노도의 시기로 바라보는 홀의 견해는 젊은이들의 심리에 관심을 가지고 이들을 관찰하고 연구하는 많은 학자들에 의해 때로는 인정을 받기도 하고 때로는 격렬한 반박을 받기도 한다.

(2) 프로이드

홀과 마찬가지로 프로이드 역시 청년기를 갈등의 시기로 보았고 이 시기의 갈등을 신체적 변화의 결과로 보았다. 프로이드는 이 갈등이 성인기의 성욕을 소유하게 되는 생식기를 준비하는 과정이라고 보았다. 그는 사춘기의 생리적인 변화가 성충동에 불을 붙이는 에너지원인 리비도를 다시 일깨운다고 보았다. 즉, 아동기 동안 잠잠했던 성 충동이 다시 표면에 떠오른다는 것이다. 생식기의 성적 에너지는 사회적으로 승인되는 출구를 따라 흐르는데 이 경로는 가족이 아닌 상대와의 이성적 관계라고 프로이드는 말한다.

생식기로의 전환에 앞서 어머니와 아버지를 향한 해결되지 않은 성적 감정이 극복되어야 한다. 청소년의 성적 애착은 반동 형성에 의해 일시적으로 증오심으로 대체되기도 한다. 따라서 프로이드의 관점에서 볼 때 청년기의 시작은 청소년의 반항이 예고되는 질풍노도의 단계로 진입하게 됨을 암시한다. 한편 이성 부모에 대한 성적 애착으로부터 벗어나면서 청년들은 동성의 성인에 대해 과도한 열망을 보이거나 친밀한 우정을 발달시킬 수 있다. 프로이드는 이를 장차 이성과의 성숙한 관계를 맺기 위한 전조로 보았다.

(3) 안나 프로이드

프로이드는 청년기의 심리성적인 변화를 아동기 초에 시작된 연극을 마무리짓는 것에 비유했지만, 그의 딸 안나 프로이드는 청년기 자체의 고유한 특성과 청년기가 성격 형성에 미치는 영향을 강조하고 이를 중점적으로 다루었다. 안나 프로이드에 따르면, 잠복기에 잠잠했던 리비도가 청년기에 활성화되어 자아와 원초아 간의 미묘한 균형을 위협하게 되는데, 이로 인해 청년은 불안을 경험하게 되고 지성화나 금욕주의와 같은 방어기제를 발달시키게 된다.

지성화는 성적인 충동을 추상적인 사고로 바꾸는 것으로 정치, 경제, 사회, 문화, 종교와 관련된 문제에 대해 밤새 토론하기를 즐겨하는 청년들의 모습에서 쉽게 찾아볼 수 있다. 일부 연구자들은 이러한 우스운 토론을 청년의 정체감 탐색이나 추상적 사고, 문제해결 능력의 증대와 결부시키고 있지만, 안나 프로이드는 청년들의 지적 사색을 방어로 보는데, 그 이유는 이들이 문제해결을 위한 실질적인 노력은 기울이지 않고 자신의 변화하는 신체의 본능적 욕구에 반응하기 위해 말과 생각을 조작할 뿐이라고 보았기 때문이다.

안나 프로이드는 금욕주의를 청소년이 자신의 충동을 통제하지 못하게 될 것을 염려하여 느끼게 되는 두려움에 대한 방어기제의 일종으로 해석한다. 이러한 두려움 때문에 청년기에 어떤 아이들은 자신이 좋아하는 음식이나 옷차림을 통해 얻을 수 있는 매우 단순한 즐거움조차 거부하고 자신을 과도하게 통제한다. 안나 프로이드는 사람들이 점점 나이가 들어감에 따라 자신의 위험스런 충동을 통제할 수 있는 능력에 자신감이 생기면서 긴장을 풀게 되고 자신에게 덜 엄격해지는 것 같다고 설명한다(정옥분 역, 1991).

(4) 스택 설리반

설리반은 발달의 단계에 따라 인간의 대인관계 욕구가 변화한다고 보고, 유아기로부터 청년 후기에 이르기까지 인간의 사회적 상호작용 욕구를 여섯 단계로 설명하고 있다. 즉, 설리반은 유아기, 아동기, 사춘기, 전청년기, 청년 초기, 청년 후기를 거치는 과정에서 발달되는 대인관계의 변화 양상에 관심을 갖고 이를 집중적으로 다루었다. 다른 정신분석 이론가들이 부모자녀 관계의 영향과 중요성에 초점을 두었던 것과 달리, 설리반은 청년기 발달에 있어 친구 관계, 또래 관계의 역할과 중요성을 보다 강조하고 있다.

특별히 전청년기는 십대 초반의 사춘기로, 친밀감의 욕구가 증가하면서 동성의 친구와 단짝을 이루어 돈독한 우정을 발달시키는 단계이다. 그러다가 십대 후반인 청년 초기에 접어들면서부터는 이성을 향한 친밀감의 욕구가 크게 증대하여 이성 친구와 애정적 유대를 형성하고자 하는 강렬한 욕구를 갖게 된다. 설리반은 이 두 단계에 걸친 청년 전기의 과업이 성공적으로 성취될 경우 친밀감을 발달시킬 수 있고 성욕을 건전하게 다루는 능력을 갖추어 청년 후기로 진입할 수 있게 된다고 주장한다(홍봉선 · 남미애, 2007).

(5) 마가렛 미드

남태평양의 사모아 섬과 뉴기니에서 청년들을 연구한 문화인류학자 마가렛 미드는 한 문화가 청년기의 변화를 어떻게 다루느냐 하는 것이 그 변화의 성격을 결정한다고 결론지었다. 예를 들어 사모아에서는 청년기의 질풍노도적 특성이 관찰되지 않으며 아동기에서 성인기로의 이행이 평온하고 점진적으로 전환되며 성인의 역할이 쉽게 받아들여지는 것으로 보인다. 그러나 미국과 같은 사회에서는 아동기에서 성인기로의 변화가 연속적이지 않으며 그로 인해 스트레스의 지각이 증대될 수 있다고 미드는 말한다.

사모아에서 이루어진 미드의 연구에 대해 일부 비판적인 견해를 보이고 있는 시각도 있다. 즉, 일각에서는 사모아에서도 청년기가 격정적이고 스트레스가 많은 시기라고 주장하고 있다. 한편 다른 후속 연구들 가운데는 미드의 연구 결과를 옹호하는 결과를 보고하고 있는 경우도 있어 서로 상반된 견해가 혼재하고 있는 상황이다. 오늘날에는 청년기를 질풍노도의 시기로 보는 시각이 더 이상 우세한 상황이 아니어서 청년기의 방황이나 혼란, 갈등, 동요를 더 이상 불가피하고 필연적인 것으로만 간주하지는 않는다.

(6) 에릭슨

에릭슨에 의하면 청년기의 발달 과업은 정체감 대 정체감 혼미의 갈등을 해결하는 것이며, 자신이 사회에서 의미있는 역할을 하고 있는 독특한 존재라고 느끼는 것이다. 정체감 형성의 주요 집행자인 자아는 개인의 능력이나 욕구에 대한 지식과 사회 환경에 적응하기 위해 어떻게 대처해야 하는지에 대한 지식을 종합하여 사고한다. 에릭슨은 자신과 세상에 대해 깨닫고자 하는 이러한 노력이 성인의 자아력에 기여하는 건강하고 생명력 넘치는 과정이며, 이 과정에 관여하는 갈등이 급격한 성장과 발달을 촉진한다고 보았다.

이 단계에서 가장 위험한 것은 정체감 혼미로 성인에 이르는 데 오랜 시간을 보내게 된다. 에릭슨은 어느 정도의 정체감 혼미는 정상적이며 십대 때 자신의 외모에 대해 갖는 자의식과 마찬가지로 대다수의 청년들은 혼란스럽고 변덕스런 행동을 보인다고 설명한다. 그는 청년들의 패거리 짓기나 자신이 남과 다른 것을 견디지 못하는 것을 정체감 혼미에 대한 방어로 해석한다. 청년들은 갈등을 회피하기 위해 어린아이 같이 행동하거나 충분히 생각하지 않고 충동적으로 행동함으로써 자신의 혼란을 표현하기도 한다.

이와 같은 심리적 유예 혹은 일시 중단의 기간 동안에 많은 젊은이들은 자신이 충성할 수 있는 대상을 찾기 위해 다양한 노력을 기울인다. 에릭슨은 이처럼 정체감 위기 가운데에서 발생하는 기본적인 미덕을 성실이라 일컬었다. 성실은 친구나 사랑하는 사람, 또는 특정 가치나 이념, 종교, 운동, 민족

집단에 대한 청년들의 한결같은 충성심이나 믿음으로 표현된다. 만일 이 성실의 미덕을 획득하는 데 실패하게 되면 청년은 자신감을 상실하게 되고 청년기에 흔한 양상인 반항적 태도를 표출하게 된다고 에릭슨은 설명한다.

(7) 마샤

에릭슨의 이론을 근거로 마샤는 정체감을 형성하는 데 결정적인 두 가지 요소 곧 위기와 수행의 유무에 따라 네 가지의 정체감 상태를 규명하였다. 여기서 위기는 의식적인 의사결정의 시기를 의미하고, 수행은 직업이나 신념체계에 대한 개인적인 관여를 의미한다. 마샤가 주장한 네 가지의 정체감 상태는 진행성이 없기 때문에 정체감 탐색의 단계가 아니며, 반드시 영구적인 것도 아니다. 즉, 개인의 성장과 발달에 따라 그의 정체감 상태는 달라질 수 있다.

위기와 수행을 모두 경험한 정체감 성취 유형의 청년들은 인생의 중요한 문제에 대해 적극적으로 생각하는 데 많은 시간을 보낸다. 이들은 위기를 경험하고 중대한 결정을 내리며 자신의 선택에 적극적으로 관여한다. 정체감을 성취한 사람들은 유연한 힘을 지니고 사려깊은 특성을 보이지만 아무 것도 못할 정도로 내성적이지는 않다. 이들은 유머감각이 있고 스트레스를 겪고 있는 상황 속에서도 자신의 역할을 다하며 다른 이들과 친밀한 관계를 맺고 자신의 기준을 유지하면서도 새로운 생각에 대해 개방적이다.

위기를 겪지 않고 수행을 하고 있는 유실 단계의 청년들은 대안적인 선택을 고려해보지 않고 자신의 인생에 대해 다른 사람이 세운 계획을 받아들인다. 어떤 이들은 자기 어머니처럼 독실한 믿음을 지닌 주부가 되고, 어떤 이들은 자기 아버지처럼 농부가 되거나 특정 정당을 지지한다. 이들은 완고한 성향을 보이고 자기확신에 차 있으며 때로는 거만하고 자기만족적이다. 가족유대감이 강하고 법과 질서를 중시하며 강력한 지도자를 따르는 경향이 있는데 자신의 생각이 위협을 받으면 독단적이 되기도 한다.

위기와 수행 모두 경험하지 않은 정체감 혼미 상태의 청소년들은 대안을 고려해보는 시기를 겪었을 수도 있고 겪지 않았을 수도 있으나 어떤 경우든 수행을 하고 있지 않은 경우이다. 이들은 목적 없이 떠도는 사람일 수도 있고, 겉으로는 근심 걱정이 없는 사람처럼 보이지만 수행을 적극적으로 회피하고 있는 사람일 수도 있다. 이들은 일관성이 없고 중심 없이 흔들리기 쉬우며 스스로를 불행하게 생각하기 쉽다. 또한 이들은 진실하고 친밀한 관계를 맺지 못하기 때문에 주변으로부터 고립되고 외로움을 느끼기 쉽다.

위기는 겪었으나 수행이 따르지 않은 유예 상태의 청년들은 양면적인 가치의 갈등에 놓여 있다. 의사결정 과정의 관점에서 보면 이들은 수행으로 나아가고 있는 듯하며 아마도 정체감을 성취할 것으로 보인다. 이 유형에 속해 있는 청년들은 활달하고 수다스러우며 갈등에 빠져 있기 쉬운 특성을 나타내곤 한다. 또한 경쟁적이고 불안정한 성향을 보이고 이성의 부모와 가까운 편이다. 이들은 타인과의 친밀한 관계를 원하고 있지만 반드시 타인과 친밀한 관계를 맺고 있지는 않다.

4) 사회복지의 실천과제

지금까지 살펴본 청소년 전기의 발달적 특성을 염두에 둘 때 사회복지적 실천과제의 기초가 되어야 하는 것은, 청소년들이 단지 자신을 둘러싼 환경의 영향을 받아들이는 수동적인 존재가 아니고 자신의 고유한 특성을 바탕으로 환경과 능동적으로 상호작용하는 적극적인 발달의 생성자라고 바라보는 견해이다(이소희 외, 2004). 같은 맥락에서 청소년복지의 제 영역은 청소년 개인의 발달과 사회적 환경 간에 이루어지는 다양하고 역동적인 상호작용의 맥락(context) 속에서 고려되고 적용되어야 할 것이다.

청소년 전기의 신체 성장과 관련된 분야에서는 신체 발달에 따른 심리사회적 적응, 조숙과 만숙, 십대 임신과 출산, 청소년 성매매, 청소년기 섭식장애와 같은 문제에 보다 많은 주의를 기울여야 할 것이다. 인지발달의 측면에서는 일상생활의 문제해결력, 의사결정력, 학업 성취, 직업 훈련 등과 관련된 사고력 배양과 관련된 실천적인 과제에 보다 많은 관심을 기울여야 할 것이다. 심리사회적 발달의 경우 감정 조절, 타인에 대한 이해, 원만한 관계 형성, 사회적 적응과 관련된 문제를 보다 심도있게 다룰 필요가 있다.

특별히 자아 정체감 형성의 결정적 시기인 청소년 전기의 순조로운 발달과업 수행을 지원하는 차원에서 보다 적극적이고 전문적인 사회복지적 관여와 개입, 실천에 보다 많은 노력을 기울일 필요가 있다. 청소년들로 하여금 긍정적인 자아개념과 자아존중감을 형성할 수 있도록 돕는 가정과 학교, 사회의 역할에 대한 인식과 아울러 건강한 정체감 형성에 도움이 되는 구체적이고 실질적인 프로그램의 개발 및 실행이 필요하고, 이 분야에 대한 학문연구의 체계적인 뒷받침도 병행되어야 할 것이다.

2 청소년 후기(19~24세)

1) 신체적 발달

청소년 후기에 접어들면 신체적 성장과 성숙은 완성의 단계에 이르게 된다. 일생을 놓고 볼 때 이 시기는 신체 기능의 측면에서 최상의 상태에 이르는 시기이다. 청소년 후기는 신체적으로 활기 있고 힘이 넘치며 체력이 절정에 달하는 시기이다. 보통 17~21세경에 골격 발달이 완성되고, 19~26세경에 신체적 수행 능력이 정점에 달한다. 시각, 청각 등의 감각기관도 20세 전후에 가장 예민하게 발달하며 근육과 내부 기관의 기능 역시 이 시기에 최고조에 이르게 된다. 때로 음주, 흡연, 약물복용, 섭식장애, 스트레스 등에 의해 건강상의 문제가 생기는 경우도 있지만, 만성질환이나 손상으로 인해 일상생활에 지장을 겪고 있는 청소년은 전체 청소년 가운데 1%도 되지 않는다(김동배 · 권중돈, 2004, 재인용).

2) 인지적 발달

피아제는 형식적 조작의 사고로 특징지워지는 청소년 전기의 인지적 특성을 능가하는 인지발달 단계를 상정하지 않았다. 피아제의 시각에서 볼 때 청소년 후기의 인지적 특성은 청소년 전기에 출현한 사고 능력의 유지라는 맥락으로 이해된다. 이처럼 형식적 조작의 사고가 발달한 이후로는 더 이상의 인지발달이 이루어지지 않는다고 보는 견해와 달리, 최근에는 청소년 후기 이후로도 인지발달이 지속된다고 보는 주장이 제기되고 있다. 즉, 피아제의 인지이론에 대한 한계와 비판이 제기되고 있는 가운데, 단순한 기계적 암기나 지적 과제의 처리 속도와 같은 영역에서는 십대 후반이 가장 뛰어난 수행력을 보이지만, 판단이나 추론, 창의적 사고 등의 영역에서는 평생에 걸쳐 발달이 진행된다고 보는 견해가 우세한 상황이다. 이와 같은 입장을 표방하고 있는 학자로 알린, 리겔, 페리, 샤이에 등이 있다.

알린은 청소년 후기 이후의 사고는 창의적이고 확산적이며 새로운 문제해결을 모색하는 사고라고 주장한다. 리겔은 성인기의 사고는 성숙한 사고로, 특정 사실이 진실일 수도 있고 진실이 아닐 수도 있다는 것을 인식하는 변증법적인 사고가 발달한다고 보았다. 즉, 모순이나 역설, 비일관성을 잘 인지하고 정(正)과 반(反)으로부터 합(合)을 이끌어내는 사고가 발달한다는 것이다. 페리는 청소년기의 사고가 흑백논리에 의해 좌우되는 반면 이후로는 이원론적인 사고에서 벗어나 특정 지식이 절대 불변적인 것이 아니고 타당한 견해 가운데 하나라고 이해하는 다원론적인 사고가 발달된다고 보았다. 샤이에는 청소년기까지의 인지가 생활에 필요한 지식을 습득하는 차원에서 발달되었다면 이후로는 이를 실생활에 적용하는 단계로 전환된다고 보고, 청소년기에 사회참여에 요구되는 지식, 정보, 기술을 숙지하는 단계를 지나면 더 이상의 지식 습득보다는 자신의 인생 목표에 부합되는 과업에 매진하는 성취단계에 이른다고 보았다(김동배 · 권중돈, 2005).

3) 심리사회적 발달

(1) 친밀감의 발달

청소년 후기의 주된 심리사회적 발달 과업 중 하나는 다른 이들과 친근하고 성숙한 관계를 맺는 것이다. 친밀감은 정체성을 잃을지도 모른다는 두려움 없이 개방적이고 지지적이며 조화로운 인간관계를 형성하는 능력이다. 남성과 여성에 대한 사회화의 차이로 인해 친밀감 발달의 성차가 생기는데, 남성은 독립심이나 남자다운 행동을 자신의 덕목으로 수용함에 따라 정서표현이나 상호의존적 관계 발달에 제약이 있을 수 있는 반면, 여성은 양육적 · 지원적 역할이 자신의 역할임을 학습하여 친밀감의 과제 수행에 유리할 수 있다.

청소년 전기에 자아정체감을 확립하지 못했을 경우에는 청소년 후기에 친밀감을 형성하기 어렵고 사회적 상황에서 다른 사람들과 잘 어울리지 못한 채 고립되거나 소외될 가능성이 높다. 군입대나 취업과 같은 청소년 후기의 주요 사건도 이 시기의 고립감 형성에 일조할 수 있다(손광훈, 2008). 고립감이 형성되면 다른 사람들과의 친밀한 관계가 자신의 정체감에 혼란을 초래하여 해로울 것이라고 생각하고 대인관계 자체를 꺼릴 수 있다. 그렇게 되면 혼자만의 세계에 갇혀 점점 더 소외되기 쉬운 상황에 매몰된다.

친밀감은 청소년 후기의 이성교제에도 중요한 의미를 갖는다. 이 시기의 이성교제는 결혼을 전제로 하게 되며, 이에 따라 감정적이고 낭만적인 사랑에만 치중하지 않고 영속적인 관계로 발전할 수 있는 관계를 추구하게 된다. 청년 후기의 이성교제는 그 자체가 즐거움과 만족의 원천이 되며 대인관계 기술과 사회 적응력을 발달시킨다. 뿐만 아니라, 청소년의 자기 의식과 자기 이해를 증진시키고, 잠재적 결혼 상대의 탐색과 선정을 통해 배우자 선택의 기능을 한다(이소희 외, 2004).

(2) 부모로부터의 독립

청소년 후기는 진학이나 군입대, 취업 등의 이유로 부모와 지리적으로 떨어져 생활하게 되는 경우가 증가한다. 부모로부터 독립하여 자립적으로 생활하기 위해서는 이와 관련해 사회적으로 요구되는 기술을 먼저 습득해야 한다. 즉, 신체적 성숙이나 자율적 판단력, 실천력, 생활력 등이 선행되어야 부모나 가족으로부터 독립하여 살아갈 수 있다. 또한 이 시기의 진정한 독립은 신체적·물리적 독립뿐 아니라 부모로부터의 분리로 인한 불안의 극복, 경제적 독립, 자율적 의사결정과 같은 심리사회적 독립이 이루어질 때 가능해진다.

청소년 후기에 부모로부터 분리, 독립하여 자율성을 확립하는 과정에서 대부분의 청년들은 이율배반적인 양가적 감정을 갖게 된다. 즉, 한편으로는 부모에게서 독립하고자 하는 갈망을 갖고 있지만, 다른 한편으로는 부모로부터 분리되는 것에 대해 불안을 느끼게 된다. 부모와의 분리에서 오는 불안감을 극복하기 위해 때로는 주변의 동년배 집단의 지원에 의존하거나 자신이 속해 있는 집단의 규범과 기준에 동조하기도 하는데, 진정한 독립과 자율을 확보하기 위해서는 이들 동년배 집단으로부터도 적절히 분리·독립할 수 있어야 한다.

이 때, 부모가 자녀의 분리와 독립에 대해 어떠한 태도를 보이는가 하는 것이 중요하다. 어떤 부모들은 자녀들이 독립심과 자율성을 발달시킬 수 있도록 그동안 부과해온 금지나 제한 사항을 줄이고 자녀를 가족 의사결정에 참여시키며 자녀를 독립된 성인으로 인정한다. 반면 어떤 부모들은 계속해서 자녀를 보호하려 하고 자녀의 행동에 많은 제한을 가하거나 자녀가 집을 떠나지 못하게 한다. 이런 경우 자녀들은 부모로부터 적절히 분리되지 못하고 부모와 적대적인 관계를 형성하거나 잦은 마찰을 빚게 된다(김동배·권중돈. 2005).

(3) 직업의 선택과 준비

20대 초반의 청년기 동안 성취해야 할 중요한 발달과업 가운데 빠뜨릴 수 없는 것 가운데 하나가 바로 직업에 대한 선택과 준비라고 할 수 있다. 청년 후기에 이르면 자신이 선택한 직업에 따라 장차 이어질 성인기 이후의 삶의 내용과 방식이 결정될 것이라는 것을 인식하게 된다. 따라서 이 시기의 청년들은 자신이 원하는 직업을 갖기 위해 다방면으로 노력하고 직업 선택에 신중을 기하는 모습을 보이게 된다.

수퍼는 직업 선택이 직업과 관련된 자아개념의 발달과 관련된다고 보고, 직업과 관련된 자아개념의 발달을 결정화(14~18세), 구체화(18~21세), 실행(20대 초반), 확립(20대 후반), 강화(30대 중반), 유지(40대 중반), 쇠퇴(50대 후반), 은퇴(50대 후반 이후)의 8단계로 설명하고 있다. 이 중 청소년 후기는 다양한 직업세계에 대해 이전 보다 많은 정보를 획득하고 직업에 대한 생각을 구체화하는 시기이다. 또한 자신이 원하는 직업의 범위를 축소하고 직업에 필요한 기술을 훈련받으며 한두 가지의 직업을 시험해 보거나 실제로 뛰어드는 실행의 단계이다.

한편 긴즈버그는 직업의 선택을 아동기로부터 성인기에 걸쳐 이루어지는 개인적 선호의 최적화 과정으로 보고, 직업 선택의 과정을 환상기, 시험기, 현실기로 구분하고 있다. 개인적 소망에 근거하여 직업을 선택하고 자신의 능력이나 훈련, 기회 등에는 관심을 기울이지 않는 환상기와, 자신의 흥미, 능력, 교육, 가치관, 인생 목표, 현실적인 여건 등을 감안해 직업을 선택하고자 하는 시험기를 거쳐, 청소년 후기에는 자신의 흥미나 재능, 기회뿐 아니라 특정 직업에 필요한 훈련 등을 현실적으로 고려하여 직업을 선택하는 현실기에 이르게 된다.

청년기의 직업선택 과정에 영향을 미치는 요인은 매우 다양한 것으로 보인다. 개인적 요인, 심리사회적 요인을 비롯하여 가족적 요인, 사회문화적 요인, 사회경제적 요인, 상황적 요인 등과 같은 다양한 요인들이 청년 후기의 직업 선택에 영향을 미치는 요인으로 망라되고 있다. 청년기에 자신에게 맞는 직업을 선택하기 위해서는 이와 같은 여러 가지 요인들에 대해 심사숙고해야 하지만, 다른 무엇보다도 중요한 것은 자신의 성격, 흥미, 능력, 기대, 그리고 직업에 대한 정확한 정보와 인식, 준비라고 할 수 있다(김동배 · 권중돈, 2005, 재인용).

4) 사회복지 실천과제

청소년 후기는 다른 어느 시기보다도 육체적으로 건강한 시기이므로, 특별한 신체적 문제를 갖고 있는 경우를 찾아보기 어렵다. 이는 비록 소수라 하더라도 이 시기에 성장 장애나 기능 장애를 가지고 있는 경우 상대적으로 더 큰 심리적 고통과 곤란을 겪을 수 있다는 것을 뜻하기도 한다. 이러한 견지에서 이 시기에 신체발달에 이상 징후를 보이는 경우에 주목하고 적절한 지원을 제공할 필요가 있다. 또한 모험을 즐기는 시기에 각종 사고 및 장애 발생의 위험이 따르므로 이와 관련된 서비스의 개발과 보급에도 관심을 기울일 필요가 있다.

한편 청소년 후기는 성적인 성숙이 완성에 이르는 단계이고 이성에 대한 호기심을 바탕으로 이성교제의 기회도 실제로 많이 주어지는 시기인 만큼, 이 시기의 성 문제에 대해서도 관심을 기울이고 적절한 서비스를 마련할 필요가 있다. 특별히 청년기의 임신, 출산, 낙태, 성매매, 미혼모 문제 등이 심각한 사회적 문제로 거론되고 있는 시점에서 실질적이고 구체적인 성교육이나 성적 위해 환경의 차단, 성적 피해자와 가해자에 대한 심리상담 및 치료 등과 같은 프로그램을 개발하고 실행하는 노력이 병행되어야 할 것이다.

앞서 청소년 후기의 발달 과업으로 독립과 자율성에 대해 논의한 바 있다. 우리 사회의 경우 청년들의 독립을 긍정적으로 보지 않고 부정적 · 비판적으로 보는 시각이 강하며 독립과 관련해 어려움을 겪고 있는 청년과 그 가족을 위한 사회적 지원은 마련하지 않은 채 이 문제를 당사자들의 문제로 치부하고 있는 상황이다. 앞으로 이들을 위한 지원으로 대학과 복지기관이 연계하여 학업, 직업, 가족관계, 이성교제, 군입대 등에 관한 정보를 제공하거나 청년들의 독립을 지원하는 부모교육 및 상담을 실시할 필요가 있다.

한편 청소년 후기의 친밀감 발달과 관련해서는 학교나 복지관, 종교단체 등과 같은 유관 기관이 중심이 되어 청년들에게 건전한 이성교제와 배우자 선택에 대한 정보와 서비스를 제공함으로써 유효한 도움을 제공할 수 있을 것이다. 지역사회 내 청소년 근로복지관의 프로그램을 통해 남녀 청년들에게 만남의 장을 제공하거나 바람직한 이성관과 결혼관을 정립하고 결혼 생활에 대한 준비를 사전에 체계적으로 할 수 있도록 예비부부 교육이나 예비가정 교육 프로그램을 개발 · 운영 · 평가하는 일에도 관심을 기울일 필요가 있다.

이 외에 직업 상담이나 취업 알선과 관련된 지원 시스템의 구축도 요구되는 사안이다. 지역사회 복지관을 중심으로 지역 내 청년들을 대상으로 직업 적성검사를 실시하거나 직업 준비와 관련된 교육 · 훈련 · 상담을 실시하고, 고용과 관련된 정보를 제공하거나 취업을 직접 중개하고 알선하는 등의 다양한 지원책을 마련할 필요가 있다. 이 때 중앙 정부나 지방 정부, 지역 내외의 기업 및 사업체간의 유기적인 협력체계 구성과 그 활용이 청소년의 진로를 지원하는 서비스의 효과와 만족도를 제고하는 데 필수적임을 간과해서는 안 될 것이다.

chapter 05

성인기

성인기의 신체변화는 매우 다양하며, 신체발달은 성인 초기에 최고의 절정을 이룬 후 점차적으로 쇠퇴하는 방향으로 나타난다. 학자에 따라 성인기는 성인 초기와 성인 중기로 구분되기도 하고, 청년기와 장년기로 나누기도 하는데, 대체로 청소년기가 끝나는 20대 초반부터 노년기가 시작되는 60~65세까지로 보는 경향이 있다. 성인기의 두드러진 특징은 우선 부모와 다른 성인들로부터 정서 및 경제적으로 독립하여 직업을 갖고 자신의 가정을 이루는 등 사회적 관계에서 가장 활발한 활동을 펼치는 시기라 할 수 있다. 그러나 모든 사람들이 이 시기의 발달과업을 성공적으로 성취하는 것은 아니며, 때때로 발달위기를 경험하기도 하는데, 이러한 경험은 성인기 이후의 삶에도 지대한 영향을 미칠 수 있다. 따라서 여기에서는 성인기를 성인 초기(25세부터 39세까지)와 성인 중기(40세부터 60세까지)로 나누고 각각의 개념과 발달적 특성 및 사회복지 실천과제에 대하여 알아보기로 한다.

1 성인 초기(25~39세)

1) 개념

학자들마다 다양한 견해를 가지고 있어서 성인 초기에 해당하는 연령의 범주를 한마디로 규정하기에는 어려움이 크다. 이 연령군에 대하여 어떤 경우에는 19세에서 29세까지의 시기로 보기도 하며, 20대 초반에서 40세 이전으로 보기도 한다. 레빈슨 등(Levinson et al., 1974)은 초기 성인기를 더욱 세부적으로 구분하였는데, 17세에서 24세까지는 집을 떠나서 독립적으로 되어가는 시기이고, 22세에서 28세까지는 성인의 세계로 들어가는 시기이며, 30세경에는 자신의 나머지 인생을 어떻게 꾸려 갈 것인가를 결정하는 시기이고, 32세에서 40세 사이의 연령은 안정되고 정착하는 시기라고 하였다(최옥채 외, 2007 : 240).

성인 초기에는 신체적 · 인지적 측면에서 가장 정점에 있으며, 심리사회적 측면에서는 사랑하고 보살피는 능력이 심화되는 시기로서, 동년배들과 성숙한 관계를 맺고, 사회적 역할을 성취하며, 부모와 다른 성인들로부터 정서 및 경제적 독립을 갖추고 직업을 준비하는 등 다양한 역할 탐색과 선택을 하는 시기이므로 성인 초기의 가장 큰 변화는 직업준비를 위한 탐색과 사랑이라 할 수 있겠다.

따라서 이 장에서는 성인 초기를 청소년 후기 이후인 25세부터 39세에 해당하는 시기로 규정하고, 대학생활 또는 군생활 이후 직업을 갖고 결혼하여 부모로부터 완전한 독립을 성취하는 시기로 보기로 한다.

2) 발달적 특성

(1) 신체적 발달

인간의 신체적 성장과 성숙은 성인 초기에 거의 완성되기 때문에 이 시기에는 최상의 신체적 건강상태를 유지한다. 성인 초기에는 아동기보다 더 건강하고 질병률도 낮으며 성인 중기에 건강이 쇠퇴하기 전까지 지속된다. 신장의 확대와 근육발달의 시간적 차이로 인한 청소년기의 어색한 모습은 사라지고 균형 잡힌 모습을 갖추게 된다(이인정 외, 2005 : 97).

골격의 발달은 개인차가 있지만 대체적으로 20세를 전후하여 완성되며, 신체적 수행능력은 26세 정도에 정점에 도달하며(송명자, 1994; 권중돈 외, 2005 : 168), 육체적인 힘은 25세에서 30세 사이에 최고조에 달하며, 그 후에는 점진적으로 쇠퇴한다(Specht & Craig, 1987 : 177; 이인정 외, 2005 : 97; 최옥채 외, 2007 : 240).

감각기관 역시 성인 초기에 가장 민감하다고 할 수 있다. 시력은 20세경에 가장 좋고, 청력은 25세 이후부터 감소하지만, 미각과 후각, 통각 등도 최고 수준에 이르게 된다. 대부분의 감각기관은 20세경에 최고에 달했다가 40세 정도가 지나면서 점차 감퇴하기 시작한다.

그러므로 20대에는 생식기관, 운동능력, 근육과 내부기관의 기능이 최상의 상태가 되어, 체력, 정력, 지구력뿐만 아니라 신체적으로 볼 때 가장 활력이 넘치는 시기라 할 수 있다.

건강상태에 영향을 미치는 요인으로는 섭식행위, 음주, 흡연, 약물남용, 운동, 스트레스, 성, 결혼상태, 사회경제적 지위 등이 있다. 과도한 흡연이나 음주, 약물남용은 성인의 신체에 해로운 결과를 초래하지만 규칙적인 운동과 적절한 영양의 공급은 신체적 건강과 균형을 유지하는 데 매우 도움이 된다.

(2) 인지적 발달

성인 초기의 인지발달에 대해서 아직까지 학자들 간에 합의된 바가 없다.

피아제는 청소년기에 형식적 조작사고가 발달한 이후에는 인지발달이 거의 이루어지지 않는 것으로 보았으나, 일부 학자들은 성인기에도 인지발달이 계속 이루어진다고 보았다. 샤이(Schaie, 1996)는 성인의 경우 각각의 인생주기에 따라 다양한 측면의 지능이 존재한다고 보고, 청소년기까지는 생활에 필요한 지식을 습득하는 단계이며, 성인기부터는 습득한 지식을 실생활에 적용하는 단계로 전환된다고 보았다(Schaie, 1996; 권중돈 외, 2005 : 169).

한편 데니(Denney, 1982)는 성인의 신체발달과 인지발달에 관한 모델을 제시했다. 이 모델은 성인의 신체발달과 인지발달에 모두 적용될 수 있지만 원래는 연령의 변화에 따른 정신능력의 변화를 설명하기 위해서 개발된 것으로 기본적인 패턴은 약 20세 혹은 30세까지는 증가했다가 단계적으로 감퇴하고 있음을 보여주는 곡선이다(Bee, 1996 : 179-180). 여기에서 훈련하지 않은 능력과 최대한으로 훈련된 능력 사이에는 차이가 있으며, 도달할 수 있는 최대점과 훈련하지 않은 능력의 최소점과 같은 면에 있어서 개인차가 존재하며, 그 개인차는 유전과 환경적인 영향에서 오는 것으로 보고 있다(권두승 외, 2002 : 63-64).

성인의 지능은 20세를 전후로 하여 18세에서 25세 사이에서 최고조에 달하며, 이후에 나이가 들어감에 따라 점차 변화한다. 카텔(Cattell)과 혼(Horn)의 이론은 성인의 지능에 대한 이론으로 널리 알려져 있다(Cattell, 1987). 그들은 지능이 두 개의 요인으로 구성되었다고 주장했는데, 하나는 유동성 지능(fluid intelligence, Gf)이고, 다른 하나는 결정성 지능(crystallizedintelligence, Gc)이다.

유동성 지능은 유전적 요인에 의해 결정되는 지적 능력이고, 뇌신경의 성숙에 의해 발달하며, 뇌세포의 손상과 쇠퇴에 의해 감퇴되는 기능을 말한다(Cattell, 1963). 유동성 지능은 정보처리의 속도, 유연성, 새로운 상황에의 적응력과 관련되고, 도형관계, 도형분류 등 관계적 사고와 귀납, 일반적 추론능력으로 전달된다. 이러한 유동성 지능은 14세경에 정점에 도달하였다가 20세가 지나면서 점점 쇠퇴하는 데 반해 결정성 지능은 성인기 동안에도 계속해서 증가하는 경향이 있다.

결정성 지능은 후천적 경험, 학습, 문화적 영향에 의해 습득되는 지능을 말한다. 언어 이해력, 기계적 지식, 논리적 의미관계 추론, 판단력, 경험적 평가능력 등이 여기에 속한다. 이 지능은 정보를 처리하고 기록하는 능력과 관련되며 공식적이고 비공식적인 교육을 통해 획득될 수 있으며 유동성 지능과는 달리 전 생애를 통해 증가하는 경향이 있다.

또한 유동성 지능은 유전적인 성향이 강하다고 알려져 있기는 하지만, 최근 혼(Horn)은 유동성 지능도 결정성 지능만큼 학습에 의해서 변화될 수 있으며 결정성 지능도 유동성 지능만큼 유전의 영향을 받는다고 주장하고 있다(Horn, 1985; 권두승 외, 2002 : 62-63).

(3) 심리사회적 발달

① 자율성의 발달

성인 초기는 대학진학, 군입대 또는 취업 등으로 부모와 지리적으로 분리되어 생활하는 경우가 많아진다. 성인 초기에 부모로부터 독립하여 자립적 생활을 영위하기 위해서는 신변처리와 같은 일상생활능력, 신체적 성숙, 자율적 판단을 내리고 이에 따라 행동할 수 있는 능력의 발달이 선행되어야 한다. 이처럼 성인 초기의 진정한 독립은 부모와 분리되는 것에 대한 불안의 극복, 경제적 확실성 그리고 자율적 의사결정 능력의 보유 등과 같은 신체, 심리, 사회적 영역 모두에서 분리가 가능할 때 이루어진다.

성인 초기에 부모로부터 분리, 독립하여 자율성을 찾는 과정에서 대부분의 청년들은 양가감정(ambivalence)을 갖게 된다. 즉, 부모로부터의 독립에 대한 갈망과 함께 부모로부터 분리되는 것에 대한 불안감을 동시에 갖는다. 부모가 이러한 청년의 양가감정을 최소화하고 자율성 획득을 지원하기 위해서는 자녀들에게 부과하던 금지나 제한을 줄이고, 가족의사결정에 자녀의 참여를 격려하고, 자녀를 독립된 개인으로 인정해 주어야 한다.

또한 어떤 부모는 성인 초기에 자녀가 집을 떠나는 것을 금지하고 지속적으로 보호하려 하거나 자녀의 행동에 많은 제한을 가하기도 한다. 이럴 경우 청년들은 부모로부터 분리되지 못하고 오랫동안 부모의 자녀로 남아 있거나, 부모와 적대적 관계를 형성하여 빈번한 갈등을 경험하기도 한다(권중돈 외, 2005 : 170).

② 친밀감의 형성

사랑이 사회과학의 연구 대상으로 떠오르기 시작한 것은 서구에서는 1970년대 이후의 일이며, 사랑에 관한 경험적 연구의 효시로는 루빈(Rubin, 1970)의 연구를 꼽을 수 있다. 루빈은 호감(liking)과 사랑(love)을 개념적으로 구분한 후 각각의 경험을 측정하기 위한 척도를 만들어 대학생들을 대상으로 호감과 사랑 사이의 상관관계를 측정하였다. 그 결과 남학생들에게서 '사랑한다'는 감정이 '좋아한다'는 감정보다 결혼으로 이어지는 경향이 빈번함을 관찰하였으며, 개인적 차원에서는 '애착(attachment)과 배려(caring)'를, 관계적 차원에서는 '친밀성(imtimacy)'을 사랑의 핵심적 구성요소로 꼽았다(김미숙 외, 2002 : 21).

에릭슨은 이 단계의 중요한 심리사회적 과제로서 친밀감 대 고립감을 제시하였다. 개인은 다른 사람과 함께 나누고, 타협하고, 희생하는 것을 배우면서 인간관계 속의 친밀감을 형성해 나가게 된다고 가정하였다. 반면 개인이 연약한 자아를 보호하기 위해 장벽을 쌓을 필요가 있다고 느끼게 될 때 고립감을 형성하게 된다고 보았다. 친밀감은 결혼상대와 애정을 나눌 수 있으며, 사회생활에서 우정을 나눌 수 있는 관계를 포함한다. 그러나 친밀감을 획득하지 못한 사람은 지나치게 자기 의식적이고 자신의 사회적 행동과 적응에 대해 걱정하고 불안해하기 때문에 원만한 사회적 상호작용을 하지 못하여 고립감에 빠져들 수 있다. 그러므로 사회복지사는 어느 영역에서 고립감을 느끼는지를 파악하여 개입을 해 주어야 한다. 고립감을 극복하도록 돕는 방법으로는 인지치료와 사회기술훈련이 가장 많이 활용된다(이윤로, 2006 : 222-226).

타인과 친밀한 관계를 형성하면서 자신과 타인을 인정하고 수용하며, 정서적으로 안정되고, 독립성과 목표의식을 갖는 등 성격이 성숙해진다. 개인적인 성격의 성숙과 더불어 그가 속해 있는 직장, 지역사회, 국가, 문화 등을 이해하고 받아들여 사회적으로 성숙해지는 시기가 바로 성인 초기이다.

③ 성역할 정체감의 확립

성역할 정체감(sex-role identity)이란 사회가 특정의 성에 적절하다고 인정하는 특성, 태도, 흥미와 동일시하는 과정으로 성에 따른 사회의 역할기대를 내면화하는 과정이다. 이러한 성역할 정체감은 아동기부터 형성되기 시작하는데, 성에 따라 성역할 정체감의 발달은 서로 다른 특성을 지닌다.

일반적으로 남성의 경우 아동기에는 신체적 힘과 공격성, 정서표현의 억제 등과 같은 전통사회의 남성다움과 동일시하려 하지만, 성인 초기부터는 경제적 성취, 정서적 통제와 정서적 민감성의 겸비, 자기주장능력 등과 같은 현대사회의 남성다움과 동일시하여야 하므로 성역할 정체감 형성에 있어서 많은 갈등과 긴장을 경험한다.

반면, 여성의 경우 아동기에는 성과 관련된 제약을 적게 받지만 청소년기에 이르게 되면 엄격한 성역할을 강요당하는 경향이 있다. 그리고 성인 초기가 되어서는 전통적인 여성상인 현모양처와 현대적 여성상인 유능한 여성이라는 두 가지 성역할 사이에서 갈등과 긴장을 경험하기도 한다.

그러나 현대사회에서는 남성은 남성다워야 하고, 여성은 여성다워야 한다는 전통적 성역할 기대에 많은 변화가 초래되고 있다. 즉 현대사회에서는 하나의 유기체 내에 여성성과 남성성이 함께 존재하는 것을 의미하는 양성성 성 역할 개념으로 변화하고 있다. 양성성 성 역할 개념이란 남녀를 불문하고 여성의 고유한 특성으로 간주되는 온화함, 이해심, 부드러운 감정뿐만 아니라 모험심, 지성, 야망, 성취 등과 같은 남성적 특성을 고루 갖추는 것을 의미한다(이소희 외, 2005 : 264). 그러므로 최근에는 남녀를 불문하고 전통적으로 여성의 고유한 특성으로 간주되어 온 부드러운 감정표현, 온화함, 이해심등과 남성의 고유한 특성으로 간주되어 온 모험심, 지성, 야망, 성취 등과 같은 것들을 고루 갖추는 것이 보다 바람직하다는 주장이 우세해지고 있다(Bem, 1975; 권중돈 외, 2005 : 171).

④ 직업의 선택과 준비

성인 초기에 성취해야 할 가장 중요한 발달과업은 직업을 선택하고 이에 따른 준비를 하는 것이다. 성인 초기에는 직업선택에 따라 성년기의 삶의 방식이 결정될 것이라고 인식하기 때문에, 직업선택에 신중을 기하고 자신이 원하는 직업을 갖기 위해 노력한다.

성인 초기의 직업선택과정에 영향을 미치는 요인에는 가족적 요인, 사회관습적 요인, 상황적 요인, 사회경제적 요인, 개인적 요인, 심리사회적 요인 등 매우 다양하다. 가족적 요인은 초기 아동기 경험, 부모의 역할모델 등과 관련된 요인이며, 사회관습적 요인은 학벌을 중시한다거나 동년배 및 대중매체의 영향 등과 관련된다. 상황적 요인은 취업 및 교육기회, 노동조건 등과 관련되고, 사회경제적 요인은 사회계층과 성차, 직업의 수요와 공급 등과 관련된다. 개인적 요인은 직업에 대한 기대, 능력, 흥미, 태도, 성취욕구 등과 관련되며, 심리사회적 요인은 성공과 실패에 따른 공포감, 자신감, 자기주장, 역할갈등 등과 관련이 있다.

성인 초기는 직업을 선택하는 시기이므로, 직업을 찾거나 직업에 대해 준비를 하는 과정에서 개인적 능력과 특정한 직업이 갖는 요소들이 얼마나 조화를 이루는지를 아는 것이 매우 중요하다. 이에 대해 좀 더 구체적으로 살펴보면 다음과 같다(Newman & Newman, 1987 : 438-440; 이인정 외, 2005 : 104).

첫째, 대부분의 직업은 그 직업에 고유한 일정한 수준의 기술적 전문성을 구한다. 그러므로 각 개인은 특정한 직업에서 요구되는 기술이나 능력이 자신에게 있는지 알아야 한다. 둘째, 각 직장의 구성원들은 지위와 정책결정에 관해 계급에 입각한 상하관계에 놓여 있다. 그러므로 직업을 선택할 때는 누가 자신의 일을 평가할 것이며, 평가에 대해 어떤 기준이 적용될 것인지를 이해하고, 직책에서 자신의 자율성의 한계를 파악하여야 한다. 셋째, 모든 직업은 독특한 직업적 요구를 갖는다. 예를 들면, 생산성에 대한 규칙이라든지 자기표현에 대한 규범과 같은 것이 있다. 어떤 직업은 신체적인 위험이나 심리적 스트레스가 존재하는 경우도 있다. 넷째, 동료들과의 인간관계에 대한 규범은 협동적 또는 경쟁적인 관계로 구분할 수 있다. 협동적 관계를 가질 수 있는 우호적인 동료들의 존재는 작업환경을 크게 향상시켜 준다.

성인 초기는 직업에 대한 실험과 훈련의 단계라 할 수 있다. 직업을 선택하고 직장에 들어가서 그 직업이 요구하는 전문적 기술, 직업에 존재하는 권위적 관계, 독특한 요구나 위험요소, 그리고 인간관계 등을 평가하고, 이러한 과정에서 자기 직업의 장점과 요구되는 대가를 파악한 후 자신의 고유한 직업 역할을 미래와 연결시켜 생각하여야 한다.

성인 초기의 직업선택을 하는 데 있어서는 그에 대한 정보도 중요하지만 자신에 대한 올바른 이해가 우선되어야 한다. 그리하여 자신의 성격, 적성, 능력에 대한 이해를 바탕으로 직업을 선택해야 하는데, 직업을 선택하는 데 있어서는 성격, 흥미, 기술, 기회를 바탕으로 결정을 하며, 이러한 결정은 직업이 단순히 경제적 욕구를 충족시키는 것 이상의 의미를 갖는다.

(4) 성인 초기의 발달과업

① 여러 학자들의 주장

에릭슨(Erikson, 1992)에 의하면, 성인 초기의 사람들은 청소년기에 확립한 자아정체감을 바탕으로 타인과 상호관계를 형성하여 타인에 대한 보살핌과 사랑을 넓혀가고 심화시키는 단계를 갖는다(윤진 외 역, 1992; 최옥채 외, 2007 : 50).

한편, 개인은 성인기로 접어들면서 새로운 발달과제를 수행하게 되는데, 일반적으로 진학, 취업, 사랑과 결혼, 부모 되기 등이 포함된다. 레빈슨(Levinson, 1978)과 굴드(Gould, 1978)에 의하면 성인 초기에는 다음과 같은 발달과업을 성취해야 한다고 하였다(이인정 외, 2005 : 96-97).

첫째, 아직 현실에 기반을 두지 못하고 다소 과장된 목표로 구성되어 있는 꿈과 희망을 명확하게 정의해야 한다. 어린아이 같은 환상과 그릇된 가정들을 버리고 자기신뢰와 자기수용을 선택하는 과정이다. 22~28세에 청년들은 계속적인 부모의 도움에 대한 환상과 기대에서 벗어나 자신의 삶에 대한 전적인 책임을 받아들여야 하며, 그러기 위해서는 자신의 생활 기술이 발달되어야 하고 사고가 비판적, 분석적, 논리적, 목표지향적이 되어야 한다.

둘째, 청년의 목표를 인정해주고, 기술이나 지혜를 가르쳐주며, 청년이 자신의 경력에서 전진하도록 영향력을 발휘하고 자신감을 갖게 해주는 지도자(mentor)를 발견해야 한다. 여기에서 지도자란 교수나 직장 상사와 같이 청년에게 성인 생활에 대한 안내자 또는 조언자 역할을 하는 사람을 말한다. 이들은 청년의 목표에 공감하고 필요한 지혜와 기술을 제공하며 청년이 자신의 분야에서 전진하도록 도와준다.

셋째, 직업을 선택하고 나아가 경력을 쌓고 발전시켜 나가야 한다. 28~34세 동안의 삶이란 단순하고 지배할 수 있는 것이라는 그릇된 가정에서 벗어나 삶이 생각처럼 단순하지 않다는 것을 인정하고 자신의 한계를 의식하며 노력에 입각한 능력의 개발에 정진함으로써 성장을 추구해야 한다.

넷째, 친밀한 관계를 형성하여야 한다. 이 과정은 반드시 결혼이나 자녀의 출생과 같은 가족관계의 형성과 일치하는 것은 아니며 정서적으로 만족스러운 관계형성을 개발하는 것이다. 즉 사랑을 경험하는 것인데, 성인 초기에 있어서 사랑은 특히 중요한 의미를 갖는다. 1970년대 이후 많은 학자들이 사랑을 이해하기 위해 노력을 기울여 왔다.

② 배우자 선택과 자녀 출산 및 양육

배우자를 선택하는 단계와 결혼에 이르는 단계, 그리고 자녀 출산 및 양육 과정에 대하여 살펴보면 다음과 같다(사회복지교육연구센터, 2010).

애덤스(Adams, 1986)는 배우자 선택을 위한 단계를 4단계로 나누어 제시하였다. 첫째, 상호작용의 가능성과 기회가 있는 사람들 중에서 파트너가 선택되는 단계이다. 둘째, 상대방에게 자신에 관한 정보를 드러내기 시작하며 관계가 깊어지는 단계로, 서로 간의 유사성 발견과 대화가 잘 되는 조화적 관계라는 느낌이 관계를 지속하는 데 중요한 요소가 된다. 셋째, 상호 역할 조화와 공감을 발견하는 단계로, 관계를 지속하는 데 중요한 역할을 하는 단계이다. 넷째, 상호 간에 많은 부분을 드러내는 단계로, 자신을 드러내는 위기를 극복했다는 감정이 존재하게 되며, 이 단계를 통해 둘의 관계에 확신을 주어 편안함과 공감이 형성되는 단계이다.

한편, 루이스(Lewis, 1973)는 결혼에 이르는 단계를 6단계로 구분하여 제시하였다. 첫째, 유사성의 단계는 상대방의 사회적 배경, 가치관, 성격 등의 유사함을 지각하는 단계를 말한다. 둘째, 라포(rapport) 단계는 상대방에 대해 긍정적인 평가를 하고 호감과 친밀감을 느끼는 단계이다. 셋째, 자기개방의 단계는 상대방에 대한 신뢰감이 증진되면서 서로 자유롭고 솔직한 자기 표현을 할 수 있는 단계를 의미한다. 넷째, 역할탐색의 단계는 밀접한 관계 속에서 자신의 역할을 구축해 가고 상대방의 역할에 대한 기대를 형성하는 단계를 말한다. 다섯째, 역할조화의 단계는 서로에 대한 역할기대와 역할수행을 조정하여 상호보완적인 조화를 이루어가는 단계이다. 여섯째, 상호결정의 단계는 서로의 역할을 수용하여 확정하고 한 쌍의 동반자로서의 정체감과 일체감을 느끼는 단계를 말한다.

또한 자녀 출산과 양육과정은 새로운 적응이 필요한 급격한 변화를 동반한다. 특히 첫 자녀 출산 이후 부부간에 순조로운 적응을 유지하기 위해서는 부모로서 역할변화에 대한 준비, 육아에 대한 지식, 부부간 역할과 책임에 대한 재조정과 그에 대한 합의 등이 필요하다.

3) 성인 초기의 사회복지 실천과제

성인 초기 신체적 발달에 있어서 최고 상태의 기능을 유지하기 위해서는 규칙적인 운동과 적절한 영양의 공급이 도움이 된다. 반면 지나친 음주, 흡연, 과도한 약물 복용 등은 성인의 신체발달에 아무런 도움이 되지 못한다. 따라서 사회복지기관에서는 성인 초기 성인을 위한 운동시설과 프로그램을 실시하고, 지역보건소나 식품회사 등과 연계하여 건강을 유지하기 위한 식이요법, 금연, 약물 복용을 위한 교육프로그램을 실시하는 것이 필요하다.

일반적으로 인지발달 능력은 성인 초기 이후에 감퇴하는 것으로 알기 쉬우나 여러 연구들에 의해 편견이라는 것이 반증되고 있다. 특히 인지발달 능력 중 결정성 지능은 언어적 이해력, 수에 관련된 기술, 귀납적 추론과 같이 교육과 경험의 축적을 통해 습득되는 능력이므로, 성인기에도 꾸준히 향상시킬 수 있도록 다양한 교육 및 훈련 프로그램의 개발이 필요하다.

성인 초기의 친밀감과 성숙한 사회적 관계를 성취하는 데 중심이 되는 배경은 결혼이다. 대부분의 성인에게 있어 삶의 행복은 성인 생활의 다른 어떤 영역보다도 만족스러운 결혼생활에 달려 있다(이인정 외, 2005 : 99). 그러므로 사회복지기관에서는 결혼에 대한 적응을 높이고, 가족문제의 예방을 위해 예비부부나 신혼부부를 위한 부부교실을 운영하여 신혼기의 결혼생활 적응과 가족생활 계획 수립을 지원하고 상담을 통하여 친밀한 관계가 유지될 수 있도록 지원할 필요가 있다.

또한 이 시기에는 부부관계와 새로운 가족 관계에 대한 갈등을 자주 경험하게 된다. 자녀를 출산하기는 하지만 자녀양육 기술이 미흡함에 따라 자녀양육과 관련된 문제 등으로 인하여 갈등을 초래하기도 한다(이소희 외, 2004 : 279). 부모가 되는 것은 성인으로서의 정체감을 확고히 하는 데 도움을 주기도 하지만, 아동양육을 위해 부모는 아동의 사회화, 또래관계, 교육 등 다양한 영역에 신경을 써야 하며, 이는 부부간의 협력과 타협이 필요한 과정이고, 종종 상당한 스트레스를 불러온다. 이러한 문제를 해결하기 위해 사회복지기관에서는 자녀출산을 위한 예비지식과 부모교육 및 훈련 프로그램 등을 실시하는 것이 필요하며, 부부관계나 가족관계를 위한 상담 프로그램을 실시하여 가족 간의 갈등을 해소하는 것이 필요하다.

성인 초기에 맞게 되는 주요 스트레스는 청년실업의 증가로 인한 직장취업 기회의 부족을 들 수 있다. 개인의 자아개념과 사회적 상호작용 및 사회적 관계형성이 모두 직장에서의 역할과 불가분의 관계에 놓여 있다(이윤로, 2006 : 226). 이 시기에는 결혼을 하게 될지, 독신으로 살 것인지를 결정하게 된다. 그리고 결혼을 통해 가족을 형성하게 되면 부부간 갈등, 양측 부모와의 갈등, 특히 시부모와의 갈등이 커다란 스트레스로 작용하기도 한다. 부모가 되는 것 역시 커다란 생활사건이 되는데, 이 새로운 역할은 개인에게 재적응을 필요로 하며, 직업 역할에도 영향을 미친다.

성인 초기의 사람들이 사회복지사와 상담을 하게 되는 이유는 다양하다. 부모, 배우자, 직장인과 같은 성인 역할을 떠맡기에는 과거로부터 해결되지 못한 심리사회적 문제가 얽혀 있어 어려움을 겪을 수 있다. 이런 문제에는 인지 치료가 효과적인데, 개인의 과거 발달상의 사건에 대한 해석이나 의미를 파악하고 변화시키도록 도와줄 수 있다. 대인관계나 부부간 문제로 스트레스를 겪는 경우도 많아 상담을 요하기도 한다.

또한 실직이나 재정운용기술의 부족으로 인한 재정적 문제도 흔하다. 부모역할에 대한 어려움을 호소하는 경우도 있어 스트레스를 겪는 가족은 구조화된 단기 개입 프로그램을 통해 도움을 받을 수 있다. 그리고 부모의 이혼 등으로 한부모 가족이 된 자녀와 사회참여 부부의 양육지원, 결혼상담, 취업 알선 등의 사업도 필요하다.

직업생활을 성공적으로 수행하기 위해서는 자신이 수행해야할 특정 직무와 관련된 전문적 지식과 기술을 습득하여 활용해야 한다. 이 때 직업능력의 개발과 외국어의 숙달 등 자기발전을 위한 노력이 필요하다. 산업복지 차원에서 직장동료와의 관계는 직업만족의 중요한 요소가 되므로 그들과의 조화로운 상호작용 및 협력관계를 유지하도록 원조하는 것이 필요하며, 직장인을 위한 교양 프로그램, 여가 프로그램 등을 개발하여 직장인의 자기계발을 돕고, 직장에서 받은 스트레스를 해소할 수 있도록 지원할 필요가 있다.

2 성인 중기(40~60세)

1) 개념

성인 중기 또는 중년기 연령의 범주는 매우 다양하게 분류되는데, 많은 사람들에게 이 시기는 인생의 전성기로 간주되기도 한다. 보통은 30세 또는 40세부터 60세 또는 70세까지의 연령이 이 시기에 해당되며, 성인기에 있어서 후반부에 접어들기 때문에 성인 중기 혹은 성인후기로 분류되기도 한다. 그러나 여기에서는 25세부터 39세까지를 성인 초기로 보고, 노년기를 성인후기로 보는 관계로 성인기의 중반부라 할 수 있는 40세부터 60세까지의 연령을 성인 중기로 규정하고자 한다.

성인 중기는 다른 어떤 시기보다도 경제적으로 안정되어 있고, 삶의 다양한 영역에서 경험을 터득한 상태이며, 직장에서도 높은 지위와 책임을 갖는 특징이 있다. 그리하여 성인 중기에는 경제적인 안정과 다양한 삶의 경험을 통해 지혜를 터득하고 사회적, 가정적으로 중요한 역할을 수행하는 시기이므로 인생의 황금기라고도 한다.

융의 성격발달 이론에 따르면, 40세 이후에는 외부세계에 쏟았던 에너지를 자기내면으로 돌리려는 경향이 있다. 이는 자아의 에너지를 외적, 물질적 차원으로부터 내적, 정신적 차원으로 전환시키는 것을 의미하는 것으로, 외부세계에의 적응이라는 목적이 어느 정도 성취된 인생 후반기에 내면세계로 시선을 돌려 자기를 강화하는 것이 목적이다. 이 시기에 성인 남녀는 각각 반대의 성적 측면을 나타내기도 하는데, 남자들은 여성적인 측면을, 여자들은 남성적인 측면을 나타낸다. 즉 남자들은 공격적인 야망이 줄어들고 그동안 소홀했던 대인관계에 관심을 갖게 되는 반면, 여성들은 좀 더 공격적이고 독립적이 된다. 때때로 이러한 성적 변화는 중년부부의 갈등을 초래하는 원인이 되기도 한다.

성인 중기는 특히 40대 이후부터 이루어지는 신체적 · 인지적 변화로 심리적 위축과 적응의 문제 등 위기를 극복해야 하는 시기이므로 사람에 따라 여러 한계성에 대한 부담감으로 많은 위기를 경험하는 시기가 되기도 한다.

2) 발달적 특성

(1) 신체적 발달

성인 중기의 신체발달은 아동기나 청소년기의 신체발달과는 그 성격이 다르다. 즉 아동기와 청소년기에는 신체발달이 증가하고 향상되는 방향으로 급속히 발달하였으나 성인 중기에는 성인 초기에 최고의 절정을 이룬 후 점차적으로 감퇴하는 방향으로 나타나는 경향이 있다.

신체기능의 변화 중 스트레스를 받거나 신체의 한 부분에 기능 이상이 있은 후의 회복능력은 그 이전 시기보다 점차 감소하게 되는 경향이 있고, 심장기능의 저하, 위 · 장관에서의 효소 분비 저하, 변비와 소화불량의 위험, 신장 기능의 감소, 전립선 비대 등의 생리적 변화가 나타난다. 그리고 에너지 수준이 감소하고 신체적 작업능력이 저하되며, 힘든 활동 후 에너지 보충을 위한 시간이 많이 필요하게 되며, 질병 회복에 소요되는 시간이 점점 길어지고, 에너지를 급하게 쓰는 일보다는 인내를 요구하는 일을 더 잘하게 되는 특징이 있다.

대체적으로 40대 초반부터는 신진대사가 저하되며, 고혈압, 뇌졸중, 심장질환, 암 등이 주된 건강문제로 나타나며 성인 중기의 주요 사망원인이 되기도 한다. 당뇨병 등과 같은 다양한 성인병의 위험에 노출되기 쉬우며, 천식, 관절염, 류머티즘, 신경체계의 완만함과 골격의 경직 등의 신체적 변화를 겪기도 하며, 심장에서의 혈액박동은 그 이전보다 힘이 덜하고, 동맥의 확장은 성인 초기에 비해 약해진다. 위의 기능도 점차로 감퇴되고 횡경막과 콩팥의 기능도 약화된다.

성별에 따른 신체변화 특징으로 먼저 여성의 경우 갱년기는 여성이 폐경에 이르기까지 다양한 생리적 변화를 겪게 되는 기간으로, 홍조현상 · 두통 · 구토증 · 현기증 · 골반통 · 피로감 · 호흡장애 · 골다공증 등이 나타나며, 호르몬 분비의 급격한 감소로 인한 유방과 자궁의 퇴화가 일어나기도 한다. 남성의 경우에는 남성호르몬의 생산이 감소되어 정액과 정자의 감소, 절정감의 약화, 성적 능력의 저하 등을 초래하기도 하며, 남성의 갱년기가 여성보다 늦게 시작되는 경향이 있고, 보다 점진적으로 진행되는 특징이 있다.

또한 남성들의 경우에 전립선이 비대해져서 비뇨기 계통의 문제나 성적인 문제가 발생하고, 여성들의 경우에는 대부분 성인 중기 후반인 40대 후반에서 50대 초반에 폐경을 경험한다. 폐경의 시기는 사람마다 차이가 있으나 월경이 중단되고 더 이상 임신을 할 수 없는 상태로서 여성에게 있어서 중요한 전환기가 된다.

그 밖에도 성인 중기에 나타나는 신체변화는 매우 다양한데, 노화패턴과 속도에 있어서 개인차가 있지만 대체적으로 연령이 증가하면서 성인 중기에 주로 나타나게 되는 신체적 변화에는 체형의 변화, 피부와 머리카락의 변화 등이 있다(권두승 외, 2002 : 55-57).

노화에 관한 발티모어 연구와 같이 건강한 성인들을 대상으로 한 종단적 연구결과에 의하면, 성인들은 40세경부터 평균적으로 약 2내지 5㎝정도 신장이 감소한다는 것이다. 이것은 척추 사이의 디스크가 축소되기 때문에 키가 줄어든다고 보는 것인데, 성인들의 팔과 다리가 이전과 같은 길이라 할지라도 디스크가 줄어들기 때문에 키만 줄어들게 되어 어딘지 모르게 균형이 덜 잡혀 보여 이전보다 덜 매력적으로 보일 수 있다는 것이다.

특히 50세가 지나면서 지방은 얼굴, 다리, 그리고 손의 아래 부분에서 손의 윗부분, 배와 엉덩이 쪽으로 이동하여 지방이 몸의 중심으로 이동하게 된다. 이와 같은 지방저장소의 변화는 옷을 입는 방식에 영향을 주기도 하고, 나이 든 사람이 체중이 감소하기 시작하는 50대 중반 이후에도 자신의 몸이 더 무거워졌다고 느끼게 되는 것이다.

40~50대에 시작되는 피부의 주름은 지방의 재분배로부터 부분적으로 기인하고 있다. 즉 얼굴, 목, 그리고 팔의 피부 밑에 있던 지방이 사라지기 때문에 피부의 탄력이 없어지고, 신체의 다른 부위보다 이 부위의 피부 탄력 손실이 눈에 띄는 이유는, 피부가 태양에 계속적으로 노출되었기 때문인 것으로 나타났다. 남녀 모두에게 있어서 머리카락의 손실은 노화의 공통적인 특징으로 50~60대가 되면서부터 가늘어지는 것을 경험하기도 한다. 머리가 희어지는 정도는 개인차가 있지만 대부분의 성인들은 조금이라도 흰머리가 나게 마련이다.

성인기에 가장 뚜렷하게 감퇴되는 두 가지 감각기능은 시각과 청각이다(권두승 외, 2002 : 58-59). 시각의 감퇴는 대체로 40~49세 사이에 나타나며 노안이 대표적 징후이다. 실제로 성인 중기 동안에는 가까운 것을 보는 데에도 어려움이 생긴다. 이것은 눈으로 가는 혈액공급이 감소되어 시각의 범위가 좁아지는 반면에 사각범위는 커지기 때문이다.

또한 성인 중기에는 밝기에 대한 망막의 민감성이 낮아진다. 성인 초기에서 성인 중기까지의 성인을 대상으로 밝기를 여러 수준으로 변화시킨 조건에서 인쇄된 숫자 식별수행을 비교한 실험결과에 의하면, 밝기를 높여주는 데에 따른 수행의 증가는 성인 초기에 비해 성인 중기에서 월등하게 높았다. 이러한 실험결과는 성인 중기에 나타나는 망막 민감성의 감퇴를 반영한 것이라 할 수 있다.

청각은 감퇴가 가장 빨리 나타나는 감각기능으로서 40세경에 시작된다. 고음에 대한 민감성의 감퇴가 먼저 나타나고, 50대에는 저음에 대한 감퇴가 시작된다. 직업적 소음으로 인하여 고음에 대한 민감성이 감퇴되는 것은 여성에 비해 남성이 빨리 나타난다.

그리고 이 시기에는 맛, 냄새, 통증 등에 대한 민감성이 감소하며, 반응시간이나 감각운동기술과 같은 생리적인 기능도 감소하기 시작한다. 그 밖의 중요한 요인으로는 운동을 들 수 있다. 성인기에는 산소가 뇌와 근육에서 이전보다 40% 정도 덜 흡수된다. 그러나 운동기술은 감퇴하더라도 오랫동안 학습해오고 사용해 온 기술들은 오랜 경험의 결과로 인하여 지속적으로 유지되는 경향이 있다(최옥채 외, 2007 : 250).

(2) 인지적 발달

지능은 연령이 증가함에 따라 감소하는가에 대한 것은 아직 명쾌한 대답은 없지만 전통적인 입장에서는 성인기의 지능감퇴가 돌이킬 수 없는 것이라고 보고 있고, 다른 한편에서는 성인후기에는 변화가 있을지 모르지만 성인 초기나 성인 중기에서는 커다란 변화 없이 안정적이라고 보는 입장이 있다(권두승 외, 2002 : 64). 실제로 우리의 뇌는 심각한 질병이 없는 한 우리가 하고 싶은 일은 거의 다 할 수 있을 정도로 기능적이다. 한편 일련의 학자들은 지능이 일률적으로 감퇴하기보다는 기능면에서 어떤 면은 감퇴하고 어떤 면에 있어서는 안정적이고 오히려 증가하기도 한다고 주장하고 있다. 그리하여 지적능력과 연령의 관계에 대한 인지적 변화에 대해서는 신체적 능력의 감소와 더불어 인지적 능력이 감소한다는 견해와 인지적 능력은 감소하지 않으며 오히려 특정 측면의 인지능력은 강화된다는 견해가 대립되고 있는 것이다.

일반적으로 인간의 지적 기능은 18세에서 25세 사이에서 최고조에 달하며, 이후 연령이 증가함에 따라 변화된다. 유동성 지능은 청소년기까지 증가하다가 이후로는 점차 쇠퇴하는 경향이 있고, 중년기가 끝나는 시기에도 성인 초기의 중간 정도 수준을 유지할 정도로 유동성 지능의 감퇴 정도는 적다. 반면에 결정성 지능은 성인 중기 동안에도 계속해서 유지된다.

유동성 지능과 달리 결정성 지능은 전 생애를 통해 증가하기 때문에 성인 중기에도 계속 증가한다. 인생경험을 통해 증가하는 결정성 지능은 40대와 50대에 유동성 지능이 감소하더라도 초기의 전반적인 지적 수준을 유지시켜

주는 역할을 한다. 그러나 다양한 정신운동 과정을 통하여 획득한 기술은 인생 후반기에는 점점 쇠퇴하는데 특히 기억과 관련된 지적 수행능력은 성인 중기 이후에는 더욱 현저하게 변화하게 된다.

정신적 기능은 성인 중기에 최고조에 달하며, 새로운 기술을 지속적으로 학습할 수가 있고, 이미 알고 있는 것을 기억할 수 있다. 언어능력에 있어서도 어휘력을 발전시킬 수 있다. 그러나 이 시기의 사람들은 자신의 지적능력을 충분히 활용하지 않고 과거의 다양한 경험으로부터 얻은 지혜를 가지고 대처하고 보상하려는 경향이 있다(Papalia et al., 1998; 최옥채 외, 2007 : 252). 대체적으로 창의적인 생산 활동은 성인 중기보다 성인 초기에 더욱 활발하지만, 축적된 발달에 기반을 둔 창조적 생산은 오히려 성인 중기 이후에 더욱 활발하다.

또한 성인 중기에는 통합된 방식으로 사고하는 경향이 있어 자신이 보고 듣고 읽은 것을 개인적이고 심리적인 의미로 해석할 뿐만 아니라 자신의 학습과 경험을 통하여 정보를 여과시키는 경향이 있다. 이렇듯 40대와 50대에 통합적으로 사고하는 것은 실천적인 문제해결능력에 있어 다른 시기와 비교되는 탁월성을 나타낸다.

단기기억력은 약화되어 새로운 것을 학습할 수 있는 능력은 저하되지만, 장기기억력에 있어서는 변화를 발견할 수 없고, 오히려 오랜 인생의 경험에서 터득한 지혜 때문에 문제해결능력은 높아진다는 견해가 있다.

(3) 심리사회적 발달

① 부부관계의 유지와 가정관리

가정에서 가장 중심이 되는 체계는 부부로서 부부관계를 건강하고 활기있게 유지하기 위해서는 많은 노력을 기울여야 한다. 결혼 문제에 대한 전문가들은 갈등을 경험한 부부들이 서로 싸울 때 복잡한 상호작용 유형을 나타내는 경향이 있다고 주장하는데, 윌(Wile, 1993)에 의하면 부부들의 싸움에는 다음과 같은 세 가지 방법의 중재가 필요하다고 하였다(강문희 외, 2006).

첫째, 그들 각자에 대한 문제가 무엇인지 결정하기 위해 개인의 위치를 명확히 하여야 한다. 둘째, 어려운 위치에 있을 때 각자의 방식에 대한 반응을 이해할 수 있다는 것을 부부들이 이해하도록 해야 한다. 셋째, 가족들이 단합할 수 있고 타협할 수 있는 정당한 관점을 가질 수 있도록 해야 한다.

뉴먼과 뉴먼(Newman & Newman, 1987 : 472)은 건강한 결혼관계를 유지하기 위한 조건을 세 가지로 제시하였다(이인정 외, 2005 : 116).

첫째, 부부는 각자 개인적인 성장과 부부로서의 성장을 위하여 헌신하여야 한다는 것이다. 둘째, 부부는 효과적인 대화체계를 개발하여야 한다. 즉 직업이나 자녀양육과 같은 역할에 몰두함으로써 부부간의 상호작용 기회가 감소하면 공유하는 경험이 점점 줄어들게 되고 상대방의 반응에 영향을 받지 않게 된다. 이러한 상황에서 효과적인 대화체계가 없으면 상대방에 대한 증오나 불쾌한 감정이 해소될 기회가 없는 채로 누적되므로 이에 적합한 대화체계는 성공적인 결혼에 필수적이다. 셋째, 갈등을 창의적으로 활용해야 한다. 결혼생활에서 갈등은 필연적인 존재이므로 이러한 갈등을 이해하고 의견의 불일치가 있을 수 있다는 것에 동의하며 부부 상호 간에 갈등을 해결하기 위한 전략을 개발해야 한다는 것이다.

이렇듯 부부관계를 건강하게 유지하기 위해서는 개인 각자의 정서적 안정감, 서로에 대한 신뢰감, 지속적인 관심과 이해가 요구된다. 즉 결혼생활에서 활기를 유지하는 것은 장기간에 걸친 과제로 부부는 안정과 신뢰, 공감을 성취한 후에도 상대방에 대한 지속적인 관심과 이해심을 가지는 것이 바람직하다.

건강한 가정은 가족 간에 유대가 좋고, 의사소통이 원만하며, 가족의 문제해결 수행능력이 뛰어나며, 가족 구성원간의 고유한 가치체계를 공유하는 가정이다. 현대사회에서 가정의 역할은 의식주와 관련된 기본적인 것을 제공하고, 경제적인 단위로서 기능하며, 가치나 규범을 가르치는 일을 한다. 바람직한 가족의 모습은 구성원들이 서로 건강한 성장을 위하여 상호 교류관계에서 균형을 유지하고 있으며, 가족 경계에 있어서는 융통성을 보임으로써 피드백을 보다 쉽게 해줄 수 있는 특징이 있다. 가정은 인간의 성장과 정서적 안정을 조성하는 장으로서 이러한 환경을 잘 만들어 주는 것이 성인후기의 과제이다. 그러므로 성인후기의 성인은 가족성원들의 욕구를 이해하고, 이러한 욕구들을 가장 잘 충족시키는 방식으로 자원과 시간을 조직하는 능력이 필요하다.

결혼생활을 하는 성인 중기의 자녀는 보통 청소년기에서 독립시기 사이에 있는 경우가 많다. 성인 중기 자녀의 성장에 성공적으로 적응하기 위해서는 자녀와의 효율적인 의사소통이 중요하며, 자녀의 학교교육과 진로 선택의 문제에 관여하기도 한다.

성인 중기에는 십대 자녀를 가정 밖으로 내보냄과 동시에 나이 든 부모를 부양해야 하는 문제에 직면하기도 한다. 자녀를 기르는 것은 어렵고 도전적인 과제이다. 자녀는 항상 변화하는 예측 불가능한 존재로서 자녀의 요구에 잘 적응하기 위해서 부모는 새로운 상황에 민감하고 융통성이 있어야 한다. 성인 중기에 부모를 모셔야 하는 상황이 되면 새로운 가족원의 유입에 따르는 상호 간의 적응문제가 발생할 수 있기 때문에 이러한 가족문제를 해결하기 위해 가족서비스 기관의 도움을 받아야 하는 경우도 생긴다.

부모와 자녀가 함께 살 때 부모와 자녀 간에도 갈등이 일어나는데, 이러한 갈등이 해결되지 않으면 가정 내에 위기를 경험한다. 이러한 위기의 가족들이 보다 긍정적인 차원에서 친밀감을 인식할 수 있도록 전문가들이 도와주어야 하며, 갈등이 더 이상 확대되지 않고 해결될 수 있도록 돕는 것이 중요하다.

한편, 50대 중반 이후에는 성인 자녀들이 학업 및 취업, 그리고 결혼 등을 하여 집을 떠나 독립을 하기 때문에 중년기 부부만 남는 상태가 늘어난다. 자녀들이 집을 떠난 후 부부만 남는 상태를 '빈 둥지'라고 하는데, 이러한 상황에 잘 적응하지 못하는 경우 여러 가지 문제가 발생하기도 한다. 소위 갱년기 우울증과 같은 심리적 상태가 이 시기에 많이 발생하는데, 이러한 현상을 '빈둥지증후군(empty nest syndrome)'이라고 하며, 이를 잘 극복하기 위해서는 성인 자녀의 독립 이후에 부부간에 정서적 유대감을 발전시키고 관심을 유지시키는 것이 필요하다.

② 직업 적응

성인 중기는 직업생활에서 다른 연령층에 비해 높은 지위를 얻고 그에 상응하는 수입을 얻는 반면에, 어떤 사람들은 전혀 다른 직업을 시작하는 경우도 생긴다. 성인 중기에는 직업적 성취에 대한 열의가 가장 높기 때문에, 직업적 성공에 대한 스트레스도 많은 편이다.

직업은 성인기의 발달이 일어나는 중요한 배경이 되며, 직업에서의 성공은 개인적인 성장, 삶의 만족 등과 높은 상관관계가 있다. 그러므로 장년기에 자신의 직업에 잘 적응하는 것은 개인적인 성취와 사회적 통합을 위해 중요하다. 직장생활에서 성취감과 리더십 발휘를 위해 유의해야 할 점을 살펴보면 다음과 같다(이인정 외, 2005 : 120-121).

첫째, 직장의 상사나 동료로부터 신임을 얻을 수 있는 대인관계 기술을 습득하여야 한다. 즉 자신을 신뢰할 수 있는 존재로 인식시키고 유창한 대화기술과 집단이나 팀으로 효과적으로 일할 수 있는 능력을 갖추며 타인에게 영향력을 발휘할 수 있는 것은 성인후기의 직업생활에서 상당히 중요하다. 둘째, 자신의 직업에 존재하는 권력구조를 확인하고 그 구조 내에서 자신의 위치를 확립해야 한다. 성인 중기에는 직업의 경력이 축적됨에 따라 직장의 권력구조 내에서 지위가 향상되며 책임과 결정권도 증가한다. 이것은 권력의 행사와 더 높은 권위에 대한 순종을 동시에 할 수 있는 능력을 요구하며, 직업 내의 권위관계의 본질을 잘 이해하는 것은 성인 중기의 직업생활을 성공적으로 이끈다.

셋째, 직업에 따라 필요로 하는 기술이나 정보의 획득을 위해 부단한 노력을 기울여야 한다. 직업에 따라 필요로 하는 기술이 있으며, 종사하는 직업과 직장에서 맡은 업무는 그 사람의 지적 발달에도 상당한 영향을 미치게 된다.

성인 중기는 직업생활에 있어서 비교적 안정된 시기라 할 수 있다. 이 시기의 사람들은 직업생활에서 지위를 얻고 그에 상응하는 수입을 얻는다. 성공적인 직업선택과 에너지의 투입으로 인하여 생산적인 결과를 얻기도 한다. 그러나 어떤 사람들은 전혀 다른 직업을 시작하는 경우도 있고 자신의 직업에 불만족을 갖기도 한다. 직업군에 따라 차이가 있지만 대개 50대 중반 이후부터 60대 초반에 직업으로부터의 은퇴가 이루어진다. 은퇴의 주된 이유는 직장 내에서의 구조조정이나 개인의 신체적 건강의 이유, 각종 사고, 노화 등 다양하다.

따라서 성인 중기에 개인이 갖는 직업과 업무의 내용 및 그 직업에서 얼마나 성공적인가 하는 것은 그 사람의 인지적·심리사회적 발달에 중요한 영향을 미친다는 것을 알 수 있다.

(4) 성인 중기의 발달과업

에릭슨(Erikson, 1992)에 의하면, 성인 중기가 되면 사람들은 자신의 세대를 넘어 다음세대를 양육하는 것에 관심을 갖게 되는데 이것이 바로 생산성(generativity)이다. 즉 생산성이란 다음 세대를 이끌어 주고 돌보아주려는 일반적인 관심으로, 개인의 사후에도 존속될 사회를 위해 개인적, 공적 수준에서 기여하는 능력을 말한다. 여기에는 자녀출산, 양육, 자손의 성취, 자녀 이외의 젊은이에 대한 관심과 보호, 기술적 생산품, 아이디어, 책, 예술작품 등 창조적인 작업이 포함된다. 그리고 침체는 타인에게 거짓된 친밀성을 갖고 자기에게만 탐닉하는 것으로써, 자기만을 우선적으로 보호하는 것을 의미한다. 여기에는 직장에서 승진의 탈락, 노부모 부양, 부부갈등과 이혼 등으로 인하여 무능력을 경험할 때 형성되며, 새로운 기술의 발달과 생활양식의 변화 등이 원인이 되기도 한다.

또한 이 시기는 자라나는 자녀들과 노화되어 가는 부모들에 대하여 중요한 책임감을 수행해야 함과 동시에 새로운 대처방법을 발전시켜야 하는 부담을 안고 있기 때문에 여기에 속한 사람들을 '샌드위치 세대'라고 부르기도 한다.

한편, 레빈슨(Levinson, 1978)은 남성과 여성의 성인발달을 따로 연구하여 그 차이를 밝혀냈는데, 남성의 발달모델 중 성인 중기(40~60세)에 해당하는 발달 과업은 다음과 같다.

첫째, 지혜와 판단력이 절정에 달하며 일에 몰두하는 시기이며, 둘째, 제자나 후배의 후견인으로서 그들을 지도하고 이끌어 주며, 셋째, 젊은 시절에 설정한 꿈과 현실 사이의 괴리를 발견하고, 넷째, 스스로 추구해 오던 목표를 재평가하며, 다섯째, 노화의 증상과 신체능력의 감소를 확인하게 되며 다가올 죽음 또는 노년을 생각해야 함을 제시하였다.

3) 성인 중기의 사회복지 실천과제

성인 중기에는 신체의 모든 기관이 점진적으로 쇠퇴하기 시작하고 이로 인해 성인병에 걸릴 위험성이 높아진다. 현재 지역사회의 보건소에서 성인 중기 성인을 대상으로 성인병 예방 교육과 성인병 진단을 실시하고 있기는 하지만 이용 대상은 매우 적은 실정이다. 따라서 사회복지기관에서는 전문병원과 연계하여 성인병 예방 및 건강증진을 위한 건강 교실이나 건강 상담 프로그램을 운영하고 지원할 필요가 있다.

갱년기에 접어들면서 발한, 두통, 불면증, 수족냉증, 이명증, 우울증 등이 나타나는 신체적 · 정서적 장애를 갱년기 장애라고 한다. 갱년기 장애를 극복하기 위해서는 운동, 여가활동 등을 통한 능동적이고 활동적인 건강유지가 필수적이며, 갱년기의 여러 증상들이 인생주기에서 겪게 되는 필연적 과정임을 받아들이고, 긍정적 태도로 극복을 위한 다각적인 노력을 기울여야 한다. 더구나 갱년기 증상이 심한 성인 중기 성인은 우울증, 불안 등으로 대인기피, 알코올 중독, 자살 등으로까지 이어지기도 한다. 그러므로 이들을 위한 상담 및 지지 프로그램을 제공하여 갱년기 장애를 극복하고 예방할 수 있도록 적극적으로 지원해야 한다. 알코올이나 마약에 중독된 성인 중기 성인을 위해서는 단주 집단 프로그램이나 약물 치료 프로그램에 참여할 수 있도록 알코올 전문센터나 전문 의료기관에 의뢰하고, 폐경기 중년 여성들에게는 폐경에 대한 심리적 두려움을 제거하기 위한 상담을 해주고, 폐경기 이후에도 생산적인 일을 할 수 있다는 자신감을 갖도록 교육하는 것이 필요하다.

가정과 관련하여 성인 중기 성인이 안정된 가족생활을 영위할 수 있도록 가족복지차원의 지원 프로그램을 개발해야 한다. 최근 증가하고 있는 가출청소년 가족, 가정폭력 가족, 알코올 가족 등에 전문가 집단으로 구성된 사례관리가 지속적으로 이루어질 수 있도록 지원할 필요가 있다.

성인 중기에는 노년기의 건강문제를 예측하고 건강에 대한 준비를 해야 한다. 준비된 노년이 아름답듯이 노년기의 대표적인 기질성 정신장애인 치매 예방 프로그램을 실시할 필요가 있다. 병약한 노인을 부양하는 성인 중기 가족에게는 주간보호시설이나 장기요양기관 등을 안내하거나, 가정봉사원을 파견하여 가사를 돕기도 하고, 가족부양에 따른 심리 · 정서적 서비스를 제공할 수도 있다.

직업과 관련해서 성인 중기에 사회복지 실천에서 관심을 가져야 할 과제들이 몇 가지 있다. 직업에서 발생하는 문제로 실직, 직무 스트레스 등을 들 수 있다. 우선 어느 연령층을 막론하고 대단히 위협적인 사건이며, 특히 성인 중기의 실업은 수입상실로 인한 경제적 어려움뿐만 아니라 자존심을 상실하게 하며, 가정생활을 어렵게 만들기도 한다. 이에 사회복지사는 장년기에 실직을 당한 사람에게 실직기간 동안의 생활안정을 위한 실업보험 혜택과 재정지원에 관한 상담, 재취업과 관련된 정보제공과 직업훈련 등 고용관련 서비스, 심리 · 정서적 서비스를 제공할 수 있어야 한다.

또 성인 중기 성인들은 과다한 업무량과 역할 갈등 등으로 인해 직무 스트레스를 겪게 되는데, 스트레스가 잘 관리되지 않으면 신체적 · 정신적 건강에 부정적인 영향을 미치게 된다. 그렇기 때문에 직장인들을 위한 직무 스트레스와 관련된 산업복지 프로그램이 개발되어 상담, 교육 및 훈련, 위기 개입, 여가 활동 지원 등이 이루어져야 한다.

저출산의 영향으로 자녀양육기간이 점점 축소되고, 평균수명이 연장되며, 조기정년제도가 시행됨에 따라, 노후의 여가시간이 큰 폭으로 증가하고 있어 현 생활에 적응하거나 노후를 준비하는 차원에서의 여가활용 문제가 매우 중요한 성인 중기의 과제로 남아 있다.

그러므로 성인 중기 성인들에게는 여가 환경의 변화, 여가의 의미와 가치 등을 교육하여 중년의 삶에 활력을 주는 여가 활동에 참여할 수 있도록 여가 문화 인프라를 구축해야 한다. 성인 중기 성인들을 위한 여가 프로그램으로는 주말농장, 박물관 및 예술관 이용, 연극 · 영화 관람, 평생교육원의 교육과정 수강, 그리고 자원봉사활동 등이 있다. 이에 사회복지기관에서는 다양한 사회계층의 욕구를 충족시킬 수 있도록 다양한 여가 활동 프로그램의 개발과 보급을 위해 노력해야 할 것이다.

chapter 06

노년기

우리나라의 인구고령화 속도는 세계 어떤 국가와도 비교하기 힘들 정도로 빠르게 진행되고 있다. 우리사회의 급격한 인구고령화는 평균수명의 연장과 출산율의 감소로 인한 노인인구의 절대수와 상대적 비율이 증가한 점이 근본적인 원인이 되겠지만, 한국전쟁 이후에 출생한 베이비붐(baby boom) 세대가 한꺼번에 노인인구로 전환되는 것이 가장 결정적인 원인이 되고 있다.

발달심리학자들은 창조성이나 학습능력에서의 성장이 성인기에 끝난다고 보았으나 최근에는 새로운 견해들이 대두되고 있다. 즉 치매나 중풍 등의 뇌손상만 없다면 죽을 때까지 배울 수 있다는 것이다. 그러므로 퇴직을 맞이하는 노인들이 새로운 창조적 노력을 시작하는 것이 바람직하게 받아들여지고 있다.

노인이 되면서 나타나는 명백한 신체적 변화는 흰머리, 주름, 감각능력의 저하 등이 있다. 수면시간도 줄어들고, 정신운동능력도 감퇴된다. 급성질병보다는 만성질환이 심화된다. 이러한 변화가 있다고 하더라도 노인들 자신은 이러한 변화가 일상생활을 유지하는 데 심각하게 장애가 된다고 여기지 않는다. 일반적으로 61~74세 노인들은 독립적으로 왕성하게 생활할 수도 있고, 할 수 있다면 일을 지속하고 있으며, 몇 가지 의료적 문제도 충분히 해결해

나갈 수 있다. 연령이 75세 이상 넘어가면서 신체적 건강상의 어려움은 더욱 문제시 될 수 있는데, 관절염, 골다공증, 치매, 시력 및 청력 장애, 고혈압, 당뇨, 중풍 등으로 인한 만성적 질병으로 일상생활상의 원조를 필요로 하기도 한다(이윤로, 2006 : 243).

1 노년 전기(61~74세)

1) 개념

일반적으로 노년기의 범주는 60~65세 이후부터 죽음에 이르기까지의 기간을 일컫는다. 우리나라에서는 60세를 회갑이라고 하여 이 시점부터 노인이 되는 것으로 인정하는 사회적 관습이 있고, 대부분의 노인복지시설 및 기관에서는 노인의 연령기준을 60세 또는 65세로 설정하고 있다. 노인관련 법규를 살펴보면, 국민연금법에서는 노령연금 수급기준을 60세로, 노인복지법과 국민기초생활보장법에서는 65세를 노인으로 규정하고 있다(http://www.moleg.go.kr).

우리나라는 2009년 12월 말 현재 평균수명이 79.6세로 접어들었고(통계청, 2009), 국민연금의 수급연령도 65세로 상향조정되고 있으며, 회갑의 사회적 의미가 점점 퇴색되고 평균수명이 지속적으로 연장되고 있다. 이에 따라 국내 학자들 간에는 65세부터 노인으로 규정하는 것이 현실적으로 타당하다는 견해도 있다(박차상 외, 2002; 이소희 외, 2004; 김선아 외, 2006; 임춘식 외, 2007; 권중돈, 2010).

최근 들어 지나치게 넓은 노인의 연령범위를 고려하여 학자들은 좀 더 세부적인 연령 집단으로 노인을 구분하는 경향이 늘고 있다. 뉴가튼(Neugarten, 1987)은 55~74세의 노인을 연소노인(young-old)으로 구분하였고, 브로디(Brody)는 60~64세 노인을 연소노인(young-old), 65~74세 노인을 중고령노인(middle-old)으로 구분하였다(장인협 외, 2006). 인간의 발달단계는 생물, 심리, 사회적 속성이나 환경적 특성에 따라 구분할 수 있다. 대략 60대부터 생물학적 노화와 함께 심리적 노화가 진행된다. 이때부터 사회적 지위와 역할을 상실하고, 사회참여가 줄어들고, 자녀를 모두 떠나보내고 노부부만 남게 되는 빈 둥지(empty nest) 시기가 되는 등 사회적 노화 또한 급속하게 진행되는 특징이 있다. 이에 따라 50대 후반부터 후기 성인기 또는 초기 노년기로 구분하기도 하고, 60세 또는 65세부터 노년기로 분류하거나 75세 이후를 후기 노년기로 구분하기도 한다(Atchley, 2000; 권중돈, 2010 : 25).

따라서 여기에서는 노인의 범주를 좀 더 세부적인 연령 집단으로 구분하는데 동의하고, 많은 연구들에서 60~74세의 노인을 연소노인 또는 중고령 노인으로 구분하는 것을 근거로, 노화가 진행되는 시기이며, 노년기 중 신체적으로 건강하면서 독립적인 활동이 가능한 61세부터 74세까지를 노년 전기로 구분하고자 한다.

이 시기에는 특히 신체적 변화 및 심리적 변화에 적응해야 하는 과업을 갖는다. 쇠약해지는 체력과 건강에 적응하고 알맞은 운동과 섭생, 지병이나 쇠약함에 대해 바르게 대처해야 하는 시기이다. 심리적으로도 적극적인 생활태도와 여가를 즐기고 퇴직과 수입 감소에 따른 변화에 적응하며 소외감이나 인생의 허무감을 극복하여 인생의 의미를 찾고 배우자의 사망에 대한 마음의 준비가 필요한 시기라 할 수 있겠다.

2) 발달적 특성

(1) 신체적 발달

노년기의 신체적 변화는 흰머리, 구부정한 허리와 같은 눈으로 확인할 수 있는 신체구조의 외적 변화를 의미할 정도로 매우 익숙한 개념이다. 그러나 일상적으로 사용하는 신체적 노화라는 용어는 생물학적 시계(biological clock)나 생물학적 영향에 의해 일어나는 모든 변화, 즉 생물학적 노화로 설명하는 데에는 한계가 있다(Bee, 2000). 생물학적 노화는 신체적 노화와 생리적 노화라고 하는 두 가지 하위 영역을 포함한다. 신체적 노화는 신체구조와 기능의 쇠퇴로 인한 활력의 상실과 질병에 대한 저항력을 상실하는 노화를 의미하며, 생리적 노화는 유기체의 기관, 조직체, 세포, 생체 통제기제 등에서의 쇠퇴와 기능저하를 의미한다(권중돈, 2010 : 47).

이러한 노화현상은 특정한 나이에 갑자기 발생하는 것이 아니라 중년 이후부터 서서히 진행된다. 노화가 진행됨에 따라 신체의 여러 부분이 변화하게 되는데, 이러한 퇴화가 일어나는 속도는 개인에 따라 다르게 나타난다. 생물학적 노화를 신체구조의 변화와 신체기능의 변화로 구분하여 살펴보면 다음과 같다(권중돈 외, 2005; 엄신자, 2008; 권중돈, 2010)

① 신체구조의 변화

생물학적 노화의 결과로 나타나는 신체 외형의 변화를 살펴보면, 개인차가 있지만 우선 체중은 60세 이후부터 점차 줄어들며, 치아는 60대에 14개, 70대에 11개 정도로 줄어들게 된다. 머리카락은 멜라닌 세포의 감소로 인하여 은빛(silver)으로 변하게 되는데 은빛 머리색에 비유하여 실버세대라고 부르고 있다. 노인의 피부는 멜라닌 색소의 불규칙한 감소로 인해 전체적인 피부색이 동일하게 유지되지 않으며, 얼굴은 창백해지고, 얼룩반점이 생기고 건성화 된다. 노출된 피부는 표피 증식이 감소하여 얇아지게 되고 피하지방의 신경세포 감소로 인하여 체온 유지능력이 감소되면서 추위를 많이 느끼고, 온도 변화에 쉽게 적응하지 못하여 환절기에 호흡기질환에 이환되기 쉽고, 심혈관계 질환이 있는 경우에는 새벽운동과 같이 갑작스러운 온도 변화로 인하여 쓰러지는 경우도 있다.

연령이 증가함에 따라 신체조직 구성성분 중 지방분은 증가하는 반면, 고형분과 수분은 줄어드는 변화가 일어나며, 뼛속의 칼슘분이 고갈되어 뼈의 질량이 감소하고, 골밀도가 낮아짐으로써 골절을 당하기 쉽고, 골다공증에 걸리기 쉽다. 골격은 뼈의 경화, 철분의 퇴적, 뼈대구조의 변형이 이루어져

키가 줄며, 근육은 탄력성을 잃고 섬유소가 증가한다. 특히 여성은 폐경기 이후의 성호르몬 분비가 감소하고 신체적 활동이 줄어듦에 따라 남성에 비해 뼈의 손실이 더욱 증가한다. 그리고 연골조직이 얇아지거나 탄력이 약화되어 관절염을 일으키기도 한다. 또한 팔다리 및 골격 일부에 붙어 있는 수의근의 근육 용적이 감소되고 수축력이 약화되어 운동능력이 감퇴된다.

② 신체기능의 변화

신체 내부의 장기는 40세부터 중량이 감소하는데, 25세 청년을 100으로 하였을 때 75세 노인의 뇌 중량은 95% 정도, 신장 중량은 81% 정도, 간장은 67% 정도, 비장은 45% 정도로 줄어들며, 심장은 오히려 140% 정도로 증가하는 것으로 나타나고 있다(장인협 · 최성재, 2006). 심장근육 주변 모세혈관이 동맥경화로 인해 심장을 비대하게 만들고, 지방분이 증가하면서 심장의 중량을 증가시킨다.

그리하여 노년기에는 각종 심장질환에 이환될 가능성이 높아지게 되는데, 심박출량과 심장박동능력은 감소하게 되며, 심장판막의 석회화로 인해 세포가 사멸하게 됨으로써 심장질환을 앓게 될 가능성이 높아진다.

또한 노화에 따른 순환기계의 변화는 주로 동맥에서 관찰되는데, 동맥벽이 비대해지고 경화되고 탄력성이 줄어들게 된다. 이러한 동맥의 구조적 변화와 기능 저하로 인하여 혈액순환이 원활하지 못하여 고혈압, 동맥경화, 뇌졸중 등의 순환기계 질환을 앓게 될 가능성도 높아진다.

노년기에는 폐조직의 탄성이 저하되고 폐용적은 감소되며, 죽은 공간이 증가하는 반면 기관지는 약간 확장되며, 기관지 점액선은 증가하게 된다. 이러한 호흡기계의 변화로 인하여 폐 속에 남아 있는 나쁜 공기, 즉 잔기량이 증가하여 기관지 질환이나 호흡기질환에 이환될 가능성이 높아진다.

노년기에는 치아결손, 타액과 위액 등의 소화효소 분비량의 감소, 위 근육의 약화 등으로 인하여 소화기능이 감퇴한다. 그리고 60세 이상이 되면 소장은 융모의 크기가 작아져 점막흡수면적이 줄어들고 운동성이 저하되며, 대장

조직이 변형되고 운동성이 저하됨에 따라 변비나 숙변, 각종 장 질환에 이환될 가능성이 높아진다.

연령증가에 따라 신장의 크기, 무게, 피질의 양 등이 감소되며 신장 혈관의 경화(硬化) 현상이 나타남으로써 신장기능이 줄어들게 된다. 신장에서 노폐물이나 독소를 여과하는 비율이 감소함에 따라 각종 신장질환에 이환될 가능성이 높아지며, 방광이나 요도기능의 저하로 야간에 소변을 보는 횟수가 증가하게 되어 60세 이상 노인은 밤에 평균 1~2회 정도 소변을 보는 것으로 나타났다(아산사회복지사업재단, 1985).

노인이 되면서 세포수의 감소와 함께 운동성이 저하되어 대사요구량이 줄어들게 되며, 심장이나 혈관의 기능과 밀접한 관련성을 지닌 체액의 양이 감소하므로 휴식상태의 산소소모량인 기초대사율은 감소하는 반면, 탄수화물 대사율은 증가하여 혈액 속에 혈당이 많아짐으로써 당뇨병에 이환될 가능성이 높아진다.

노화와 함께 성기능 또는 생식기능의 저하현상이 나타나게 되는데, 여성의 경우 폐경으로 인하여 월경이 중단되고 생식능력이 상실된다. 남성의 경우에도 생식기능이 저하되고, 성교능력이 저하되기는 하지만 여성보다는 그 기능 저하가 덜하며, 70대 이상에서도 충분히 성적 관계를 유지할 수 있다는 연구들이 있다(Matthias et al., 1997).

중추신경계의 변화를 보면, 뇌는 크기가 약간 감소하며, 뇌의 기능이 저하되기도 하지만, 노화에 따라 현저하게 저하된다는 확실한 증거는 없으며, 내분비계통의 기능 저하에 관한 연구에서도 주로 입원환자를 대상으로 이루어지고 있는데, 정상적 노화과정에 수반되는 내분비계의 기능 변화에 대해서는 알려진 바가 거의 없다.

③ 감각기능의 변화

노년기에는 신체 내·외부의 변화와 상태에 대한 정보를 수집하여 뇌에 전달하는 감각기관의 기능이 저하된다. 우선 시각기능은 40대 이후부터 약화되기 시작하여 정상시력을 유지하기 어려워진다. 또 나이가 들수록 눈의 망막에 도달하는 빛의 양이 감소하기 때문에 파랑, 초록 그리고 보라색과 같이 파장이 짧은 색에 대해서는 민감도가 떨어져 잘 파악하기가 어려워진다. 60세 이상의 운전자는 25세 이하의 운전자에 비해 고속도로의 표지판을 제대로 읽기 위해서 75% 정도 더 가까이 가야만 한다. 일반적으로 시력은 45세 혹은 50세 정도까지는 별로 나빠지지 않지만 그 후로는 나이가 들수록 시력이 점차로 나빠진다.

55세 이후부터는 음의 고저에 대한 변별력이 감소하고 보청기와 같은 청력보조기구의 필요성이 점점 높아진다. 비록 청각의 감퇴가 나이 든 노인의 사회적 상호작용에 영향을 미치기는 하지만 그러한 노인들이 꼭 사회적으로 고립이 되거나 스트레스를 받는 것은 아니다. 보청기를 착용하지 않은 약간의 청각장애를 가진 사람들의 경우에는 이러한 청각장애가 인생에 대한 만족도나 심리적 건강상태와 관련이 없는 것으로 나타나고 있다. 단지 심한 청각장애를 가진 사람들만이 높은 수준의 우울증을 보일 뿐이다.

미각은 20대에 최고 상태에 이른 후 50세부터 서서히 저하되지만 70세 이전까지는 큰 변화는 없다. 후각은 65세 이후부터 감소하기 시작하며, 촉각에 대한 감각은 45세 이후부터 급격히 저하되며, 통각은 젊은 사람에 비해 노인이 덜 민감하지만 통각의 저하는 연령과는 크게 상관성이 없는 것으로 나타나고 있다.

연령이 증가함에 따라 일반적으로 수면시간이 감소하게 되는데, 20대에는 하루 평균 7~8시간의 수면을 취하지만 55세 이후에는 급격히 감소하여 65세 이상에서는 5~6시간 정도 수면을 취하게 되는 것으로 나타나고 있다(아산사회복지사업재단, 1985).

(2) 인지적 발달

노년기의 지능, 기억력, 사고 및 문제해결능력의 변화양상에 대한 연구결과는 아직 일치된 의견이 제시되지 않고 있다. 샤이에(Schaie, 1990)의 연구에 의하면 연령이 증가함에 따라 선천적으로 갖고 태어난 수에 대한 감각, 정확성, 기억능력, 반응속도 등의 유동성 지능은 20~30대에 절정을 이루다가 70세 이후부터 급격히 감퇴하는 것으로 알려져 있다.

노년 전기의 지적 능력의 쇠퇴는 반응시간, 시각에서 받은 정보를 운동반응으로 전환하는 능력, 기억 등을 포함하는 다양한 측면에서 일어나는 것으로 보인다. 반응시간을 측정하는 과제에서 노인들은 느리며, 자극이 무엇인지 확인하는 데도 오래 걸린다고 한다(Birren, 1974; 이인정 외, 2005).

기억은 각 연령마다 점진적인 쇠퇴가 일어나며, 노년기에는 단기간에 걸친 기억이 장기간의 기억보다 더욱 심하게 쇠퇴한다(Botwinick, 1970). 따라서 새로 습득한 정보를 잠시 저장했다가 더듬어내는 데 어려움을 겪지만 반면에 오래 기억하는 장점이 있다. 예를 들면 학습이 이루어진 후 단기간에 많이 잊어버리지만, 일단 기억한 것들은 매우 오래 기억에 남는다. 특히 정보가 매우 빠르게 제시되고 전후 관계에 대한 암시가 없는 상태에서 노인의 기억 기능은 매우 낮다. 다른 연구에서는 다섯 영역의 지적 능력 즉, 언어능력, 공간개념, 추리, 수리능력, 어휘의 유창함에 관해서 측정하였는데, 모든 영역의 기능이 60세 이후에 눈에 띄게 감소하는 것을 발견하였다(Schaie & Herzog, 1983).

노년기의 특징인 지적 능력의 저하가 환경의 산물이라는 지적도 있다(Newman & Newman, 1991 : 571). 노년기의 환경은 새로운 사고나 체계적 사고를 강화하고 격려하는 유형이 아니며, 이러한 요인이 인지적 능력의 쇠퇴에 기여한다는 것이다. 예를 들면, 많은 노인들이 혼자서 사는데 이것은 지적 분화와 새로운 사고형성을 촉진하는 다양한 사회적 상호작용이 결핍된 환경이며, 노인들은 과거에 대해 이야기할 때 강화 받는 경향이 있고, 이렇게 회상에 사로잡히는 것은 새로운 방향의 사고를 격려하지 않게 된다. 그러므로 스키너는 노년기에 인지적 능력의 쇠퇴를 막기 위한 개입으로 타인들과 언어적 상호작용을 촉진하는 규칙적인 기회를 가질 것과, 책이나 논문의 개요를 작성해 볼 것, 그리고 아이디어가 떠올랐을 때 즉시 행동에 옮길 것

등을 제시했다(Skinner, 1983; 이인정 외, 2005 : 130).

(3) 심리사회적 발달

① 노인 부부관계

노년기에는 가족생활의 관심이 자녀로부터 배우자에게로 이동하게 되어 부부관계가 더욱 중요하게 된다. 배우자는 인생의 반려자로서 더욱 소중한 사람으로 인식되며, 자신이 의지하고 대화하며 의논할 수 있는 훌륭한 대상이 되므로, 노인 부부관계는 비교적 안정적이며 결혼생활의 만족도가 중년기보다 더 높게 나타난다. 그러나 노년 전기에는 남편과 아내가 상대적으로 많은 시간을 함께 보내게 되면서 문제가 발생하기도 한다. 은퇴 후 부부가 주된 일 없이 집에서 날마다 서로의 일에 관여하게 됨으로써 부부싸움과 갈등을 초래하기도 한다.

배우자 상실로 인한 슬픔과 고립감은 가장 큰 스트레스가 되며, 미망인에 대한 연구에서는 홀아비가 과부보다 적응이 더 어렵다고 밝히고 있다. 이 시기 적응의 한 방법으로 노인의 재혼은 새로운 상대와의 유대 관계를 형성할 수 있기 때문에 새로운 흥미와 관심을 발전시킬 수 있다(이소희 외, 2004 : 308). 최근 통계청에 의하면 이혼에 대한 부정적 인식과 재혼 거부감이 줄어드는 것과 함께 사회적 가치관의 변화로 황혼 이혼이 급증하고 있다고 강조했다. 노년기에 맞이하는 황혼 이혼이란 일반적으로 결혼생활을 20년 이상 지속해 온 노부부가 혼인관계를 해소하는 경우를 의미한다(최옥채 외, 2007 : 281).

노년기 이혼이 증가하고 있다는 것은 그만큼 가족해체의 위험을 안고 있음을 보여주는 것이다. 노년기 이혼은 노인문제와 같은 사회문제를 낳기도 하지만 근본적으로 가족해체 현상의 하나로 볼 수 있어 중시되어야 한다. 이는 경제력과 기력을 상실한 노인들의 이혼이 홀로된 노인의 부양이라는 또 다른 사회문제로 이어진다는 사실을 인식하여야 한다.

② 조부모 손자녀관계

노년 전기의 부모는 성인자녀와 적절한 유대관계를 형성하고, 서로 간에 부모와 자녀로서의 역할을 적절히 수행하면서 협력해 나갈 필요가 있다. 또한 우호적이고 밀접한 조부모와 손자녀관계 형성은 노부모와 자녀, 그리고 손자녀 모두에게 유익하고 중요한 의미를 갖는다.

노인들은 손자녀를 돌봄으로써 조부모의 역할을 수행하게 되며, 이러한 역할은 노년기의 삶에 중요한 의미를 갖는다. 또한 조부모는 손자녀에 대한 직접적인 의무감이나 책임감이 없기 때문에 순수한 애정적 관계에서 유대감을 형성하고 돌볼 수 있게 된다.

현대의 조부모상은 전통적 조부모상과는 구별되며, 보다 교육수준이 높고 독립적이며 젊고 활기차다고 말한다. 아울러 그들은 여전히 가족의 친밀을 유지하는 유대로써 가족의 의식과 가치에 대한 안정성과 지속성을 제공해준다(이소희 외, 2004 : 310).

③ 친구 이웃관계

사회관계 중 친구나 이웃의 존재는 다른 사회적 역할을 상실해 가는 노인에게 있어서 사회적 지지의 기반이 된다. 즉 친구관계는 가족관계에서 전통적으로 제공되었던 온정과 동반자 의식을 대신하게 된다. 친구와의 유대는 역할상실 또는 신분상실에도 불구하고 자신이 여전히 가치 있고 필요한 존재라고 느끼기를 원하는 노인에게 특히 중요하다. 친구와 서로 아끼고 친밀한 접촉을 하고 있는 노인들이 그렇지 못한 노인들보다 더 생활에 만족하고 있다는 연구 결과들은 원만한 친구관계가 사회적 지지뿐만 아니라 자아의 가치 실현 및 자존감 유지에 기여한다고 주장한다.

노인이 친구를 만나는 기회는 주로 이웃이며, 그 밖에 지역사회 모임이나 경로당, 종교 모임, 그리고 학교 동창이나 어린 시절부터의 친구 등이 된다. 노년기 친구나 이웃으로부터 가장 빈번히 제공되는 지원의 유형은 감정적 친밀성과 동료애로서 정신적 건강과 높은 사기에 관련되고, 긴장과 걱정을 완충해 주는 작용에 영향을 미친다. 특히 노인 미망인에게 친구의 감정적 지원 기능은 배우자 상실의 충격을 완화하는 데 매우 유효한 것으로 밝혀지고 있다(이소희 외, 2004 : 311).

④ 은퇴와 적응, 여가생활

대부분의 경우 노년 전기에 접어들면서 직업에서 은퇴하거나, 일을 계속하더라도 과거보다 수입이 훨씬 적기 때문에 경제적으로 어려움을 겪게 된다. 은퇴로 인한 사회적 역할의 갑작스런 변화는 평소 자신들이 수행해 오던 역할까지도 상실하게 만든다. 노년 전기에는 신체적 노화로 건강을 상실할 수 있으므로 은퇴시기가 되면 은퇴 이후를 대비하여 건강관리를 철저히 할 필요가 있다. 비록 신체적으로 건강하고 경제적으로 안정되어 있다 하더라도 역할과 관계의 상실감은 피할 수가 없다. 이러한 상실감은 친구나 배우자, 가족이 세상을 떠나는 충격까지 겹치게 되면 더욱 심화되고, 남녀의 평균 수명 차이로 볼 때 배우자 사별에 따른 역할 상실은 여성 노인에게 있어서 더욱 심각할 수 있다.

그러므로 노년 전기에는 퇴직자 역할, 조부모 역할, 미망인 역할 등과 같은 새로운 행동 방식과 관계 형성을 필요로 하는 역할들이 출현하고 이에 대한 적응이 기대된다. 노인이 새로운 역할에 적응하지 못하고 의존적 존재로 남게 되면 무료해지고 사회적 고립을 초래하는 무위의 상태에 빠지기 쉽다.

여가생활은 은퇴의 적응에도 중요한 영향을 미치는 요인이 되며, 노년기 개인의 삶의 질뿐만 아니라 가정과 사회 전체의 안정과 발전에도 지대한 영향을 미친다. 일반적으로 노인 여가활동은 레크리에이션과 스포츠 활동, 취미활동, 자원봉사활동 및 학습활동 등으로 구분되며, 휴식, 취미, 오락, 문화, 교육, 건강증진 등과 관련된 제반활동을 통하여 노인의 다양한 욕구를 충족시키고, 고독, 소외감, 역할상실 등을 해결하며, 건강을 유지할 수 있게 해준다.

우리나라 노인 여가활동의 특성을 보면, 젊은이들에 비하여 스포츠나 레크리에이션 활동 등의 참여율이 저조하고, 대신 텔레비전이나 라디오 시청 혹은 무료하게 보내는 시간이 더 많고, 다른 계층에 비해 사회활동이나 봉사활동 같은 여가활동에 소극적이라는 점 등이 두드러진다(홍숙자, 2001).

3) 노년 전기의 사회복지 실천과제

노년 전기에는 은퇴나 배우자의 사망 등에 의해 기존의 역할을 상실하거나 조부모나 퇴직자의 역할과 같은 새로운 역할들이 출현한다. 그러므로 이 시기에는 건강쇠퇴에 대한 적응, 정년퇴직과 경제적 수입 감소에 대한 적응, 배우자 죽음에 대한 적응, 동년배들과의 유대관계 강화, 취미활동이나 지역사회 단체 활동 등과 관련한 사회적 역할에 융통성 있게 적응, 그리고 생활에 적합한 물리적 환경의 조성 등이 달성해야 할 과업으로 남게 된다(Havighurst, 1972; 이윤로, 2006 : 245).

최근에는 노인인구의 증가로 노인부양의 부담이 가속화되어 가고 있고, 국민연금도 고갈 위기에 놓여 있기에 일할 수 있는 노인에 대한 일자리 마련을 적극 지원할 필요가 있다.

근로자들이 점차 고령화되는 것은 전 세계적인 추세임을 인식하고, 고령자에 합당한 임금체계를 개발하고, 중년 및 고령자를 위한 직업교육 프로그램의 개발과 유연한 고용형태 및 근로조건을 갖추어 나갈 필요가 있다. 또한 노년 전기에는 은퇴 등으로 인해 여가시간의 확장을 가져와 노년기 여가활동의 중요성이 크게 부각된다. 노년기 여가활동은 신체적 건강의 증진, 사회적 접촉기회의 제공, 삶의 사기 증진, 자기효능감 등의 확신을 도모할 수 있다. 따라서 노년 전기의 다양한 여가욕구를 원활히 충족시키는 데 있어 공적 차원의 프로그램만으로는 한계가 있으므로 민간 차원에서의 노인여가프로그램의 제공이 필요하다.

노년기 부부관계는 노인의 심리적, 정서적 안정감 차원에서도 중요하므로 관심을 가져야 한다. 많은 시간을 부부가 함께 보내며 서로의 일에 관여함으로써 발생하는 부부갈등을 해결하기 위해 일의 협력 및 분담에 대한 교육 및 상담서비스를 제공하여 부부 역할을 상황에 맞게 재조정하도록 도와야 한다. 한편 배우자의 사별이나 이혼으로 인해 혼자 사는 노인들이 증가하고 있는 실정이므로, 그들이 겪게 되는 어려움에도 관심을 갖고 신체적 · 심리적인 건강유지를 위해 다양한 서비스를 제공해 주어야 한다.

노년기의 삶에 있어서 조부모-손자녀 관계의 중요성이 커지고 있다. 조부모는 손자녀에게 자신이 일생동안 쌓아 온 지혜와 경험을 제공함으로써 생의 의미와 생산감의 성취라는 만족을 찾을 수 있고, 손자녀 또한 조부모를 통해서 인격 성장을 지도받고 지혜를 전수받으며 심리적 안정을 유지할 수 있다(이소희 외, 2004 : 310). 따라서 조부모는 간섭이나 참견으로 오해받지 않는 선에서 바람직한 손자녀와의 접촉과 유대를 계속 발전시키도록 힘써야 하며, 손자녀 역시 조부모의 가치와 존재를 귀하게 여기는 등 쌍방의 노력이 필요하다(홍숙자, 2001).

2 노년 후기(75세~)

1) 개념

우리나라는 2005년 현재 남자 74.4세, 여자 81.2세로 평균수명이 77.7세였으나, 2009년 12월 말 현재 남자 76.2세, 여자 82.9세로 평균수명은 79.6세가 되어 2005년에 비해 수명이 1.9세 연장된 것으로 나타났다(통계청, 2009). 이로써 '인생은 60부터'라는 말은 옛말이 되었고, '인생은 70부터'라는 말이 이미 현실이 되었으며, 조만간 '인생은 80부터'라는 말 역시 현실화될 것으로 보인다.

외국의 경우 미국사회복지사협회(1995)에서는 55~64세를 연소노인(young-old),

65~74세를 노인(old), 75~84세를 고령노인(older old)으로 분류하고 있다. 외국의 노년학계에서는 사회보장 또는 건강보험의 자격기준을 근거로 하여 노인의 범주를 74세 이하를 연소노인(young-old), 75~84세를 고령노인(old-old 또는 middle-old), 그리고 85세 이상을 초고령노인(oldest old)으로 구분하는 것이 일반화되어 있다(Atchley, 2000; Harrigan & Farmer, 2000; Suzman, 2001; 권중돈, 2010 : 23).

앞에서도 언급하였듯이 인간발달단계에서 70대 후반부터는 신체적 · 정신적 기능의 손상을 경험하기 쉽고, 만성질환을 앓는 경우도 많아지며, 인지기능 역시 저하되고 사회관계망과 사회활동 참여가 축소되는 등 일상생활에서도 타인에 대한 의존성이 증가하는 집단에 속하게 된다. 노인에 대한 정의는 나름대로 모두 장단점을 지니고 있고 하나의 정의만으로 노인을 명확히 규정하는 데는 한계가 있기 때문에, 노인인구를 보다 정확하게 이해하기 위해서는 노년기를 세분하여 접근하는 것이 여러 가지 측면에서 유용하다고 할 수 있겠다.

따라서 여기에서는 외국의 노년학계 및 미국사회복지사협회 등에서 75세 이상의 노인을 고령노인으로 규정하고 있는 것을 근거로 75세 이상을 노년후기로 구분하여, 인간발달단계에서 두드러지게 나타나는 증상을 중심으로 신체적, 인지적, 심리사회적 변화 등에 관해 살펴보고, 사회복지 실천과제에 대하여 알아보기로 한다.

2) 발달적 특성

(1) 신체적 발달

① 신체구조의 변화

신체적 변화는 크게 외적으로 진행되어 직접 관찰이 가능한 신체구조의 변화와 내적으로 진행되는 신체적 기능의 변화로 나누어 볼 수 있다(권중돈 외, 2005; 장인협 외, 2006; 권중돈, 2010 : 50-51). 생물학적 노화가 진행됨에 따라 신체조직을 구성하는 세포와 섬유물질의 변화 등의 생리적 노화현상이 나타나게 된다. 심장이나 근골격계 및 신경계 등에서 일명 노화색소라고 불리는 지방 갈색소가 많이 나타나며, 생명유지에 필요한 기능이 쇠퇴되고 DNA와 RNA, 그리고 단백질 합성에 필수적인 분자들이 세포 내에서 생산되지 않게 됨으로써 세포 노화가 촉진된다. 결국 신체기관이나 조직의 노화를 일으키게 되는 것이다. 신체조직의 틀을 구성하는 섬유물질이 활발하게 교체되지 못하여 쉽게 손상되고 파편화되고 칼슘화됨에 따라 혈관, 폐 등의 신체구조의 노화를 촉진하게 된다.

노인 후기에 나타나는 신체 외형의 변화를 살펴보면, 연골조직의 퇴화로 인해 신장은 30대에 비해 90대에는 약 2% 정도 줄어들게 되며 신장에서 노폐물이나 독소를 여과하는 비율이 80대에는 30대의 50% 정도로 감소함에 따라 각종 신장질환에 이환될 가능성이 높다. 치아는 70대에 11개, 80대에는 6개 정도로 줄어들게 되며, 머리카락은 멜라닌 세포의 감소로 은빛(silver)으로 변하게 된다. 노출된 피부는 표피 증식이 감소하여 얇아지게 되고 피하지방의 감소로 주름살이 생기며, 피부탄력성이 현저하게 줄어들게 된다. 그리고 피하조직과 피부의 신경세포 감소로 인하여 체온유지 능력이 감소되면서 추위를 많이 느끼고, 온도 변화에 쉽게 적응하지 못하여 환절기에 호흡기질환에 이환되기 쉽다.

② 신체기능의 변화

노년 후기는 노화에 따르는 신체적 약화에 적응하는 것이 가장 중요한 과제이다. 이 시기에는 자율적 조정능력이 감퇴하여 동작이 느려지고 동작 사이의 조정이 잘 이루어지지 않아 행동이 서툴고 어색하며, 지능이나 기억력 등 정신능력의 감퇴도 일어난다. 많은 연구들에서 건강의 쇠퇴와 그에 따른 일상생활 활동능력(ADL : activities of daily living)의 감소가 75세 이후에 가속화되며, 특히 85세 이후에 두드러지는 것으로 지적하고 있다(Clark et al., 1998; Stewart et al., 1996; Garfein & Herzog, 1995; 이인정 외, 2005 : 139).

즉 신체적 · 정신적 능력의 감퇴가 일어나기 쉬우며, 이것은 타인에 대한 의존도를 증가시키게 된다.

우리나라의 경우 75세 이상 노인의 4분의 1 이상이 건강문제로 대부분의 시간을 누워서 보내고 있고, 이들 중 10%가 넘는 노인들은 전혀 외출을 할 수 없는 것으로 나타났다(이혜원, 1996). 건강에 대한 주관적인 인식 또한 노년 후기로 갈수록 부정적이어서 자신의 건강상태가 좋다고 보고한 비율이 노년 전기에 비해 노년 후기에 더욱 낮은 것으로 조사되었다(Sherbourne et al., 1999). 한편 75세 이후에도 건강과 활력, 능력을 유지하고 있는 사람들의 숫자가 더 많아 노년 후기 노인들이 건강에 있어서 다 쇠약하고 의존적 상태에 있는 것만은 아니다. 75세 이후의 노인들에게 있어서 얼마나 활동적인가, 건강한가 아니면 병 들었는가 등에 따라 건강상태가 다양하다고 할 수 있다.

신체 내부의 장기는 40세부터 중량이 감소하는데, 25세 청년을 100으로 하였을 때 75세 노인의 뇌 중량은 95% 정도, 신장 중량은 81% 정도, 간장은 67% 정도, 비장은 45% 정도로 줄어들지만, 심장은 오히려 140% 정도로 증가하는 것으로 나타나고 있다(장인협 외, 2006)

노년 후기에는 신체기관의 능력도 더욱 감소하는데, 예를 들면, 순환기, 호흡기의 능력이 더욱 저하되고, 그에 따라 심장이나 근육조직에 산화된 피를 공급하는 능력도 저하된다. 그 결과로 갑자기 자세를 바꾸면 어지럼증이 나타나거나, 이에 적응하기 위해 천천히 움직이고 자세를 바꿀 때 조심하기도 한다.

이 시기의 노인들은 흔히 만성질환을 가지고 있을 가능성이 높으며, 이것이 활동을 저해할 가능성이 있고, 지구력도 감소한다. 그러므로 최적의 기능을 유지하고 노화에 따르는 기능저하를 막기 위해서는 신체적 활동에 대한 빈번하고 규칙적인 기회를 계속해서 가져야 하며, 여러 가지 불리한 조건에도 불구하고 활동적인 상태로 유지하고자 하는 의도적인 노력이 노년 후기의 기능유지에 필수적이라 할 수 있다.

③ 감각기능의 변화

노년기에는 자극에 대한 민감성 둔화, 감각기관의 효율성 감소로 감각자극에 대해 민첩하게 반응하지 못하는 특성이 있다. 노년기 후기의 시각기능은 70세 이후부터는 교정시력으로도 정상시력을 유지하기 어려워지며, 보청기와 같은 청력보조기구의 필요성이 높아진다. 미각은 80세 이후부터 맛봉우리가 감소하여 미각구별능력이 현격히 감퇴하며, 후각은 80세 이후 노인의 3/4 정도가 후각에 문제를 경험하게 되는 것으로 나타나고 있다.

노인 후기에는 감각기관이 수집한 정보를 의식적 수준에서 처리하고 평가하는 지각기능의 반응속도가 더욱 저하된다. 즉, 노인 후기에 이르게 되면 뇌의 신경자극 전달세포의 감소, 연령 증가에 따른 조심성, 심사숙고의 증가 등으로 인해 운동반응, 반응시간, 문제 해결, 기억력, 정보처리과정에서 반응속도가 더욱 둔화된다. 그러므로 이 시기에는 환경 변화에 즉각적으로 대처할 수 없게 되어 안전사고를 유발할 가능성이 더욱 높아진다.

수면시간의 감소와 함께 노인 후기에는 취면장애, 조기각성, 주야전도, 숙면장애 등의 수면장애를 경험하는 경우가 더욱 많다. 특히 REM(Rapid Eye Movement) 수면시간이 감소함에 따라 피로가 누적되어 낮 동안의 일상적 활동에 지장을 받는 경우가 많아지게 된다.

(2) 인지적 발달

성인후기에도 일반적인 지능의 변화와 기억력의 감퇴, 감각능력과 반응시간이 쇠퇴하여 학습이나 문제해결에 느린 반응을 보이며, 사회적 역할 상실로 사회참여가 감소되면서 사고가 점점 자기중심성을 갖는 경향으로 변화되기도 하지만, 불확실한 인생사에 대한 현명한 판단과 인생문제에 대한 좋은 충고를 할 수 있도록 지혜로워지기도 한다.

노년기 후기에는 정보를 과정화시키는 속도와 같은 인지적 측면들에서 감소하는 경향이 있으나 추론능력 등 경험의 축적을 통해 습득된 능력은 유지된다(Garfein & Hrezog, 1995)고 보는 반면, 70세 전후에 언어와 추상적 사고의 능력이 감소한다는 견해도 있다(National Institute of Mental Health, 1987). 그러나 신체적 건강과 마찬가지로 인지적 능력에서도 개인차가 존재하며 노년기 후기에도 높은 수준의 인지적 능력을 유지하는 노인들이 많이 있다는 것이다(이인정 외, 2002 : 140-141).

(3) 심리사회적 발달

노년 후기의 심리사회적 측면에 관한 연구들은 주로 이 시기에 발생하는 부정적인 삶의 사건들과 사회적 지지에 초점이 맞춰지고 있다(이인정 외, 2002 : 141).

노년 후기에 주로 경험하는 삶의 사건들은 기능손상 등으로 인한 건강의 상실, 퇴직 후 지속적인 소득 감소로 인한 빈곤, 배우자나 친지의 죽음 등이며, 이러한 사건들은 만성적인 긴장이나 고통을 유발한다. 또한 이러한 사건들은 서로 연관될 수 있는데, 예를 들면, 노인의 만성질환이나 기능손상 치료에 대한 지속적인 비용부담으로 빈곤이 심화되거나 배우자의 죽음으로 인하여 신체적, 정신적 건강의 상실이 나타날 수 있다. 그리고 자녀나 다른 가족구성원에 관련된 문제들도 경험할 수 있는데, 노년 후기의 노인들은 이러한 사건들의 부정적인 영향에 더 취약한 것으로 알려져 있다.

노년 후기에는 배우자와 친지의 사망 등으로 인해 사회적 지지가 감소할 가능성이 늘 존재한다. 사회적 지지는 특히 노년 후기에 심리적 만족을 유지하고 신체적 한계를 극복하는 데 도움을 준다. 사회적 지지는 자신이 관심과 보호를 받고 있으며, 가치 있는 존재로 평가받고, 대화와 상호작용의 관계망에 속한다고 믿게 한다. 이러한 사회적 지지는 세 가지 방식을 통해서 노인의 건강과 삶의 만족에 기여한다(House, 1985; 이인정 외, 2002 : 142).

첫째, 의미 있는 관계를 지속시켜 줌으로써 고립을 막아주며, 노년기에 친한 친구를 가진 사람은 삶의 만족도가 훨씬 높다는 연구결과가 있다.

둘째, 친근한 사람들의 존재는 노인의 실제적인 일상생활에 도움이 된다. 즉 그들은 정보, 조언, 교통편의, 식사, 건강에 관련된 도움과 같은 중요한 자원을 제공해 준다.

셋째, 사회적 지지의 존재는 건강에 미치는 스트레스의 부정적 영향을 완화해 주며 심각한 질병의 결과로부터 노인들을 보호해 주는 역할을 한다. 그러므로 노년 후기에 의미 있고 지지적인 사회적 관계를 갖는 것은 신체적, 정신적 건강의 유지에 매우 긍정적인 영향을 미친다.

생물학적 노화와의 관련성을 살펴보면, 심리적 노화가 일어나는 시점이나 노화의 비율은 개인차가 있지만, 생물학적 노화와 관련된 심리적 기능일수록 연령이 증가함에 따라 퇴행적 발달이 나타난다. 그러나 경험과 밀접한 관련이 있는 심리적 기능이나 발달은 그대로 유지되거나 오히려 증가하는 특성을 지니고 있다. 그러므로 심리적 노화는 주로 퇴행적 발달의 의미가 강하며, 감각기능, 인지기능, 정서 및 정신기능, 성격 등의 심리내적 측면과 심리외적 측면의 상호작용에서의 퇴행, 유지 및 성숙을 동시에 내포하는 심리적 조절과정이다(권중돈, 2010 : 54).

사회적 노화와의 관련성을 보면, 심리적 노화가 사회적 기능의 약화를 초래할 수도 있지만 오히려 촉진하는 경우도 있으며, 반대로 사회적 노화가 심리적 노화에 긍정적 또는 부정적 영향을 미칠 수 있다. 이들 간의 인과관계는 아직 명확히 밝혀지지 않고 있는 실정이지만, 심리적 노화와 사회적 노화는 밀접한 상관성을 지니고 있으며, 특히 심리적 노화와 사회적 노화는 연령뿐만 아니라 사회문화적 동질성을 의미하는 동년배집단(cohort)의 효과가 복합적으로 작용하기 때문에 순수한 노화만의 영향을 파악하는 것은 매우 어려운 작업이라 할 수 있다.

에릭슨에 의하면 노년기는 자아통합(ego integrity)이라는 과업에 직면하게 되는데, 자아통합이란 어떤 의미에서는 심리·사회적으로 가장 높은 수준에 이른 결과이며, 인생의 의미를 발견함으로써 도달할 수 있는 것이다. 즉 자신의 삶을 되돌아보면서 자신의 인생을 수용하고, 갈등, 실패, 실망 등을 성공, 기쁨, 보람 등과 함께 전체의 삶 속에 포함시키는 것으로 이것이 이루어져야 죽음을 두려움 없이 맞이할 수 있게 된다(최옥채 외, 2007 : 52).

자아통합을 획득한 사람은 과거의 사실을 부정하지 않고 있는 그대로 수용할 수 있으며 자신의 인생이 만족스러웠으며 의미가 있었다고 평가하는 반면, 자아통합을 획득하지 못한 사람은 자신의 과거와 현재의 인생을 불만스럽게 생각하며 지나온 생을 후회하고 절망(despair)하는 경향이 있다. 특히 노년 후기에는 자신의 삶을 되돌아보고 그동안의 일들을 점검하고 받아들이는 것이 필요하다.

노년기가 되면 누구나 죽음을 가까운 현실로 지각하고 나름대로 받아들이려고 노력하는 경향이 있으며, 자신의 재산, 소유물 등을 정리하며, 과거에 대해 회상하는 시간을 갖고 자신을 재평가하며 통합하려고 노력한다. 죽음 자체보다는 죽음 후의 세계에 대해 아무것도 알 수 없다는 무력감, 죽음의 고통, 죽음 이후의 자신의 존재의 소멸, 육체의 부패 등을 두려워하게 된다.

개인의 성향에 따라 다르지만, 죽음을 수용하는 과정은 독특한 단계를 거친다. 임종의 단계를 퀴블러-로스(Kubler-Ross, 1969)는 다섯 단계로 구분하여 제시하였다.

첫 번째, 부정단계이다. 자신의 죽음이 임박한 사실을 처음 알았을 때 대부분의 사람들이 충격을 받고 그 사실을 받아들이려 하지 않는 단계이다. 두 번째, 분노단계이다. 이 단계는 자신의 죽음에 대한 부정이 더 이상 유지될 수 없다고 인식되었을 때 나타나며, 살아 있는 사람을 부러워하고 자신의 처지에 분노한다. 세 번째, 타협단계이다. 죽음이 어떻게든지 조금이라도 연기되거나 지연될 수 있기를 바라는 단계이다. 타협의 대상자는 신이나 의사 등이 된다. 네 번째, 우울단계이다. 죽어가는 사람이 죽음의 필연성을 받아들이고, 세상의 모든 애착을 끊어버려야 한다는 데 대해 우울해하거나 슬퍼하는 단계이다. 마지막으로 수용의 단계이다. 자신의 운명을 수용하고 평온한 마음을 갖게 되는 단계이다.

이처럼 죽음에 대한 태도는 자아통합감의 성취 정도에 따라 다르며, 개인마다 다른 반응과 형태를 나타내면서 죽음을 맞이하지만 대체적으로 처음엔 죽음을 거부하는 태도를 보이다가 차차 죽음을 수용하고 인정하는 태도로 바뀌는 것으로 나타났다. 이 과정에서 부정, 분노, 우울, 안정감 등과 같은 정서적 변화가 일어나게 되는데, 임종과정에 대해 일반적이고 보편적인 양식을 제시하는 것은 합당하지 않다는 주장도 있다(김경희, 2001 : 326).

3) 노년 후기의 사회복지 실천과제

삶의 사건들은 모든 발달단계에서 일어날 수 있지만 노년 후기에 발생하는 사건들은 예측이 불가능하고 바람직하지 않은 성격이 강하다. 그 반면에 이에 대처하는 데 필요한 자원이나 능력은 현저하게 감소하여 특별한 관심이 요청된다. 쇠약한 상태에 있는 사람은 스트레스를 조금만 받아도 신체적, 정신적 건강이 더 악화될 수 있다. 그러므로 노년 후기는 다른 연령층보다 쇠약한 상태이므로 부정적인 삶의 사건들로 인한 스트레스의 영향이 매우 클 것으로 보인다.

또한 노년 후기에는 만성질환과 기능손상의 위협이 크게 증가하는 시기이므로 건강문제와 의료비에 대한 문제로 어려움을 겪을 수 있다. 그러므로 이 시기의 쇠약한 노인을 보호하는 데는 개별화된 접근이 요구된다. 일상생활이 곤란한 노인들을 위해 노인 주간보호서비스를 비롯한 재가복지서비스, 사례관리서비스, 노인 및 가족상담, 위기개입서비스 등에 개입할 수 있다. 만성적 질병과 기능 상실은 장기간의 보호를 요하기도 하는데, 지속적인 의료비 부담, 간병, 의료 및 요양시설 이용 등에 어려움이 따를 수 있기 때문에 이러한 문제들을 다루기 위한 노인복지정책이 요구된다.

특히 장애노인의 경우, 장애연금이나 장애인등록제도 등의 사회복지제도가 있음에도 불구하고 정보부족으로 서비스를 제대로 받지 못하는 경우도 있어, 분야별로 제공되는 노인복지서비스에 쉽게 접근할 수 있는 체계적인 안내와 정보제공에 대한 네트워크의 정비가 필요하다(엄신자, 2008 : 195-196).

그동안 우리나라 노인 여가복지의 문제점으로는 노인에게 경제적 여유가 없으며, 여가시설의 부족과 운영이 매우 취약한 점, 그리고 여가 프로그램이 미비하다는 점 등이 지적되어 왔다(이소희 외, 2004 : 313). 노인 여가생활에 대한 사회적 인식이 부족하고, 전문 연구기관이나 전문요원이 부족하며, 정부 정책이나 기관 시책이 미약하고 획일적이며, 노인 자신과 가족의 여가 선용에 대한 사전 준비나 노력이 부재한 것 등도 문제라 할 수 있다.

따라서 노년 후기에는 사회적 역할 축소에 따른 고독과 소외감 극복을 꾀하고, 동시에 효과적인 여가 생활을 가능하게 하는 프로그램의 개발과 실시가 적극 권장된다. 이를 위해서는 노인복지관을 비롯한 노인여가복지시설 등에서 노인의 욕구에 맞춰 평생학습 프로그램, 문화 활동 프로그램, 자원봉사 활동 프로그램 등을 실시할 필요가 있다.

노년 후기의 임종과 죽음에 관하여 사회복지 실천 측면에서 대두될 수 있는 쟁점을 살펴보면 다음과 같다(최옥채 외, 278-279).

첫째, 임종과 죽음을 앞둔 노인을 위해 합당한 기술과 서비스를 토대로 한 사회복지 실천의 실상에 대한 논의가 필요하다. 임종과 죽음에 관한 사회복지서비스는 회복이나 재활에 초점을 두지 않기 때문에 형식적으로 수행될 가능성이 높다. 그러므로 노인들이 임종과 죽음을 평화롭게 맞이해야 한다는 측면에서 이와 관련된 기술과 다양한 프로그램이 개발되어야 하고 실제로 노인들의 편안한 임종과 죽음을 위해 적용되어야 한다.

둘째, 이 시기 임종과 죽음에 대한 사회복지 실천은 노인들뿐만 아니라 가족에게까지 확대되어 이루어져야 한다. 개인차가 있지만 대체로 죽음을 앞둔 노인들은 심한 우울감과 자괴감에 빠지기 쉽다. 그러므로 이 같은 특성을 지니는 노인들을 위해 사회복지서비스가 제공되어야 한다. 또한 임종과 죽음을 맞이한 노인들의 가족이 겪는 어려움 역시 사회복지 실천에 의해 해결되어야 한다.

셋째, 임종과 죽음을 맞이한 노인들을 위한 종교적 개입을 수용할 필요가 있다. 관련 연구에 의하면, 종교를 가지고 있는 노인들의 삶의 질이 종교가 없는 노인들에 비해 높은 것으로 나타났고(김미숙 외, 2000; 남기민 외, 2006), 노인들이 죽음을 받아들이는 데 종교가 큰 역할을 하는 것으로 나타났다. 따라서 임종과 죽음을 맞이한 노인들을 위한 개입에서 사회복지사는 노인들이 원하는 종교를 바탕으로 적절한 프로그램을 개발하여 이를 적용시켜 나가야 한다.

part III

인간행동에 관한 이론

chapter 07

정신분석 이론

1 프로이드의 심리성적 발달이론

프로이드는 다년간에 걸친 자신의 임상 경험을 바탕으로 심리성적 발달 모형을 제시하였다. 프로이드의 이론은 그를 둘러싼 여러 가지 논란에도 불구하고 인간 행동에 대한 새로운 견해를 제시한 연구로 체계적이고 총체적인 인간발달 이론을 탄생시킨 첫 번째 시도라는 평가를 받고 있다. 프로이드의 정신분석 발달 모형은 세 가지 기본적 요인, 즉 역동적 요인, 구조적 요인, 연속적 요인으로 이루어져 있다. 이들 요인은 서로 겹쳐지는 부분이 있지만, 정신분석 이론의 발달적 측면을 보다 잘 이해하기 위해서는 각각에 대해 개별적으로 살펴볼 필요가 있다.

1) 기본 개념

(1) 역동적 요인

① 정신 에너지

프로이드는 에너지의 개념을 사용하여 인간의 행동을 이해하고자 하였다. 그는 심리 체계의 제반 요인을 조절하는 에너지를 정신 에너지라 부르고, 이 정신 에너지는 생물학적인 토대를 가지고 있으며, 어떤 형태로든 언제나 이용 가능한 것이라고 설명하고 있다. 그리고 체계 내의 에너지의 총 양은 항상 일정하고 변화하지 않지만, 에너지의 분배는 개인의 생물학적 요구, 발달단계, 과거 경험, 현재 상황과 같은 다양한 요인에 의해 영향을 받는다고 보았다.

② 본능

프로이드는 에너지의 한 차원을 학습되지 않은 심리적 욕구, 곧 본능으로 가정하였다. 그는 본능의 기원은 유기체의 생물학적 요구이며, 가장 강력한 본능군인 에로스가 생명의 탄생과 유지를 관장한다고 보았다. 배고픔이나 배변의 욕구와 같은 본능의 충족이 개인의 생존에 필수적이라면, 이 에로스의 충족은 종의 생존을 위해 필수적인 것이다. 한편 프로이드는 이러한 삶의 본능 외에도 죽음, 파괴, 공격과 관련된 인간의 본성, 곧 타나토스라 불리는 또 다른 강력한 본능에 대해서도 언급한 바 있다.

③ 리비도

프로이드는 삶의 본능에 의해 사용되는 에너지를 리비도라고 불렀다. 초기에는 삶의 본능 중 성적인 에너지를 리비도라 하였으나, 점차 삶의 본능 전체를 의미하는 개념으로 확대하였다. 그는 어떤 욕구를 충족하도록 촉구하는 생물학적 본능의 에너지로서 인간의 정신을 자극하는 리비도의 작용에 주목하였다. 생애 초기 리비도에 기초한 본능적 행동의 목표는 긴장이나 불안의 경감으로 쾌락을 통해 직접적으로 비교적 수월하게 얻어지나 점차 복잡한 삶의 경험을 표상하는 에너지로 전환된다.

④ 정신의 위상

프로이드는 지형학적 모델에 입각해 정신의 위상을 의식, 전의식, 무의식의 세 수준으로 설명하였다. 의식은 주의를 기울이는 순간 알아차릴 수 있는 감각, 지각, 경험, 기억으로 극히 제한된 정신 세계를 구성한다. 전의식은 의식과 무의식의 사이에 위치해 양자적 특성을 지니며 즉시 인식되지는 않지만 주의를 기울이거나 단서가 제시될 경우 인지될 수 있다. 무의식은 의식되지는 않지만 정신 세계의 기저에 자리하면서 의식과 전의식에 결정적인 영향을 미치는 본능, 충동, 기억, 생각으로 꿈의 해석이나 최면 기법을 통해 분석될 수 있다.

(2) 구조적 요인

① 원초아

원초아는 즉각적 만족과 긴장의 감소를 목적으로 하는 선천적·생물학적 구조를 가리킨다. 정신 에너지의 초기 저장고라 할 수 있는 원초아는 쾌락의 원리를 통해 긴장을 감소하고자 한다. 원초아의 에너지는 어떠한 구속도 받지 않으며 현실과 환상을 구별하지 못하는 일차적 사고 과정으로도 표현된다. 예를 들어 배고픔을 느낄 때 좋아하는 음식을 생각하면서 잠시 배고픔의 고통을 잊을 수 있다. 공상이나 일차적 사고 과정이 일시적인 만족을 줄 뿐이라 해도 이는 축적된 에너지를 분출시키는 효과적인 방법이라 할 수 있다.

원초아는 인간이 태어나는 순간으로부터 존재하며 자아와 초자아에 앞서 출현함으로써 세 가지 심리 구조 가운데 가장 먼저 발달한다. 생애 초기에 유용한 모든 정신 에너지는 원초아에 투입되며, 원초아는 이 에너지를 이용해서 반사나 반사와 유사한 행동을 통해 기본적인 욕구를 충족시키게 된다. 이러한 요구는 유기체의 생존과 유기체의 욕구 상향 이동을 위하여 반드시 충족되어야 한다. 한편 프로이드에 따르면 원초아가 모든 본능의 저장고로 작용하게 될 때 자아나 초자아가 일찍 형성되거나 활성화되지 않는다고 한다.

원초아와 관련된 정신 에너지는 언어적인 연상이나 이성적인 토대에 기초하지 않은 무의식적 정서나 느낌으로, 개인은 이를 의식하지 못한다. 이러한 이유로 몇몇 프로이드 학파의 학자들은 아동이 언어를 획득하기 이전에 일어난 사건들을 기억할 수 없는 것이라고 주장한다. 원초아의 무의식적 충동은 전생애에 걸쳐 활동적이지만, 성숙한 발달이 진행됨에 따라 원초아와 관련된 정신 에너지는 점차 작은 비율을 차지하게 된다. 그리고 사회적으로 보다 적응적인 기능을 발휘하는 자아와 초자아와 관련된 정신 에너지가 증가하게 된다.

② 자아

원초적 에너지가 어떻게 현실에 의해 실현되는가 하는 것은 본능적인 배고픔의 충동을 통해 잘 알 수 있다. 유아에게서 배고픔의 충족은 배설이나 그 밖의 다른 본능의 충족과는 달리 타인과의 상호작용을 필요로 한다. 유아의 배고픔은 자동적으로 해결될 수 없으므로 유아는 긴장을 느끼게 되고 보통 사지를 버둥대거나 울음을 통해 자신의 욕구를 표현한다. 이와 같은 행동은 보호자에게 유아가 배가 고프다는 신호로 작용하여 젖을 먹이거나 젖병을 물리게 한다. 결국 유아는 배고픔의 욕구를 충족시키고 긴장의 감소와 만족을 경험하게 된다.

이러한 일이 반복되면서 본능의 만족이 외부의 사건을 필요로 한다는 것을 학습하게 되고, 외부 사건에의 자각이 원초적 에너지와 결합하게 된다. 자신의 행동이 외부의 사건을 유발시킨다는 것을 깨닫게 되면서 원초적 에너지의 일부가 의식적인 연상과 연결되는 에너지로 전환되는데 이 전환된 에너지가 자아이다. 자아는 주변 세계와 의도적으로 상호작용하게 하고 긴장을 감소시키게 한다. 원초아에 지배되는 신생아는 배고플 때 울어대지만 자아가 발달한 유아는 냉장고를 열려고 하거나 먹을 것을 달라고 요구하기도 한다.

자아의 발달은 초기 쾌락적 자아에서 이성적 자아로 진행되며 자아의 쾌락은 외부의 현실과 결부되어 실현된다. 여기서 정서를 통한 요구의 주관적인 표현은 객관적인 현실 세계의 상태와 분리된다. 자아는 그러한 기능을 수행할 에너지를 원초아로부터 받아서 현실 지향적인 구조로 전환하며, 이에 따라 에너지는 재분배된다. 이전에 원초아의 기능에 투여되던 에너지는 이제 자아로 투입된다. 비록 자아가 원초아의 쾌락 원리를 취하지 않더라도 현실 원리에 의해 쾌락이 얻어지게 되며 외부의 현실은 감정보다 이성과 사고로 표상된다.

자아는 환경의 현실적인 평가 외에 또 다른 중요한 기능을 수행한다. 즉, 원초아와 초자아 사이를 중재하는 정신 과정의 조정자로 작용하여 외부 세계에 투여되는 에너지의 수준과 방향을 통제하는 기능을 담당한다. 자아는 원초아의 무의식적인 소원에 따라 작용하는 의사결정 기제로 기능한다. 성격의 세 가지 구조 가운데 행정 부서격이라 할 수 있는 자아는 유용한 에너지를 고려하여 전체 체계 내에서 욕구 충족이 이루어지도록 에너지 지출의 균형을 맞추면서 이후의 성장을 위해 상당 양의 에너지를 저장하는 역할을 담당한다.

③ 초자아

아동기 후반에 이르면 초자아라 불리는 성격의 세 번째 구조적 요인이 발달한다. 프로이드는 초자아를 원초아의 자유분방한 쾌락 추구에 반대하는 힘으로 작용하는 정신 에너지로 설명한다. 초자아는 부모의 권위에 대한 동화와 내면화, 사회적·윤리적 규준을 표상한다. 초자아의 목적은 부적절한 원초아의 충동 표현을 저지하고 바람직한 이상을 실현하는 것이다. 프로이드는 초자아에 사회적 이상과 전통적 가치를 부여하였다. 결과적으로 초자아는 사회화가 잘 된 사람들이 추구하는 내면화된 규범의 표상이라고 할 수 있다.

프로이드는 초자아와 관련된 정신 에너지가 자아 이상과 양심으로 구성된다고 설명하고 있다. 자아 이상은 아동이 도덕적으로 옳다고 생각하는 판단과 관련된다. 양심은 부모가 도덕적으로 옳지 못하다고 생각하는 것에 대한 아동의 지각을 표상한다. 프로이드는 자신의 초기 저서를 통해 자아 이상이 이러한 권위적 힘을 표상하기에 충분하다고 설명한 바 있다. 그러나 이후의 임상 경험을 통해 사회적·도덕적 구속과 재제를 표상하는 또 다른 요소, 곧 부모가 생각하는 바가 아동에게 보다 중요하게 작용한다는 것을 알게 되었다.

배고픔을 느낀 아이가 부엌에 과자가 있는 것을 알고 있다고 하자. 아이는 과자가 있는 곳으로 가서 과자를 꺼내 먹고 싶은 욕구를 만족시키고 배고픔을 면할 수 있다는 것을 인지한다. 그러나 어머니가 용납하지 않을 것을 알고 배고픔의 욕구를 만족시키는 것과 관련해 자신보다 더 강력한 힘을 갖는 부모의 기대나 사회적 현실이 있음을 인식하게 된다. 아이는 과자가 먹고 싶고 또 과자를 먹을 수 있다는 것을 알지만 결국 그렇게 하지 않기로 하는데 이는 자아와 초자아의 에너지로 전환된 정신 에너지에 의해 통제되고 있기 때문이다.

(3) 방어 기제

방어 기제는 건강한 심리의 발달이 저해될 수 있는 상황에서 자아가 사용하는 기술이다. 프로이드는 원초아의 충동과 초자아의 압력 사이에서 중재자·조정자 역할을 하는 자아의 기능이 약화되거나 위축될 때 현실을 왜곡하거나 도피함으로써 긴장과 불안을 감소시키고자 하는 무의식적 심리 전략으로 방어 기제를 설명한다. 방어기제의 과도한 사용은 자기기만적 성격을 고착시켜 건강한 자아와 성격의 발달에 지장을 초래하지만, 적절한 수준에서의 사용은 긴장과 불안을 견디게 하여 정신 건강에 이롭고 긍정적인 사회적 결과를 가져올 수 있다.

① 억압

근심스러운 생각이나 수치스러운 경험을 의식으로부터 밀어냄으로써 긴장과 불안을 모면하고 자아를 보호하고자 무의식적인 노력을 기울인다.

② 억제

받아들이고 싶지 않은 과거의 기억이나 욕구, 생각을 떨쳐버리려 하고 그 굴레에서 벗어나기 위해 의도적이고 의식적인 노력을 기울인다.

③ 투사

자기 자신의 용납할 수 없는 사고나 감정을 다른 사람이나 환경의 탓으로 돌리거나 자신의 허점과 허물을 특정 인물이나 사물을 통해 비난한다.

④ 승화

바람직하지 않거나 부적절한 성적·공격적 충동을 사회적으로 용납되는 가치있는 행동으로 전환하여 자타에게 건설적이고 유익한 방식으로 표출한다.

⑤ 퇴행

적응하기 어려운 새로운 상황이나 심리적 곤경에 처했을 때 과거에 성공적으로 사용했던 사고, 감정, 행동으로 후퇴해 불안과 긴장을 해소하고자 한다.

⑥ 부정

실제로 발생한 바 있는 위협적·충격적인 사건을 부정하고 현실을 왜곡함으로써 받아들이기 어려운 일이 일어난 사실 자체를 믿지 않으려고 한다.

⑦ 합리화

자신의 옳지 못한 생각이나 신념, 부적절한 태도나 행동을 정당화하기 위하여 그럴 듯한 구실이나 변명, 핑계를 대면서 사회적 용납을 도모한다.

⑧ 동일시

특정 대상에 대해 용납될 수 없는 충동을 갖게 될 때 느끼는 불안과 갈등에서 벗어나기 위해 대상이 지닌 특성을 자신의 일면으로 받아들인다.

⑨ 반동 형성

다른 사람들 앞에서 드러내고 싶지 않은 감정이나 근심스러운 생각을 그와 반대되는 것으로 표출함으로써 속마음을 감추고 위장한다.

⑩ 히스테리

심리적 긴장이나 불안, 갈등, 디스트레스가 신체적 증상이나 징후로 발현되어 현실에서 직면한 마음의 부담이나 고통으로부터 벗어나고자 한다.

2) 심리성적 발달단계

프로이드는 리비도가 집중되는 서로 다른 신체 부위에 만족이나 쾌락이 집중되고 이동하는 순서를 거치면서 발달이 단계적으로 진행된다고 보았다. 특정 단계에서 만족이 너무 적게 또는 너무 많이 이루어졌을 경우에는 고착(fixation)이 일어난다. 이는 발달이 저지된 상태로 다음 단계로의 순조로운 이행을 가로막는다. 프로이드는 심리성적 발달단계의 시작과 각 단계에서 일어나는 행동의 형태는 유전적인 요인이나 성숙의 요인에 의해 통제되는 반면 각 단계의 내용은 개인이 속해 있는 문화에 따라 다양하게 나타난다고 주장하고 있다.

(1) 구강기

구강기는 출생 후 1년까지 해당된다. 이 시기 자극의 주된 초점은 입과 구강이며 만족을 가져오는 주된 근원은 먹는 것이다. 첫 1년간 모든 경험은 먹기와 관련된 활동에 의해 중재되고 빨기, 핥기, 물기와 같은 구강적 활동을 통해 쾌감을 느끼게 된다. 구강기는 주로 원초아의 에너지에 의해 지배되는 시기이다. 프로이드는 구강기 동안 겪게 되는 경험의 대부분이 언어로 표현되지 못하고 무의식 속에 남겨지기 쉽기 때문에 구강기의 경험이 긍정적이어야 하고 갈등이 최소한의 잔여 긴장으로 해소되어야 한다고 보았다.

개인이 구강기 동안에 경험하는 만족은 그의 생애 전반을 통한 만족의 근원으로 자리잡을 수 있다. 특별히 어머니는 유아의 생존과 관련된 욕구를 충족시켜주는 가장 일차적이고 핵심적인 인물이며, 아기는 어머니의 이미지와 만족을 관련짓는 것을 학습하게 된다. 즉, 인간은 출생 직후로부터 어머니와 긴장 감소를 짝짓는 과정을 반복적으로 경험하게 되는데, 프로이드는 이와 같이 거듭된 기억의 자취가 장차 아동이 적절한 목표 대상을 설정하고 그것을 궁극적으로 추구하는 데 도움을 주게 될 것이라고 보았다.

프로이드는 구강기를 다시 두 개의 분리된 단계, 곧 수동적·의존적 구강기와 공격적·가학적 구강기로 나누어 설명하고 있다. 출생 직후로부터 나타나는 신생아의 빨기 반사는 본능적인 욕구를 충족시키는 수동적·의존적 구강기의 대표적인 행동이라 할 수 있다. 그러다가 젖니가 나기 시작하는 생후 6~8개월이 되면 공격적·가학적 구강기에 진입하게 되는데, 이 단계에 나타나는 전형적인 행동은 깨물거나 씹는 행동이다. 수동적 구강기는 공격적 구강기에 선행하며, 이 두 단계는 1세를 지나면서 끝나는 것으로 생각된다.

(2) 항문기

항문기는 약 1세에서 3세까지 진행된다. 이 시기에는 항문 주위의 자극에 대한 민감성이 높아지고 대소변의 배설을 통해 긴장과 불편이 감소되는 쾌감을 느낀다. 대부분의 사회에서 1~2세 사이에 대소변 훈련이 이루어지는데, 배변 훈련을 통해 즉각적인 만족과 만족의 지연 사이의 갈등을 겪기도 하지만 훈련이 끝날 때면 사회적 승인을 얻는 쾌감을 경험한다. 구강기와 같이 항문기도 두 단계로 나뉘는데, 폭발적 항문기에서는 배설물을 배설함으로써, 보유적 항문기에서는 배설물을 보유함으로써 만족을 얻는다.

프로이드는 배변훈련을 통해 유아가 주변의 외부 현실로부터의 분리에 진지하게 대처하기 시작하므로, 항문기가 중요한 심리사회적 의미를 갖는다고 보았다. 이 시기에 유아는 개인적 정체감을 갖기 시작하는데 이 과정은 기본적인 자아 형성에 필수적이다. 이 단계에서는 아동의 경험이 언어로 표현될 수 있고 의식에 남을 수 있게 된다. 배변훈련이 유아가 자신에게 요구되는 것을 이해하고 표현할 수 있는 능력을 갖추기 전에 일어난다면 그 경험은 유아에게 긴장과 불안을 초래한 불쾌한 사건으로 무의식에 저장되기 쉽다.

항문기는 유아가 처음으로 사회의 기대에 순응해야 하는 요구에 직면하게 되는 단계이다. 구강기 동안의 만족은 손가락 빨기나 핥기, 물기와 같은 개인적 욕망이나 편의를 통해 얻어질 수 있었으며 사회적 승인을 얻지 못했다 하더라도 그 결과는 그리 심각한 것이 아니었다. 그러나 항문기가 끝날 무렵이면 욕구의 충족이 언제나 마음대로 이루어질 수 없다는 것과 사회 규범을 무시할 때 부정적인 결과가 뒤따르게 된다는 사실을 잘 인식하게 된다. 자신과 타인에 대한 인식과 구분이 분명해지면서 이 단계는 다음 단계로 넘어간다.

(3) 남근기

남근기는 3세에서 5세까지 계속된다. 이 기간 동안 정신 에너지는 성기에 집중되고 성격발달에 있어 가장 심도 있는 변화가 나타난다. 자신이 타인과 분리되어 있다는 자각과 더불어 자아감을 발달해온 아동은 첨예한 부모와의 갈등에 직면하게 된다. 남아는 외디푸스 콤플렉스를, 여아는 엘렉트라 콤플렉스를 겪게 되는데, 이러한 갈등의 해결과 성역할 동일시의 발달이 성공적 발달의 관건이 된다. 부모자녀간 상호작용의 역동적 과정과 외디푸스·엘렉트라 콤플렉스의 해결은 초자아의 기본 틀을 이루게 된다.

외디푸스 콤플렉스는 아버지를 살해하고 어머니와 결혼하는 그리이스 신화의 인물 외디푸스 왕에서 그 이름과 내용을 취한 것으로, 프로이드는 어머니에게 성적 애착을 갖는 것을 이 시기 남아들의 특징으로 설명하고 있다. 그에 따르면, 남아는 어머니를 최초의 성적 애착 대상으로 추구하고 아버지를 경쟁자로 여기게 된다. 이와 같은 미묘한 심리적 대결의 구도에서 남아는 자신의 동기에 대한 아버지의 분노를 인식하게 되고 아버지가 자신의 성기를 거세할 것이라는 두려움, 곧 거세 불안 콤플렉스를 느끼게 된다.

무의식에 남아있는 이러한 공포는 매우 강력해서 남아로 하여금 어머니에 대한 성적 애착을 포기하게 만들고, 아버지와의 동일시나 아버지와 어머니의 상호작용을 거친 대리만족을 통해서만 욕구 충족이 가능하다는 것을 깨닫게 된다. 이 과정은 초자아의 출현으로 가능해지는데, 이는 외디푸스 콤플렉스의 해결이 사회문화적 관습과 가치에 대한 인식을 표상하기 때문이다. 아동의 입장에서 볼 때 아버지와의 동일시는 장차 성공적인 생식이 가능하도록 유도하고 본능의 간접적인 충족을 가능하게 하는 기능을 발휘한다.

한편 프로이드는 이 시기의 여아가 겪게 되는 갈등을 엘렉트라 콤플렉스로 설명하고 있다. 여아는 남녀간의 뚜렷한 차이를 지각하지 못하다가 자신에게 남아와 같은 성기가 없다는 것을 알게 된다. 이는 남근 선망을 낳고 아버지에 대한 여아의 사랑과 애착을 강화시킨다. 여아는 자신에게 남성의 성기가 없는 것을 어머니의 책임으로 무의식적으로 전가한다. 그러나 남성의 성기를 갖는 것은 불가능하며 자신의 욕구 충족이 어머니와의 동일시를 통해 가능하다는 것을 깨닫게 되면서 엘렉트라 갈등을 해결하게 된다.

이처럼 프로이드는 남근기 동안에 남아와 여아가 경험하는 갈등의 양상을 구분하여 설명하고 있는데, 이는 종종 성차별적이고 남성우위론적 시각으로 비춰져 비판의 대상이 되곤 한다. 남성은 남근 조작을 통해 자신의 성적 욕망을 표현하는 반면 여성은 남근선망의 열등감에 사로잡혀 있는 인물로 묘사했기 때문이다. 결국에는 남아와 여아 모두 초자아와 성역할의 발달이라는 동일한 과정을 통해 남근기의 갈등을 해결하지만 이 과정에서 보이는 남녀의 특성에 대한 프로이드의 설명은 매우 다른 함축적 의미를 내포하고 있다.

프로이드는 전생애에 걸쳐 중요한 사건을 겪는 시기로 남근기를 평가하고 있다. 그는 어떤 아동에게도 남근기는 순탄하지 않으며 대부분의 아동이 어느 정도의 어려움을 겪는다고 보았다. 남근기 말에는 정신 에너지의 사용이 보다 원활해지는 반면 아동이 겪는 갈등도 커지면서 갈등을 해결해야 하는 압력 또한 혹독하리만큼 강해지는데, 아동은 심적으로 지치게 되고 다음 단계인 잠복기로 넘어가게 된다고 프로이드는 설명한다. 외디푸스 또는 엘렉트라 콤플렉스와 관련된 갈등은 잠시 잠복했다가 청년기에 되살아난다.

(4) 잠복기

잠복기는 약 6세경에 시작되며 성감대의 민감성이 억제되는 시기로 특징지워진다. 이전에 성적 욕망에 투입되었던 에너지는 이제 다른 행동으로 대체되거나 변화된다. 이 기간 동안 개인의 발달은 그 속도가 늦춰지는 듯 보이기도 하는데, 이러한 이유로 이 단계를 소강 상태 또는 일종의 역행 상태로 묘사하기도 한다. 앞서 출현한 세 단계에서 갈등의 해결에 투입되었던 막대한 에너지는 이제 부모에 대한 애정을 발달시키고 인지적 기술을 증진시키며 동성 친구와 강한 사회적 유대를 확립하는 데 집중적으로 투여된다.

프로이드는 잠복기 동안 심리성적으로 중요한 일도 일어나지 않는다고 보았기 때문에 사실 이 시기에 대해 거의 관심 표명하지 않았다. 잠복기의 아동은 다양한 활동에 적극적이고 깊이 관여하며 학습의 진보를 이룬다. 심리성적인 발달의 시각에서 볼 때 이 단계는 힘들었던 이전 갈등에서 풀려나 휴식을 취하는 기간이며 다음 단계의 전투에 준비하는 시기라고 할 수 있다. 성인기의 성욕이 출현하고 잠복기 이전의 심리적 갈등이 재개되는 사춘기가 시작되면서 잠복기가 종결되고 생식기로 넘어가게 된다.

(5) 생식기

생식기는 12세경에 시작되며 청년기와 동의어로 간주된다. 이 시기에는 이전 단계에서 겪었던 심리성적 갈등이 다시 등장하게 되고 정신 에너지의 재분배가 일어난다. 이 시기의 신체적·성적 발달은 성적 정체감과 역할 수행을 수반한다. 프로이드는 생식기를 심각한 결정이 이루어지는 시기로 보았는데, 이 시기에는 성역할 정체감이 재고되고, 동성애가 나타나기도 한다. 프로이드는 동성애를 남성의 경우 외디푸스 갈등을, 여성의 경우 엘렉트라 갈등을 적절하게 해결하지 못한 데서 비롯되는 일탈의 형태로 보았다.

생식기 동안 자아와 초자아는 중요한 시험에 직면하게 되는데 이 시기 자아와 초자아의 부적절한 발달은 자살, 비행, 정신 이상 등을 야기할 수 있다.

생식기의 정신적인 전투로 여겨지는 질풍노도와 같은 청년기의 특성은 생식기가 끝날 무렵 성인의 성숙한 성격 구조로 대치된다. 프로이드는 청년기가 지나면 성격 구조가 변화되기 어렵다고 보았다. 유동적이었던 이전 단계와 달리 정신 에너지가 재분배되거나 변화되려면 이제는 전문적인 도움이나 치료를 받는 것과 같은 상당한 노력이 필요하게 된다고 주장한다(정옥분 역, 1991).

3) 사회복지 실천과의 연관성

프로이드는 발달의 각 단계마다 지배적으로 출현하는 욕구를 적절히 충족시키거나 좌절당하는 경험을 바탕으로 균형적인 발달을 이루는 것이 건강하고 조화로운 발달에 관건이 된다고 보았다. 그리고 생의 초기에 생물학적 충동과 사회적 요구 사이의 갈등을 잘 극복하는 것이 성격 발달에 결정적인 영향을 미친다고 보고 5세까지의 경험을 매우 중시하였다. 이와 같은 초기 결정론적 견해는 유아의 직접적인 환경으로서 부모의 영향력을 강조함으로써 자녀 교육에 시사하는 바가 매우 큰 것으로 평가되고 있다.

프로이드는 정신과 의사로서 환자들을 치료하는 과정에서 자신의 이론을 발달시켰다. 그는 환자들의 문제를 정신 에너지의 비적응적 분배에 근거한 것으로 보고, 정신 에너지의 재분배를 통해 심리적 건강을 회복될 수 있다고 보았다. 그는 의식화된 동기를 통해 기능적이고 적응적이 되도록 할 수 있다고 생각하였고, 환자들의 무의식적인 동기를 의식적인 수준으로 끌어올려 그것을 다룰 수 있게 하며 에너지를 재분배하여 자아와 초자아가 보다 잘 통제되는 의식의 수준으로 변환하도록 돕는 것을 치료의 목표로 삼았다.

프로이드는 임상 경험을 통해 초기경험의 회상이 빈번한 현상이며 환자들이 회상하는 사건이 서로 유사하다는 것을 발견하였다. 이는 프로이드로 하여금 생애 초기 사건의 중요성을 고려하게 하였고, 발달의 구조적 요인으로 원초아, 자아, 초자아에 대한 제안을 하게 하였으며, 이와 같은 이론적 견해를 바탕으로 정신분석 치료를 발전시키게 하였다. 프로이드의 정신분석 치료기법은 내담자로 하여금 증상에 대한 자각을 증진시키고 비정상적인 행동에 대한 통찰을 얻게 함으로써 성격의 구조를 재구조화하도록 하는 것이다.

치료 과정은 내담자와의 대화를 통한 정화, 통찰, 무의식적인 인지적 · 정서적 문제의 이해, 재교육의 순서로 진행된다. 내담자는 과거의 경험이나 현재의 불만, 소망, 충동 등을 고백한다. 치료자는 내담자의 이야기에 경청하고, 내담자의 사고의 방향에 주의를 기울이며, 적절한 설명과 해석을 하고, 내담자의 반응을 민감하게 관찰한다. 오늘날의 정신분석치료에서는 효과적인 대인관계를 맺고 자신의 잠재력에 대해 현실적으로 평가하며 변화될 수 없는 것을 수용하도록 돕는 데 보다 중점을 두고 있다(김동배 · 권중돈, 2005).

2 에릭슨의 심리사회적 발달이론

최초의 전생애 발달심리학자로 평가되고 있는 에릭슨은 정신분석학의 이론적인 토대 위에 자신의 독특한 견해를 병합시킴으로써 전생애를 아우르는 심리사회적 발달 이론을 구축하였다. 그는 개인의 생물학적 욕구나 성숙의 과정, 사회적 요구나 환경적 압력 간의 상호작용을 통해 개인의 발달이 이루어진다고 보고 인간 발달에 있어 사회화의 차원과 그 영향력을 강조하였다. 또한 개인이 성장하고 발달하며 기능하는 데 자아가 중추적인 요소로 작용한다고 보고 이 자아의 발달에 초점을 맞추어 인간의 발달을 규명하고 있다.

1) 기본 개념

(1) 점성의 원리

에릭슨 연구의 이론적 토대를 이루는 점성의 원리는 태생학적 모델에 근거하고 있다. 이 태생학적 모델에 따르면, 태내 발달 과정에서 일어나는 모든 일에는 특별히 우세한 시기가 있으며 이에 대한 계획은 유전 인자에 이미 내재되어 있다고 본다. 에릭슨은 성장하는 모든 것은 기초 계획안을 가지고 있으며, 이 기초 계획안으로부터 각 부분이 발생하는데 각 부분마다 특별한 개시의 때를 갖고 있다고 보았다. 그리고 모든 부분이 발생하여 하나의 기능하는 전체를 형성한다고 생각하였다(정옥분, 1991, 재인용).

에릭슨은 다양한 심리적 부분들이 결합하여 전적으로 새롭고 독특한 실체를 형성한다고 보았지만, 기능하는 전체는 그 기초를 이루는 부분으로 복귀되지 않는다고 보았기 때문에 환원주의적 입장을 취하고 있지 않다. 예컨대 완성된 상태의 건물은 하나의 독특한 실체로서 단순한 콘크리트, 벽돌, 목재 이상의 존재로, 원래의 단순했던 구성 요소들보다 복잡한 수준의 목적 아래 기능적인 단위로 작용한다. 마찬가지로 출생시 존재하는 각 반사 행동은 이들을 합한 것 이상으로 질적으로 다른 차원으로 조직된다.

(2) 자아

에릭슨은 발달의 점성적 특성을 강조하여 개인의 시간 계획(time plan)이 점성적 원리에 입각한 성숙의 과정에 의해 통제된다고 생각하였다. 그리고 심리사회적 발달 모형의 각 단계마다 서로 다른 갈등이 개인의 발달에 특별한 의미와 영향력을 갖게 된다고 보았다. 에릭슨은 이러한 갈등이 개인의 생물학적 욕구와 사회적 요구간의 싸움에서 비롯된다고 보았는데, 이와 같은 갈등을 해결하는 데 있어 자아가 개인의 발달 과정에서 중요한 중재력으로 작용하게 된다고 설명함으로써 자아의 기능과 역할을 강조하고 있다.

프로이드는 인간행동의 기초로 원초아를 중시한 반면, 에릭슨은 자아에 초점을 맞춰 발달을 조명하였다. 프로이드는 자아가 원초아의 발달적 부산물로 형성된다고 보았지만 에릭슨은 미성숙한 상태이기는 해도 출생시부터 자아가 존재한다고 보았다. 프로이드가 무의식과 본능이 인간의 행동을 지배하는 것으로 간주하였다면 에릭슨은 자아가 인간의 행동과 기능에 기초가 된다고 보았고, 자아의 기능으로 인해 인간이 보다 합리적이고 논리적인 의사결정과 문제해결을 할 수 있다고 보았다(이근홍, 2006, 재인용).

프로이드는 자아의 역할을 원초아와 초자아 간의 갈등을 해결하는 것으로 설명하고 있는 반면, 에릭슨은 지각 · 사고 · 두의 · 기억 등을 통해 현실을 다루어 나가는 자율적인 체제로 자아를 보고 있다. 에릭슨은 자아의 발달이 부모를 비롯한 사회적 환경 및 가치 체계와 밀접하게 관련되어 있다고 보고, 자아가 형성되는 과정에 영향을 미치는 사회적 · 문화적 배경과 환경에 관심을 가졌다. 에릭슨의 이론은 심리사회적 위기를 극복할 수 있는 인간의 능력에 초점을 맞춰 전생애를 포괄하는 자아발달 이론으로 발전하였다.

(3) 발달의 양극 개념

에릭슨 이론의 독특한 측면 가운데 하나는 발달의 양극 개념을 통해 각 발달단계의 특징과 기능을 설명하고 있다는 것이다. 에릭슨은 각 발달단계마다 특정한 규범적 사건 곧 심리사회적 위기와 발달 과업이 있으며, 특정 단계에서의 심리사회적 위기의 성공적인 해결은 개인의 인성을 견고하게 만들고 이후의 발달 과제를 잘 다루어 나가도록 돕는다고 설명하고 있다. 즉, 한 단계에서 다음 단계로의 순조로운 이행을 위해서는 이전 단계에서의 과제 완수와 위기 해결이 필수적으로 선행되어야 한다는 것이다.

에릭슨은 발달의 각 단계마다 심리사회적 위기가 반드시 뒤따르게 된다고 주장한다. 그리고 이 위기는 개인의 신체적 · 생리적 성숙과 사회적 · 문화적 요구간의 갈등에서 비롯된다고 설명하고 있다. 에릭슨은 이 발달적 위기를 각 단계마다 서로 대립되는 양극 개념, 곧 긍정적 발달과 부정적 발달로 제시하고 있다. 그는 각 단계에서 발달 과업을 성공적으로 수행하는 것이 규범적 위기를 극복하는 관건이 되고, 위기에 대한 개인의 대처 결과에 따라 정상적 발달 또는 비정상적 발달로 이어지게 된다고 설명하고 있다.

에릭슨은 특정 단계의 심리사회적 위기의 해결은 이전 단계의 성패와 직결된다고 보았다. 성장 과정에서 발생하는 발달적 · 규범적 위기를 만족스럽게 해결하게 되면 긍정적인 자아 특질이 강화되고 건전한 발달이 가능하게 되지만, 위기가 재대로 해결되지 못할 경우 자아는 손상을 입게 되고 부정적인 자아 특질이 강화된다. 에릭슨은 심리사회적 위기의 결과로 단계마다 두 가지 측면의 자아 특질이 혼합되기 때문에 한 쪽 극단이 지배적인 특질을 보일 수는 있어도 그 특질만을 배타적으로 지닐 수는 없다고 보았다.

2) 심리사회적 발달단계

(1) 1단계 : 구강-감각기

이 단계는 인간이 주변 환경과 최초로 상호작용하는 시기로 기본적인 행동 조절에 외부의 영향이 필수적이다. 이 단계의 구강적 요소는 신생아가 만족을 얻는 생물학적 방식을 반영한다. 에릭슨은 프로이드의 용어와 자신의 용어를 결합시켜 각 단계에 대해 설명하고 있는데, 이 시기의 구강적 요소는 에릭슨의 심리사회적 입장과 프로이드의 심리성적 입장간의 중요한 이론적 결합을 이룬다. 이 단계의 심리사회적 위기는 아동이 세상을 신뢰할 수 있느냐 하는 것과 관련되며 어머니의 관여가 신뢰의 초점이 된다.

구강-감각기의 발달과업은 자신이 아는 바대로 세상을 신뢰할 수 있는가를 결정하는 것이다. 신뢰-불신의 연속체는 아동이 첫 1년간 겪는 외부 환경과의 상호작용을 어떻게 느끼는가를 반영한다. 에릭슨은 신뢰감의 양 뿐만 아니라 질 또한 중요하다고 본다. 아동이 거칠게 다뤄질 경우 불신감을 갖게 되고 자신을 둘러싼 위협적인 환경에 대해 방어적이 되기 쉽다. 반면 지지적이고 일관적인 환경 속에서 아동은 신뢰감을 형성하게 되고 다음에 어떤 일이 일어날 것인지를 예견하는 능력을 토대로 자신감 갖게 된다.

에릭슨은 위험한 환경에 대한 불신이 적응적인 기능을 발휘하여 결과적으로 유익할 수 있으나, 지나친 불신은 과도한 경계심을 유발한다고 보았다. 반면 신뢰감이 대인 유대와 애착 형성에 중요하고 심리적으로 건강한 사람을 만들지만 지나친 신뢰는 추구할 가치가 있는 것과 발달에 부적절하거나 위협적인 것을 구분하는 데 어려움을 갖게 해 문제가 될 수 있다고 본다. 한편 에릭슨 모델의 한 단계에서 일어나는 위기 해결의 성공이나 실패는 후속 단계에서의 위기 해결에 영향을 미쳐 장기적인 영향을 발휘하게 된다.

(2) 2단계 : 근육-항문기

심리사회적 발달의 두 번째 단계인 근육-항문기는 신체적 행동을 통제하거나 조절하는 능력의 발달이 발달과업으로 등장한다. 에릭슨은 이 시기의 심리사회적 발달에 유의미한 사건으로 대소변 훈련을 들고 있다. 그는 근육-항문기에 대소변 훈련을 통한 배설 기능의 숙달과 발달을 집중적으로 다루면서 그 중요성을 강조하고 있다. 대소변 훈련이 중요한 이유는 그 과정에서 아동이 자신의 삶에 영향을 미치는 힘에 대한 투입력 또는 작용력을 갖게 된다는 것을 알게 되기 때문이라고 에릭슨은 설명한다.

이 단계에 대응되는 프로이드의 단계는 항문기로 프로이드는 항문 주변의 근육 통제력을 획득하는 발달과업에 초점을 두고 있다. 그러나 에릭슨은 항문 부위를 넘어서 신체 전반에 대한 통제로 발달과업을 일반화하고 모든 근육의 통제가 아동의 잉여 에너지의 초점이 된다고 본다. 아동은 배설과 관련된 근육의 통제력을 발달시키도록 기대될 뿐만 아니라 일반적인 충동에 대해서도 어느 정도 통제력을 갖도록 기대된다. 이와 같은 변화는 수치심에 반대되는 자율감 곧 자신의 행동에 대한 통제에 이르도록 한다.

이 단계의 아동은 자신의 행동을 통제할 수 있는 정도를 정의하고 발견해야 하는 과업에 직면한다. 새로운 것들을 탐색할 기회가 주어지고 독립적으로 행동하도록 격려받는다면 아동은 자율성을 발달시킬 수 있을 것이다. 반면, 자신의 한계를 시험해 볼 기회가 주어지지 않고 과잉보호될 경우 아동은 세상에 효과적으로 대처할 수 있는 능력에 회의를 품고 수치심을 갖게 될 것이다. 이 단계의 특징은 붙잡는 것과 놓는 것 간의 갈등으로 묘사될 수 있으며, 성공적인 위기 해결은 아동으로 하여금 통제력과 자율감을 갖게 한다.

(3) 3단계 : 이동-생식기

프로이드는 신체 생식기 부위에 생물학적 본능의 에너지 곧 리비도가 집중되는 것으로 이 단계의 특징을 설명한 바 있다. 에릭슨은 이와 같은 프로이드의 설명에 동의하면서도 한 걸음 더 나아가 이 생물학적 욕구의 주된 부분으로 심리사회적 요인을 병합시키고 있다. 프로이드는 생식기 동안 외디푸스 콤플렉스와 엘렉트라 콤플렉스로부터 비롯되는 갈등이 출현한다고 본 반면, 에릭슨은 이전 단계를 통해 새로 갖게 된 자율성과 통제력의 결과로 독립적인 운동이나 동기화에 대한 사회적 기대가 아동에게 부과된다고 생각하였다.

원래 외디푸스 콤플렉스나 엘렉트라 콤플렉스는 이성 부모에 대한 성적 애착의 욕망으로 인해 야기되는 갈등을 의미한다. 이 갈등은 결국 사회가 아동에게 부과하는 구속에 의해 해결된다. 에릭슨은 심리사회적 발달의 세 번째 단계에 중요한 이동적·이행적 요소로 부모에 대한 의존에서 벗어나 개인적인 욕구를 만족시키는 능력을 향한 이동이나 이행을 지목하고 있다. 이제 아동은 부모에게 보다 의존적이었던 이전 단계에서 가능했던 것 이상의 만족을 가져다주는 보다 복잡한 활동을 스스로 주도해나갈 수 있게 된다.

자율성의 지속적 증대와 함께 새로운 이동력을 발휘하여 목표를 추구하는 열망도 늘어나는데, 이러한 열망이 아동의 활동과 일치하지 않을 때 죄책감이 발달된다. 이 시기의 관건은 나의 한계는 무엇이고 어떻게 하면 나의 목표를 최대로 이룰 수 있는가? 하는 것으로, 이는 아동이 독립적인 존재로 발달해 가는 데 기초가 된다. 이러한 노력이 지지와 격려를 받을 때 주도성이 강화될 수 있지만 그러한 기회가 잘 주어지지 않고 한계를 극복하고자 하는 과정에서 부정적 정서나 처벌을 경험하게 되면 죄책감이 발달된다.

(4) 4단계 : 잠복기

프로이드는 잠복기의 특징을 생물학적 욕구보다 인지적·사회적 훈련에 에너지가 투입되는 것이라고 했다. 정신 에너지 또는 리비도가 더 이상 구강이나 항문과 같은 특정 부위에 집중되지 않고 인지적·사회적 발달과 관련된 욕구에 집중된다는 것이다. 한편 에릭슨은 생물학적 과정보다 사회적 과정을 보다 강조한다. 프로이드는 이 단계를 심리성적 측면에서 비활동적인 시기로 보는 반면, 에릭슨은 이 단계를 이전 단계와 같이 역동적이고 활동적인 시기로 보고 이 시기가 근면성의 발달에 결정적인 시기라고 주장한다.

근면성은 아동이 사회에서 성공적으로 기능하고 경쟁하는 데 필요한 사회적 기술을 숙달하는 능력이다. 이 단계에서는 문화적 기대가 다른 욕구에 우선하여 특정 기술과 자질을 숙달하는 능력을 발달시키게 되는데 에릭슨은 이를 근면함으로 묘사한다. 세상에 대해 숙달할 기회가 주어지지 않거나 그러한 노력이 방해받게 되면 아동은 실패의 경험을 통해 무가치함을 느끼게 된다. 인정을 받고자 하는 아동의 노력이 좌절될 경우 열등감이 조성되기 쉽고 이 열등감은 이후의 발달에 지속적인 영향을 미칠 수 있다.

이 시기는 곧 뒤따르게 될 청년기의 엄청난 생물학적·정서적 욕구를 조정하기 위해 에너지를 재조직하는 때이다. 청년기에 유용한 사회적 기술을 획득할 경우 이후의 정체감 발달을 위한 의미있는 발판을 마련했다는 점에서 발달에 유리할 수 있다. 잠복기에는 "사회에서 생존하는 데 필요한 기술을 숙달할 수 있을까?"와 같은 의문이 등장하게 된다. 가정이나 학교에서 아동의 기술 발달을 지원할 때 만족스러운 근면성이 발달되지만, 주위 환경이 성공에 필요한 밑천을 제공하지 못할 경우 열등감이 조성되기 쉽다.

(5) 사춘기와 청년기

사춘기에는 발달의 전 영역에서 가장 격렬한 변화가 일어나는 시기이다. 지금까지 아동은 신체적·심리적으로 이처럼 심한 변화를 겪어보지 않았다.

이 단계에 도달하면 학업, 취업, 가족 부양과 관련하여 자신의 관심을 명확히 하도록 기대된다. 청년기는 생물학적·사회문화적으로 볼 때 아동기가 끝나고 성인기에 진입하는 시기로, 변화와 흥분의 시기인 동시에 정체감의 발달이 결정적으로 이루어지는 시기이다. 성인기로의 진입이 이루어지는 시기이다. 이 단계의 청년들은 장차 성인기의 역할과 관련된 역할을 선택하고 자신이 선택한 역할을 잘 해낼 수 있도록 준비한다.

아동은 이전 단계를 거치면서 어느 정도 신뢰감을 얻었고, 자율적이 되었으며, 목표지향적 행동을 주도할 수 있게 되었고, 특정 기술을 수행할 수 있을 정도로 근면하게 되었다. 다음 단계는 정체감을 발달시키는 단계로, 나는 누구인가? 어떤 생각이나 대상이 나의 사고방식을 표현하는가? 라는 물음을 갖게 되는 시기이다. 이 때 주변 환경이 지원적이지 않을 경우 자신의 역할을 설정하는 것이 어렵다고 판단하게 되거나 정체감에 대해 잘못된 개념을 갖게 되는 상황, 곧 에릭슨이 역할 혼미로 일컬은 상황에 이르게 된다.

어떤 면에서는 오늘날의 청년들이 자신의 역할과 신념을 정의하고 고수하는 데 어려움을 겪는 것이 쉽게 이해될 수 있다. 서구 사회에서 1960년대 후반과 1970년대 초반에 만연했던 행동주의는 당시 젊은이들이 다른 이들의 고통을 바라보면서 자신이 누리는 행복에 대해 일종의 실존적 죄책감을 느꼈기 때문일 수 있다. 한편 이와 같은 역할 정의나 역할 만족의 결핍은 이전 단계의 위기를 성공적으로 해결하지 못하고 부모를 기쁘게 하기 위해 어린 나이에 역할을 정의하고자 하는 압박감에서 비롯된 것일 수도 있다.

(6) 6단계 : 성인 초기

에릭슨의 심리사회적 발달이론은 점성적 원리와 단계의 개념에 근거하므로, 단계별 위기가 성공적으로 해결될 때 최적의 발달이 가능하게 된다. 제6단계는 이전 단계에 대한 의존의 중요성을 잘 설명하고 있다. 이 시기에 개인은 타인이 포함되는 새로운 과제에 처음으로 직면하게 되며, 직업적인 목표를 성취하도록 기대될 뿐만 아니라 동성 및 이성과의 상호작용을 발달시키도록 기대된다. 이제 생물학적으로 완숙에 이른 개인에게 주어지는 주된 발달과업은 이성 교제와 배우자 선택을 통한 가족의 형성이다.

이 단계의 목표는 친밀감을 발달시키는 것이다. 에릭슨은 결혼과 자녀 출산만이 친밀한 관계의 유일한 형태는 아니라고 본다. 친밀감은 따뜻하고 의미있는 관계가 성립될 수 있는 사람과 사람 사이의 약속을 뜻한다. 이 단계는 이전 단계와 연관되어 있는데 앞 단계에서의 역할 혼미는 불분명한 자아정체감을 가져오고 성공적이지 못한 관계로 이끈다. 친밀감은 신뢰할만한 가치가 있다고 생각되는 대상에게 자신을 아낌없이 주는 것이며 이를 발달시키기 위해서는 기본적인 신뢰감과 자율감, 건강한 정체감이 잘 갖춰져 있어야 한다.

타인과의 관계에서 친밀감을 형성하지 못하게 되면 고립감 또는 배척감을 느끼게 된다. 자신의 감정을 다른 사람들과 나누거나 소통하지 못할 경우 소외감을 느끼거나 자존감의 저하를 경험할 수 있다. 이는 자아개념의 발달에 지장을 초래하고 다음 단계로의 원활한 진행을 방해한다. 이 단계에서 보이는 발달적 특징은 신체적 · 심리적으로 진실하고 의미있는 관계를 발달시키기 위한 의지적인 노력이다. 이러한 관계가 결핍될 때 고립감, 고독감, 절망감이 양산되고 경우에 따라서는 이와 같은 정서가 평생 동안 지속될 수 있다.

(7) 7단계 : 성인기

성인 초기에 친밀한 인간관계나 성공적인 직업생활을 통해 순조로운 발달을 이행하고 있는 개인이 성인기에 직면하게 되는 발달과업은, 자신의 삶과 역할을 명료화하는 데 필요한 것을 생산하는 것이다. 몇 년간 열심히 일해 모은 돈으로 대학원에 진학하여 전문직에 종사하기 위한 첫 발을 내딛는 경우, 결혼 후 아이를 낳고 자녀 양육에 헌신하며 다음 세대에 관심을 기울이는 경우, 중년에 자신의 역할에 대한 기대와 실제 행동 사이의 균형을 위해 직업상의 변화를 모색하는 경우를 통해 생산성을 발견할 수 있다.

이들이 말하고 있는 것은 지금까지의 인생에서 자신의 역할에 만족하기는 하지만 그것만으로는 충분치 않다는 것을 뜻한다. 7단계에서 중요한 요소는 이전 단계와의 연계와 계속성에 대한 강조이다. 생산성은 다음 세대의 건전한 육성을 위한 발달적 지원에 적극 참여하는 다양한 노력을 통해 성취된다. 다음 세대에 대해 무관심하거나 다음 세대로의 계속성에 기여하거나 헌신할 수 없는 사람들은 타인의 욕구를 도외시 한 채 자신의 욕구에만 지나치게 집착하여 침체의 늪에 빠져드는 위기에 처할 수 있다고 에릭슨은 주장한다.

(8) 8단계 : 노년기

에릭슨은 일생 동안 성공적으로 갈등을 해결해 온 후 자신의 인생을 의미있고 생산적이며 가치있는 것으로 여기는 모습을 자아 통합으로 설명하고 있다. 그는 자신만의 과거를 갖는 것과 자신에게만 국한되지 않는 인간 자아에 대한 새로운 애정을 느끼는 것이 중요하다고 보았다. 노인들은 자신의 지혜를 젊은이들에게 나누어줄 수 있어야 하는데, 이 지혜는 생의 초기에 경험한 기본적인 신뢰 대 불신의 갈등으로부터 현재의 단계에 이르기까지 험난한 인생 여정을 거쳐온 것으로 자타에게 유의미한 가치를 지닌다.

건강한 개인은 자신의 과거를 돌아보면서 지나온 삶에 대해 만족을 느낀다. 자신의 존재가 삶의 이유나 목적과 조화를 이루었다고 인식하게 될 때 자아 통합과 자아력을 경험하게 되며 이는 노화나 죽음에 적응하는 힘이 된다. 자신의 인생을 의미있고 가치있는 것으로 받아들이지 못한 사람들은 잃어버린 시간을 보상하고자 필사적인 노력을 기울이기도 한다. 그러나 결국 일이 뜻대로 되지 않고 공허감이 지속될 뿐임을 깨닫게 되는데, 이러한 경우를 에릭슨은 절망이라는 비극적인 상태로 묘사하고 있다(정옥분 역, 1991).

3) 사회복지 실천과의 연관성

에릭슨의 심리사회적 발달 이론은 부모와 자녀간의 관계를 다루는 유용한

틀로 채택되어 왔다. 에릭슨의 이론은 다분히 프로이드의 영향이 느껴지지만, 프로이드의 이론과는 달리 그의 연구를 둘러싼 논쟁은 거의 없는 것으로 보인다. 에릭슨이 제시한 각 단계는 상식적인 차원이라는 점에서 직관적인 매력이 있다. 그의 이론은 가정과 학교, 이웃, 지역사회, 문화적 가치 등의 사회적 유형을 강조하고 집중적으로 조명하였기 때문에 이 이론을 접하는 사람들은 자신의 발달과 동일시할 수 있는 경험들을 쉽게 발견하게 된다.

에릭슨의 이론은 특히 미국인에게 폭넓은 호소력과 설득력을 지니는 것으로 보인다. 이는 에릭슨 자신이 유럽에서 미국으로 이주한 경험이 그가 주창한 발달 과정의 핵심적인 요소에 반영되었기 때문일 수 있다. 미국 사회에 대한 민감한 관찰자로서 에릭슨은 발달에 대한 사회적 요인의 영향력에 대해 예리한 평가를 하고 있다. 건강한 발달에 대한 에릭슨의 견해는 개인의 권리나 다양한 선택의 자유와 같은 민주주의의 원리와도 일맥상통하여 민주주의 사회에서 추구하는 이상과도 부합되는 이론으로 여겨지고 있다.

전통적인 정신분석 이론에서는 충동이나 본능을 강조하지만 에릭슨은 자아에 초점을 맞추어 정신 건강과 적응을 설명함으로써 환경에 대한 자아의 대처 능력이나 지배 능력을 중시한다. 프로이드와 달리 에릭슨은 하나의 병리에 하나의 원인만이 존재한다고 보지 않고, 초기 경험이 중요하기는 하지만 이후의 경험에 따라 긍정적인 변화가 가능하다고 봄으로써 초기 결정론에 대해 유연한 입장을 취한다. 이러한 에릭슨의 견해는 그의 이론에 토대를 둔 정신치료적 접근을 통해 사회복지적 실천을 위한 함의를 제시하고 있다.

에릭슨의 이론에 입각한 정신치료의 목적은 자아의 통찰력을 증진시키는 것이다. 치료자는 내담자로 하여금 자신이 속해 있는 연령대의 규범적 위기와 발달단계를 이해하도록 돕는다. 내담자의 자아 분석을 통해 발달의 역사를 새롭게 재구성할 수 있다는 에릭슨의 견해는 노인에 대한 치료와 서비스, 프로그램에 적용되어 자신의 인생에 대한 회고를 통해 과거의 사건을 재구조화하고 이전의 왜곡된 경험을 해결하여 생의 마지막 발달과업인 자아 통합을 이루고 절망의 위기를 해결하도록 돕게 된다(김동배 · 권중돈, 2005).

3 아들러의 개인심리이론

아들러는 인간의 행동이 사회적 힘에 의해 동기화된다는 사회목적론적 관점을 취하고 있지만, 개인이 자신의 삶을 창조할 수 있는 능력을 가진 존재라는 점을 강조한다. 인간은 열등한 상태에서 우월한 상태로의 상향 이동을 추구하며, 인간의 성격은 유전이나 환경적 요인보다 각 개인의 주관적 경험에 의해 창조된다고 아들러는 생각하였다. 또한 인간은 통합적인 총체로서 기능하기 때문에 인간의 어떤 삶의 표현도 분리해서 생각할 수 없으며 그의 성격 전체와 관련해 이해해야 한다고 주장한다(김동배 · 권중돈, 2005).

1) 기본 개념

(1) 열등감과 보상

아들러의 개인심리이론에서 열등감과 보상은 개인의 발달을 설명하는 데 있어 빼놓을 수 없는 핵심적인 개념으로 자리하고 있다. 아들러는 기관 열등감과 그에 따른 심리적 보상에 관한 연구를 통해 사람마다 상대적으로 발달이 덜 이루어지고 기능이 떨어지는 열등한 부분이 있으며, 이 열등한 부분이 질병으로 이어지기 쉽다는 것을 이론화한 바 있다. 심각한 신체적 약점이나 결함을 지닌 사람은 훈련이나 연습을 통해 이를 보상하고자 노력하게 되는데 이것이 때로 훌륭한 기술이나 역량으로 발전하게 된다는 것이다.

아들러는 병적인 열등감과 그에 뿌리를 둔 보상을 향한 노력이 근본적으로 모든 인간에게 특정 목표를 이루기 위한 강력한 동기로 작용할 수 있고, 궁극적으로는 인간 성장과 발전의 원동력이 될 수 있다고 보았다. 신체적인 열등감 그 자체는 큰 의미나 중요성이 없지만 신체적 결함이 개인의 주관적인 열등감을 자극함으로써 그 의미와 중요성이 발생하게 된다. 열등감은 개인으로 하여금 완성을 향해 추진할 수 있는 힘을 제공함으로써 더 높은 수준으로 발달하도록 하는 계기를 제공할 수 있다(손광훈, 2008).

(2) 우월 추구

아들러는 인간의 행동을 좌우하는 역동적인 힘을 우월에 대한 추구로 설명한다. 그는 우월에 대한 추구가 인간 생활의 기초라고 결론내리고 인생은 우월에 대한 추구 없이 생각할 수 없다고 역설하고 있다. 사람들은 저마다 향상의 욕구를 갖고 있으며, −에서 +로, 아래에서 위로, 미완성에서 완성으로 나아가고자 하는 동기를 가지고 있다는 것이다. 완성설로도 일컬어지는 아들러의 견해에 따르면 우월에 대한 추구는 인생의 본질적인 요소로 선천적인 것이라고 할 수 있으며 신체 성장과 병행하여 나타난다.

아들러는 우월에 대한 추구의 본질과 기능을 다음과 같이 설명하고 있다. 첫째, 우월에 대한 추구는 기본 동기의 하나로서 자신이 주위 사람들보다 무력하고 열등하다는 어린 시절의 경험과 기억에 근거를 둔다. 둘째, 향상의 욕구는 인간의 보편적인 욕구로 정상인과 비정상인 모두에게서 나타난다. 셋째, 우월의 목표는 부정적이고 파괴적인 동시에 긍정적이고 건설적인 양면적 특성을 지닌다. 넷째, 완성을 향한 노력은 상당한 노력과 에너지를 요한다. 다섯째, 우월을 향한 추구는 개인과 사회의 두 수준에서 일어난다.

(3) 생활양식

아들러는 목표 추구의 개념을 확대하여 생활양식이란 용어를 사용하였다. 이는 인생의 목표뿐 아니라 자신과 타인에 대한 생각과 감정, 세상에 대한 태도 등을 포함하는 개인의 특징을 가리킨다. 즉, 생활양식은 개인이 지닌 특질, 행동, 습관 등을 말하며 이는 개인이 자기 삶의 목표를 달성하기 위해 스스로 설계한 삶의 경로를 나타낸다. 열등감을 극복하기 위한 노력이 생활양식의 기초와 근간을 이루는 결정적인 요소로 작용한다. 생활양식은 4~5세경에 형성되어 이후로 거의 변하지 않는 기본 구조를 이룬다.

생활양식은 개인의 행동을 구체화하고 실현시키는 역할과 기능을 한다.

개인의 행동은 자신의 신체적인 한계와 결점을 인식하는 데서 출발하며 이것이 생활양식 곧 열등감을 보상하기 위한 행동이 된다. 즉, 개인의 생활방식은 그가 지닌 열등감을 극복하기 위한 노력으로 풀이된다. 개인의 특징적인 행동은 그의 생활양식에서 비롯되며 생활양식은 개인이 주위로부터 무엇을 받아들이고 무엇을 버릴 것인가 하는 것을 결정한다. 따라서 개인의 생활양식을 보면 그 심리적 과정의 의미를 보다 잘 이해할 수 있게 된다.

(4) 사회적 관심

사회적 관심은 사회에 대한 소속감, 인류에 대한 동일시, 타인에 대한 감정이입 뜻하며 특정 대상에 공감하거나 인류적 관심에 기반한 목표를 달성했을 때 그려지는 공동체를 이루기 위해 노력하는 것을 의미한다. 아들러는 사회적 관심이 자동적으로 발생하지 않고 의식적인 개발을 필요로 한다고 보고 사회적 관심의 발달에 가장 큰 영향을 미치는 인물로 어머니를 가리키고 있다. 즉, 어머니가 자녀의 성숙한 사회적 관심, 협동심, 연대감, 동료의식 형성에 결정적인 영향을 미치는 인물이라고 주장하고 있다.

아버지 역시 자녀의 사회적 관심에 중요한 영향을 미친다. 이상적인 아버지는 자녀를 인격적으로 대하고 동등한 위치에서 아내와 협력하며 자녀를 잘 보살핀다. 만일 가부장적인 권위주의가 팽배한 가운데 아버지와 자녀 사이에 문제가 있고 정서적인 간극이 느껴질 경우, 아이들은 권력적 힘과 개인적 흥미를 좇게 되고 우월감을 위한 목적만을 추구하게 된다. 어머니와 아버지는 각자 자녀와의 상호작용을 통해서, 그리고 부부간의 관계나 상호작용을 통해서 자녀의 사회적 관심 발달에 중요한 기여를 하게 된다.

(5) 창조적 자아

아들러는 생의 의미를 제공하는 원리를 창조적 자아로 설명하고 있다. 그는 창조적인 자아에 의해 개인의 생활양식이 발달한다고 보았다. 창조적 힘에 의해 생활양식이 발달한다는 주장은 인간 스스로 생활양식을 창조할 수 있다는 것을 뜻한다. 자아의 창조적인 힘은 개인의 인생 목표와 그 목표를 추구하는 방법을 결정하며 사회에 대한 관심을 발달시키는 데에도 기여한다. 아들러는 이와 같은 창조적 자아의 힘이 개인의 지각, 기억, 상상, 꿈 등에 영향을 미쳐 그를 자주적인 사람이 되도록 한다고 보았다.

아들러는 생활양식을 개인이 자신의 환경을 해석하는 창조적이고 독특한 방법이라고 보고, 인간은 운명의 희생물이 아니라 운명을 통제하는 능력을 지니고 있다고 주장한다. 그는 창조력에 대한 유전과 환경의 영향을 배제하지 않았지만 무엇을 소유하고 있느냐 하는 것보다 그것을 어떻게 사용하느냐 하는 것이 더 중요하다고 생각하였다. 성격 형성에 있어 주어진 재료는 이차적인 것이고 사람마다 스스로 자신을 만들어 나가며 재료를 이용하는 방법이 서로 다르기 때문에 개인간에 성격차가 존재한다고 보았다.

(6) 출생순위

아들러는 사회환경적 요인이 성격에 미치는 영향을 강조하면서, 가족 관계나 가족 형상과 같은 가족 과정이 성격발달에 중요하게 작용한다고 보았다. 개인은 부모의 양육 태도나 가족 분위기 등을 통해 생활양식의 기초가 되는 대인관계 기술이나 사회적 관심을 발달시키게 되며, 결국 이것이 성인의 성격과 생활양식을 결정짓게 된다는 것이다. 아들러는 다양하고 복합적인 가족 패턴 가운데 출생순위에 주목하였는데, 단순한 형제자매간의 서열보다는 이에 수반되는 상황에 대한 개인의 주관적인 지각을 중시하였다.

① 맏이

맏이들은 보통 동생을 보기 전까지 부모의 사랑과 관심을 독차지하게 된다. 외둥이와 같은 위치에서 안전하고 평화로운 생활을 누리던 맏이에게 동생의 출현은 그의 생활을 극적으로 바꿔놓게 되는데, 아들러는 이러한 맏이의 처지를 폐위된 왕에 비유하고 있다. 자신에게 쏠리던 관심이 동생에게 집중되거나 분산될 때 맏이들은 자신의 과거 지위를 탈환하기 위해 저항하게 되는데, 보통 이러한 노력은 기대한 만큼의 성과를 가져오지 못한다. 부모의 관심을 끌기 위한 이들의 행동은 벌을 초래하기도 한다. 맏이들은 이러한 가족 내 긴장과 갈등을 경험하면서 다른 사람의 애정이나 인정을 받고자 하는 욕구에 초연해지고 독자적으로 생존해가는 대처 전략을 습득하게 된다.

② 둘째

둘째나 중간에 있는 아이들은 태어날 때부터 자신보다 우월한 손위 형제가 있었기 때문에 자신의 장점을 능가하기 위한 자극과 도전을 받는다. 이것이 둘째들로 하여금 첫째들보다 빠른 속도로 발전하게 만들기도 한다. 차자들은 마치 경주를 하고 있는 것처럼, 자신보다 한두 발치 앞에 있는 이를 앞지르기 위해 서둘러야 하는 것처럼 행동하며 항상 전속을 다해 질주하는 인물로 묘사된다. 이들의 생활양식은 자신이 손위 형제자매 못잖거나 이들보다 뛰어나다는 것을 증명하고자 하는 것이다. 이들은 손위의 형제자매를 능가하기 위해 직간접적인 방법을 동원하여 목표를 이루고자 하는 특성을 지니게 되고 경쟁심 강하고 현실적이며 야망이 큰 성격의 소유자가 되기 쉽다.

③ 막내

막내들은 동생에게 자리를 빼앗기는 충격을 경험하지 않고 귀염둥이 또는 응석받이로 자라날 수 있다. 그러나 가정 형편이 경제적으로 열악한 상황에서는 자기 것이라고는 아무 것도 없고 다른 사람이 쓰던 물건을 물려받아야 하는 신세를 면치 못한 채 늘 귀찮게 붙어다니는 아이의 위치로 전락할 수도 있다. 한편 주변의 모든 이들이 자기보다 크고 힘세며 특권을 지닌 상황에 있으므로 독립심의 결여나 열등감을 경험하게 되기 쉽다. 그럼에도 불구하고 막내가 갖는 이점은 손위의 형제자매들을 능가하고자 하는 강한 동기를 갖고 있다는 것이다. 막내는 가장 빠른 수영 선수, 훌륭한 성악가, 재능있는 화가 또는 가족 중에 가장 야망있는 구성원으로 성장할 수도 있다.

④ 외동이

외동이들은 경쟁할 형제자매가 없는 독특한 위치에 있다. 이들은 평생 부모의 집중적인 관심과 애정, 지원을 독점하는 가운데 의존적인 성향을 지니기 쉬운 약점을 갖게 된다. 어머니의 과잉보호 속에 응석받이로 자랄 수도 있고, 어머니의 사랑을 놓고 아버지와 경쟁하거나 항상 다른 사람들로부터 보호받기 원하고 이를 당연시 하는 이기적 성향을 지니게 될 수도 있다. 요컨대 이들은 가족 내에서 중심적인 위치를 형제자매에게 빼앗기거나 나눠가져 본 적이 없으며, 의존성과 자기중심성을 주된 생활양식으로 갖게 될 가능성이 높다. 이들은 가정 밖에서는 자신이 주된 관심의 대상이 아니라는 것을 깨닫게 되는데 이로 인해 대인 관계와 사회 적응에 어려움을 겪기도 한다.

(4) 가상적 목표

아들러는 성격과 행동이 과거의 경험보다 가상적·예견적 기대의 영향을 받는다고 보았다. 개인이 추구하는 궁극적인 목적은 현실을 통해 검증되거나 확인될 수 없다. '모든 인간은 평등하다', '정직이 최상의 정책이다', '지혜가 성실을 따르지 못한다'와 같은 가상적 목표나 신념은 비록 객관적인 실제는 아니지만 개인의 삶에 강력한 영향을 미친다. 아들러에 따르면 우월성의 추구는 개인이 채택하는 가상적인 목표에 의해 결정되며, 가상적 목표는 개인이 스스로 결정한 것이므로 그의 창조력에 의해 형성되고 개인마다 독특한 것이다.

가상적 목표는 현실에 효과적으로 대처하게 한다. 예컨대 좋은 부모가 되고자 하는 어머니는 자녀양육에 도움이 되는 지침서를 읽고, 부모교육에 참여하며, 자녀의 문제를 두고 남편과 의논한다. 아이와 함께 하는 시간을 중시하고 개방적인 의사소통을 하고자 한다. 이러한 노력이 그의 최종 목표를 담보할 수는 없을지라도, 좋은 부모가 되고자 하는 다양한 노력은 다분히 의미있고 유효할 것으로 짐작된다. 한편 이와 같이 개인의 가상적인 목표가 기능적인 경우와 달리 그것이 개인에게 해를 끼치고 위험을 초래하는 경우도 있다.

2) 성격발달에 대한 관점

아들러는 프로이드와 마찬가지로 생의 초기 경험이 개인의 인성 형성에 결정적으로 작용하며 이후로는 성격의 기본 구조가 거의 변하지 않는다는 결정론적인 관점을 견지하고 있다. 그러나 프로이드의 이론에 비해 불변성의 가정에 대한 강조가 상대적으로 약하다. 그는 성격발달에 영향을 미치는 두 가지 양대 요인, 곧 유전과 환경의 영향을 인정하면서도 개인적인 주관의 영향력을 보다 중시하였다. 예를 들어 아동의 객관적인 출생순위보다는 출생순위에 대한 아동의 주관적인 지각이 성격형성에 중요하다고 보았다.

아들러는 인간이 선천적으로 성장하고자 하는 경향을 지니고 있으며 인간의 성장과 발달은 완전과 우월을 추구하는 인간의 노력이 엮여진 결과라고 주장한다. 개인이 경험한 열등감은 가상적인 목표를 성취하기 위한 우월 추구의 동기로 작용하게 된다. 우월 추구의 과정에서 긴장과 갈등을 경험할지라도 이를 극복하고 성장하고자 하는 노력은 멈춰지지 않는다. 인간 발달은 외적인 환경 자극에 대한 단순한 반응이 아니라 자기발생적이고 미래지향적인 개인의 노력의 대가로 이루어지는 것으로 이해된다.

한편 아들러는 성격의 유형을 개인의 사회적 관심과 활동의 수준을 토대로 분류하고 있다. 사회적 관심이란 다른 사람에 대해 감정이입할 수 있는 능력을 말하며 개인의 이익보다는 사회의 발전을 위해 다른 사람과 협력하는 것을 의미한다. 활동 수준이란 인생의 문제를 해결하려는 개인의 움직임을 말하며 흥분의 정도나 에너지의 수준으로 표현된다. 아들러는 이 두 차원에 근거하여 성격의 유형, 곧 생활양식의 태도를 지배형, 획득형, 회피형, 사회적 유능형의 네 가지 유형으로 구분하여 설명하고 있다.

① 지배형

지배형의 사람들은 독단적 · 공격적 · 활동적 성향이 강하고 다른 이들에 대한 관심이나 사회적 인식은 매우 빈약하여 타인의 행복이나 심리적 안녕은 괘념치 않고 독불장군처럼 행동한다. 이들은 지배적인 태도를 보이고 자신의 발달과업을 공격적 행동이나 반사회적 행동으로 대치한다.

② 획득형

획득형에 속하는 사람들은 기생적인 방법으로 외부 세계와 관계를 맺으며 다른 사람들에게 의존함으로써 자신의 욕구를 충족시키고자 한다. 이들에게 있어 인생의 주된 관심은 다른 이들로부터 가능한 한 많은 것을 획득해내는 것이다. 한편 이들의 활동 수준은 낮은 특성을 보인다.

③ 회피형

회피형의 경우 사회적 관심과 참여가 희박하고 어떤 형식으로든 인생에 참여하는 활동을 회피한다. 이 유형의 사람들은 성공을 기대하고 소망하기보다는 실패를 두려워한다. 이들의 목표는 인생의 모든 문제를 회피함으로써 실패의 가능성을 모면하고 차단하고자 하는 데 집중되어 있다.

④ 사회적 유능형

사회적 유능형의 사람들은 사회적 관심과 활동 수준이 모두 높은 특성을 보인다. 즉, 사회적 관심을 바탕으로 자신과 타인의 욕구를 동시에 고려하거나 충족시키고자 하고, 자신의 발달과업을 완수하기 위하여 기꺼이 다른 이들과 협동하며 그 과정에서 보이는 활동 수준도 높은 경우이다.

3) 사회복지 실천과의 연관성

아들러는 인간의 행동에 영향을 미치는 사회적 결정 요인을 강조함으로써 성격심리학에 공헌하고 있다. 아들러가 제시한 창조적 자아에 대한 개념은 개인적이고 주관적인 체계로서 자아를 이해하고 행동의 중요한 원인으로 작용하는 자아의 기능을 인식하는 데 기여하고 있다. 아들러는 성격의 고유한 특성을 강조함으로써 인간이 독특한 생활양식의 소유자라는 것을 밝히고 있다. 그의 성격이론은 개인이 일상생활에서 직면하는 삶의 문제를 통해 인간을 실제적으로 이해하는 데에도 이바지함이 있는 것으로 평가되고 있다.

아들러는 초기에는 정신분석이론의 영향을 받았지만 점차 정신분석이론으로부터 분리된 독자적인 노선을 발달시키고자 하였다. 그의 이론은 이후 인본주의적 심리학과 현상학적 심리학에 기초를 제공하였다. 전체성과 주관성에 기초한 아들러의 인본주의적 입장은 이후로 여러 학자들의 이론에 영향을 미쳤다. 그의 이론에 입각한 행동치료에서 생활의 목표는 잘못된 생활양식을 바꾸고 사회적 관심을 발전시키는 것이다. 이는 곧 인지적 측면의 차원을 넘어 인간의 긍정적인 측면을 강조한 아들러의 견해가 적용된 것이다.

아들러의 개인심리학이론은 내담자로 하여금 자신의 사고와 감정, 행동에 책임을 질 수 있도록 지원하는 데 목표를 두는 인본주의적 개인심리치료로 발전하여 사회복지적 차원에서 실천적으로 활용되고 있다. 아들러의 이론에 입각한 개인심리치료에서는 내담자를 무기력한 희생자로 보지 않고 적극적인 삶의 창조자로 보는 관점을 견지하고 있다. 이와 같은 시각에 따라 내담자로 하여금 과거에 머물러 있지 않고 미래를 바라보는 목적과 목표를 성취하기 위한 노력을 경주할 수 있도록 돕는 데 치료의 역점을 두고 있다.

치료자는 내담자들이 가지고 있는 삶에 대한 잘못된 신념을 발견하고 변화시키도록 하며, 증상의 경감이나 제거보다는 기본적인 삶의 전제를 수정하고 삶의 왜곡된 동기를 수정하는 데 초점을 맞추게 된다. 아들러의 이론에서 발전한 인본주의적 상담과 치료는 이른바 내담자 중심의 치료를 발전시켰다. 내담자 중심 치료는 프로이드의 정신분석 치료에 비해 직접적이고 지시적인 해석과 제안을 사용하며 과거보다는 현재를 변화시키고 미래의 목표를 선택할 수 있도록 돕는 기법을 주로 사용한다(김동배 · 권중돈, 2005).

4 융의 분석심리이론

융은 주로 무의식의 본질에 관심을 기울이고 성격 기능의 다양한 체계를 포괄하는 분석심리이론을 발달시켰다. 그는 개인과 사회문화적 원형이 갖는 힘의 상호작용을 분석할 때 비로소 인간의 정신 세계를 제대로 이해할 수 있다고 생각하였다. 융은 자신의 이론을 통해 성격의 발달을 의식과 무의식이 서로 교류하고 적절하게 조화를 이루는 과정으로 설명하고 있다. 한편 그는 평생에 걸쳐 이루어지는 성격 발달의 과정 가운데 특별히 중년기의 중요성을 강조하여 이 시기를 집중적으로 조명하고 있다.

1) 기본 개념

(1) 정신 구조

융은 전체적인 성격을 정신으로 설명하고 있다. 그는 인간이 전체적인 성격을 가지고 태어나며 일생을 통해 이러한 타고난 전체성을 분화하고 통합해나간다고 보았다. 정신은 의식적·무의식적 생각, 감정, 행동 등을 망라하는 개념이다. 융은 인간의 정신 에너지가 서로 다른 충동을 만족시키는 다양한 형태로 표출된다고 보았다. 예를 들어 예술은 사회적·종교적 목적을 충족시킬 뿐 아니라 권력이나 성적 욕구의 충족, 공격적·파괴적 충동의 방출, 창조력의 표현으로 이해되고 접근될 수 있다고 풀이하고 있다.

(2) 페르소나

페르소나는 연극배우들이 쓰는 가면을 뜻한다. 페르소나는 개인이 외부 세계에 내보이는 이미지, 즉 사회적 요구에 대한 반응으로 풀이된다. 이는 개인이 내적 원형의 요구와 전통적·사회적 인습의 요구에 부응해 채택한 가면으로 공적인 성격을 띠며 자신의 본성을 감추거나 타인에게 뚜렷한 인상을 주기 위해 사용된다. 자아가 페르소나에 동일시될 경우 개인은 자신의 솔직한 감정을 인식하기보다 자신의 역할을 의식하게 되고 자신을 소외시키기 쉽다. 그렇게 되면 그의 성격은 평면적이고 비자발적인 특성을 지니게 된다.

(3) 의식

의식은 자아에 의해 지배되며 우리가 알고 있는 정신을 구성한다. 자아가 갖는 정신 에너지의 방향은 태도로 표현되며, 태도는 자아가 지향하는 방향의 수동성 또는 능동성에 따라 결정된다. 융은 세상을 이해하는 방식, 곧 정신 기능의 요소로 사고, 감정, 감각, 직관을 지목하고, 정신의 상반 원리에 따라 합리적 차원(사고-감정)과 비합리적 차원(감각-직관)으로 구분하여 그 우선적 경향에 따라 성격이 달라진다고 보았다. 인간의 성격을 유형화한 MBTI(Myers-Briggs Type Indicator)는 이러한 융의 이론에 기초한 것이다.

(4) 자아

자아는 개인의 의식이 다른 사람으로부터 분리되는 의식의 개별화 과정에서 형성된다. 자아가 의식의 문지기 역할을 하고 있기 때문에 감각이나 관념, 기억이 자아에 의해 의식으로 인지되지 않으면 보이지도 들리지도 생각나지도 않는다. 자아의 선택적 의식화의 여부는 그 경험이 자아에게 얼마나 불안을 초래하는가 하는 것에 따라 결정된다. 자아는 불안을 일으키는 경험의 의식을 거부하기 때문에 불안을 야기하는 경험은 의식되기 어렵다. 발달이 이상적으로 이루어질 때 자아는 강력하고 구조화된 특성을 지니게 된다.

(5) 아니마와 아니무스

아니마는 남성 속의 여성적 원형을, 아니무스는 여성 속의 남성적 원형을 말한다. 융은 인간이 심리적으로 양성적인 특질을 갖고 있으나 생물학적인 성차와 사회화의 결과로 남성에게서는 여성적 특성이, 여성에게서는 남성적 특성이 억압되고 약화되어 무의식에 남아있게 된다고 보았다. 아니마와 아니무스의 원형은 남녀로 하여금 이성적 특성을 나타내게 하고 이성에게 반응하게 하며 이성을 이해하도록 동기화하는 집단적 심상으로 작용한다. 또한 동성애, 성도착증, 성과 관련된 정신질환을 이해하는 틀을 제공하기도 한다.

(6) 그림자

그림자는 의식이 전면에 등장하지 못하고 이면에서 무시되고 도외시되는 마음의 한 면을 가리킨다. 인간은 동물적 본성을 지니고 있어 용납하기 어려운 감정과 특질을 갖고 있으며, 이를 자제하기 위해 페르소나를 발달시킨다. 동물적 본능의 근원이나 자발성, 창의성, 통찰력 등이 그림자의 내용을 이루며, 그림자의 억압은 창조력이나 생명력과 같은 본성을 희생시킨다. 융은 사람과 사람 사이에 빚어지는 갈등이 그림자의 투사로 생기며, 그림자에 대한 통찰이 자기 지각과 성격 통합을 이루기 위한 첫 걸음이라고 생각하였다.

(7) 개인적 무의식

융은 무의식을 의식 너머 미지의 정신 세계로 묘사한다. 개인적 무의식은 그 강도가 약해 의식에 도달하지 못한 경험이나 그 내용이 중요하지 않거나 고통스러운 기억을 동반하여 의식에서 밀려난 억압된 기억으로 채워져 있다고 융은 설명한다. 그는 개인적 무의식이 정서적 색채가 강한 관념이나 행동적 충동으로 일컬어지는 콤플렉스를 중심으로 모여 있으며, 콤플렉스 자체가 병리적 현상은 아니지만 사고의 흐름을 방해하거나 의식의 질서를 교란하고 감정의 동요와 흥분, 부정적 정서와 행동을 유발하기 쉽다고 보았다.

(8) 집단적 무의식

융은 조상으로부터 물려받은 타고난 정신적 소인으로 개인의 정서, 지각, 행동에 영향을 미치는 무의식을 집단적 무의식이라 불렀다. 그는 전 인류에게 공통적으로 유전되어 온 집단적 무의식이 정신의 심층에 존재한다고 보았다. 집단적 무의식은 인류 역사의 산물이라 할 수 있는 신화나 민속, 예술에 반영된 주제를 통해 간접적으로 관찰될 수 있다. 융은 다양한 원형이 집단적 무의식을 구성하며, 이는 모든 인간에게 보편적으로 존재하는 집단적·선험적 이미지와 원초적 행동 유형으로 인간의 본능과 그 뿌리를 같이 한다고 본다.

(9) 자기

자기는 성격의 전체성, 일관성, 통합성, 조화성을 이루고자 하는 무의식적인 갈망으로, 성격의 상반된 측면의 균형을 이루고자 하는 내적 충동이라 할 수 있다. 자기는 조화로운 성격을 유지하기 위해 노력하는 조정자 역할을 한다. 융은 인간의 행동이 무의식의 영향을 받지만 의식 수준인 자아에 의해 결정되기 때문에 무의식은 꿈이나 사건을 통해 끊임없이 자아에게 자신의 존재를 알리고자 하며, 이러한 상황에서 자기가 두 체계간의 조정자 역할을 수행하여 인간의 행동에 조화와 통일을 이루게 된다고 보았다.

(10) 성격 유형

융은 자아의 태도와 정신의 기능을 근거로 성격을 유형화하였다. 자아의 성향은 자아가 지닌 정신 에너지의 방향으로 외향성과 내향성으로 구분된다. 정신의 기능은 개인이 내면 세계와 외부 세계를 이해하기 위해 사용하는 사고, 감정, 직관, 감각으로 구분된다. 그는 정신의 반대 원리에 따라 합리적인 차원의 사고와 감정, 비합리적인 차원의 감각과 직관으로 구분하고, 이 가운데 무엇을 우선적으로 사용하는가에 따라 기본적인 성격이 달라진다고 보았으며, 태도와 정신의 기능을 조합하여 여덟 가지의 성격 유형을 제시하였다.

2) 성격발달단계론

융은 성격의 발달을 개별화의 과정을 통한 자기실현의 과정으로 보았다.

개별화란 고유한 자기 자신이 되는 것으로 무의식적인 내용을 의식화하고 통합해가는 과정으로 표현된다. 융은 이 과정이 평생에 걸쳐 이루어진다고 보았으나 프로이드나 에릭슨과 같이 연령별로 명확한 발달단계를 제시하고 있지는 않다. 그는 개별화의 과정을 인생 전반기와 후반기로 나누어 설명하고 있으며, 성격의 발달을 아동기, 청년기, 중년기, 노년기의 네 단계로 구분하여 기술하고 있다. 융은 성격의 발달단계 중 중년기를 중점적으로 다루고 있다.

① 아동기

융은 생의 초기를 심리적 분화가 이루어지지 않은 집단적 무의식의 상태이며 신체적 본능에 의해 지배되는 시기로 보았다. 그러나 시간이 지나면서 자아가 생성되고 원형과 의식 기능의 분화가 일어나며 외부 현실에 적응하기 위해 페르소나가 발달되고 그로 인해 그림자가 형성된다. 융은 아동 초기에 자아가 발달하기 시작하며 이 시기 자아의 발달에 부모가 중요한 영향을 미친다고 보았다. 부모는 자신의 성격을 자녀에게 강요하거나 자신의 성격과 상반된 성격을 자녀에게 기대하기도 한다. 이와 같은 경험을 포함해 인생의 전반기는 투사나 동일시를 통해 자아가 강화되고 확대된다.

② 청년기

융이 정신적 탄생이라고 일컬은 청년기는 급격한 변화에 적응해야 할 필요성과 어려움이 동시에 존재한다. 사춘기에 현실적인 요구에 직면하면서 아동기에 지녔던 환상은 종말을 고하게 된다. 육체적·정신적 성숙이 촉진됨에 따라 자아의 발달이 활발해지고 외부 세계에 대처하는 역량도 증대된다. 청년기는 새로운 세계에 도전하고 자신의 목표를 성취하기 위해 적극적으로 노력해야 하는 시기이다. 보통 이 시기에 직업을 갖게 되고 결혼해 가정을 이루며 사회적 성공을 위해 헌신하게 된다. 융은 청년기에 남성과 여성이 각기 다른 특성과 기술을 발달시킬 필요가 있다고 보았다.

③ 중년기

중년기에는 가정과 직장, 지역사회에서 안정된 지위를 확보하면서 젊었을 때 느꼈던 모험, 흥분, 열정을 상실하고 성취 뒤에 오는 공허감을 느끼기 쉽다. 융은 이러한 상황에서 중년기가 위기의 시기가 되며 성격의 변화가 불가피하다고 보고, 지금껏 매진하고 성취해온 것과는 다른 영역에 관심을 돌리고 개인의 내적인 주관 세계에 몰두하고 헌신해야 한다고 강조한다. 또한 남성은 아니마의 원형을, 여성은 아니무스의 원형을 표현할 수 있어야 한다고 주장한다. 요컨대 성격의 한 측면이 다른 측면과 균형을 이루기 위해 변화되어야 할 시점이 중년기라는 것이다.

④ 노년기

노년기에 인간은 자신이 살아 온 인생을 되돌아보게 된다. 노년에 이르면 명상과 반성을 통해 자연적으로 내적 이미지를 갖게 되며 자신과 주변에 대해 보다 진지하게 생각하게 된다. 노인은 죽음이 불가피하다는 것을 받아들여야 하며 인간적인 온정을 베풀고 자신의 삶을 보람있는 삶으로 마무리하기 위해 최선을 다해야 한다. 융은 내세에 대한 믿음을 갖고 있지 않은 사람들은 죽음을 건강하게 맞이할 수 없다고 보고 내세에 대한 원형적인 이미지에 관심을 기울였으며, 주로 사람들의 마지막 꿈과 죽음을 앞두고 꾸게 되는 꿈을 통해 원형적인 이미지를 분석하였다.

3) 사회복지 실천과의 연관성

융의 이론은 객관적인 실험보다 임상적인 발견이나 역사적·신화적 근거에 그 기반을 두고 있기 때문에 심리학의 주류에서 실질적인 자리를 차지하지 못하고 있다는 비평을 받고 있기도 하다. 그러나 그를 통해 소개된 많은 개념들이 현대심리학에 널리 보급되고 있는 것은 부인할 수 없는 사실이며, 이러한 면에서 그의 이론이 심리학에 큰 영향을 미쳤다고 할 수 있다(손광훈, 2008). 융은 정신의학을 비롯해 철학, 종교학 등 다양한 학문의 발전에도 광범위한 기여를 하였다. 그의 이론 가운데 내적 경험의 중요성이라든가 인간 본성의 양면성, 상징주의, 중년기 발달에 대한 관심과 독특한 해석은 지금까지도 중요하게 다뤄지고 있으며, 사회복지적 실천과 관련해 시사하는 바가 큰 것으로 평가되고 있다.

융의 분석심리이론은 내담자의 문제나 병리적인 증상에 초점을 맞추기보다 내담자가 지니고 있는 건강하고 긍정적인 요소를 중시하여 내담자의 존재에 유동성을 부여하고 변화와 발전을 이끌어내는 분석심리치료의 바탕이 되었다. 분석심리치료에서는 내담자의 개별화와 자기 인식 증진을 중시하여 무의식의 의식화를 도모하고 정신의 전체성을 회복하도록 하는 데 중점을 둔다. 이에 따라 치료자는 내담자가 갖고 있는 내면의 심상, 곧 상징과 꿈을 통해 일상적으로 의식하는 세계 너머에 있는 무의식의 영역에 존재하는 창의력을 끌어내어 이를 활용할 수 있도록 돕는 역할을 담당하게 된다. 또한 치료자는 내담자로 하여금 그림자의 원형과 같은 부정적인 측면을 이해하고 이를 조절할 수 있도록 돕는다.

chapter 08

인지행동 이론

행동주의 심리학은 1910년대에서 1950년대에 걸쳐 심리학을 지배하였다. 왓슨(Watson)이나 스키너(Skinner) 등은 의식의 내용을 직관적으로 분석하는 내성법이 과학적 방법으로서 객관성이 결여되었다는 것을 지적하면서 외현적인 현상, 즉 객관적으로 관찰 가능한 현상만을 객관적이고 조작적인 용어로 기술하는 것만이 과학적 심리학이 추구해야 할 길이라고 주장하였다. 따라서 그들은 인간의 행동을 외현적으로 관찰할 수 있는 자극과 반응(stimulus-response : S-R)의 연결로서 설명하려 했다. 이들에 따르면 학습과 경험이 아동의 미래를 결정한다고 본다.

인지발달적 관점에서는 인간은 자연과의 상호작용을 통하여 자신의 생각을 형성해 간다고 주장한다. 모든 지식은 외부로부터 주어진 의미를 내면화시킴으로써 형성되는 것이 아니라, 개인의 적절한 표상과 해석을 통해서 내부로부터 형성되는 것으로 보고 있다. 즉, 아동이 백지에 그림을 그리듯이 새로운 개념을 획득하는 것이 아니라, 자신의 머릿속에 이미 형성되어 있는 개념을 변화시키거나 더욱 발전시키는 형태로 학습이 이루어진다고 보고 있다. 인지발달적 관점에서 보면 학습은 학생들의 머릿속에 이미 형성된 개념과 새로 배우게 될 개념과의 상호작용에 의해서 이루어지며, 학습 과정은 학습자 스스로 구성해 나가는 능동적 과정이라고 보고 있다.

본 장에서는 피아제(Piaget)의 인지발달 이론, 파블로프(Pavlov)와 스키너(Skinner)의 학습이론, 반두라(Bandura)의 사회학습 이론에 대해 살펴보고자 한다.

1 피아제의 인지발달 이론

피아제의 인지발달에서는 아동이 어떻게 사고하는가와 시간이 지남에 따라 아동의 사고가 어떻게 변화하는지에 관심을 가진다. 피아제에 따르면 아동들은 자신의 세계를 이해하기 위해 노력한다. 영아기, 유아기, 아동기, 청소년기를 지나면서 아동들은 그들을 둘러싼 물리적 환경뿐 아니라 사회적 환경을 이해하기 위해 노력한다. 아동은 마치 과학자처럼 자신의 물리적, 사회적 환경에 대한 이론을 만들어 외부의 세계를 이해하려고 노력하는데, 아동이 가지고 있는 이론들은 아동들로 하여금 어떤 일이 일어날 것인지를 예측 가능하게 해준다. 이러한 예측 가능한 사건들이 많아지게 될 경우, 아동은 자신의 이론에 대한 신념이 강해진다. 예를 들면, '내가 울면 엄마가 나에게 다가올 거야'와 같은 생각은 영아가 불편한 상황에서 찡찡거리거나 배가 고파 울게 될 때 엄마가 영아를 달래기 위해 달려오는 모습을 통해 입증될 수 있다. 하지만 영아가 아무리 찡찡거리거나 울어도 엄마가 영아에게 다가오지 않는 경우, 영아는 '내가 울면 엄마가 나에게 다가올 거야'라는 이론을 수정해야 한다. 피아제에 따르면 아동의 사고는 아동이 가지고 있는 이론이 정교해짐에 따라 더욱 발달하게 된다(Kail, 2007).

인지발달 이론에서는 발달과정에서 아동의 능동적인 역할을 강조한다. 아동은 능동적으로 환경에 적응하고, 스스로 사고하고, 정보를 처리하며, 적극적이고 주도적인 활동을 하는 존재이다. 인간의 행동이 환경에 의해 결정된다는 행동주의와는 달리, 인지발달 이론에서는 아동이 환경적 요인들을 어떻게 해석하고 받아들이느냐에 따라 행동이 결정된다고 본다(정옥분, 2003). 부모의 실직, 이혼 등으로 인해 빈곤한 가족의 경우를 예를 들어보자. 열악한 환경 요인으로 인해 아동의 건강한 발달이 저해될 수 있지만 이러한 환경 속에서도 성공적으로 성장하는 아동들도 더러 보고되고 있다. 이러한 아동들은 자신에게 주어진 환경에 굴복하기보다는 자신의 환경을 주도적으로 이끌어나갈 수 있는 능력을 가지고 있다.

인지발달 이론에서는 인간이 지속적으로 기능하며 성장하고 변화의 잠재력을 가진 존재로 보고 있다. 인지발달 이론에서는 인간이 환경적 영향을 받기는 하지만 환경적 자극을 능동적으로 중재하고 재구성할 수 있는 능력이 있으며, 지속적으로 발달할 수 있는 잠재력을 가지고 있다고 본다. 즉, 개인의 성숙과 환경 간의 상호작용의 결과로서 일어나는 인지발달은 일생에 걸쳐 이루어지는데, 인지는 주어진 상황이나 현실을 해석하는 데 있어 중재적 역할을 한다. 따라서 인지발달에서는 개인의 합리적인 사고과정을 중요하게 생각한다.

1) 기본 개념

피아제의 인지발달 이론에서는 도식, 동화, 조절, 평형, 적응 등의 개념에 대한 이해가 중요하다.

(1) 도식

도식(Schema)은 사물이나 사건에 대한 인지적 틀이다. 도식은 변화하는 인지발달의 구조로서 특정 사건이나 자극을 인식하고 그것에 대처하는 데 사용되는 기본적인 이해의 틀이라고 볼 수 있다. 이러한 도식은 타고나는 것이 아니라 환경과 상호작용하면서 반복되는 경험을 통해 점차 분화되고 복잡해진다.

(2) 동화와 조절

피아제에 따르면 아동은 태어나면서부터 자신의 경험을 이해하려고 하며 이러한 과정을 통해 자신의 이론을 구성해 나간다. 아동은 자신의 주변에서 일어나고 있는 일들을 이해하기 위해 스스로 구성한 이론을 활용하는데, 새로운 경험은 이미 구성된 이론을 기초로 이해한다. 아동은 현재 가지고 있는 이론에 기초하여 새로운 사건과 경험을 이해하는데 이를 동화(assimilation)라고 한다. 예를 들면, 솜사탕을 무지 좋아하는 유아는 하얗고 뭉실뭉실한 것은 솜사탕이라고 생각한다. 어느 날 유아가 하늘의 구름을 보며 '아빠, 솜사탕이 하늘에 있어요, 솜사탕을 하늘에서 따 주세요'라고 표현하는 것은 구름을 솜사탕에 동화시킨 것이다.

그러나 앞서의 예처럼 아동이 형성한 이론이 불완전하거나 부정확한 경우가 많아, 아동은 새로운 경험에 맞추어 자신의 이론을 수정해야 하는 데 이것을 조절(accommodation)이라고 한다. 기존의 도식으로는 새로운 사물을 이해할 수 없기 때문에 기존의 도식을 변경해야 한다. 하늘의 구름을 솜사탕으로 보는 유아에게 부모가 "하늘에 떠 있는 하얗고 뭉실뭉실한 것은 구름이란다"라고 말해줌으로써 유아는 자신의 도식을 조절하게 된다.

(3) 적응

피아제에 따르면 인간의 인지발달은 유기체인 인간과 자신을 둘러싼 환경 간의 끊임없는 상호작용을 통해 이루어지는 적응과정이라고 하였다. 적응과정은 앞서 살펴본 동화와 조절을 통해 진행된다. 한 예로, 초등학교에 갓 입학한 아동은 학교생활에 적응해야 한다. 아동에게 수업시간이 너무 길게 느껴질 수도 있지만 아동은 수업이 이루어지는 40분 동안 책상에 바른 자세로 앉아있도록 자신의 마음과 행동을 조절해야 한다. 한편, 아동이 한글을 어느 정도 알고 있다면 국어 수업시간에 진행되는 받아쓰기 공부는 한글에 대해 갖고 있는 이론과 일치하므로 쉽게 이해할 수 있다. 반면 아동이 한글에 대한 지식이 전혀 없다면 국어 수업시간에 진행되는 받아쓰기 공부는 이전의 그림그리기와는 전혀 다른 새로운 과업으로 받아들여야 한다. 이처럼 학교 환경에서 주어지는 다양한 사건이나 자극에 대한 동화와 조절 과정을 통해 아동의 학교적응능력은 향상된다.

(4) 평형

동화와 조절과 함께 고려해야 할 또 하나의 구성개념은 피아제의 평형(equilibration)이라는 개념이다. 평형은 동화와 조절 간에 균형을 이루는 것을 의미한다. 평형은 계단식으로 한 단계 한 단계씩 쌓아 가는 지식의 내재적 조직화로, 정신과 정서가 균형 상태임을 가리킨다. 즉 인지는 의심이나 불확실의 상태인 불균형 상태(disequilibrium)에서 확실한 균형의 상태(equilibrium)로 옮겨져 의문점이 마침내 해결되는 과정을 거쳐 발달된다. 일 예로, 아동은 주변에서 일어나는 대부분의 경험을 자신이 갖고 있는 이론에 동화할 수 있지만, 새로운 경험이 기존에 자신이 가지고 있던 이론과 맞지 않으면 자신의 이론을 수정하는 조절을 하게 된다. 이때 아동은 일시적으로 불균형 상태에 놓이게 되지만, 자신의 의문점이 해결되는 순간 평형의 상태에 놓이게 된다. 평형은 인간이 자신의 인지구조를 형성하고 재구성하는 인지발달의 핵심 기능이다(Piaget, 1983).

2) 인지발달단계

피아제(1954)에 의하면 개인의 성숙, 물리적 경험, 사회적 요인이 개인의 인지발달을 결정하는 주요 요인이기는 하지만 이들 요인들을 적절한 방식으로 통합하고 조정하는 개인의 내재적 능력 또한 인지발달에 중요한 영향을 미친다.

피아제(1973)에 따르면 인지발달에는 4개의 단계가 있다. 감각운동기(출생~2세), 전조작기(2~6세의 유아기), 구체적 조작기(7~12세의 초등학생 시기), 형식적 조작기(12세 이상으로 청소년기와 성인기)로 구분된다. 이 단계들은 순서대로 진행되며, 단계가 높아질수록 개인의 능력이 성숙해짐에 따라 인지구조가 재구성되어 인지적 복잡성이 증가한다. 즉, 아동이 성숙해가면서 각각의 단계를 거치는 동안 다양한 경험을 통해 지적능력이 발달된다. 이러한 인지발달, 정서발달, 그리고 사회적 발달은 분리될 수 없고 병행적으로 발달하며, 각 단계에서의 인지발달은 개인 내적인 사고뿐만 아니라 대인관계에도 영향을 미친다(Piaget & Inhelder, 1969).

(1) 감각운동기(sensorimotor period)

감각운동기는 출생에서 2세 정도까지 지속된다. 이 단계에서의 인지발달은 유아의 반사적이고 급격히 발달하는 감각 및 운동능력의 결과이다. 유아는 몇 개의 단순한 반사 기능을 가지고 태어나는데, 유아는 감각운동기 동안 물건을 잡고 빠는 것과 같은 여러 형태의 신체적 활동을 통해 다양한 감각운동적 도식을 발달시킨다. 이 시기의 영아는 손이나 입에 닿는 것은 무엇이든 잡거나 빨아 보는 단순한 행동을 통해 사물에 대한 지식 및 사물과 자신 간의 관계를 이해해 간다. 한 예로, 어떤 숟가락은 자신의 입에 쏙 들어갈 정도로 작지만, 어떤 숟가락은 자신의 입보다 훨씬 큰 경우도 있다. 처음에는 숟가락을 무작정 입에 넣지만, 큰 숟가락이 입에 들어가지 않는 경험을 한 이후로는 입을 벌리는 크기를 조정하게 된다.

이런 과정에서 영아는 마침내 의도적이며 체계적인 인지적 행동을 발달시키게 되고, 감각 운동기가 끝나갈 쯤에는 표상 형성(기억 과정)의 기초가 되는 대상 개념을 발달시킨다(Ginsburg & Opper, 1988). 이 대상 개념 혹은 대상영속성(object permanence)이라 함은 우리 자신을 포함하는 모든 대상들이 독립적인 실체로서 존재하며 대상이 한 장소에서 다른 장소로 이동하여도, 시야에서 대상이 사라지더라도 다른 장소에 계속 존재한다는 사실에 대한 지식을 말한다. 출생에서 2세까지의 영아의 지능 발달은 대상을 직접 만지고 다루는 감각운동적 경험에서 시작되며 이러한 경험이 내재적 사고를 가능하게 하는 기초가 된다고 볼 수 있다(Piaget & Inhelder, 1969).

표 8-1 감각운동기의 세부 단계의 특징

세부 단계	연령	인지적 조작의 특징
반사 운동기	출생~ 1개월	• 빨기, 잡기 등과 같은 타고난 반사적 행동을 통해 외부세계를 이해하게 된다. 예) 영아는 물건을 잡으면 무조건 입으로 가져가서 빨려고 한다. • 타고난 반사적 행동은 환경과의 상호작용을 통해 계속적으로 수정되며 발달하게 된다. • 자신과 외부 세계 간의 구분이 없다. 예) 자신의 움직인 팔에 자신의 머리를 맞으면 깜짝 놀란다.
일차순환 반응기	1개월~ 4개월	• 영아의 관심은 주로 자신의 신체에 있고, 우연히 어떤 행동이 흥미로운 결과를 초래하면 그 행동을 반복한다. 예) 손가락을 빠는 것이 재미있다고 생각하면 손가락을 자꾸 입에다 넣으려고 한다. • 기존의 반사행동들이 보다 숙달된 행동으로 나타나며, 반사행동 간에 협응이 이루어진다.
이차순환 반응기	4개월~ 8개월	• 영아의 관심은 자신의 신체에서 외부에 있는 사건과 대상으로 옮겨지고, 외부에서 일어나는 어떤 행동이 흥미로운 결과를 초래하면 그 행동을 반복한다. 예) 영아가 몸을 움직이다가 천장에 매달려있는 모빌을 건드렸을 때 모빌이 움직이는 것을 보면, 잠시 멈추었다가 몸으로 다시 모빌을 움직이는 행동을 한다. • 자신의 행동과 예상되는 결과를 예측하며, 목적을 달성하기 위해 의도적인 행동을 시작하게 된다.
이차순환 반응의 협응기	8개월~ 12개월	• 친숙한 행동이나 수단을 통해 새로운 결과를 얻으려고 한다. • 목적을 달성하기 위해 의도적이고 목적적인 행동을 하게 되는데, 이는 영아가 인과개념을 이해하는 것이다.
삼차순환 반응기	12개월~ 18개월	• 영아는 실험적 사고에 관심을 가진다. 예) 영아는 새로운 물건을 보면, 보고, 만지고, 두드리고 냄새를 맡아보기도 하고 입에 넣어보는 과정을 통해 사물의 속성을 파악하고자 한다. • 시행착오적인 행동을 통해 인과관계를 형성하기 시작한다. 친숙한 행동으로 목표에 도달할 수 없을 경우, 전략을 수정하여 목표에 도달하고자 한다.
정신적 표상	18개월~ 24개월	• 원인과 결과에 대해 정신적 표상이 가능해진다. 행동하기 전에 원인에 따른 결과를 생각하는 과정을 거치게 된다. 예) 영아가 통로가 좁은 문을 통과해야 할 때, 무조건 들어가는 것이 아니라 앞에서 통로의 크기를 가늠한 후 몸을 굽히고 들어가게 된다.

감각운동기는 크게 6개의 세부단계로 구분되는데, 각 세부단계의 특징은 〈표 8-1〉과 같다.

(2) 전조작기(preoperational period)

전조작기는 취학 전기로 2세에서 7세 정도에 해당된다. 이 단계는 논리적 조작이 가능하지 않기 때문에 전조작기라고 부른다. 이 시기는 유아가 내재적으로 형성된 표상을 여러 형태의 상징으로 표현하는 전개념적 사고기(preconceptual thinking)와 여러 가지 개념을 직관적 사고의 한계 내에서 발달시키는 직관적 사고기(intuitive thinking)로 구분된다(표 8-2 참조).

표 8-2 전조작기의 세부 단계의 특징

세부 단계	연령	인지적 조작의 특징
전개념적 단계	2~4세	• 유아가 상징을 사용한다. 상징적인 놀이, 그림, 말을 사용하여 의사소통을 할 수 있다. 하지만 감각의 세계에 사로잡혀 있기 때문에 유아 자신이 본 것만을 믿으려 한다. • 자기중심성으로 인해 자신의 관점으로만 사물을 보려 한다. • 유아는 생물과 무생물을 잘 구별하지 못한다. 예) 움직이는 로봇 장난감을 살아있는 것으로 생각한다.
직관적 사고단계	4~7세	• 가역적 사고는 아직 불가능하다. • 단일한 특징에 의해서 대상들을 분류한다. 예) 유아에게 몇 가지 색과 모양의 블록을 주고 구분해보라고 하면 모양에는 상관없이 모든 빨강 블록들을 무리 짓거나 색깔에 상관없이 모든 네모 블록들을 무리 짓는다.

감각운동기가 끝나갈 쯤에 심상을 형성하기 시작한 아동은 아직 대상의 모습이나 동작 등에 대한 표상을 정확한 개념으로 설명하기 어렵다. 4세 이전의 유아에게 "돼지가 뭐니?"라고 물으면 돼지의 전체적인 특성을 이야기하기보다는 한 마디로 "뚱뚱하다", "살색이다" 등으로 설명하거나 돼지가 꿀꿀거리는 모습만을 흉내낸다.

또한 나무토막이나 막대기를 이용해 총놀이를 하는 유아들의 모습을 자주 접할 수 있다. 이는 자신의 머릿속에 있는 총을 나무토막이라는 상징물을 통해 재현하는 것이다. 이처럼 이 시기에는 상징적 사고가 발달함에 따라 가상놀이가 가능해지고, 다양한 가상놀이를 통해 현실에서는 다룰 수 없는 문제들을 다루어봄으로써 다양한 세계를 이해할 수 있는 능력을 키우게 된다.

대체로 4세 이후부터 유아들은 자신을 둘러싼 외부의 현상들을 객관적으로 인지하기 시작하게 된다. 그러나 사물이나 사건이 갖는 단 한 가지의 가장 두드러진 속성에 의해 그 사물이나 사건을 판단하는 논리적 한계를 보인다. 이처럼 사물이나 사건의 한 가지 측면만을 고려하는 사고의 한계를 중심화(centration)라고 한다. 사고의 중심화 경향은 전조작기 인지발달의 거의 모든 측면에서 나타나지만, 그 중에서도 특히 타인의 생각, 감정, 관점 등이 자신과 동일한 것으로 생각하여 타인의 관점과 역할을 이해하지 못하는 것을 자기중심성(egocentrism)이라 한다.

(3) 구체적 조작기(concrete operational period)

구체적 조작기는 학령기에 해당되는 7-12세까지이다. 이 시기의 아동은 논리적 조작이 가능한 시기이다. 하지만 구체적인 현상에 관해서만 논리적 조작이 가능하다(표 8-3 참조). 이 시기 아동은 실제 경험했던 행동을 정신적 사고로 변형시킬 수 있는 조작(operation)이 가능해지는데 이러한 여러 형태의 조작에 의해 과학적 사고와 문제 해결이 가능하게 된다. 구체적 조작기의 아동에게 나타나는 논리적 사고의 가장 중요한 특징은 가역적 사고이다. 이런 특성은 보존 개념, 분류, 서열 등의 조작에서 잘 나타난다. 보존 개념이란 어떤 대상의 외양이 바뀌어도 실체는 바뀌지 않는다는 사실에 대한 이해를 의미한다. 물체의 형태를 변화시키는 지각적 단서에 의한 영향을 더 이상 받지 않기 때문에 형태의 변화에도 불구하고 양은 동일한 상태를 그대로 보존한다는 사실을 이해하게 되고, 더불어 여러 차원의 형태, 길이, 무게, 부피 등의 보존 개념을 획득해 가게 된다. 한 예로, 같은 모양의 두 컵에 있는 담겨 있는 같은 양의 물을 모양이 다른 컵에 옮겨 담으면, 두 컵에 있는 물의 양이 달라 보인다. 그러나 다른 컵에 담았던 물을 다시 원래의 컵에 담으면 그 양은 같아진다. 아동은 모양이 다른 두 컵에 담겨진 물에 첨가되거나 제거된 것이 없고, 모양이 변한 물을 원래의 모양으로 되돌릴 수 있기 때문에 두 물의 양이 같다는 것을 안다(그림 8-1 참조).

그림 8-1 양의 보존법칙

출처 : http://www.abacon.com/slavin/t8.html

또한, 이 시기 아동은 분류 및 서열화를 할 수 있게 된다. 분류 기술은 어떤 대상이 공통적으로 지니고 있는 차원에 근거해서 물체를 분류하고 통합할 수 있는 능력을 말한다. 이런 능력은 대상과 대상간의 공통점과 차이점 및 관련성을 이해함으로써 비로소 획득될 수 있다. 예를 들어 색깔과 모양이 다른 블록을 주고 같은 것끼리 모아 보라고 하면, 전조작기 아동의 대부분은 두드러진 지각적 단서에 따라(예를 들면, 색깔에 따라 혹은 모양에 따라) 한 가지 차원으로 분류를 해 놓는 반면, 구체적 조작기의 아동은 우선적으로 색깔에 따라 분류를 한 후 색깔 내에서 모양을 구분하는 작업을 하게 된다. 즉, 상위유목에서 하위유목별로 사물을 분류한다. 그리고 이 시기의 아동은 사물의 길이나 크기 등의 기준에 따라 배열하는 서열 조작 능력도 갖추고 있다. 아동들은 자신 주변의 사물을 분류하고 순서대로 배열하는 것을 좋아한다. 그들은 좋아하는 과목의 순서를 매기기도 하고, 혹은 친구를 친밀도에 따라 구분하기도 한다.

표 8-3 구체적 조작기의 특징

단계	연령	인지적 조작의 특징
구체적 조작기	7~12세	• 성인처럼 논리적 사고를 할 수 있지만 눈에 보이는 구체적 사실에 관한 추리만 가능하다. • 보존성, 가역성 및 서열 개념이 획득된다. • 사물이나 사건들에 대해서 논리적으로 사고할 수 있다. 사물들을 몇 개의 특징에 따라 분류하고 크기와 같은 어떤 단일 차원에 따라 그것들을 순서대로 맞출 수 있다.

(4) 형식적 조작기(formal operational period)

형식적 조작기는 청소년기 이후부터 성인기까지이다. 이 시기에는 추상적 사고, 가설적 사고가 가능하며, 아동기에 비해 훨씬 효율적으로 다양한 문제를 해결할 수 있다. 이들은 자신들의 지각과 경험을 넘어 논리적 원리에 의한 추상적인 사고를 하고, 사건에 대한 가설을 설정하며 이를 논리적으로 검증할 수 있는 과학적 사고 능력을 소유하게 된다(표 8-4 참조).

이 시기 청소년들은 가능한 모든 것들에 대한 이론을 설정하고 이를 경험적으로 검증해가는 가설 연역적 사고(hypothetic-deductive reasoning)를 하게 된다(Flavell et al, 1993). 가설적 사고가 가능한 청소년들은 계획을 세워 일련의 가설을 차례대로 검증해나감으로써, 보다 효율적으로 지적인 과업을 수행할 수 있게 된다. 빨간색과 파란색, 노란색의 3가지 색깔로 이루어진 다양한 국기의 모양을 모두 찾아보는 과업을 생각해보자. 구체적 조작기 아동의 경우, 무작위적으로 색깔을 나열함에 따라 같은 색의 국기를 반복해서 그리기도 한다. 하지만 형식적 조작기의 청소년의 경우, 일단 맨 윗부분이 빨간색이 들어가는 국기의 모양을 다 생각해 낸 후, 그 다음에는 맨 윗부분이 파란색, 마지막은 노란색이 맨 윗부분으로 들어가는 국기의 모양을 모두 생각해낸다. 이처럼 체계적으로 접근할 경우, 실수를 하게 될 가능성이 낮아지고 보다 빠른 시간 안에 문제를 해결할 수 있다.

이러한 가설설정 능력은 과학적 사고를 넘어 사회, 정치, 종교, 철학 등 전

영역에 걸친 이상주의(idealism)로 확장된다(Piaget, 1981). 청년기의 이상주의는 특정한 관념에 대한 집착과 자신의 관념과 일치하지 않는 것들에 대한 비판으로 나타나기도 한다. 따라서 청년기에는 이상주의의 실현을 놓고 사회를 변화시키고자 하며 보다 나은 사회를 만들기 위해 기존의 사회를 개혁하고자 하는 성향을 보이기도 한다. 1980년대 한국 대학생들의 민주주의를 향한 시위는 이러한 성향을 잘 반영하는 것이다.

이러한 인지적 성장과 더불어 청소년들은 자아에 대한 탐색 경향이 증가한다(Elkind, 1978). 청소년들은 자신에 대한 생각에만 사로잡혀 자신의 관점과 타인의 관점을 구분하지 못하는 '청소년기 자아중심성'을 나타낸다. 청소년기 자아중심성이란 청소년들이 강한 자의식에 빠져서, 자신만의 독특한 세계와 타인의 보편적인 세계를 구분하지 못하고 자신은 특별한 존재라는 착각에 빠지게 되는 것이다. 한 예로, 청소년기에는 외모를 꾸미는 데 상당한 시간을 보내는데 이는 모든 사람들이 자신을 쳐다볼 것이라는 생각 때문이다. 청소년들은 머리카락 하나라도 자신의 마음대로 되지 않으면 머리를 몇 번이고 다시 빗는 행동을 하는데, 이는 청소년기 발달 과정에서 나타나는 자연스러운 발달적 속성의 하나이다. 이와 같은 이 시기의 자아중심성은 이들이 타인과의 정서적 관계를 점차 경험하는 동안 자신과 타인 간의 유사점과 차이점을 이해해 가면서 점차적으로 사라지게 된다.

표 8-4 형식적 조작기의 특징

단계	연령	인지적 조작의 특징
형식적 조작기	12세 이후	• 구체적인 상황을 초월하여 추상적 사고와 종합적 사고가 가능하다. • 다양한 가능성과 해결방안의 모색이 가능하다. • 이론적 문제 해결의 기본이 되는 가설을 세우고, 가설들을 체계적으로 검증할 수 있다

3) 사회복지 실천과의 연관성

피아제는 인간발달에서 인지의 역할을 강조하였으며, 아동이 적극적이고 능동적인 학습자라는 점을 강조하였다. 피아제의 공헌은 아동발달 영역에만 한정되지는 않는다. 교육현장의 교사 및 자녀 양육을 담당하는 부모가 아동을 교육하고 양육하는 데 있어 사용하는 활동과 실천은 Piaget의 이론에서 파생되었다고 해도 과언이 아니다. 1965년 Flavell 등을 비롯한 몇몇 학자들이 피아제 이론과 관련된 연구를 발표함으로써 피아제 이론에 대한 세계적인 관심이 일게 되었고, 이러한 관심은 결손가정과 다문화가정의 유아를 위한 조기유아교육 프로그램을 개발하려는 미국의 노력과 시기적으로 일치되면서 피아제 이론을 교육현장에 적용하려는 시도가 시작되었다(강문희, 2005). 이와 관련된 대표적인 프로그램으로 카미-드브리스(Kamii-DeVries) 프로그램을 들 수 있다. 카미(Kamii)는 혜택받지 못한 아동들이 학교에서 성공할 수 있는 프로그램을 개발하고자 하였다. 피아제의 이론에 기초를 두고, 새로운 행동을 추구하는 창조적, 발명적, 탐구적 인간을 길러내고, 기존 의식에 대해 비판적, 분석적 태도를 가진 인간을 양성하는 데 궁극적인 목적을 두었다. 카미-드브리스의 교육과정은 아동의 인지적, 도덕적, 사회정서적 영역의 발달을 종합하는 피아제식 유아교육과정이라 볼 수 있다(문미옥, 1988).

피아제 이론이 보육 및 교육현장에 시사하는 바를 정리해보면, 다음과 같다. 무엇보다 피아제에 따르면, 지식은 단순히 학습자에게 전달되거나 옮겨지는 것이 아니라 학습자가 사물과의 상호작용을 통해 능동적으로 구성한다고 보았다(Hohmann et al., 1979). 즉, 지식은 교사에 의해서 이루어지는 것이 아니라 아동 자신의 능동적이고 활발한 활동을 통해 구성해 나가는 것이다. 이에 아동들의 관심과 흥미를 유발할 수 있는 환경을 구성해주는 것도 중요하다. 피아제 이론에 의하면 아동의 자발적 활동(예컨대 놀이의 형태든, 감각운동적 활동이든, 질문이나 탐색 활동이든 상관없이) 및 능동적인 활동에 의해서 아동은 스스로 지식을 구성해 가고 사물에 이해를 하게 되는 것이다. 이러한 측면에서 교사는 아동의 능동성 및 개별성을 강조하여 아동에게 최소한의 개입과 중재를 하는 것이 바람직하다. 기존의 교사주도식 전달 교육방법은 아동 중심의 지식 발견적 교육방법으로 전환되어야 하며, 이러한 과정 속에서 다양한 개인차가 인정되는 개별화 학습이 실제 교육현장에서 실현되어야 한다.

둘째, 적절한 시기의 교육이 필요하고, 보편적 발달단계에 맞는 교육적 경험을 제공하는 것이 중요하다. 최근 들어, 우리나라의 경우 사회적으로 인지발달의 중요성이 강조되면서 선행교육에 대한 관심이 부쩍 증가하고 있다. 유아들이 유치원이나 학원에서 더하기, 빼기 등을 배우고, 한글뿐 아니라 영어를 배우고 있다. 하지만 피아제의 이론에서 보면 이러한 행태는 발달상으로 부적절하다. 아직 개념적 사고가 완성되지 않은 유아들에게 억지로 많은 지식을 습득하게 하는 것은 오히려 스트레스로 작용한다는 사실을 부모나 교사들이 깨달을 필요가 있다. 또한, 특정 시기마다 필요한 경험 및 교육적 자극이 다르기 때문에 단계에 맞는 교육을 실시하는 것이 중요하다. 한 예로, 감각운동기나 전조작기 아동의 경우 가능한 한 다양한 사물이나 현상을 직접적으로 경험할 수 있는 기회를 제공해 줌으로써 다양한 심상을 형성하게 하고, 사물의 특성에 대한 설명도 언어적으로 제시되기보다는 오감을 활용하도록 도와주는 것이 필요하다.

셋째, 아동을 위한 교육활동은 흥미, 놀이, 실험 등을 통한 실제적 경험에 기초해야 한다. 특히 영유아 시기에는 인지발달의 토대로서 감각운동적 경험이 중요하다. 즉 구체적으로 조작할 수 있는 다양한 자료와 물리적 환경을 구성하는 것이 중요하다. 또한 아동이 다양한 놀이활동 및 실험을 통해 인과관계에 대한 이해를 도모할 수 있는 환경을 조성해 주는 것이 필요하다.

2 학습이론

학습이론은 인간의 발달에서 환경적 요인을 더 강조한다. 유전적 측면보다 환경적 측면이 인간의 행동에 더 큰 영향을 미친다고 본다. 따라서 학습이론은 환경의 변화를 통해 인간의 성장 및 발달을 도모하고자 하며, 인간의 내적인 측면보다는 눈에 보이는 객관적인 행동에 초점을 둠으로써 행동주의라고 불리기도 한다. 여기에서는 파블로프(Pavlov)의 고전적 조건형성, 스키너(Skinner)의 조작적 조건형성, 반두라(Bandura)의 사회학습 이론에 대해 살펴보고자 한다.

1) 파블로프의 고전적 조건형성

파블로프는 1904년 소화생리학 연구 중에 실험적 학습의 기본 원리를 발견하였다. 개의 소화과정을 실험하는 과정에서 조건반사에 대한 연구를 시작하게 되었고, 1941년 '조건반사와 심리치료(Conditioned Reflexes and Psychiatry)'라는 저서를 통해 조건형성을 정신질환에 적용시켰고 이것은 심리치료에 상당한 영향을 미친 것으로 알려져 있다. Pavlov는 죽을 때까지 과학적 개념에서 벗어난 적이 없었으며 과학이 인간의 주요한 문제를 해결할 수 있다는 신념을 가지고 있었다(Crain, 2000). 파블로프는 조건반사를 이용하여 학습이 이루어지는 방법을 과학적으로 설명함으로써, 학습이론을 확고한 과학적 기반 위에 올려놓은 학자이다.

(1) 기본개념

파블로프 이론의 기본개념은 고전적 조건형성으로 설명될 수 있다. 여기에서는 조작적 조건형성과 관련된 주요개념을 살펴보고자 한다.

① 고전적 조건형성

Pavlov의 개 실험

출처 : http://learners.in.th/file/suthida_suthiroek/list?page=3

고전적 조건형성은 일정한 자극에 의해 자연적으로 일어나는 반응을 그것과 전혀 관계가 없는 중성자극과 연합시킴으로써 그 중성자극이 조건 자극으로 변화되어 조건 반응을 일으키게 하는 것을 말한다. 이러한 조건 자극으로 인해 일어나는 조건 반응은 주어진 자극에 대한 새로운 반응으로 학습된 반응이다. 파블로프는 개실험을 통해 고전적 조건형성 이론을 형성하였다. 어두운 방에 있는 개에게 불빛(중성 자극)을 쬐어주고 30초 후에 개에게 먹이(무조건 자극)를 주면 개는 침을 흘린다(무조건 반응). 이처럼 불빛과 먹이를 반복적으로 짝짓게 되면 개는 불빛만 보아도 침을 흘린다(조건 반응). 개는 불빛에 조건화된 반응을 보이는 것이다. 마찬가지 예로, 종이 울릴 때마다 먹이를 주는 절차를 지속적으로 반복하면 개는 종소리만 들어도 침을 분비하는 반응을 보인다(사진 참조).

조건화를 형성하는 데 필요한 요소는 무조건 자극(unconditioned stimulus), 무조건 반응(unconditioned response), 조건 자극(conditioned stimulus), 조건 반응(conditioned response)이다. 무조건 자극은 유기체로부터 자연적이고 자동적인 반응을 이끌어낸다. 무조건 자극의 예로 음식을 들 수 있는데, 개는 음식을 보면 자동적으로 침을 흘린다. 무조건 반응이란 개가 음식을 보고 침을 흘리는 것과 같이, 무조건 자극에 의해 일어나는 자동적인 반응이다. 중성적 자극으로는 자동적인 반응을 이끌어내지 않지만 조건 자극이 무조건 자극과 여러 번 결합될 때 조건 반응이 일어난다. 예를 들면, 벨소리와 먹이를 지속적으로 결합시키는 것을 통해 벨소리만 들어도 침을 흘리는 조건 반응을 이끌어낼 수 있다(그림 8-2 참조).

이러한 직접적인 실험이 아니더라도 일상생활에서 간접적인 경험을 통해 고전적 조건화에 의한 학습이 많이 일어난다. 큰 교통사고를 당한 사람은 이후에 차만 보면 마음이 불안해지고 움츠려든 현상을 볼 수 있다. '차'라는 중립적 자극이 고통과 연결이 되어서 조건 자극이 되는 것이다. 전쟁에 참가한 군인들이 겪는 외상 후 스트레스 증후군(post-traumatic stress syndrome)도 마찬가지다. 강렬한 자극을 겪이 사람은 그 자극과 조금이라도 관련된 것을 보면 움츠려들고 불안해지는 현상은 고전적 조건형성의 예로 볼 수 있다.

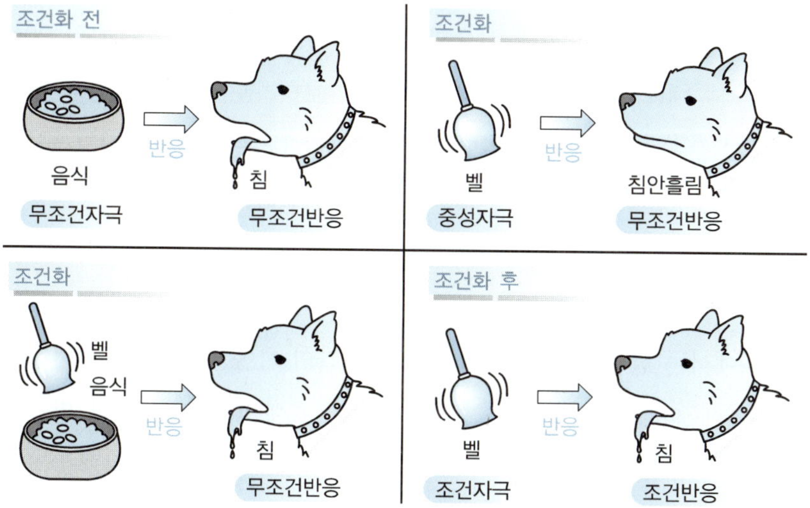

그림 8-2 고전적 조건형성

출처 : http://www.eruptingmind.com/pavlov-classical-conditioning-t

② 소멸

고전적 조건형성에서 조건 반응은 무조건 자극에 의존한다. 즉, 무조건 자극 없이 조건 자극만으로는 조건 반응을 이끌어낼 수 없고, 조건 반응이 형성된 후에 무조건 자극 없이 조건 자극만 지속적으로 주어지게 되면 조건 반응은 사라지게 되는데, 이를 소멸(extinction)이라고 한다. 앞서 본 예에서, 먹이(무조건 자극) 없이 빛(조건 자극)만 비추어주게 될 경우 처음에는 빛을 보고 침을 흘리겠지만, 먹이 없이 빛만 비추게 되는 것을 반복하게 되면 개는 더 이상 침을 흘리지 않는다.

③ 자극일반화

자극일반화(stimulus generalization)란 이미 조건화된 자극과 유사한 자극이 조건화된 반응을 이끌어내는 것을 의미한다. 한 예로, 큰 개에게 물려 놀란 경험이 있는 아동은 어린 강아지만 보더라도 깜짝 놀라는 반응을 하는데 이것이 자극일반화이다.

④ 자극변별화

자극일반화 과정은 점차적으로 분화의 과정을 거치게 된다. 변별이란 한정된 범위의 자극 혹은 훈련에 사용되었던 자극에만 반응하는 경향을 의미한다. 앞서 본 예에서 큰 개에 놀라 강아지만 보더라도 무서워하던 아동이 '어린 강아지는 무섭지 않고 물지도 않으며 귀엽다'라는 것을 깨닫고 나면, 강아지를 보고는 더 이상 놀라지 않는 것을 의미한다.

(2) 인간행동에 대한 관점

행동주의에서는 발달은 학습의 결과이고, 인간의 학습은 자극과 반응 간의 연합의 원리에 의해 이루어진다고 본다. 파블로프에 따르면 인간의 발달은 환경적 자극에 수동적으로 반응하여 형성되어진다고 본다. 인간을 능동적이기보다는 수동적인 존재로 보며, 환경에 의해 결정되어지는 존재로 본다. 즉, 인간은 자신의 발달과정에 주도적인 역할을 하지 못하고 주어진 환경에 의해 통제되는 존재이다. 따라서 아동의 발달과정에서 유전적으로 부여된 특성이나 개인차를 인정하지 않는다.

파블로프는 환경적 사건이 인간행동에 영향을 미치는 방식에 초점을 두었다. 행동을 일으키는 선행조건에 따라 어떤 반응이 뒤따르는가에 대한 기능적 분석을 통해 행동의 원인과 결과를 발견하고, 원인이 되는 자극을 조정함으로써 인간의 행동을 통제할 수 있다고 본다(Crain, 2000).

(3) 사회복지 실천과의 연관성

학습이론에서는 인간의 발달을 학습의 결과로 보고 있다. 파블로프(Pavlov)

는 기본적이고 중요한 학습이 어떻게 이루어지고 있는지에 대한 방법론으로 고전적 조건형성을 사용하였다. 파블로프에 따르면, 학습은 환경에서의 자극과 그 자극에 대한 유기체의 반응 간의 관계에 의해 이루어지는데 이들 관계는 강화와 소멸에 의해 강화되거나 약화된다.

고전적 조건형성은 개인이 속한 환경이나 문화에서 정상적인 감정이나 태도를 학습하지 못한 사람들에게 재학습시키는 방법으로 많이 사용되고 있다. 역조건화, 충만노출, 체계적 둔감법 등은 임상현장에서 많이 사용되고 있는 방법들이다. 구체적으로 살펴보면, 역조건화는 사람에게 담배를 피우거나 술을 마시는 것을 허용한 다음 매스꺼움을 일으키는 약물을 주어 이 둘을 짝짓게 되면 담배나 술은 조건화된 매스꺼움을 일으키므로 술이나 담배에 대한 혐오감을 갖게 된다는 것이다. 충만노출이란 주로 공포증 환자를 대상으로 실시하는 것으로, 공포증을 소멸시키기 위해 오히려 조건 자극이 있는 곳에서 오랜 시간 머물게 하여 부정적인 일이 발생되지 않는다는 것을 학습하게 하는 것이다. 체계적 둔감법도 주로 공포증 환자에게 적용되는 것으로, 환자가 심리적으로 무서워하는 대상과 서서히 가까워지게 하여 공포를 소멸하게 하는 것이다. 이처럼 고전적 조건형성은 현장에서 개인의 부적응적인 행동을 제거시키고, 보다 효과적이고 바람직한 행동이나 기술을 새롭게 학습하도록 도와주는 데 적용되고 있다.

2) 스키너의 조작적 조건형성

스키너는 1930년대에서 1970년대까지 행동주의를 과학적 체계로 발전시켰다. 스키너(1938)는 '유기체의 행동(The Behavior of Organism : An Experimental Analysis)'을 통해 동물행동에 관한 실험결과를 발표하였다. 실험상자(skinner box) 안에서 지렛대를 누르는 흰쥐의 행동은 바로 그 행동에 뒤따르는 음식에 의해 강화된다는 것을 입증하면서, 체계적인 실험조작을 통해 조작행동의 원리를 제시하였다. 1953년에는 『과학과 인간의 행동』을 출간하여 행동의 원리가 인간에게도 적용될 수 있음을 시사하였고, 그 이후 정적강화와 소거법을 응용하여 인간의 행동을 예측된 방향으로 변화시킬 수 있음을 입증하였다. 오늘날 교육에서 흔히 사용되고 있는 행동수정, 교수기계와 같은 용어는 스키너의 영향력을 말해주고 있다.

(1) 기본개념

스키너 이론의 기본개념은 조작적 조건형성으로 설명될 수 있으며, 이러한 조작적 조건을 형성하기 위해서는 강화, 강화인이 필요하다. 여기에서는 조작적 조건형성과 관련된 주요개념을 살펴보고자 한다.

① 조작적 행동

스키너(1938)는 조작적 조건형성에 의해 습득된 행동을 조작적 행동이라고 하였다. 특정 자극이나 조건에 의해 어떤 반응이 유발되는가에 따라 그 다음의 행동이 결정된다. 즉, 특정 행동에 대해서는 어떤 결과가 뒤따르게 되고, 그 결과에 대한 반응에 따라 유기체는 특정행동을 되풀이하거나 멈추게 된다. 스키너 상자에서 쥐가 지렛대를 누르면 먹이를 주는 행동을 반복했을 경우, 쥐는 먹이를 얻기 위해 지렛대를 누르는 행동을 반복하게 된다(사진 참조). 쥐가 지렛대를 누르는 행동을 하는 이유는 먹이라는 보상을 통해 그 행동을 강화시켰기 때문이다. 또 다른 예로, 영아가 어머니에게 지속적으로 자신을 돌보아달라는 신호를 보내지만 어머니가 무관심하게 반응할 경우, 이후에 영아가 어머니에게 더 이상 신호를 보내지 않게 되고 어머니에게 다가갈 가능성은 낮아진다.

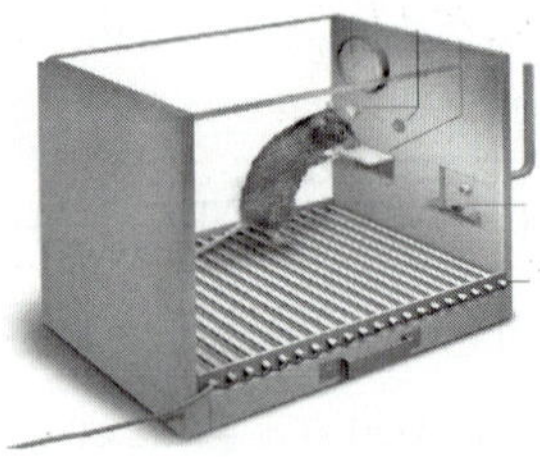

스키너 상자

출처 : http://ccwebsiteclass.net/2007_8/eingrody/Web_Design/Skinner_Box.jpg

② 강화

스키너 이론의 핵심은 강화(reinforcement)이며, 조작적 조건형성에서 어떤 행동이 다시 발생하도록 만드는 과정을 강화라고 한다. 정적강화란 특정 행동이 다시 나타날 확률을 증가시키는 과정이다. 칭찬, 점수를 후하게 주는 것, 만족감의 증대 등을 들 수 있다. 한 예로, 아동이 시험을 잘 볼 때마다 30분간 TV를 볼 수 있게 허용하였더니 아동이 매번 시험을 잘 보게 되었다면, 이것은 정적 강화의 좋은 예가 된다. 즉, TV시청의 허용으로 시험을 잘 보는 행동이 증가되었기 때문이다.

한편, 부적강화도 있는데, 이는 바람직하지 않은 반응을 줄이는 역할을 한다. 한 예로, 준비물을 잘 챙겨오는 아동들에게 화장실 청소 당번을 면제해 주기로 하였다. 이러한 규칙이 정해지면서 아동들이 준비물을 잘 챙겨오는 행동이 증가함에 따라 '화장실 청소당번'이라는 혐오자극에서 면제되었으며 학생들의 준비물 챙겨오는 행동은 증가하였다. 이처럼 불쾌한 상황이나 자극을 미리 마련해놓고 특정 행동을 회피할 수 있도록 계획하는 것을 부적강화 전략이라고 한다.

③ 벌

벌(punishment)은 혐오스럽거나 불쾌한 자극을 제시함으로써 반응이 감소하는 것을 의미한다. 예를 들면, 수업시간에 시끄럽게 떠들어 선생님께 손들고 서있는 벌을 받으면 시끄럽게 떠드는 행동은 줄어들게 된다. 여기서 선생님이 준 벌(손들고 서있기)은 처벌인으로 작용한다. 하지만 벌은 바람직하지 않은 행동을 그만두게 하는 효과보다 처벌만을 피하는 쪽으로 행동하게 하는 경향이 있고, 벌과 자신의 행위를 연관시키는 것이 아니라 벌을 가한 사람과 연관을 시켜서 그 사람을 미워하게 만들기 때문에 아동의 행동을 수정하고자 할 때에는 벌보다 칭찬을 사용하는 것이 바람직하다.

한편, 벌과 부적강화는 비슷해 보이지만 서로 다르다. 벌은 체벌과 같은 혐오자극을 제공하거나 보상을 하지 않음으로써 특정 행동의 발생을 낮추는 것이지만, 부적강화는 앞서 살펴본 바와 같이 혐오자극을 제거함으로써 특정 행동의 반응비율을 증가시키는 것이다(Crain, 2000).

④ 강화 스케줄

강화 스케줄(reinforcement schedule)은 원하는 행동을 증가시키기 위해 사용하는 강화의 빈도와 관련된 계획을 의미한다. 조작적 조건형성에서 모든 조건이 동일하다면 강화된 행동은 반복되는 경향이 있지만, 강화되지 않는 행동은 반복되지 않거나 소멸되는 경향이 있다는 것에 근거하여 강화 스케줄을 짜게 된다.

강화 스케줄은 강화간격과 강화비율의 두 가지 기준에 따라 구분된다. 일반적으로 강화 스케줄은 계속적 강화와 간헐적 강화로 분류될 수 있다. 계속적 강화란 매 반응마다 강화가 이루어진다는 것을 의미하고, 간헐적 강화란 반응 횟수나 반응 간의 시간길이 등과 같은 기준에 따라 강화가 이루어지는 것을 의미한다. 예를 들어, 아이의 올바른 양치질을 증가시키기 위해 매번 아동이 양치를 제대로 끝마쳤을 때마다 칭찬을 해주는 것은 계속적 강화이다. 반면, 아이가 양치질을 3번 이상 제대로 하였을 때 주기적으로 칭찬을 한다던가, 2~3일에 한 번 정도 저녁에 잠들기 전에 양치를 잘 했는지를 점검 후 칭찬을 한다면 간헐적 강화를 받은 것이 된다.

계속적인 강화는 특정 행동을 배우는 속도를 늘인다. 한 예로, 담배를 피지 않을 때마다 지속적으로 보상을 해주면 더 빨리 담배를 끊는다. 이와 달리, 간헐적 강화는 특정 행동의 지속성을 늘인다. 강화를 하지 않았을 때도 특정행동을 계속하게 하려면 강화를 간헐적으로 하는 것이 바람직하다. 사람들이 토요일 저녁마다 로또에 집착하는 이유도 어쩌다 한 번씩 당첨되는 것으로 인해, 언젠가는 될 거라고 생각하기 때문이다.

⑤ 행동조형

행동조형(shaping)은 복잡한 행동이나 기술을 가르치는 데 유용한 방법으로, 원하는 반응이나 행동을 학습할 수 있도록 그 행동에 대해 강화를 함으로써 원하는 행동을 점진적으로 형성해 나가는 것이다. 잘한 것을 칭찬해주는 긍정적 강화, 바람직한 행동을 하지 않을 때 보상을 철회하는 부정적 강화(negative reinforcement), 바람직하지 못한 행동에 대해 벌을 가하는 처벌(punishment)과 행동이 일어나게끔 하는 강화요인을 없애서 그 행동이 사라지게 하는 소멸(extinction) 등의 방법을 통해 점진적으로 원하는 행동을 만들어 갈 수 있다.

⑥ 행동수정

행동수정(behavioral modification)은 조작적 조건형성의 원리를 이용하여 행동의 변화를 꾀하는 것이다. 행동수정은 관찰가능한 개인의 문제행동에 초점을 두고, 다양한 기법을 이용하여 문제행동을 수정한다. 정적강화, 부적강화, 소거, 변별, 적응, 충만, 체계적 둔감화 등을 통해 바람직한 행동을 학습 및 강화시키는 반면, 바람직하지 않은 행동을 약화, 제거하게 된다. 신경질적인 아동을 예로 들어 설명해보자. 신경질은 기질적인 요인도 많이 작용하지만 아동의 경우에는 부모나 가족, 가정환경 요인이 더 중요하게 작용한다. 신경질적인 아동은 자신의 삶뿐만 아니라 주위 사람들의 생활에도 영향을 미치게 되는데, 이러한 아동의 행동을 수정하기 위한 구체적인 기법을 살펴보면 다음과 같다(강경미, 2006).

첫째, 토큰경제법은 다양한 특권으로 교환할 수 있는 토큰을 활용하여 개인의 행동을 수정하는 방법이다. 이를 신경질적인 아동에게 적용해보면, 아동은 주로 자신의 욕구충족이 잘 안 될 때에 신경질을 부리기 때문에 먼저 아동이 원하는 것을 할 수 있도록 배려한다. 그리고 아동이 신경질을 부리지 않거나 화를 내지 않으면 토큰을 주고 모인 수대로 자신이 하고 싶은 일을 할 수 있게 함으로써 아동 스스로 자신의 행동을 조절해 나가도록 하는 기법이다.

둘째, 아동이 스스로에게 또는 부모에게 신경질을 부리지 않겠다고 약속을 하고 보상이나 처벌의 방법들을 결정해서 계약서를 작성하는 자기계약법을 사용한다. 아동이 약속을 지키는 여부에 따라 부모는 미리 정한 보상과 처벌을 이행함으로써 아동이 자신의 행동을 스스로 조절하도록 유도하는 기법이다.

셋째, 소거법을 적용한다. 아동의 신경질이 부모나 환경 속에서 강화된 경우에는 아동의 신경질 행동에 전혀 관심을 보이지 않고 다른 행동에 대해서만 관심과 보상을 해준다. 이럴 경우 아동은 자신의 신경질이 주변의 관심을 더 이상 끌 수 없다는 것을 깨닫고 더 이상 문제행동을 하지 않게 된다.

넷째, 성격이 급하거나 또는 긴장을 잘 하는 성격으로 인해 신경질이 많은 아동의 경우, 이완훈련을 통해 신체적으로 안정되고 심리적 긴장을 해소하도록 훈련한다. 또한 아동의 흥미, 적성, 능력에 맞는 과제를 통해 인내심을 길러서 천천히 생각하고 행동하도록 지도한다.

(2) 인간행동에 대한 관점

스키너(1972)는 모든 인간의 행동은 환경에 의해 결정된다고 보았다. 즉, 스키너는 환경적 요인에 의해 인간의 본성이 결정된다는 환경결정론의 입장을 취하였다. 인간의 내면세계, 성격, 심리상태, 느낌, 목적, 의도 등은 연구할 필요조차 없다고 하여 인간본성이 합리적인지 아니면 비합리적인지에 대한 논의 자체를 거부하였다. 자율적인 인간은 존재하지 않는다는 점을 강조하면서 인간의 자기결정과 자유의 가능성을 배제하였다. 즉, 인간은 그의 행동을 스스로 창출하는 존재가 아니라 그가 속한 환경에서 행동을 습득한 유기체로, 인간의 행동은 그 자신이 속해 있는 객관적 세계에서 경험한 과거의 경험, 혹은 현재의 경험에 의해 결정된다고 본다(Nye, 1992).

스키너는 인간의 행동은 환경적 자극에 의해 동기화되고, 그 행동에 따르는 강화에 따라 결정된다고 본다. 스키너는 인간행동의 대부분을 조작적 행동으로 보았는데, 조작적 행동은 어떤 행동의 결과에 의해 행동이 통제된다. 한 예로, 아동이 어른에게 인사를 잘 해서 칭찬을 받게 되면 아동이 다음에도 어른에게 인사를 하게 될 확률이 높아진다. 반대로 아동이 수업시간에 떠들어서 벌을 받게 되면, 아동은 수업시간에 소란을 피우는 확률은 낮아지게 된다.

이처럼 스키너의 이론에 따르면 인간의 발달은 강화에 따라 달라진다. 즉,

부모나 교사가 아동이 일상생활에서 보여주는 다양한 행동들의 어느 측면을 강화하느냐에 따라 아동의 행동이 결정된다. 실제로 가정에서 아동들이 조르거나 떼쓰고 울 때마다 부모가 아동에게 관심과 주의를 기울이고 아동이 원하는 것을 충족시켜 주면 이러한 바람직하지 못한 행동들이 급격히 증가하는 것을 볼 수 있다. 이러한 현상은 아동의 성격이나 행동 형성에 환경이 결정적인 역할을 하고 있음을 입증해 준다.

B. F. Skinner

출처 : http://www1.appstate.edu/~kms/classes/psy3202/images/BFSLabwork2.jpg

(3) 사회복지 실천과의 연관성

스키너에 따르면 인간의 행동은 환경적 자극에 의해 동기화되고, 그 행동에 따르는 강화에 따라 결정된다. 이러한 스키너의 이론은 행동조절이나 학급경영 등의 교수법, 프로그램 학습 등의 교수법에 적용되고 있다. 스키너의 조작적 조건화, 정적강화, 부적강화, 소거, 기피행동, 그리고 강화계획 등은 오늘날의 교육에 상당한 영향력을 미쳤다. 현재, 행동수정, 행동적 목표, 역량중심 교육과정, 프로그램화된 교수법은 성인교육을 포함하여 모든 연령의 수업에 사용되고 있다. 특히 프로그램화된 교수법은 학습과제를 난이도에 따라 작은 단위로 나누어 정리해 둔 다음, 아동이 학습목표에 도달할 때까지 단계적으로 학습하게 하는 수업 방법이다.

한편, 조작적 조건형성의 원리를 이용한 행동수정 기법은 아동의 문제행동을 바람직한 행동으로 대체하는 데 효과가 있는 것으로 나타났는데, 행동수정 전문가에 의하면 아동의 정서적 문제 중 대부분은 아동의 바람직하지 못한 행동이 우연히 강화된 데에 기인한다고 한다(정옥분, 2003). 행동의 대가로 받는 보상이 앞으로 어떤 행동을 할지를 결정하기 때문에, 행동수정은 개인의 행동을 직접 변화시키기보다는 그 행동을 선행하는 조건 또는 후속 조건을 변화시킴으로써 그 행동을 변화시키고자 한다(Herson & Bellack, 1977). 특정 행동의 앞에 일어나는 것이 그 행동을 하게 하는 원인이 되며, 행동 후의 반응이 그 행동을 더 빈번히 일어나게 하거나 줄이게 되는 것이다. 실제로 이 이론을 치료에 적용할 때는 다음과 같은 단계를 밟게 된다. 먼저 아동이 특정 자극에 대해 어떻게 반응하는지, 그리고 부모 및 교사로부터 즉각적인 피드백을 받는지를 확인해야 한다. 그리고 항상 정확한 반응이 나타날 때마다 그 반응(행동)에 대한 강화를 한다. 마지막으로 결과가 좋을 경우에는 칭찬이나 상, 그리고 좋은 점수 등을 통해 이차강화가 수반되게 해야 한다. 이런 과정을 통해 부적응행동이 약화되고 적응행동이 증강된다. 이와 같은 접근에서는 새로운 학습 환경을 구성하여 잘못 학습된 부적응적 행동을 제거시키고, 보다 효과적이고 바람직한 행동이나 기술을 새롭게 학습하도록 하는 데 초점을 둔다. 행동수정 및 치료에서는 동일한 증상을 가졌더라도, 개개인의 강화의 역사가 다르기 때문에 행동에 대한 과학적인 평가를 통해 각기 다른 치료목표를 설정해야 한다고 본다. 따라서 행동수정에서는 보편적인 행동목표가 아닌 각 개인의 특성에 맞는 구체적이고 명료한 행동목표를 설정하게 된다.

3) 반두라의 사회학습 이론

반두라(Bandura)의 사회학습 이론 또한 인간의 발달에 있어 경험과 학습을 중요시여기지만, 스키너의 조작적 조건형성과는 다른 입장을 취한다. 스키너는 아동이 기계적으로 강화 및 처벌에 반응한다고 보는 반면, 반두라는 아동이 능동적으로 상황을 해석할 수 있는 능력을 가지고 있다고 보았다. 반두라의 사회학습 이론에서 '사회'라는 단어는 강화 및 처벌과 더불어 사회의 다른 사람들이 하는 행동이 외부 세계에 대한 중요한 정보의 원천이라는 것을 의미한다. 또한 '인지'라는 단어는 아동들이 외부세계에서 일어나고 있는 것들을 능동적으로 이해하려고 노력한다는 것을 반영한다(Bandura,

2000). 요컨대 반두라의 사회학습 이론은 아동발달이 아동과 환경 간의 지속적인 상호작용에 의해 이루어진다고 본다. 인간의 행동은 자신에게 주어진 사회적 상황과 개인의 인지적 과정 및 환경적 영향력 간의 상호작용을 통해 결정된다.

(1) 기본개념

반두라 이론의 기본개념은 관찰학습으로 설명될 수 있다. 여기에서는 관찰학습과 관련된 주요개념을 살펴보고자 한다.

① 관찰학습

관찰학습이란 특정행동을 다른 사람의 행동에 대한 관찰을 통해 배우는 것을 의미한다. 즉, 모델의 행동을 모방하거나 모델이 행한 행동의 결과를 보고 배우는 것이다. 한 예로, 어릴 때부터 부모로부터의 폭력에 노출된 아동은 부모의 폭력을 관찰하면서 모방하게 되고, 친구들에게 폭력을 행사할 뿐 아니라 그 아동이 부모가 되었을 때 자신의 자녀를 학대할 가능성이 높아진다. 반두라(1965)의 실험에 따르면, 공격적인 행동을 하고 있는 또래의 모습을 영화로 본 4세 아동들은 그러한 영화를 보지 않은 아동들보다 훨씬 더 많은 공격적인 행동을 나타냈다(사진 참조).

반두라의 보보인형 실험

출처 : http://mesothelioma.overstockhealth.com/index.php?key=Albert+Bandura

사회학습 이론가들은 아동이 다른 사람의 행동을 관찰함으로써 자신의 행동, 사고, 감정 등을 습득하게 된다고 보며, 이러한 관찰은 아동발달에서 중요한 부분이 된다. 관찰학습은 다른 사람의 행동을 관찰한 후 단순히 모방하는 것이 아니다. 여기에는 아동의 내적인 인지요소가 포함된다. 아동은 다른 사람들이 새로운 행동을 시도할 때 그 새로운 행동이 어떠한 결과를 유발시키는지를 살펴본다. 만약 그 행동이 좋은 결과를 불러일으킨다면 그 행동을 모방할 것이지만, 만약 그 행동이 좋지 못한 결과를 불러일으킨다면 그 행동을 모방하려 하지 않을 것이다. 따라서 아동은 자기 자신이 직접적인 행동을 하지 않고도 자신의 행동의 결과에 대해 예상할 수 있다.

② 관찰학습의 단계

관찰학습은 크게 네 단계, 주의집중과정, 기억과정, 운동재생과정, 동기유발과정에 걸쳐서 일어난다. 이 중 한 과정이라도 빠지게 되면, 사회학습 이론의 모형은 불완전한 것이며 성공적인 모방이 이루어지기 어렵다.

첫 번째, 주의집중 과정(Attentional processes)은 모델의 행동을 관찰하고 주의 깊게 집중하는 과정이다. 무엇보다도 모델에 주의를 기울이지 않는다면 모방을 할 수 없다. 같은 맥락에서 산만한 아동들은 다른 사람의 행동에 주의를 기울이지 못하므로 관찰학습이 일어나기 어렵다. 감각능력이 높고, 욕구수준이 높고, 모델을 관찰하려는 준비가 되어 있고, 과거에 긍정적인 보상을 많이 받았던 아동일수록 모델에 대한 주의집중도가 높다. 그리고 아동은 일반적으로 끌리는 점이 있거나 또는 자기 주변에서 쉽게 접할 수 있고, 자신에게 중요한 의미가 있을 것 같은 사람에게 더욱 집중하게 된다.

한 예로, 요즘 어린아이들이 소녀시대의 노래를 똑같이 따라 부르는 것을 종종 볼 수 있는데, 이 아이들을 인터뷰해보면 소녀시대가 TV 혹은 인터넷에서 공연하는 모습이 나올 때마다 빠지지 않고 본다고 한다. 이는 모방에 있어 주의집중의 중요성을 잘 나타내는 예로 볼 수 있다.

두 번째, 기억과정(Retention processes)으로 모델을 통해 관찰한 행동을 기억하는 과정이다. 이 과정에서는 모델의 행동을 보고 즉각적으로 반응을 하는 것이 아니라 나중에 필요할 때 사용할 수 있도록 어떤 방법을 통해 묘사하는 것이다. 모델을 관찰한 후 얼마간의 시간이 지난 후에 모방이 이루어지기 때문에 상징적인 형태로서 모델의 행동을 기억하기 위한 방법이 필요하다. 반두라(1971)는 모델의 행동을 기억하여 다음에 자신의 행동으로 전환되게 하는 방법으로 심상적 표상체계와 언어적 표상체계를 제시하였다. 새로운 도구인 드릴을 사용하는 모습을 관찰한다고 가정해보자. 드릴을 이용해서 어떻게 조이고, 푸는지를 본 이후에는 단지 드릴만보더라도 드릴을 사용하는 것과 관련된 연합된 이미지가 떠오르게 된다. 이러한 이미지는 이후에 드릴을 직접 사용하게 될 때 영향을 미친다. 이것이 심상적 표상체계의 예이다. 언어적 표상체계는 이전에 관찰한 사건에 대한 언어적 부호화를 나타낸다. 모델을 관찰하는 동안 관찰자는 모델이 행하는 것을 혼자 말로 되풀이할 수 있다. 앞서 본 예에서, 드릴의 사용법을 눈으로만 관찰하는 것이 아니라, "음, 정확한 장소를 짚은 다음 못을 두고, 드릴을 갖다 대고… " 등과 같이 언어적으로 기억해두면, 이후에 드릴을 사용하는 데 상당한 도움을 얻을 수 있다.

한편 5세 이하의 유아의 경우, 아직 자신의 사고를 말로 표현할 수 있는 능력이 부족하기 때문에 시각적 이미지에 의존하여 기억과정을 거친다. 또한 유아는 관찰과 평가를 할 수 있는 인지적 기술인 상위인지적 인식도 부족하다. 이러한 이유로 유아들의 경우 모방능력의 한계가 나타난다.

세 번째, 운동재생과정(Motor reproduction processes)은 모델에서 관찰한 행동을 직접 실행해보는 단계이다. 관찰한 행동을 정확하게 재생하려면 신체적 수행능력을 가져야 한다. 모델행동의 상징적 표상을 주의 깊게 형성하고 기억하고 여러 번 그 행동을 연습해도, 모델의 행동을 제대로 수행하지 못할 수 있다. 예를 들어, 한 소년이 아버지가 톱을 사용하는 것을 관찰하였다. 하지만 아동은 아직 톱을 사용할 만큼의 신체적 힘과 능력이 없기 때문에 아버지의 능력을 제대로 모방할 수 없다. 즉, 관찰과정을 통해 새로운 반응형태(예를 들면, 나무를 세우는 법, 어디에다 톱날을 대는지,

톱을 사용하는 모습을 관찰한 후 모방을 하기 위해서는 신체적 수행능력이 뒷받침되어야 한다.

톱은 어떻게 잡는지 등)를 배우기는 하지만 신체적인 능력(나무를 자를 수 있을 정도의 힘, 나무를 잡을 수 있는 힘 등)이 뒷받침되지 않으면 제대로 된 모방이 이루어지지 않는다(사진 참조).

네 번째, 동기유발과정(Reinforcement processes)으로, 반두라에 따르면 동기유발은 직접강화 혹은 대리강화를 통해 이루어진다. 모델의 행동을 직접 실행해보았더니 반응이 좋았다거나 그 행동으로 인해 적절한 보상을 얻으면 더욱 재강화가 되어, 더 자주 그런 행동을 하게 된다. 일반적으로 모델의 특정 행동을 습득하고, 기억하고 능숙하게 수행할 수 있는 능력을 가지고 있더라도, 그 행동이 부정적인 결과를 얻거나 바람직하게 받아들여지지 않는다면, 관찰된 행동을 모방하려고 하지 않을 것이다. 반대로 모델의 특정 행동이 다른 사람들로부터 바람직한 것으로 여겨지거나 정적인 강화를 받게 되면 관찰된 행동을 모방하려는 성향이 강해질 것이다.

반두라는 이처럼 새로운 반응(모방)의 획득과 수행이 똑같이 나타나지 않는다고 보았다. 하나의 모델을 관찰한 후에 새로운 지식이 획득될 수는 있으나, 그 지식을 사용할 수도 있고 사용하지 않을 수도 있다. 한 예로, 한 소년이 또래친구가 다른 친구에게 욕을 하는 것을 보았다고 하면(관찰), 이 소년은 다른 또래친구에게 욕을 할 수도 있고 하지 않을 수도 있다(수행). 이처럼 실제 수행은 몇 가지 요인에 의해 영향을 받는다. 첫째, 강화와 동기 변인이 영향을 미친다. 만약 관찰한 특정행동에 대해 보상을 준다면 타인을 모방할 것이다. 둘째, 모델에서 발생한 결과를 보는 대리적 강화가 영향을 미친다. 대리강화는 자신이 직접 행동에 대한 결과를 경험하지 않고도 모델이 하는 행동을 보고 강화를 받는 절차를 말한다. 앞서 소년의 예에서 소년이 욕설 때문에 벌을 받은 적이 있다면, 이 아동은 모방하는 것을 주저할 것이다. 반대로 그 소년이 욕설 때문에 존경과 부러움의 대상이 된다면, 그 아동은 소년을 모방하려고 할 것이다. 셋째, 수행은 자신의 행동에 스스로 평가하는 자기강화에 의해 영향을 받는다. 자기강화는 자신의 목표 및 기대를 정해놓고 그것에 도달하거나 초과하거나 미치지 못할 경우 자신에 대한 보상과 처벌을 스스로 관리하는 것이다. 예를 들어, 아동이 수학시험에서 90점을 받을 것이라는 목표를 정한 후 시험에서 그 점수를 얻게 되면 아동은 스스로에게 만족해하며 더 높은 목표를 설정하게 되지만, 시험에서 50점을 받게 되면 다음 시험에 대한 목표치를 낮추게 된다.

성공적인 관찰학습이 이루어지기 위해서는 모델에 대한 주의집중을 해야 하고, 본 것을 상징적인 형태로 저장하는 방법이 필요하며, 본 것을 행동으로 재생하기 위한 필수적인 신체적 능력을 갖추어야 한다. 이상의 조건이 갖추어지면 모델을 모방하는 법을 알게 된다. 그러나 실제적인 수행은 대리강화 혹은 자기강화에 의해 영향을 받아 나타나게 된다. 실제 이 네 가지 구성요소는 완전히 분리되어 있지 않고 서로 연결되어 있다(그림 8-3 참조).

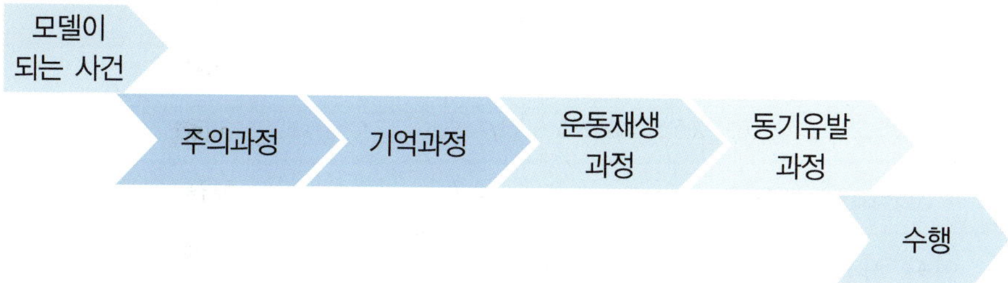

그림 8-3 관찰학습의 네 단계

(2) 인간행동에 대한 관점

반두라는 인간의 행동이 환경에 의해 변화된다는 점에서 기존의 학습이론가들과 같은 입장을 취하지만 반두라는 인간을 단지 환경의 지배를 받는 사회문화적 조건의 산물로 보기보다는 자신의 환경을 산출해내는 주체자로 보고 있다(Bandura & Walters, 1963).

반두라는 인간의 행동은 외적인 환경적 자극과 개인의 인지적 요인 및 내적인 사건 간의 상호작용에 의해 결정된다고 본다. 이를 상호결정론(reciprocal determinism)이라고 한다. 고전적 조건화나 조작적 조건화에서처럼 외부적인 자극이나 강화에 의해서만 인간의 행동이 결정되는 것이 아니라 특정 행동에 대한 개인의 인지적 평가를 통해 학습이 이루어진다고 보았다. 즉, 인간의 행동은 행동적, 인지적, 환경적 영향력 간의 끊임없는 상호작용의 결과로 이해되어야 한다(그림 8-4 참조).

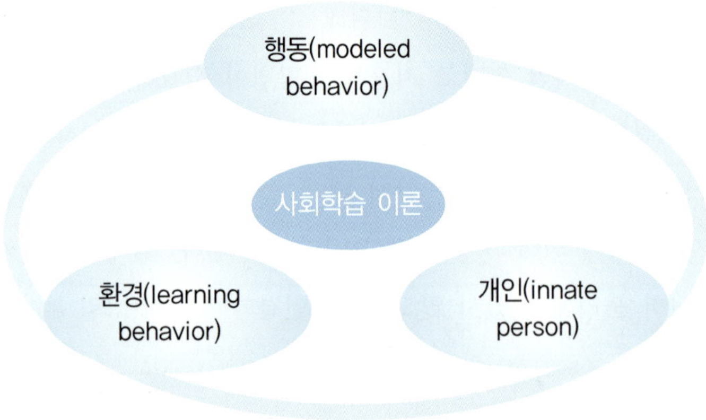

그림 8-4 사회학습 이론의 다이아그램

출처 : http://usaoll.org/iddtheorywb/sociallearningtheory/diagram.htm

반두라는 인간의 발달을 보편적인 단계로 나누어 설명하지 않았다. 각 개인이 처해있는 인생의 단계에 따라 행동의 선행요인과 강화의 효과성에 차이가 있다는 점을 인정하지만, 강화의 효과성은 각 개인의 목표, 계획, 자아효능감 등에 따라 차이가 있기 때문에 단계별로 행동발달의 공통적 특징을 설명하는 것은 무의미하다고 본다(Bandura & Walters, 1963).

인간은 타인의 행동을 관찰하고 모방함으로써 새로운 행동을 습득하게 된다. 한 예로, 아동은 노래나 춤을 누군가가 직접적으로 가르쳐주지 않아도 다른 사람들이 하는 것을 보고 따라하면서 새로운 노래나 춤을 배우게 된다. 보다 구체적으로 보면, 아동은 모방의 대상이 인기가 있거나 똑똑하거나 재능이 있을 경우 그 대상을 더 많이 모방한다. 또한 아동은 어떤 행동이 처벌을 받기보다는 보상을 받는 것을 볼 때 그 행동을 모방하려고 노력한다. 이는 아동이 보고 들은 것을 단순히 기계적으로 따라 하기보다는 적절한 행동에 대한 정보를 얻기 위해 다른 사람들의 행동을 주의 깊게 살피고 그 행동의 적절성을 판단한 후에 따라하게 된다는 것을 의미한다(Kail, 2007). 이는 아동이 자신의 성장과 발달에 영향을 미치는 환경 조성에 적극적으로 참여하고 있다는 것을 시사한다.

보다 구체적으로, 인간의 공격성, 친사회적 행동 및 자아효능감이 어떻게 형성되고 유지되는지에 대해 살펴보면 다음과 같다.

① 공격성

공격성의 사회화는 부분적으로 조작적 조건형성의 결과이다(Bandura & Walters, 1963). 한 예로, 부모는 아동이 공격성을 사회적으로 바람직한 방법으로 표현할 때에는 보상을 주지만, 반대로 반사회적인 방법을 사용할 때에는 벌을 준다. 아동은 공격적인 모델을 관찰하고, 그 모델이 언제 강화받는지를 인식하며, 이에 따라 모델의 행동을 모방한다. 다른 사람들이 공격적인 행동을 했을 때, 어떤 일이 일어났는지를 관찰함으로써 자신이 직접 그 행동을 경험한 것만큼의 효과를 얻을 수 있기 때문이다.

반두라(1965)의 연구에서는 4세 아동들을 3집단으로 나누어 성인 남자모델이 공격적인 행동을 하고 있는 영화를 보여준 후, 영화의 마지막 장면을 다르게 처치하였다. 한 집단은 공격성-보상 조건으로 영화의 마지막 장면에서 모델은 '강한 전사'라는 칭찬을 받았다. 두 번째 집단은 공격성-벌 조건으로, 마지막 장면에 모델을 '깡패'라고 부르고 모델을 때리고 벌을 주었다. 세 번째 조건은 무결과 조건으로, 마지막 장면에서 모델은 자신의 공격적 행동에 대해 아무런 벌이나 보상을 받지 않았다. 각각의 아동은 영화가 끝난 후, 아동을 보보인형과 다른 장난감이 있는 방으로 데리고 가서 일방경을 통해 아동이 공격적 모델을 얼마나 모방하는지를 관찰하였다. 그 결과 두 번째 조건(공격성-벌)의 아동이 나머지 두 조건의 아동보다 덜 공격적인 행동을 보였다. 이러한 대리적 벌은 아동의 모방행동을 수행하는 데 부정적인 영향을 미친다. 즉, 아동들은 대중매체에서 접하는 폭력이나 범죄 장면을 통해 공격적 행동을 학습하게 되지만 그러한 행동을 수행하느냐 하는 것은 환경적 요인과 인지적 판단에 따라 달라지게 된다. 청소년기의 또래관계가 중요한 이

유도 이와 같은 맥락이다. 또래친구들이 약물이나 폭력에 많이 노출되어 있고 약물이나 폭력의 사용에 대해 전혀 죄책감을 느끼지 않으며 교사나 부모의 무관심으로 인해 그 행동에 대해 벌을 받는 일이 거의 없다면, 그러한 행동을 모방할 가능성이 높아진다. 만약 또래친구들이 교사나 부모로부터 벌을 받는 것을 관찰했다면, 자신의 충동을 억누르고 그러한 행동을 하지 않게 될 것이다.

② 친사회적 행동

친사회적 행동은 이타성, 협동심, 기부행위, 감정이입 등 다른 사람에게 도움이 되는 긍정적인 사회적 행동이다. 사회학습 이론에서는 이러한 친사회적 행동은 친사회적인 행동을 하는 모델에 대한 관찰을 통해 이루어진다고 본다. 러쉬톤(Rushton, 1975)의 연구에서는 볼링 게임을 한 후 상금 중 일부를 불우이웃에게 기부하는 모델을 보여준 집단과 기부하지 않는 모델을 보여준 집단으로 구분하여, 이 두 집단 간에 이타적 행동이 얼마나 일어나는지를 비교하고자 하였다. 그 결과 기부한 모델을 관찰한 아동집단이 그렇지 않은 아동집단보다 더욱 자발적으로 기부를 하였고, 시간이 흘러도 지속적으로 기부를 하는 것으로 나타났다. 이는 모델의 이타적인 행동이 아동의 친사회적 행동에 지속적인 영향을 미치는 것을 의미한다.

특히 대중매체에서 접할 수 있는 다양한 친사회적 행동의 모델은 다른 사람들에게 친사회적인 행동을 할 수 있는 동기를 부여하며, 친사회적 행동을 습득할 수 있는 많은 기회를 제공한다. 한 예로, 연예인들이 어려운 사람들을 돕거나 다른 사람들을 위해 기부하거나 다른 사람들의 감정에 관심을 갖는 행동들은 다른 사람들로부터 정적인 강화를 받게 됨에 따라, 일반인들은 그 행동을 모방하고자 하는 욕구가 생기고 그 행동을 직접 실천하게 된다. 구체적으로 살펴보면, 연예인들의 공개입양은 일반인들의 공개입양을 촉진시키는 계기가 되었고, 연예인들의 해외 오지 봉사활동은 일반인들의 봉사에 대한 인식을 일깨우는 계기가 되었다.

③ 자기효능감

자기효능감(self-efficacy)은 자신이 스스로 상황을 극복할 수 있고 자신에게 주어진 과제를 성공적으로 수행할 수 있다는 신념이나 기대를 의미한다. 즉, 과제수행에 필요한 동기, 인지적 원천, 행동의 방향을 결정하는 개인의 능력에 대한 판단, 성공에 필요한 신체적, 지적, 정서적 근원을 움직이게 하는 개인의 능력에 대한 신념(Eden & Aviram, 1993)이라고 할 수 있다. 일반적으로 자신의 기준과 목표에 따라 자신의 수행을 평가하게 되는데, 자기효능감은 '나는 수학을 잘 한다' 혹은 '나는 달리기를 잘 한다', '나는 그림을 잘 그린다' 등과 같은 자신의 능력에 대한 인식이다.

자기효능감이 높은 사람은 어려운 과제를 잘 수행하고, 자기 스스로 활동을 선택하며, 노력하고, 끈기있는 인내심으로 높은 성취를 이루는 경향이 있는데 특히 청소년기의 자기효능감은 학업성취에 상당한 영향을 미친다(김의철, 박영신, 곽금주, 1999; Collins, 1982). 자기효능감이 높은 청소년들은 학업성취에 대한 동기가 강하고 실질적으로 학업성적도 우수한 반면, 자기효능감이 낮은 경우에는 어떤 과제를 실제보다 더 어렵다고 믿거나 문제해결에 있어 폭넓은 시각을 갖지 못하고 의기소침해 하거나 스트레스를 강하게 받을 뿐 아니라 환경에 대처하는 데 있어 무기력하다고 생각하는 경향이 많았다(윤운성, 1998). 자기효능감은 인지적 측면뿐 아니라 사회정서적 능력에도 영향을 미친다. 높은 자기효능감은 긍정적인 자아개념을 촉진하고 지속적으로 과제지향적인 노력을 하게 하여 높은 성취수준에 도달하게 하는 반면, 낮은 자기효능감은 부정적인 자아개념을 갖게 하여 자신감이 결여되고 성취지향적 행동을 위축시키게 된다(Bandura & Schunk, 1981).

자기효능감을 높이기 위해서는 우선 도달할 수 있는 목표를 세우고, 개인의 수행능력을 증진시켜 성공경험을 가지게 해야 하며, 성공한 경험이 있는 모델과 지속적으로 접하게 함으로써 성공에 대한 확신을 갖게 하는 것이 중요하다. 또한 그 목표를 수행할 수 있도록 외부에서 언어적으로 격려하고 지지해주는 것이 필요하며, 스트레스와 피로 등을 이겨낼 수 있는 신체적인 힘을 키우는 것이 중요하다(Schultz & Schultz, 1994).

(3) 사회복지 실천과의 연관성

반두라의 관찰학습은 인간의 학습에 매우 큰 영향을 미치고 있다. TV의 폭력물이 아동들로 하여금 실제 유사한 행동을 하도록 한다는 것이나 거미공포증이 있는 사람들에게 거미를 자유롭게 만지는 사람을 보여줌으로써 거미공포증에 대한 치료를 하는 것 등과 같이 관찰학습은 다양한 일상생활에서 활용되고 있다. 또한 각 개인마다 삶에서의 역할모델을 갖고 있고 그 모델이 지속적으로 개인에게 영향을 미치는 것도 사회적 학습의 예이다. 한 예로, 학생들은 자신이 좋아하는 선생님을 모델로 하여 그 선생님을 닮아가기 위해 노력하는데, 그 선생님의 말과 행동은 학생의 생각과 태도 형성에 지대한 영향을 미치게 된다. 법의 효과도 사회적 학습에 근거한다. 사람들은 자신이 직접 범죄를 저지른 후에 그 행동에 대한 결과를 배우는 경우는 거의 없다. 다른 사람이 범죄를 저질렀을 때 어떤 결과를 맞이하게 되는지를 관찰하면서 사회적 학습이 일어난다. 이러한 관찰학습은 개인의 부적절한 행동을 치료하는 데 적용되고 있다.

1980년대 이후로 반두라의 이론은 보다 넓게 확장되었는데, 특히 자기효능감 이론을 통해 성공적인 수행에 있어 모델링보다는 자기효능감이 더 큰 영향력을 갖는다고 하였다. 반두라(1992, 1995, 1997)는 자기효능감이 중독, 불안, 인생의 선택, 가족역동성, 교육 등에 어떠한 영향을 미치는지에 대해 연구하였고, 이러한 연구결과를 토대로 이후 연구자들은 다양한 사회계층 및 연령층의 자기효능감을 증진시키기 위한 프로그램(예를 들면, 자기효능감 증진 부모교육 프로그램, 흡연청소년을 위한 자기조절효능감 증진 프로그램 등)을 개발하여 실생활에 적용하고 있다.

chapter 09

인본주의 이론

매슬로우(Maslow)나 로저스(Rogers) 같은 인본주의 이론가들은 인간이 긍정적 성장능력을 가지고 있다는 점을 강조한다. 인간 본성에 사랑, 창의성, 건강, 능력, 자아실현 잠재력 등을 포함시킴으로써 성격심리학자나 임상가의 목표가 내담자의 정신증상의 단순한 규제로부터 의식의 해방과 감정 및 자유의 증진으로 변하기 시작하였다. 심리치료실이 신경증 환자나 약간 희망이 보이는 정신증 환자만 드나드는 곳이 아니라 성장하고, 실현하고, 자기를 대면하는 곳으로 변하게 되었다.

매슬로우(Maslow), 로저스(Rogers), 켈리(Kelly), 보스(Boss) 등과 같은 인본주의 심리학자들은 현재를 강조한다. 이들은 '지금'이 우리의 행동을 결정한다고 주장한다. 과거는 영원히 지나가 버렸고, 우리가 현재 의식 속에서 해석하는 한 과거가 존재할 뿐이라는 것이다.

매슬로우에게 인본주의란 인간의 긍정적 특징에 초점을 맞춘다는 것을 의미한다. 인간 본성의 어두운 면을 완전히 부정하는 것은 아니었으나 인간은 자신의 자기실현능력이나 창조적으로 되려는 노력을 이해함으로써 잠재력을 실현할 수 있다고 보고 있다. 정신분석학자들처럼 인간의 야비한 본능에 집중해서는 인간체험의 의미를 파악할 수 없으며, 행동주의자들처럼 인간을 조건 자극 혹은 강화물에 의해서 움직여지는 동물이나 기계로 볼 수 없다는 것이다.

매슬로우의 이러한 인간관은 심리학의 '제3세력'으로 일컬어지고 있는데, 여기서 제1세력은 무의식적 결정론에 근거하는 정신분석 이론, 제2세력은 환경결정론에 근거하는 행동주의 이론을 가리킨다. 이 제3세력의 핵심적 목표는 인간의 존엄성과 가치를 증진시키는 것이며 핵심적 개념은 사랑, 체험, 선택, 의미, 가치, 창의성, 자기실현 등이다(Maslow, 1970).

이러한 인간관을 배경으로 매슬로우는 인간을 자아실현을 위해 노력하는 존재로 규정하면서 욕구계층이론을 제시하고 있다. 로저스는 모든 인간이 긍정적 방향으로 성장하고자 하는 경향과 자기결정 및 자아실현 경향을 갖고 있으며, 자신의 운명을 스스로 결정하고 자유롭게 선택하는 존재라는 점을 강조하는 인간중심적 접근방법을 제시하고 있다. 이 장에서는 매슬로우의 욕구계층이론과 로저스의 인간중심적 접근방법을 살펴보고자 한다.

1 매슬로우의 욕구계층 이론

인본주의 심리학은 다른 심리학과는 달리 단일의 체계적 이론이라기보다는 하나의 학문적 운동이라고 부를 수 있는데, 다음과 같은 세 가지의 기본적 전제를 가지고 있다. 첫째, 각 개인은 전체로 간주되어야 한다는 것이고 둘째, 인간의 본성은 본질적으로 선하며, 인간의 악하고 파괴적인 요소는 나쁜 환경의 탓이라는 것이며, 셋째, 창조성이 인간의 잠재적인 본성으로서, 성장, 자아실현, 건강에 대한 열망, 정체감과 자율성의 추구, 향상을 위한 노력 등이 보편적인 인간의 특질이라는 것이다(Maslow, 1962).

1) 기본 개념

매슬로우(Abraham H. Maslow)에 의하면, 인간은 자신의 삶에 의미와 만족을 주는 일련의 선천적 욕구에 의해서 동기화되는 존재이다. 이런 욕구들은 한 개인을 항상 결손상태에 빠지게 하며 영원히 만족상태에 있는 사람은 아무도 없다. 이는 한 가지 욕구가 충족되는 순간에 다른 욕구가 충족되기를 원하기 때문이라는 것이다.

이런 욕구들은 〈그림 9-1〉에 나타난 바와 같이 서열적으로 배열되어 나타난다. 이러한 욕구계층의 제일 아래 단계의 욕구는 생리적인 것이고(배고픔이나 갈증 따위), 이들 욕구가 충족돼야 신체적 안전을 포함한 다음 계층의 욕구들(고통의 회피, 심리적 안전감 등)이 발현된다는 것이다(Maslow, 1972).

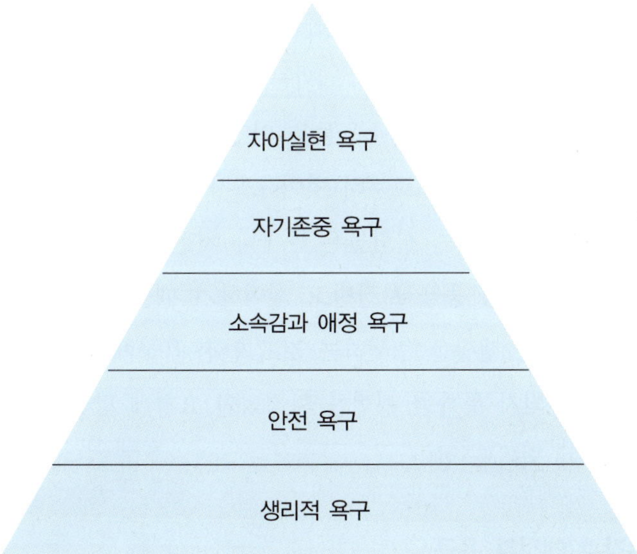

그림 9-1 매슬로우(Maslow)의 욕구계층

매슬로우가 제시한 욕구들은 아래와 같다.

(1) 생리적 욕구

음식, 물, 성, 수면, 배설의 욕구들이 포함된다. 이런 욕구들은 다른 동물을 움직이는 욕구들과 다를 것이 없다. 다음 단계의 욕구가 생기기 전에 이러한 기본적인 욕구들이 대체로 충족되어야만 하는 것이다. 배고픔이나 갈증을 참고 견디는 경우도 있지만 이런 생리적 욕구들이 충족되지 못하면 보다 높은 단계의 욕구가 생기지 못하는 것이다. 이러한 욕구들은 모든 욕구 중 가장 원초적인 욕구로서 욕구체계의 출발점이라 할 수 있고, 원초적인 욕구이기 때문에 가장 강력한 욕구라고 할 수 있다.

(2) 안전 욕구

구조, 안전, 질서, 고통회피, 보호 등에 대한 욕구를 말한다. 이런 욕구는 어린이나 항상 위험이 다가 온다고 느끼는 신경증환자에게 강하게 나타난다. 이러한 욕구는 자기의 생명과 소유물을 안전하게 보호하고 싶은 욕구로서 적의 공격이나 공포의 위협으로부터 벗어나고자 하는 욕구들이다. 이러한 안전 욕구가 발생하는 이유는 사람들은 누구나 자신의 현재와 미래에 대해서 확실성, 안정성, 예측성 등을 보장받고 싶어하기 때문이다. 질서 있고 안정되고 예측할 수 있는 생활을 추구하는 것도 안전 욕구에 해당된다. 아동기에 안전 욕구가 충족되지 못하면 평범한 환경적인 요청에 당면하여 두려워하고 불안정한 사람이 되기도 한다.

(3) 소속감과 애정의 욕구

일단 생리적 및 안전 욕구들이 보장되면, 남과 어울리고 애정을 나누고 싶은 욕구가 강하게 작동한다. 소속과 사랑의 욕구는 사랑, 따뜻한 정, 소속감을 추구하는 욕구이다. 매슬로우는 애정이 성적본능으로부터 유래된다는 프로이트의 생각을 거부하지만, 애정요구에 대한 좌절이 신경증의 중요 원인이 된다는 점에는 프로이트와 견해를 같이 하고 있다. 일반적으로 인간은 애정적 욕구가 충족되지 못할 때에 주위 환경에 잘 적응하지 못하는 것으로 지적되고 있다.

(4) 자기존중 욕구

자기 자신과 남들로부터 존경받고 싶어하는 욕구를 말한다. 보통 인간은 스스로 능력 있고 가치 있는 사람이라고 느끼고 싶어하고, 동시에 타인이 자신의 가치와 능력을 인정해 주기를 원한다. 자기가 자신 스스로나 타인으로부터 받아들여질 수 없다고 느낄 때 열등감에 빠지거나 낙담하게 된다. 자기존중 욕구는 다른 사람들과 존경을 나누어 갖고 싶어하는 욕구이다. 성취욕구, 인정감, 위신, 명예욕이 여기에 포함된다.

(5) 자아실현 욕구

욕구 단계 중 최종의 욕구가 자아실현 욕구이다. 앞 단계의 네 가지 욕구가 다 충족되어도 인간은 자기가 하고싶은 일을 하지 못하면 불만을 느낀다는 것이다. 앞의 단계의 모든 욕구들이 상당히 충족된 소수의 비범한 사람들만이 자기실현 욕구를 추구할 수 있는 위치에 서게 된다. 이런 사람들은 자신의 잠재력을 충분히 발휘하여 자신이 될 수 있는 모든 것이 되는 것이다.

권력을 잡고 이것을 마음대로 휘두르는 것만이 자아실현 욕구라고 이해하면 잘못이다. 여기서 자아실현의 욕구는 자기의 뜻을 펴고, 하고 싶은 일을 하고, 되고 싶은 인물이 되는 것이다. 음악가가 좋은 작곡을 하고 화가가 훌륭한 작품을 만들어 내는 것이 자아실현 욕구이다. 자아실현 욕구는 한 마디로 자기의 잠재력을 발현하고 꾸준히 성장함으로써 자기가 되고자 하는 인물이 되는 것이다(Maslow, 1964).

지금까지 설명한 것으로 보아 욕구 간의 계층성이 엄격하다는 인상을 받기 쉽다. 즉, 밑바탕의 하위욕구가 충족되어야만 상위의 욕구가 추구된다고 함으로써 욕구 간의 계층성이 엄격하다는 인상을 받기 쉽다. 그러나 여기서 명백히 밝혀 둘 것은 여러 가지 욕구가 반드시 계층성을 밟으면서 나타나는 것은 아니라는 것이다. 사람에 따라서는 안전 욕구보다 명예욕이 먼저 추구되는 경우도 있다. 위에서 설명한 욕구단계는 일반적인 현상이지 모든 사람들이 모두 이러한 욕구단계를 가지고 있다는 뜻은 아니다. 그리고 욕구가 충족된다고 해서 그 욕구가 완전히 100% 충족된다는 뜻은 아니다.

분명한 것은 원초적이고 밑바탕을 이루는 하위욕구일수록 보다 많이 충족되고 높이 올라갈수록 덜 충족된다는 것이다. 밑바탕을 이루는 원초적인 욕구일수록 생존과 직결되어 있기 때문에 계층이 낮은 욕구일수록 충족률이 높아지는 것은 당연한 현상이라고 할 수 있다.

2) 자아실현 인간의 특성

매슬로우의 견해에 따르면, 일반적으로 사람은 자신을 실현하기 위해 노력하는 경향을 선천적으로 타고 난다는 것이다. 모든 사람은 타인이 어떻게 생각하든 간에 자신의 성장 및 소망을 충족하기 위해 최선을 다한다는 것이다. 비록 자아실현이 선천적으로 타고난 욕구이지만 자아실현을 이룰 수 있느냐 없느냐 하는 것은 어린 시절의 경험에 상당히 달려있으며, 어린 시절의 경험은 그 뒤의 발달을 촉진 혹은 저해하기도 한다는 것이다.

매슬로우는 아동이 사랑을 받고 있다는 것을 느끼는 것이 훗날 자아실현에 대단히 중요하다고 주장하고 있다. 만약 두 살 된 아동이 적절한 사랑과 안전 그리고 존중을 받지 못한다면 자아실현의 성장은 대단히 어렵다는 것이다. 그는 아동교육에 있어서 가혹한 통제나 지나친 자유와 허용은 모두 해로우며, 적절한 통제와 자유, 다시 말해서 한계 내에서의 자유가 가장 효과적인 아동양육 방법이라고 말하고 있다.

인간이 자신의 잠재력을 실현하려는 충동은 자연스럽고 필요한 것이지만 그것은 대단히 어려운 것이어서 선택받은 극소수의 사람들만이 자아실현의 경지에 도달한다고 보았다. 이러한 불행한 사태가 발생하는 것은 많은 사람이 그들의 잠재력에 대해서 모르고 있으며, 이기적이고 관료적인 사회적 환경이 자아실현을 짓눌러버리는 것에 기인한다는 것이다.

그는 많은 친구, 친척, 유명한 사람들 그리고 대학생을 조사한 후 자아실현을 이룬 사람의 특징을 다음과 제시하고 있다(Maslow, 1950).

(1) 올바른 현실지각

자아실현인은 자신의 주변에 있는 환경과 사람을 객관적으로 지각한다. 그들은 세계를 자기방식으로 생각하지 않고 있는 그대로 보고 받아들이다.

(2) 자기 및 타인의 수용

자아실현인은 자신에 대해 긍정적이고 수용적일 뿐만 아니라 다른 사람을 독특한 존재로 받아들이며, 또한 그들과의 관계에서 자신을 왜곡시키거나 방어치 않으며, 사회적 역할에서 가면을 쓰지 않는다. 그들은 자기에게 무엇인가 가르침을 줄 수 있는 사람에게는 겸손히 귀를 기울이고, 가르침을 주어야 할 사람에게는 관대하고 허용적이다.

(3) 자발성

자아실현인은 삶의 모든 측면에서 자발적이고 솔직하며 자연스럽게 자기의 본성에 따라 행동한다. 이러한 행동은 행동에서보다 사고에서 더 많이 나타난다. 그들은 타인에 대하여 신중하고 사려가 깊다. 때문에 타인의 감정을 상하게 하거나 하찮은 논쟁적 상황에서도 감정을 억제할 줄 안다.

(4) 일에 몰두

자아실현인은 자신의 일을 애인을 사랑하듯 좋아하고 열심히 수행한다. 매슬로우는 "그 일과 사람은 중대한 의미를 지닐 뿐만 아니라 꼭 들어맞는 열쇠와 자물쇠처럼 완전히 한 덩어리다."라고 묘사하고 있다. 그들은 일이 단순히 밥벌이의 수단이 아니라 자신의 삶의 의미로 느끼고 받아들인다.

(5) 독립에의 욕구

자아실현인의 행동과 감정은 상당히 자기중심적이고 자기 주도적이다. 이 의미는 스스로 결정을 내리며 자신의 행동을 책임진다는 의미이다. 자아실현을 이룬 사람은 타인에게 의존하거나 매달리지 않으며 개인적 생활과 고독, 그리고 사색을 즐기기 때문에 사회적으로 어려움을 겪는 경우도 있다.

(6) 감상의 신선함

자아실현인은 어떤 경험을 감지함에 있어서 아무리 반복되는 경험일지라도 기쁨과 경이로움과 같은 신선함으로 대한다. 그들은 아름다운 자연의 경치나 교향곡, 음식, 사람의 미소와 같은 경험을 늘 새롭고 감사하는 마음으로 대한다. 다시 말해서, 자신이 소유하고 있는 모든 것에 대해서 당연시하지 않고 늘 감사하는 마음을 갖는다.

(7) 신비한 경험

자아실현인은 종교적 경험과 유사한 강렬하고 황홀한 기쁨을 경험하는 경우가 있다. 그들은 자신의 내적 세계에 밝은 통찰력을 제공해주는 절정경험을 음미한다. 그들은 시적이며, 미에 대해 민감하고, 종교적이며 신비주의적이다.

(8) 공동체의식

자아실현인은 인류를 돕고자 하는 갈망과 모든 인간에 대하여 감정이입과 애정을 가지고 있다. 그들은 자신의 인생을 사랑하고 동일시하듯 인류를 사랑한다. 그래서 다른 사람의 불행이나 잔인한 행동에 대해 화를 내고 우울해한다. 그러나 그들을 용서하고 이해하려는 품성을 동시에 갖는다.

(9) 대인관계

자아실현인은 많은 사람을 사귀지는 않지만 관계를 맺은 사람들과 깊게 우정을 나눈다. 그들은 인류애를 가지고 있는 반면 위선적이고 거만한 사람에게는 가혹하며 때로 잔인하다. 자아실현인은 상대에게서 느끼는 사랑이 결핍 사랑이 아니라 존재 사랑이다. 다시 말해서, 그들은 사랑에 의존하지 않기 때문에 사랑의 결핍에 괴로워하거나 질투하기보다는 인내한다. 사랑은 받는 만큼 주는 것이 중요한다고 느끼며, 자신의 성장에 관심을 갖는 것만큼 다른 사람의 성장과 향상에 관심을 둔다.

(10) 창조성

창조성은 자아실현인에게서 볼 수 있는 특징이다. 창조성은 심리적으로 건강하다는 하나의 표현이며 태도이다. 창조성은 예술적 작품의 완성이라기보다는 생활방식에서나 세계를 지각하고 반응하는 방식에서 보다 독창적이며 혁신적이며 진취적인 경향성이다.

3) 사회복지 실천과의 연관성

욕구(need)란 인간이 사회생활을 영위함에 있어서 충족되어야 할 마음상태이다. 사회복지 실천에서 서비스나 정책의 단위가 욕구이다. 사회복지 실천과 욕구는 불가분의 관계에 있다. 이에 따라 사회복지 영역에서는 매슬로우의 욕구계층이론이 다음과 같은 이유에서 자주 인용되고 있다.

첫째, 사회적 자원은 한정되어 있으므로 프로그램의 효율성 제고를 위해 낮은 수준의 욕구충족으로부터 높은 수준의 욕구 해결을 위해 노력하고 있다.

둘째, 사회복지 프로그램을 비교 연구하는 데 기준이 된다.

셋째, 인간의 욕구는 현실 사회에서 완전히 충족될 수 없다. 그러므로 끊임없이 높은 수준의 욕구를 충족하기 위해 누구나 일생 동안 노력하는 것이 삶이다.

위와 같이 매슬로우는 인간이 가지고 있는 욕구 내용을 적절히 제시하여 사회복지 분야에 공헌을 하고 있다. 사회복지 실천에서 인본주의 이론을 사용하여 내담자를 원조하려면 다음과 같이 접근할 수 있다.

첫째는 욕구 충족과 통찰이다. 이것은 좋은 인간관계로서의 심리치료를 의미한다. 충족되지 않으면 병이 든다는 것이 결핍욕구의 특성이므로 심리적으로 병을 앓고 있는 내담자란 충분한 안전감, 사랑, 존중 등을 받지 못한 사람이다. 결핍욕구는 외부, 즉 타인에게서 비롯되므로 인간관계 속에서 얻을 수 있다. 치료의 궁극적 목표는 자아실현이다. 사회복지사와 내담자의 관계에서 기본적 욕구를 충족하도록 도와주는 것이며 치료의 본질은 관계이므로 인간관계 훈련을 잘 받은 사회복지사이어야 한다(Maslow, 1972).

매슬로우는 모든 좋은 인간은 잠재적으로 상담자가 될 수 있다고 보고 있다. 그러므로 모든 교사, 모든 부모, 모든 인간에게 인간관계 교육을 시켜야 한다. 신경증이 심하지 않다면 따뜻하고 우정적이고 민주적 관계에서 긍정적 변화가 일어나지만 좀 더 심각한 만성적 신경증에는 효과가 없게 된다.

둘째는 통찰치료이다. 병이 심각한 사람은 기본적 욕구 충족을 찾거나 원하지 않고 대신 신경증적 욕구 충족을 원한다. 기본적 욕구 충족을 주어도 이것을 사용하지 못한다. 애정을 보여주어도 두려워하고 불신하고, 잘못 해석하여 거절한다. 깊은 죄책감으로 파괴적이 되므로 전문적 치료가 필요하다. 전문적 치료기법은 정신역동적 통찰 치료이다. 무의식적 욕망과 추동 해석, 즉 프로이트의 자유연상, 꿈 해석, 저항, 전이 분석 등을 사용하여 원조할 수 있다.

2 로저스의 인간중심적 접근방법

역사적 관점에서 볼 때, 로저스(Rogers)의 이론은 치료과정을 다룬 경험적 연구를 촉진시켜 왔고 이러한 연구들의 상당수는 로저스식 접근방법이 유용하다는 것을 실증해 보였다. 나아가서 이러한 연구결과들은 내담자 중심의 치료와 자기이론에 관한 로저스의 생각을 수정하는 데 중요한 역할을 하였다.

로저스는 포괄적이고도 체계적인 성격이론을 전개하였고, 이를 명제 형식으로 서술하여 그 명료함을 높였다. 그의 개념에는 애매모호한 점이 다수 있지만 이러한 명제형식이 그의 이론의 유용성을 높여 주고 있다(Bozarth, Zimring, & Tausch, 2002).

로저스는 내담자중심의 치료방법을 처음으로 소개한 사람이다. 치료관계를 강조하고 과거의 상세한 재구성의 필요성을 무시함으로써, 치료절차들이 단순해지고 치료자의 훈련이 덜 필요하게 되었다. 그러나 내담자중심의 인본주의적 운동이 배출한 사이비 치료자의 훈련 부족을 열성이나 진실성이 완전히 메우지는 못한다는 비판도 있다(Tallman & Bohart, 1999).

1) 기본 개념

건강한 성격에 대한 로저스의 견해는 인간이 자기완성을 위해 투쟁하는 과정에서 여러 가지 어려운 문제에 봉착한 사람들을 치료한 경험에 근거하고 있다. 로저스는 훌륭한 삶이란 목적지가 아니라 방향이라고 주장한다. 즉, 자아실현은 완성의 상태가 아니라 미래지향적인 목적을 가지고 자신의 잠재성을 개발해가는 것이라는 것이다. 무엇인가 보다 가치 있는 생이 되고자 꾸준히 노력하는 존재인 것이다. 따라서 자아실현은 만족한 상태나 행복한 상태라기보다는 의미 있고 아름답게 살기 위해 노력하는 사람에게 다가오는 고통스러운 과정이기도 하다(Rogers & Freiberg, 1994).

로저스에 의하면, 자아실현은 현존재를 사랑하는 용기를 수반하는 것이다. 그것은 자신을 삶의 조류에 온전히 내던지는 것을 의미한다. 따라서 자아실현을 위한 노력은 진정한 자기 자신이 된다는 의미이다. 로저스는 이러한 사람을 '완전히 기능하는 인간'이라고 표현하고 있다. 이러한 인간은 다섯 가지의 구체적인 특징을 지니게 된다.

(1) 개방성

완전히 기능하는 사람의 두드러진 특징은 경험에 대한 개방성이다. 경험을 개방한다는 것은 방어성 및 폐쇄성의 반대 개념이다. 자신뿐만 아니라 타인과의 관계에서도 완전히 자신을 개방하는 것이다. 경험을 완전히 개방하는 사람은 자신의 본성에 대해서 다시 말해서, 자신의 내부에서 일어나는 바를 알 수 있고 또 그것을 방어하거나 차단하지 않고 받아들일 뿐만 아니라 지각과 표현의 새로운 길을 열기 위해 그 경험을 활용하는 데도 융통성을 보인다.

(2) 실존적 삶

완전히 기능하는 사람은 어느 순간에서나 실존적인 삶을 영위한다. 왜냐하면, 하나의 인간으로 엄연히 존재하고 있는 자신은 자신의 본질을 자신이 형성해 나가야 하기 때문이다. 자신을 형성해 나아가는 것은 전적으로 자신의 책임에 속한다. 완전히 기능하는 사람은 현재의 자신의 어떤 경험도 기꺼이 자기의 것으로 받아들이다. 그렇게 함으로써 인생의 각 순간은 기존의 모든 것과 구별된 새로운 삶으로 형성되게 된다.

(3) 자아신뢰

완전히 기능하는 사람의 또 다른 속성은 자아의 유기체에 대한 신뢰이다. 이러한 삶의 차원은 의사결정의 맥락에서 잘 나타난다. 예컨대, 어떠한 상황에서 결정을 내려야 할 경우, 대부분의 사람들은 기존의 사회적 규범이나 규정 또는 외부의 영향력에 의해서 좌우되지만 완전히 기능하는 사람은 자신의 유기체적 직관과 경험을 토대로 행동하게 된다. 자신의 유기체를 신뢰하기 때문이다.

(4) 자유의식

건강한 사람들은 자기가 선택한 인생을 자유스럽게 살아가는 자유의식이 있다는 것이다. 인간이 자기의 세계를 형성하는 데 중요한 역할을 담당할 수 있는 자유의지 및 주관이 자유롭다. 그렇다고 인간의 행위가 사회적 압력이나 과거의 경험에 영향을 받는다는 점을 부정하지는 않는다.

완전히 기능하는 사람은 자신의 실존에 열려진 길을 자유롭게 선택하고 동시에 자신이 선택한 실존에 대해 전적으로 책임을 지려는 성향을 지닌다. 인간은 자신의 실존을 어떤 타고난 운명이나 환경에 의존하지 않을 뿐만 아니라 자신의 의지와 힘으로 자기 인생의 길을 헤쳐나가고 창조해가는 자유가 주어지지만 동시에 그 선택에 대한 책임을 지는 존재인 것이다.

(5) 창조성

심리적으로 최적의 성숙한 사람의 특성은 창조성이다. 로저스는 훌륭한 삶을 사는 사람은 창조적 삶이 나타나는 유형의 사람이라고 말한다. 창조적인 사람은 그가 존재하는 모든 영역에서 창작물을 산출할 뿐만 아니라 창의적인 삶으로 자신의 욕구를 만족시켜 깊은 생의 희열을 경험한다는 것이다. 로저스는 인간을 자신이 무엇이며, 무엇을 할 수 있으며, 나아가 어떠한 인간이 될 수 있는가를 꿈꾸는 미래지향적인 존재로 보고 있다.

이러한 과정에는 외부 조건에 의해서가 아니라 자신의 삶을 인식하고 자신이 되고자 하는 자아가 완전히 관여되어 있는 것이다. 로저스의 인간의 본성에 대한 입장은 대단히 낙관적이고 긍정적이다. 인간은 선천적으로 선하며 존경받을 만하고 어느 정도의 환경조건이 가능하다면 자신의 잠재력을 실현해 나갈 가능성 있는 존재이다. 이러한 자아실현의 경향은 가정과 사회의 무조건적인 긍정적 환경에서 가능하다.

로저스는 무조건적 긍정적 자아대우는 개인으로 하여금 완전히 기능하는 사람으로 발전하도록 만든다고 말한다. 창의적이고 자발적인 사람은 사회적 문화적 제약에 순응하거나 수동적인 적응을 하지 않는다. 그들은 방어성이 없기 때문에 그들이 하는 행동에 대해서 다른 사람들로부터 인정받는 데 별로 관심이 없다. 그들은 주변 환경의 급격한 변화에도 보다 잘 적응할 것이다. 예컨대, 자연적인 재앙이나 전쟁과 같은 충격적인 변화에 까지도 대처할 수 있는 창의성과 자발성을 갖고 있다. 그리하여 로저스는 인간의 진화과정에서 완전히 기능하는 사람이 '적합한 선구자'가 되어 왔다고 믿는다.

2) 현상학적 이론의 내용

로저스는 오랜 임상경험을 바탕으로 하여 인간은 기본적으로 자유로우며 자신의 행동에 책임지고, 합목적적이며, 합리적이고 건설적인 방향으로 지속적으로 성장해 나가는 미래지향적 존재라고 보고 있다. 따라서 이러한 선천적 잠재력을 발휘할 수 있는 조건들이 적절히 갖추어진다면 인간은 무한한 성장과 발전이 가능하다고 결론지었다.

이와 아울러 로저스(Rogers)는 인간을 통합적 존재로 규정하고 있다 이러한 로저스의 인간에 대한 전체주의적 관점은 그의 자아개념에 잘 반영되어 있다. 로저스에 의하면, 인간은 유아의 미분화된 현상학적 장에서 출발하여, 자아개념의 발달로 그 장이 자아와 환경으로 분화되고, 각 개인이 자아일치성을 계속 추구하는 데서 발달의 최정점에 도달한다. 이와 같이 로저스는 인간을 항상 전체성과 통합성을 향하여 발전해 가는 존재로 보고 있다.

로저스의 인간행동에 대한 기본 가정은 그의 주관적 경험론에 입각하고 있다. 로저스는 다른 현상학적 심리학자들과 마찬가지로 모든 인간에게 있어서 객관적 현실세계란 존재하지 않으며 주관적 현실세계만이 존재한다고 보고 있다. 인간은 자신이 받아들인 주관적 세계에 근거하여 행동한다는 것이다. 즉, 모든 인간행동은 개인이 세계를 지각하고 해석한 결과이다.

로저스는 인간은 내적 긴장이 증가하더라도 자아실현을 위하여 그 고통을 감내하면서 행동한다고 주장한다. 이러한 로저스의 인간행동의 동기에 대한 기본가정이 인간행동의 미래지향성으로, 인간의 본질적 가치와 성장가능성에 대한 로저스의 신념에서 유래된 것이다. 인간의 모든 행동은 궁극적으로 그들 자신의 능력을 증대시키고 그들 자신을 실현하려는 목적을 지니고 있다.

만약 인간에게 이러한 자아실현의 경향성이 없다면, 현재의 현실이 고통을 야기할 것으로 지각됨으로써 이에 직면하기 위한 행동보다는 이를 회피하려는 행동을 선택하게 될 것이다. 그러나 모든 인간은 긴장과 고통을 감소시켜 내적 평형상태에 안주하려는 욕구보다는 내적 긴장이 다소 높아지더라도 성장과 발달을 추구하려는 욕구가 더 강하다. 그러므로 인간의 자아실현경향, 즉 미래지향성은 인간행동의 가장 기본적인 동기라고 할 수 있다.

(1) 무조건적 긍정적 존중

로저스는 누구나 다 사랑받고 존중돼야 한다고 본다. 부모가 자식이 이러이러한 일을 해야만, 또는 이러이러한 사람이 돼야만 사랑할 수 있다고 한다면, 그 아이는 완전한 자아실현을 성취할 수 없다는 것이다. 여기에 필요한 것은 '무조건적 긍정적 존중' 다시 말해서, 어떤 경우이든 주어지는 완전하고 진실된 사랑과 존경이다. 그렇다고 해서 부모가 아동의 기분대로 비위를 맞추어야 한다는 것은 아니다. 행동기준과 규율이 문란해지도록 놓아두어야 한다는 뜻도 아니다. 이것이 뜻하는 바는 인간으로서의 가치와 존경이 다른 모든 것에 우선적으로 인정돼야만 한다는 것이다. 그렇게 될 때 개인이 자기실현의 목표에 점점 더 가까이 다가갈 수 있는 분위기가 마련될 수 있기 때문이다(Rogers, 1977).

(2) 일관성과 위협

인간은 현상적 자기와 체험 사이의 일관성을 유지하려고 노력한다. 자기구조와 일관된 경험은 지각되어 그 구조의 일부가 된다. 어떤 체험은 자기와 아무 관계가 없는 것으로 지각되기 때문에 그냥 무시된다.

그러나 자기나 가치의 조건과 상치되는 체험은 위협을 준다. 이 위협에 대항하기 위해서 이런 체험을 자기 속으로 받아들이기를 거부하거나, 그 의미를 왜곡시킨다. 예컨대, 자신이 똑똑하다고 생각하는 사람은 논리학 과목에서 받은 D학점을 자기구조 속에 넣지 않으려고 할 수 있다. 그 대신에 사람은 시험이 불공평했다든가 강사가 엉망이었다고 주장함으로써 D학점의 의미를 왜곡시켜 버린다. 이 모든 것은 무의식적 차원에서 일어날 수 있다. 그러나 정말로 위험한 것은 왜곡과 부인 때문에 사상을 있는 그대로 완전히 체험하지 못하게 된다는 데 있다. 선택적 지각과 경험의 부인은 우리의 체험 속에 갈라진 틈을 만들고, 이 틈은 진정한 잠재력의 성취를 방해한다(Mearns & Cooper, 2005).

(3) 개인의 세계

로저스의 관점에서 자기는 상당히 보수적이고 자기보호적이다. 자기는 우리의 지각에 영향을 미치며 우리의 체험과 기억을 걸러낸다. 자기의 여과기능이 로저스의 이론에서 중요한 이유는 이것이 성격 변화가 왜 그렇게 어려운지를 설명해 주기 때문이다. 변화는 위협을 내포하고, 이 위협을 해소하려면 위협을 주는 요소를 걸러 내버려야 한다. 이렇게 되면 변화할 필요성이 없어져 버리기 때문이다.

많은 가치의 조건도 협소하고 제한된 자기개념을 낳는다. 자기개념이 그렇게 좁아지면, 자기와 상치하는 많은 체험, 지각, 기억이 개인의 의식적인 사고 및 심상 속에 들어가지 못하게 되고 만다.

개인의 세계는 체험의 세계이다. 이 체험은 개인을 그 중심에 두고 계속 흐르며 변화하는 과정이다. 로저스에게 있어서 체험이란 '현상적 場'이며, 이 장은 한 주어진 순간에 개인이 의식하는 것의 총체를 말한다. 이 현상적 장에는 다소간의 무의식적 요소도 포함될 수 있지만, 로저스의 무의식에 대한 정의는 프로이드가 전의식이라고 부르는 것에 더 가까울 것이다.

궁극적으로 행동을 결정하는 것은 이 현상적 장이다. 따라서 개인에 관한 정보를 주는 궁극적 원천은 개인 자신이다. 바로 이런 가정 때문에 로저스학파의 사람들은 내담자의 자기 보고에 치중하게 된다. 개인에게 있어서 현상적 장이 곧 현실이다. 따라서 그의 모든 반응은 자기가 체험하고 지각하는 대로의 현상적 장에 근거하고 있다. 어떤 사람의 행동의 의미를 완전히 이해하기 위해서는 그 사람이 자극을 어떻게 체험하고 있는가를 알아야만 한다. 단순히 X, Y, Z라는 자극이 주어졌다는 것만을 아는 것으로는 불충분하다. 그 사람이 이러한 자극을 어떻게 해석하는가가 대단히 중요하다.

3) 사회복지 실천과의 연관성

자기와 체험 사이에 불일치가 있는 한 완전한 적응이란 있을 수 없다. 위협이 많이 지각될수록 부인과 왜곡의 경향이 커진다. 비교적 심하지 않은 불일치는 보통 신경증적이라고 부르는 행동을 낳을 수 있으며, 극심한 불일치는 정신증으로 종착될 것이다. 이것은 정신증 환자의 행동이 자기개념보다는 지금까지 부인되어 온 현실국면과 보다 더 조화를 이루고 있음을 뜻한다. 세계를 파괴하는 엉뚱한 환상을 이야기하는 정신병자는 어쩌면 한 때는 타인에 대한 적대감을 극도로 자제하는 사람이었을 수도 있다. 그렇다면 부적응의 본질은 결국 체험을 자기구조 속에 집어넣지 않으려 드는 것이라고 하겠다.

로저스의 완전하게 기능하는 사람은 자신의 잠재력을 모두 발휘하고, 자신의 재능과 능력을 완전히 사용하며, 자신의 체험과 잘 화합하는 사람이다. 이들은 체험에 개방적이며, 순간순간을 완전히 충실하게 살 수 있고, 남보다는 자기 자신에 의지할 수 있으며, 자기가 살고 싶은 대로 살 수 있다는 자유를 느끼고, 창의성 있는 반응을 할 수 있다. 이는 자신의 잠재력을 더 잘 발휘하여 사회적으로 뻗어나가며 성장하는 것을 의미한다. 이는 존재하려는 용기를 뜻하며 자신을 삶의 흐름 속으로 과감히 띄어 보내는 것을 의미한다.

(1) 치료기법

로저스의 치료방법은 '비지시적'에서 '내담자 중심'과 '개인 중심'으로 이름이 바뀌어 왔으나 심리치료에 대한 로저스의 관점에는 별다른 변화가 없다. 로저스는 내담자중심의 치료방법에 있어서의 기본원리를 다음과 같이 제시

하고 있다

내담자중심의 접근에서는 상담자가 무엇을 하지 않느냐 하는 것이 무엇을 하느냐 하는 것만큼이나 중요하다. 상담자는 충고도 정보도 주지 않으며, 안심을 시키거나 설득하려 드는 것도 적절치 못한 일로 간주된다. 질문을 하거나, 해석을 하거나, 또는 비판을 하는 것도 마찬가지로 피하도록 되어 있다. 상담자의 주 임무는, 내담자의 감정을 인지하고 명료화해줌으로써 내담자가 여태까지 얽매여 있었던 왜곡된 자기상을 발견할 수 있게 하는 것이다. 로저스에게 심리치료란 수동적인 성격을 능란하게 조종하는 것이 아니라, 잠재능력을 갖춘 사람 속에 이미 존재하는 역량을 해방시키는 것이다. 따라서 치료는 일련의 기법으로 이루어지는 것이 아니라 상담자의 가치 및 태도의 핵심 속에 있는 것이라고 하겠다(Thorne, 2002).

(2) 내담자-상담자 관계

로저스는 성공적인 치료의 가장 핵심이 되는 요인으로서 상담자와 내담자의 관계의 본질에 더욱더 큰 비중을 두고 있다. 치료 장면에서 위협을 제거해 버릴 수 있는 것은 상담자 - 내담자 관계이다. 위협이 없을 때 내담자는 그 동안 부인 또는 왜곡시켜 온 경험을 허심탄회하게 검토해 볼 수 있게 될 것이다. 그리되면 개인의 성장잠재력이 자기실현을 추진시키는 길이 열리게 된다. 로저스의 상담이론에서 주요 기법은 소위 상담원리라고도 하며, 면접원리에서는 관계론이라고 하는 원칙이 있다. 그 내용을 다섯 가지로 요약하면 다음과 같다(Bozarth, Zimring & Tausch, 2002).

① 공감적 이해

공감적 이해란 내담자가 겪고 있는 고통이나 갈등을 상담자가 똑같이 느끼고 경험한다는 의미이다. 그러나 진정한 의미에서 이러한 공감은 불가능하다. 그러나 상담자는 어려움을 겪고 있는 내담자의 신발을 신어보는 심정과 태도를 보이는 노력이 필요하다는 의미이다. 상담자의 이와 같은 내담자에 대한 배려는 내담자로 하여금 자신을 이해해 주는 사람이 있다는 느낌을 갖고 자신의 문제를 솔직하고 깊이 있게 토로하는 계기가 된다.

② 감정 수용

수용은 내담자의 입장을 이해하고 받아주는 것이다. 수용이란 내담자의 언행, 태도, 행동 등에 대해 윤리적 판단, 일반적 평가 또는 비난 등의 말, 몸짓, 표정을 짓지 않고 그대로 받아주는 것을 의미한다. 그러나 내담자의 그러한 모든 것이 옳다고 인정하라는 것은 아니다. 다만 감정적으로 왜곡되어 있거나 병을 앓고 있을 때에는 내담자는 이성적으로 행동할 수 없으며, 또 마음을 행동으로 변화시킬 수 없다는 것을 상담자가 충분히 이해해야 하기 때문에 그의 감정을 무조건 수용해야 한다는 것이다.

인간중심주의 접근에서는 내담자의 지적인 면보다 정서적인 면을 중시하여 정서의 재구조화를 목표로 한다. 대부분의 부적응자, 정신신경증 환자는 자신의 사고와 행동, 감정에 문제가 있음을 의식적 무의식적으로 인지하고 있다. 그러므로 그들에게 지적인 설명이나 훈계, 충고, 설득, 질책 등은 내담자에게 반항심, 의존심, 실망감을 갖게 하기 때문에 내담자의 감정을 이해하고 수용함으로써 내담자의 태도변화를 기대할 수 있는 것이다.

③ 진실성

진실성이란 순수성, 일치성, 진지성이라고 말할 수 있는데, 상담자는 진실해야 하며, 이러한 진실성이 내담자에게 전달될 때 솔직한 의사교류와 감정교류가 이루어질 수 있다.

④ 무조건적 존중

무조건적 존중이란 상담자가 내담자를 조건 없이 긍정적으로 존중하는 것을 말한다. 상담자는 내담자가 어떤 사람이든 간에 그를 무조건적으로, 긍정적으로 수용하는 태도를 보일 때 치료적 변화가 일어날 가능성이 더욱 커질 것이다. 무조건적인 긍정적 존중이란 치료관계에서 상담자가 내담자를 구별하거나 비교하거나 평가 또는 판단하지 않고 인간으로서 대접하는 것을 의미한다.

⑤ 자기결정

자기결정이란 내담자의 문제는 상담자의 도움을 받아 내담자가 스스로 결정하는 권리를 말한다. 인본주의 접근에서는 사람은 누구나 어려움에 처하면 정서적 혼란으로 부적응행동을 보일 수 있지만, 동시에 성장 잠재력과 자아실현 능력이 있기 때문에 부적응 행동으로부터 적응행동으로 전환시킬 수 있는 능력이 있다고 본다. 따라서 상담자는 내담자와의 상담과정에서 그가 자신의 감정을 처리할 수 있도록 돕고 문제해결을 위한 자원을 이용할 수 있는 기회를 제공해줌으로써 스스로 자신의 문제를 해결하도록 돕는 역할을 해야 한다. 이 모든 것을 전할 수 있는 상담자는 내담자가 변화할 수 있는 치료 분위기를 만들어 준다.

이러한 내담자중심의 접근은 치료방면에서 오랫동안 인기를 끌어왔다. 이는 내담자중심의 접근이 기법중심이 아니어서 비교적 배우기 쉽다는 점이 어느 정도 작용했을 것이다. 이 접근은 성격이론이나 진단에 관한 해박한 지식을 필요로 하지 않는다. 게다가 이것은 보다 전통적인 정신분석 계통의 치료방법보다 훨씬 단기간 내의 향상을 보장한다. 결과적으로 내담자중심 치료운동은 많은 사람에 의해서 많은 용도에 사용되게 되었다.

내담자중심의 접근은 관계, 감정이입 등에 중점을 두므로 소규모 치료집단, 대면집단, 그리고 개인성장 집단 등에 깊은 영향을 남겼다.

part IV
인간행동과 사회환경 체계에 따른 이해

chapter 10

사회체계 이론

1 기본 개념

인간행동에 대한 접근방법에는 심리적 접근과 사회체계 이론이 있다. 심리적 접근에는 인생주기 이론, 성격 이론, 적응 이론 등이 포함되며, 사회체계 이론에는 가족, 집단, 조직, 지역사회 그리고 문화 속에서 이루어지는 인간행동의 관계성에 대한 연구가 포함된다. 전자를 미시적 접근 또는 심리적 접근이라고 하며 후자를 거시적 접근 또는 사회적 접근이라고 한다.

심리학과 사회학은 궁극적으로는 인간 행동을 과학적으로 규명하는 학문이다. 심리학이 인간의 행동과 마음에 대해 연구하는 학문이라 한다면, 사회학은 사회현상의 발생과 과정에 관한 연구이다. 인간행위의 본질과 의미를 규명하기 위해 심리학은 주로 개인의 행동원인에 대해서 관심을 기울이는 반면, 사회학은 개인과 사회와의 관계를 규명하려 한다. 다시 말하면 심리학은 인간을 기점으로 사회와의 관계에서 인간을 이해하는 입장이며, 사회학은 사회라는 구조 속에서 인간을 이해하려는 입장인 것이다. 거시적 접근법의 이론에 의하면, 개인은 사회와 문화의 영향을 받아 움직이는 피동체이다. 역사는 사회 자체의 운동 원리에 의해 움직이며, 개인은 역사창조의 주체가 아니라 역사의 피조물이며, 따라서 개인은 사회가 부여하는 운명으로부터 벗어날 수 없는 존재이며, 만일 벗어난 경우가 있다 해도 그것은 예외일 뿐이라는 것이다(Durkheim, 1951).

파슨즈(T. Parsons)에 의하면 모든 사회체계는 〈그림 10-1〉과 같이 두 축을 중심으로 구조적으로 분화되며 안정상태를 유지한다. 파슨즈는 이 두 축으로 사회체계가 안정상태를 유지하기 위해 성공적으로 해결해야 할 기능으로 적응, 목표달성, 통합, 형태유지를 제시하고 있다(Parsons, 1966).

	도구적(수단) 차원	완성적(목적) 차원
외적(외부환경) 차원	적응기능	목표달성기능
내적(체계내부) 차원	형태유지기능	통합기능

그림 10-1 사회체계의 기능적 요건

1) 적응기능

체계가 외부환경으로부터 자원을 얻어 이를 분배하고 보존하는 활동이다. 체계는 환경으로부터 자원을 얻어 그 자원을 활용할 능력을 갖추어야 존재할 수 있는데, 체계가 과업산출을 달성하기 위한 수단으로 상위체계를 변화시켜야 한다.

2) 목표달성기능

체계는 목표를 설정하고 목표들의 우선순위를 정하며, 구성 부분을 동원하여 그 목표를 달성할 능력을 갖추어야 체계로서 존재할 수 있다. 사회체계는 상위체계 기대를 충족하도록 과업목적을 달성해야 한다. 이는 목적을 달성한다는 점에서 완성적이고, 목적을 일으킨 기회나 욕구가 상위체계에 있다는 점에서 외적 차원으로 분류된다.

3) 통합기능

체계가 내부적으로 부분들의 상호작용을 조정하고 유지하는 기능을 의미한다. 체계는 부분들의 활동을 조정하고 효과적으로 작업관계를 성립할 수 있는 능력을 갖추어야 한다. 통합문제도 완성적 차원의 문제이고, 체계 자체의 욕구라는 점에서 내적 차원으로 분류된다.

4) 형태유지기능

체계 내에서 발생하는 긴장을 다루는 기능이다. 체계 자체에서 발생하는 변화와 함께 계속 변하는 상위체계에서 체계 자체 기본틀을 유지해야 한다. 이는 도구적 차원의 문제이자 내적 차원의 문제이다.

2 이론 내용

일반체계이론을 사회복지 실천에 적용하여 체계 간 상호작용을 설명하려 한 것이 사회체계 이론이다. 일반체계이론은 추상적이고 실천적 적응에 어려움이 있기 때문에 인간사회의 심리적, 사회적 구조와의 관계를 설명하는 사회체계 이론이 등장하였다. 사회체계 이론은 인간행동에 영향을 미치는 다양한 체계 수준(개인, 가족, 조직, 집단, 지역사회)을 설명하려는 데 목적을 두고 있다(Parsons, 1954).

사회체계의 특성은 구조적 특성(경계, 개방체계, 폐쇄체계, 대상체계, 하위체계, 상위체계, 공유영역, 엔트로피, 역엔트로피), 진화적 특성(균형, 항상성, 안정상태), 행동적 특성(투입, 전환, 산출, 환류)으로 구분할 수 있는데 그 내용은 다음과 같다.

1) 경계

체계를 외부환경으로부터 구분해 주는 눈에 보이지 않는 선 혹은 테두리이다. 체계는 체계 내부의 관계를 특징짓고 체계에 특정 정체감을 제공하며, 체계 내부로의 에너지 흐름(투입)과 외부로의 에너지유출(산출)을 규제한다. 체계를 둘러싸고 있는 경계의 속성에 따라 개방체계와 폐쇄체계로 구분할 수 있다. 건전한 체계는 반투과성의 경계를 가지며 이 경계를 유지한다. 반투과성 경계는 체계가 성장하고 발달하기 위해 적절한 수준에서 개방적이어야 함을 의미한다. 건전한 체계는 반투과성 경계를 잘 유지한다.

2) 개방체계

개방체계는 반투과성의 경계를 갖고 있는 체계이다. 체계의 성장 및 발달에 필요한 정보나 에너지를 외부로부터 자유롭게 받아들임으로써 체계 자체의 기능을 유지 혹은 발전시킬 수 있다.

3) 폐쇄체계

다른 체계와 상호 작용하지 않아 고립되어 있는 체계다. 정보나 에너지의 투입(input) 또는 산출(output)이 거의 없다. 폐쇄체계를 구성하고 있는 부분들은 시간이 지남에 따라 구성원들 사이의 구별이 거의 없어지게 되며 점차 통일성을 띠게 된다. 따라서 체계 내의 조직 구성 및 그 기능이 쇠퇴하게 된다. 이러한 상태를 엔트로피 상태라 하는데, 엔트로피 상태가 지속되면 체계는 소멸된다. 따라서 사회체계가 성장하고 발전하려면 상호작용하는 다른 체계들로부터의 투입에 어느 정도 개방적이어야 한다.

4) 위계, 대상체계, 상위체계, 하위체계

위계(hierarchy)란 권력과 통제권에 기반을 둔 체계의 서열을 말하고 대상체계란 분석대상이 되는 체계이며 상위체계란 대상체계 외부에 있으면서 그 체계에 기능적으로 영향을 미치는 사회단위이다. 하위체계란 2차적, 종속적인 체계로 큰 체계 속에 있는 더 작은 체계를 말한다. 대상체계 내부에 있으면서 내부의 다른 하위체계들과 상호작용하면서 체계를 구성한다.

5) 홀론(holon)

하나의 체계는 상위체계에 속한 하위체계이면서 동시에 다른 것의 상위체계가 된다는 개념이다. 중간체계가 갖고 있는 이중적인 성격을 나타내주는 말이다.

6) 엔트로피(entropy)

체계 내부나 체계 외부와의 상호작용이 증가함으로써 체계 내의 에너지양이 증가하는 현상을 상승작용(Synergy)이라고 한다. 이는 체계가 힘을 연합할 때 발생한다. 반대로 체계 내부의 에너지가 소모해감으로써 점차 쇠약해지는 경향성을 엔트로피라 한다. 에너지를 되는 대로 분배해서 에너지의 이용가능성이 적어짐에 따라서 그 체계는 더욱 무질서해져서 조직된 작업을 할 수 있는 능력이 더욱 감소하게 된다. 외부체계와 교류가 차단되어 외부의 에너지 투입이 이루어지지 않는다. 폐쇄체계에서 일어나는 현상이다.

7) 역엔트로피(negentropy)

엔트로피의 반대말로 체계가 성장하고 발달하는 방향으로 진행하는 과정으로서 네겐트로피라고도 한다. 체계 외부로부터 에너지를 가져옴으로써 이용 불가능한 에너지가 감소되는 것이다. 체계가 열려 있을 때, 체계는 자기가 쓰는 것보다 많은 에너지를 유입할 수 있다. 그런 후 체계는 정교하게 세분화되면서 더욱 심화된 복잡성으로 향한다.

8) 항상성

체계가 균형을 위협받았을 때 이를 회복하고자 하는 체계의 경향이다. 비교적 안정적이며 지속적인 균형상태를 유지하기 위한 체계의 속성이다. 항상성은 환경과 지속적인 상호교환을 하는 체계에 존재하는데, 그 결과는 안정적이지만 정적인 균형이 아니라 역동적인 균형으로 나타난다. 항상성은 개방체계의 속성이며, 향상성 상태에서 체계의 구조는 크게 달라지지 않는다.

9) 안정상태

부분들 간 관계를 유지하고 붕괴되지 않도록 에너지를 계속 사용하는 상태를 말한다. 안정상태는 환경과의 교환뿐 아니라 변화하는 여건에 적응하기 위해 구조를 변경시킬 수 있는 개방체계에 존재한다.

10) 투입-전환-산출-환류

(1) 투입

환경에서 체계로 자원, 에너지, 정보 등이 유입되는 것을 말한다. 과업관련 투입과 유지관련 투입이라는 두 가지 형태가 있다. 과업관련 투입이란 사회체계가 관심을 갖는 욕구, 문제 혹은 기회로 인해 발생하는 것을 의미하며 유지관련 투입이란 욕구를 충족하거나 문제를 다루거나 기회를 모색하거나 이용하는 데 필요한 자원을 의미한다.

(2) 산출

체계가 처리한 결과를 환경에 배출하는 것을 말하며 이는 다른 체계에는 투입으로 작용하는 동시에 그 자체의 환류를 통해 다시 투입으로 작용한다. 과업산출, 유지산출, 소모로 나눈다. 과업산출이란 과업관련 투입으로 처리된 결과를, 유지산출이란 유지관련 투입의 결과를, 소모란 과업산출과 유지산출을 낳는 데 자원이 비효과적, 비효율적 혹은 부적절하게 사용된 경우를 각각 의미한다.

(3) 전환

투입된 자원, 에너지, 정보 등을 가지고 체계 내에서 산출해내기 위해 처리하는 과정을 말한다.

(4) 환류(feed back)

자신이 수행한 것에 관한 정보를 체계가 받는 것이다. 환류는 정보의 투입에 반응하는 행동을 가져오며, 새로운 정보에 자신의 행동결과를 포함시켜, 그것에 의하여 다음의 행동을 수정하는 의사소통의 조직망을 의미한다. 사회체계는 목표와 관련된 환류를 외부환경으로부터 받아들이기 때문에 목적지향적이다.

환류에는 부정적 환류와 긍정적 환류가 있다. 부정적 환류는 체계가 목표를 성취하기 어려운 방식으로 행동하고 있다는 정보를 주어서 목표와 조화를 이루도록 수정하게 하는 것이고, 긍정적 환류는 체계가 목표와 관련하여 적절하게 행동하고 있으며, 그와 같은 행동이 계속적으로 요구된다는 메시지를 전달하는 것이다.

11) 긍정적(정적) 환류

체계의 존재와 성장에 적합하게 실행한 것에 관한 정보를 얻는 것이다. 체계가 그 목적과 관련하여 올바르게 행동하고 있으며 같은 종류의 행동이 좀 더 요청된다는 의미를 전달한다.

12) 부정적(부적) 환류

체계가 제 방향을 찾고 실수를 수정하여 항상성 상태로 돌아갈 수 있게 하는 환류이다. 체계가 목표를 성취하기 어려운 방식으로 행동하고 있다는 정보를 줌으로써 목표와 조화를 이루도록 행동을 수정하게 한다.

13) 동등결과성

각각 다른 체계들이 초기에는 각각 다른 상태였다고 하더라도 투입이 같은 경우에는 비슷한 안정상태에 도달할 것이라는 의미이다. 여러 가지 다른 방법으로 동일한 결과를 얻을 수 있기 때문에 단지 한 가지 사고에만 집착하지 않는 것이 중요함을 시사한다.

14) 다중결과성

처음의 조건과 수단이 비슷하다고 할지라도 다른 결과가 야기된다는 체계

이론의 기본가정이다.

15) 평형상태(equilibrium)

체계가 고정된 구조를 가지고 주위환경과 수직적인 상호 작용을 하기보다 체계 내에서 수평적인 상호작용을 하면서 거의 교류를 하지 않는 상태이다. 주로 폐쇄체계에서 나타나며 체계의 구조 변화가 거의 없는 고정된 균형상태이다.

16) 공유영역

두 가지 체계가 함께 공존하는 곳으로서 체계 간의 교류가 일어난다. 경계는 체계의 정체성을 유지하기 위해 필요한 반면, 공유영역은 서로 다른 두 체계가 공통의 이익이나 관심을 추구하기 위해 필요하다.

17) 관계

둘 또는 그 이상의 사람이나 체계 사이의 상호 정서적 교류, 역동적 상호작용, 감정, 인지, 행동의 관련성을 뜻한다.

3 사회복지 실천과의 연관성

1) 사회체계 이론의 부적응 증상에 대한 관점

사회체계 이론은 인간행동에 대한 이해의 틀로서 개인과 사회환경의 상호

관계의 본질을 조명해준다. 모든 사회체계가 유사한 관계 속성을 지니고 있다는 것을 전제로 하고 있는 사회체계 이론의 등장으로 이전의 기계적이고 환원적인 사고에서 벗어날 수 있게 되었다.

개인과 사회의 문제는 원인-결과의 관계로 해석되기보다는 상호연결된 전체로 파악된다. 즉, 개인과 사회환경은 어느 한쪽이 다른 한쪽에 일방적인 영향을 끼치는 것이 아니라 양자가 모두 원인인 동시에 결과인 상호적 인과관계로 형성된 전체로 파악된다. 따라서 문제사정과 개입체계를 명확하게 해준다(Merton, 1971).

사회체계적 관점은 사회복지 실천의 목적과 잘 부합된다고 할 수 있는데, 문제의 파악 및 개입의 초점을 개인 또는 환경의 어느 한 곳에 두기보다는 상호작용하며 영향을 주고받는 전체에 두기 때문이다. 사회복지 실천의 중요한 이론적 준거틀을 제시할 뿐 아니라 인간과 사회환경과의 관계를 이해하기 위한 구체적인 방법을 제시해준다. 개인-사회환경 간의 적합성, 개인과 사회환경 간의 상호교류, 이러한 교류에 영향을 미치는 힘에 대한 폭넓고 포괄적인 실천지식을 제공해 준다.

사회복지사가 내담자체계의 자원을 발견하며, 내담자체계의 역량을 강화하는 개념적 도구로서 활용되기도 한다. 사회체계 이론은 대상체계의 속성과 체계 사이의 상호 연관성을 평가함에 있어 각 체계 간의 일관성과 상호성, 갈등의 정도와 상태를 규명할 수 있는 개념들을 제공하므로 사정의 도구로 유용하게 사용될 수 있다. 또한 문제를 총체적 관점에서 이해할 수 있으므로 사회복지사가 개입 시 체계 전체를 변화시키는 전략을 세우도록 이끈다.

2) 개입기법

사회체계 이론에 입각하여 내담자의 문제해결을 지원하기 위하여 상담자가 활용할 수 있는 개입기법이나 기술은 매우 다양하다. 체계이론에 기반을 둔 체계적 가족치료에서 활용되고 있는 대표적인 기법은 다음과 같다.

(1) 상호작용 실연기법

이 기법은 상담자가 치료시간에 가족의 상호작용 유형을 직접 확인하고자 할 때 사용하는 기법으로, 가족으로 하여금 가족 내에서 일어나는 상호작용을 말로 설명하는 대신에 실제 행동으로 재현해 보게 하는 기법이다.

(2) 경계선 설정기법

이 기법은 하위체계 간의 독립성과 침투성을 허용할 수 있는 경계선을 만들기 위한 기법이다 가족체계 내의 개별 성원의 경계선을 설정하기 위해서는 그 성원의 얘기를 경청하고 그의 관점을 인정해 주며, 다른 성원이 대신하여 답변 하는 것을 통제하고, 한 성원이 가족의 기억창고로서의 역할을 못하게 하는 방법이 있다.

(3) 지시기법

이 기법에는 직설적 지시, 은유적 지시 그리고 역설적 지시가 있다 직설적 지시는 상담자가 내담자에게 부적응 행동을 중단하거나 과거와 다른 행동을 하도록 언어 또는 비언어적으로 치료시간에 명령하거나 숙제를 부과하는 기법이다. 은유적 지시는 가족이 문제를 밝히기를 꺼려하거나 토론하기를 원하지 않는 경우에 사용하는 기법으로, 상담자가 가족이 특정 행동을 해주었으면 하고 원할 때 그와 유사한 행동을 하도록 명령하는 기법이다. 역설적 지시기법에는 증상을 지속하게 하거나, 과장하게 하고, 자의적으로 증상을 통제할 수 있게 하는 처방, 재발을 경고하거나 변화의 속도가 지나치게 빠르다고 지적하는 제지, 증상행동보다 더 큰 어려움이 수반되는 행동을 하게 하는 시련기법 등이 있다. 그러나 이러한 역설적 지시기법은 윤리적 문제를 야기할 수 있으므로 상담자에 대한 가족의 저항을 활용하여 문제행동의 해결이 가능한 경우에만 사용하여야 한다.

(4) 재정의 기법

이 기법은 주로 행동이나 사건이 갖는 부정적 의미를 긍정적 의미로 변화시켜 주는 기법으로, '긍정적 의미부여'라고도 불린다.

(5) 순환적 질문

이 기법은 개인의 증상행동을 가족성원들 간의 관계상의 문제로 재규정하기 위하여 사용하는 기법으로, 상호작용 유형이나 가족관계에 대해 질문을 함으로써 가족성원들 간의 지각 차이를 밝혀내는 데 목적을 두고 있다. 이러한 순환적 질문에는 차이에 관한 질문, 가설적 질문, 행동의 효과에 대한 질문, 3인군 질문이 있다.

차이에 관한 질문은 동일한 사건에 대해 성원들의 생각이 어떻게 차이가 나며, 시간의 흐름에 따라 사건의 의미가 어떻게 달라지는지를 질문하는 것이다. 가설적 질문은 가족에게 미래에 가족 내에서 일어날 수 있는 창조적인 대안적 행동을 만들어 내도록 하는 질문기법이다. 행동의 효과에 대한 질문은 가족성원들 간의 상호작용 과정에서 나타나는 행동의 연쇄과정이나 연결고리에 대해 질문하는 기법이다. 3인군 질문은 제3자에게 두 사람 간의 관계속성을 질문하는 기법으로, 한 성원이 참석하지 않은 경우에 참석하지 않은 성원이 특정 상황에서 어떤 반응을 보일까를 생각해 보라는 질문을 사용한다.

chapter 11

생태학 이론

인간은 태어나는 순간부터 다양한 상황에 놓여 있는 여러 다른 사람들과 관계를 맺으며 성장하게 된다. 어떤 아이는 건강한 체력조건을 가지고 태어나 부모 및 조부모의 지대한 관심과 사랑을 받고 자라나는 반면, 어떤 아이는 출생하는 순간부터 죽음의 위기를 넘기며 부모가 누구인지도 모른 채 열악한 환경에서 성장하기도 한다(사진 참조). 과연 이 두 아이 중 어느 아이가 건강하게 성장할 수 있을까? 이처럼 한 개인의 발달은 개인의 특성과 그 개인이 처한 사회적, 물리적 환경 간의 상호작용에 따라 달라지게 된다.

생태학이란 생물학적 유기체와 그 유기체가 놓인 사회적 물리적 환경 간의 상호의존적인 체계에 관해 연구하는 학문이다. 헤켈에 따르면, "생태학은

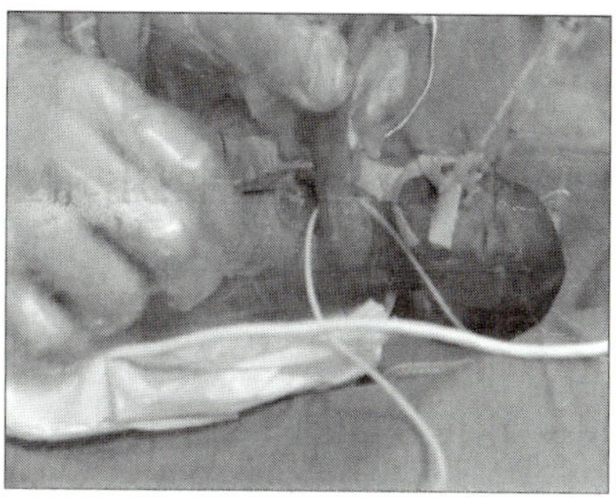
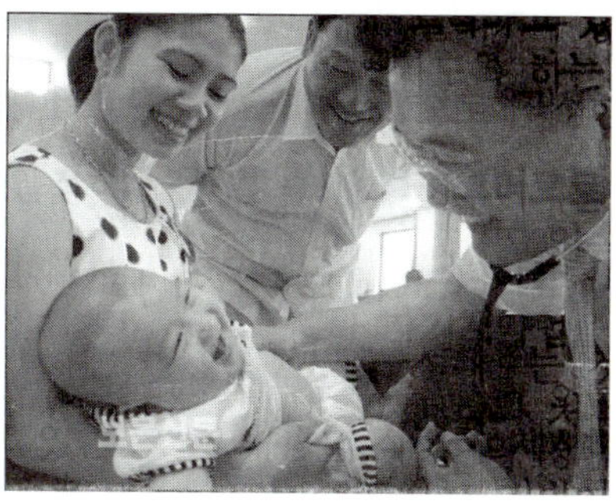

미숙아로 태어난 아기(좌)와 행복한 가정에서 건강하게 태어난 아기(우)

자연의 경제를 다루는 학문분야를 의미한다… 동물을 중심으로 생물적, 비생물적 환경과의 총체적인 관계를 연구하고, 그 외에 직간접적으로 접촉하는 다른 동물 및 식물과의 이롭고 해로운 관계를 포함한다… 즉, 생태학이란 다윈의 생존경쟁조건에 적용되는 복잡다양한 모든 상호연관관계를 연구하는 학문이다(Allee et al., 1949)". 브론펜브레너(Bronfenbrenner, 1995)는 이를 인간발달에 적용하여 인간발달생태학이란 능동적으로 성장하는 개인과 그 개인이 살고 있는 변화하는 환경 간에 일어나는 상호조절과정을 과학적으로 연구하는 학문이라고 정의하였다. 이러한 상호조절과정은 인접한 환경과 인접한 환경 간의 관계에 의해 영향을 받으며, 이 인접한 환경은 더 큰 맥락의 환경에 의해 영향을 받는다.

이러한 관점에서 아동은 부모, 교사, 또래들로부터 영향을 받을 뿐 아니라 그들에게 영향을 끼치기도 하는 상호작용체계 속에서 성장해 가며, 이러한 상호작용체계는 학교, 지역사회 등과 같은 더 큰 체계의 영향을 받는다. 그리고 아동은 자신이 속한 시대, 문화에 의해서도 영향을 받으며 성장하게 된다. 동시에 아동은 자신이 속한 환경을 수정해가며 성장하게 된다. 본 장에서는 브론펜브레너의 인간발달생태학 이론의 주요개념에 대해 살펴보고, 생태학 이론과 사회복지 실천 간의 연관성에 대해 살펴보고자 한다.

1 브론펜브레너의 인간발달생태학 이론

브론펜브레너(1986)에 따르면 아동은 일련의 복잡하고 상호작용적인 체계 속에서 성장, 발달하게 된다. 아동을 백지상태로 보는 것이 아니라 성장하는 역동적 실체로 보고, 개인 스스로가 자신의 환경을 구성할 수 있는 존재로 본다. 따라서 개인과 환경 간의 상호호혜성을 강조한다. 즉, 아동 스스로가 자신의 환경을 조절할 수 있는 힘을 가지고 있으나 다양한 상황이나 환경 또한 아동의 발달에 영향을 미친다.

또한, 환경의 개념을 단일한 인접한 환경으로 제한하기보다는 인접환경들 간의 통합된 상호의존성을 강조하고, 인접환경 외에 더 큰 맥락까지도 포함한다. 즉, 아동의 발달은 부모 및 형제와 같은 가족환경에 의해서만 영향을 받는 것이 아니라, 교사 및 또래 등과 같은 학교 환경에 의해서도 영향을 받고, 또한 이러한 가족환경과 학교 환경은 서로 영향을 주고받으면서 아동의 발달에 영향을 미친다. 한 예로, 부모와 교사 간에 아동에 대한 의사소통이 원활하게 이루어진다면 아동의 발달을 최적화시킬 수 있는 방법을 더 쉽게 찾을 수 있을 것이다. 더 넓게는 아동이 속한 문화나 사회적 배경은 가치나 신념 등을 통해 아동의 발달에 영향을 미치게 된다.

브론펜브레너의 모습

이처럼 브론펜브레너의 인간발달생태학 이론은 아동의 발달을 환경체계와 관련지어 다룬다. 생태학적 환경은 러시아 인형처럼 한 체계가 다른 체계 속에 담겨져 있는 일련의 겹구조 형태이다. 다시 말해, 생태학적 환경은 발달하고 있는 개인에게 직접적인 영향을 미치는 인접 환경뿐 아니라 이를 초월한 훨씬 확대된 환경까지도 포함한다. 인간발달생태학 이론에는 다섯 가지의 환경체계가 존재하는데, 미시체계, 중간체계, 외체계, 거시체계, 그리고 시간체계가 포함된다. 또한 이들 체계는 끊임없이 상호작용한다. 여기에서는 인간발달생태학 이론의 주요개념, 인간발달에 대한 관점 및 사회복지 실천과의 연과성에 대해 살펴보고자 한다.

1) 기본 개념

브론펜브레너의 인간발달생태학의 기본 개념은 환경체계 모델로 설명할 수 있다. 아동을 둘러싼 환경은 그래프처럼 미시체계, 중간체계, 외체계, 거시체계, 시간체계 등 5개로 구성된다(그림 11-1 참조).

(1) 미시체계

미시체계는 개인이 독특한 물리적 특성을 가진 환경 내에서 경험하는 활동, 역할 및 대인관계 유형이다(Bronfenbrenner, 1979). 즉, 아동의 근접 환경 속에 있는 사람과 사물들이 포함된다. 예를 들면, 부모나 형제, 친구, 가족, 이웃 등이 포함된다. 또한 아동이 거주하는 집, 놀이터 시설, 학교 시설 등과 같은 물리적 환경 등도 포함된다. 따라서 한 아동의 미시체계는 하나 이상일 수 있다. 어떤 아동은 가족과 학교, 친구라는 세 가지 이상의 미시체계를 가진다.

미시체계는 아동과 직접적으로 상호작용을 하기 때문에 아동의 발달에 강력한 영향을 미친다. 특히 가족체계는 아동의 발달에 중요한 영향을 미친다. 인간은 혼자 살아갈 수 없는 존재이기 때문에 수많은 사람들과의 관계 속에서 유대를 맺게 되는데, 이러한 유대는 대개 가족을 중심으로 형성되어 왔다. 가족은 삶의 기대, 기쁨, 고통을 나누는 한 단위이며, 가족지지의 교류적 경험은 사람들로부터 사랑과 보살핌을 받고 있음을 느끼게 하고, 자신에 대한 존중감과 가치로움을 증진시키며, 상호책임에 대한 믿음을 줌으로써 자신의 가치와 적절성을 확인시켜 준다(Thoits, 1982). 한 예로, 부모의 애정과 자율성 격려 등과 같은 긍정적 양육행동은 아동의 자아존중감 및 자기효능감을 증진시켜 건강한 발달을 도모하지만 부모의 부정적인 양육행동은 아동의 건강한 발달에 해가 될 수 있다.

하지만 아동은 환경의 영향을 받는 수동적인 존재가 아니라 환경을 적극적으로 구성하는 능동적인 존재이므로, 미시체계는 성장하면서 변화한다. 부

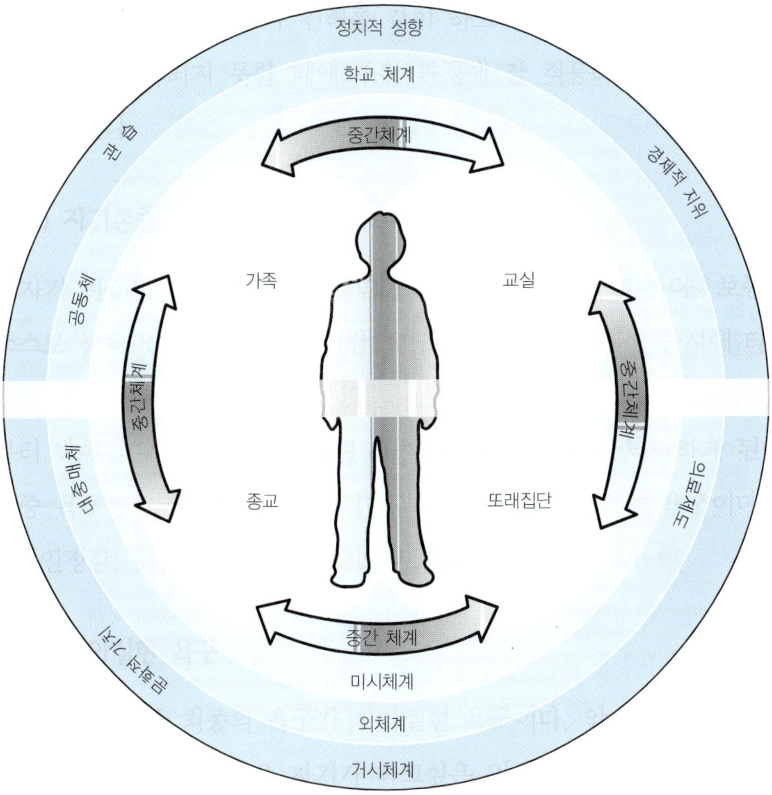

그림 11-1 브론펜브레너의 인간발달생태학 체계 모델

출처 : http://notapismp.blogspot.com/2009/02/teori-ekologi-bronfenbrenner-1977_05.html

모가 아동에게 적절한 양육을 제공하지 못한다고 할지라도, 아동이 가진 긍정적인 정서와 내적인 힘 덕분에 건강성을 유지할 수 있고, 이러한 아동의 긍정적 특성은 바람직하지 못한 부모의 양육행동을 변화시킬 수도 있다.

이 체계에서의 아동발달을 제대로 이해하기 위해서는 반드시 모든 관계가 양방향으로 작용한다는 것을 염두해야 한다. 미시체계는 아동의 개인적 성숙과 발달뿐 아니라 아동이 상호작용하는 부모, 교사 및 또래, 그리고 아동의 미시체계를 구성하는 물리적 환경에 의해서도 변화되므로 체계 내의 모든 관계는 양방향이다. 예를 들어, 조심성 있고 친절한 아동은 부모의 긍정적이고 허용적인 반응을 이끌어내지만 짜증스럽고 화를 잘 내는 아동은 부모로

하여금 제한적이고 처벌적인 반응을 하게 한다. 이러한 상호보완적 상호작용은 아동의 발달에 지속적인 영향을 미친다(Crockenberg & Leerkes, 2003).

한편, 미시체계 내에 있는 또 다른 개인들이 두 사람 간의 관계의 질에 영향을 미칠 수 있다. 한 예로, 부부 모두 자녀의 양육에 지지적이고, 서로의 양육역할을 격려해주면 부모는 자녀와 보다 긍정적인 관계를 형성할 수 있게 된다. 반대로 부부관계가 긴장되어 있고 서로 냉담하다면 부부는 자녀양육에 몰입할 수 없게 되고, 자녀의 요구에 반응적이지 못하며 비판적이고 화를 잘 내거나 처벌을 많이 하게 되어(Cox, Paley, Harter, 2001; McHale et al, 2002) 자녀와 긍정적인 관계를 형성하기 어렵다.

이처럼, 건강한 미시체계는 상호호혜성에 기반을 둔다. 부모가 자녀의 합리적인 요구를 받아들이고, 자녀 또한 부모의 합리적인 요구를 받아들이게 되면 미시체계는 건강성을 유지하게 된다. 청소년의 부모자녀관계에 영향을 미치는 생태체계변인에 관한 연구(문수경, 2004)에 따르면, 가정환경의 미시체계 변인 중 부모의 양육태도가 수용-자율적이고 부모 간 갈등이 적을수록, 부모 모두의 정서적, 경제적 지원이 많을수록 부모와 자녀 간의 관계가 친밀하였다.

브론펜브레너에 따르면, 대부분의 사회문화적 영향에 대한 연구들은 미시체계에 초점을 두고 있다고 한다. 예를 들면, 부모와 자녀 간의 의사소통, 또래집단 내에서의 인기도, 교실에서의 공격성 등에 관한 연구는 미시체계 맥락에서 이루어진 것이다.

(2) 중간체계

중간체계는 아동이 적극적으로 참여하고 있는 미시체계들 간의 상호관계를 의미한다. 부모와 교사와의 관계, 부모와 친구와의 관계, 형제관계와 또래와의 관계 등이 이에 속한다. 아동은 한 미시체계 안에서만 생활하는 것이 아니므로, 한 미시체계의 활동이 다른 미시체계와 연결될 수밖에 없다.

중간체계는 하나의 미시체계 안에서 발생한 것이 다른 미시체계에 영향을 미친다는 것을 나타낸다. 예를 들면, 학교에서 스트레스를 많이 받은 날에는 집에 와서 부모에게 짜증을 내거나 화를 낼 수 있다. 이는 학교라는 체계와 가정이라는 중간체계가 정서적으로 연결되어 있다는 것을 의미하는 것이다.

아동의 발달을 보다 체계적으로 이해하기 위해서는 가족, 또래, 학교 등 다양한 환경에서 아동이 어떻게 행동하는가를 관찰하는 것이 중요하다. 일반적으로 환경들 간의 관계가 밀접하게 연결되어 있을 때, 보다 건강한 아동발달을 지원할 수 있고 아동의 발달은 순조롭게 진행될 수 있다. 한 예로, 아동의 학교적응은 교실 안에서 이루어지는 활동만으로는 충분하지 않다. 아동의 학교생활에 대한 부모의 관심과 학교생활이 가정으로 전달되는 정도에 따라 아동의 학교적응이 순조로울 수도 있고 어려울 수도 있다(사진 참조). 기질적으로 까다로운 아동이 초등학교에 처음 입학을 했다고 가정해보자. 교사는 부모에게 자녀의 행동문제에 대해 의논하고자 하지만 부모가 직장일로 너무 바빠서 교사와 면담을 할 시간도 없을 뿐더러 가정에서도 자녀에게 무관심할 경우 이 아동의 학교적응은 더욱 어려울 수밖에 없다.

학부모 참관 수업의 모습

이처럼 가정과 학교 간의 연결은 경제적으로 빈곤한 아동들에게 특히 중요하다. 부유한 가정의 아동은 집근처의 영역에서 벗어나 양질의 교육 및 여가를 즐길 수 있지만 저소득층의 경우 교육 및 여가생활은 극히 제한적이다. 따라서 저소득층 아동들이

방과후 프로그램을 통해 플루트 연주법을 배우고 있는 모습

즐길 수 있는 특별활동 프로그램들이 학교 방과후 프로그램으로 마련되어 있어야 하며, 이를 위해 가정과 학교 간의 상호작용이 원활히 이루어져야 한다(사진 참조). 이들을 위한 방과후 프로그램이나 그 외의 종교단체의 모임, 취미활동단체 등과 같은 공동체는 청소년기의 순조로운 발달, 자기확신, 학교에서의 학업성취, 책임감 있는 사회적 행동에 긍정적인 영향을 미친다(Kerestes & Youniss, 2003).

한편 미시체계와 중간체계 간에는 다음과 같은 문제가 발생할 수 있다(Muuss, 1996; 정옥분, 2005). 첫째, 각각의 미시체계가 서로 다른 가치를 추구한다면 잠재적인 위험이 따른다. 예를 들어, 가정과 학교에서는 음주나 흡연 등과 같은 행동을 부정적인 시각으로 바라보고 처벌을 가하는 반면 또래집단에서는 이러한 행동들을 영웅시하거나 강화하게 될 경우, 이 두 미시체계 가운데에 놓인 아동은 갈등에 빠지게 될 것이다. 이에 대한 경험적 연구로, 청소년의 약물 남용에 대한 캔들(Kandel, 1986)의 연구결과는 중간체계의 상승적 효과를 입증해준다. 캔들은 가족 가치관과 또래가치관이 일치될 때 청소년의 약물사용이 증가되는지 또는 감소되는지 여부를 측정한 결과, 만약 부모가 음주를 하고 친구가 마리화나 약물을 사용한다면 청소년의 70%가 마리화나를 피우고 만약 친구만 마리화나를 피우고 부모는 건전하다면 청소년의 58%가 마리화나를 피운다. 만약 친구는 건전하고 부모만 음주를 한다면 청소년의 22%만 마리화나를 피운다. 마지막으로 부모나 친구 모두 건전하다면 단지 12%의 청소년만이 마리화나를 피운다. 다시 말해서, 가족과 친구 모두 건강한 미시체계에서 청소년이 홀로 탈선하여 약물을 사용할 확률은 10명 중 1명꼴이지만 부모와 친구 모두 불건전한 가치관을 가졌다면 약물을 사용할 확률이 무려 7명으로 증가한다. 캔들은 같은 연구에서 친구와 부모의 상대적인 영향력은 마리화나 사용뿐만 아니라 청소년의 음주행동에도 동일하게 나타남을 증명함으로써 생태학적 접근법의 효과를 다시 한 번 입증하였다. 둘째, 미시체계들 간에 상호작용이 전혀 없는 현상이 발생될 수 있다. 예를 들면, 자녀의 친구를 전혀 알지 못하는 부모, 자녀의 학교생활을 전혀 알지 못하는 부모, 고립된 지역에 살고 있는 친한 친구 등이 그 예이다. 특히 빈곤 가족이나 위기 가족에서 미시체계들 간의 상호작용이 전혀 없을 경우 아동의 어려움은 더욱 증가할 수 있다.

중간체계에서 상호작용이 이루어진다는 것은 한 아동이 '~의 아들/딸, ~의 친구, ~의 학교학생 등'의 다양한 역할을 동시에 소화한다는 것을 의미한다. 즉, 한 개인은 자신이 처한 환경에 따라 개인에게 기대되는 사회적 역할을 수행해야 한다. 일례로, 가정에서만 생활하는 영아는 '엄마, 아빠의 딸'이지만, 성장해서 유치원에 다니게 되면 '엄마, 아빠의 딸'일 뿐만 아니라 '꽃들 유치원의 학생'이고 '초롱이의 가장 친한 친구'가 된다. 이처럼 개인이 발달함에 따라 새로운 환경으로 이동을 하게 되고, 이러한 새로운 환경으로 인해 중간체계는 새롭게 형성되거나 확대된다.

(3) 외체계

외체계는 아동이 직접적인 경험을 하는 것은 아니지만 아동에게 영향을 미치는 사회적 환경을 의미한다. 예를 들면, 부모의 직장, 정부기관, 대중매체, 지방교육청의 활동, 공공복지 시설(교통, 문화, 병원 등) 등이 여기에 속한다. 아동은 이러한 외체계에 직접적으로 참여하지는 않지만 이러한 환경들은 아동의 행동에 여러 가지 영향을 미친다. 예를 들면, 아버지의 직장환경은 아동에게는 직접적으로 영향을 미치지 않지만 간접적으로 상당한 영향을 미친다. 아버지의 직장이 가족친화경영에 참여하고 있는 회사라면 가정과 일을 조화롭게 병행할 수 있는 환경이 조성됨에 따라, 아버지가 자녀의 양육 및 교육에 참여할 수 있는 시간이 증가할 뿐 아니라 자녀양육에 대한 스트레스를 줄일 수 있게 된다(사

가족친화기업 인증서

진 참조). 또한, 대학입시를 결정하는 교육제도도 아동에게 중요한 의미를 갖는 외체계 변인이다. 이와 관련하여, 우리나라 어린이와 청소년이 느끼는 '삶의 만족도'가 OECD 경제협력개발기구 회원국 중에서 가장 낮은 것으로 나타났다. 연세대학교와 한국방정환재단(2010)의 공동조사 결과, 한국 어린이와 청소년은 53%가 "삶에 만족한다"고 대답해 OECD 26개국 중 가장 낮았으며 OECD 평균인 84%보다는 30%포인트나 떨어진 것으로 나타났다. '삶 만족도'와 '주관적 행복' '학교생활만족' 등 6가지 부문을 합산해 점수로 표준화한 '주관적 행복' 지수는 65.1점(OECD 평균 점수를 100으로 봤을 때)으로 비교 대상 국가 중에서 최하위에 머물렀다. 또한 우리나라 청소년들은 학년에 상관없이 초등학교 때부터 학업과 관련된 스트레스가 가장 많은 것으로 조사되었다(그림 11-2 참조). 이는 우리나라에서 시행되고 있는 교육제도가 아동 및 청소년들에게 미치는 영향을 보여주는 실례이다.

가족친화경영의 예 : 국내 기업에서 추진되고 있는 일과 삶 프로젝트

출처 : 한겨레신문, 2006년 5월 1일.

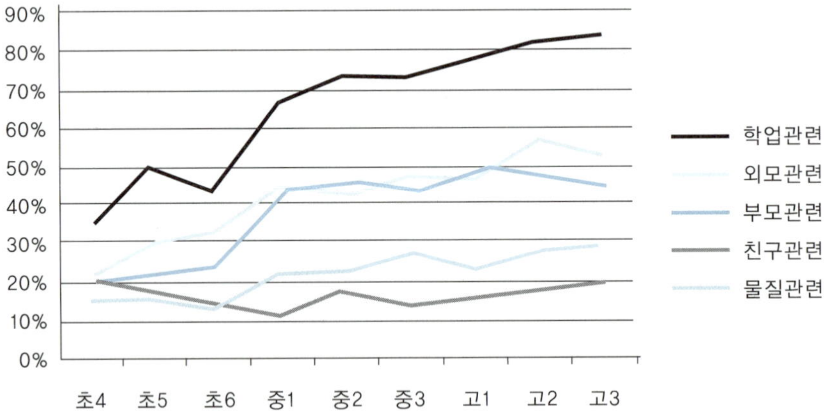

그림 11-2 한국어린이-청소년의 종류별 스트레스 정도

출처 : 연세대와 한국방정환재단(2010)

한편, 외체계의 요인 중 빈약한 주거와 실직, 장기간의 빈곤은 아동학대와 아동방임의 확률을 높이는 것(Giovanni & Billingsley, 1970; Muuss, 1996)으로 보고되고 있다. 비실직가정의 아동에 비해 실직가정의 아동은 아버지가 자신을 덜 사랑한다고 느끼고, 아버지로부터 정서적 학대, 공격, 적대감과 무관심을 더 많이 경험하는 것으로 보고하였고, 어머니 또한 자신에게 무관심하고 방임적인 양육태도를 보인다고 지각하였다. 또한 실직가정의 아동은 가족의 결속력이 낮다고 지각하였고 우울과 불안 수준이 높았다(이훈구, 윤소연, 정혜경, 1998). 이와 유사하게 저소득가정의 아동이 일반가정 아동에 비해 방임에 노출되어 있는 정도가 높았고(Colleta, 1981), 특히 정서적 방임이 가장 높은 것으로 나타났다(김영미, 2002). 한편 또 다른 외체계 요인인 활발한 친족지원망, 교회출석 여부 등의 변수는 아동학대의 발생 확률을 줄여주는 경향이 있다고 보고되었다. 이처럼 아동학대의 발생 요인과 예방 요인 모두 부모가 통제할 수 없는 외체계 요인들의 영향을 받고 있음을 알 수 있다(Muuss, 1996). 아동학대에 대한 연구에서는 외체계 변인이 영향력 있는 요인임이 밝혀졌으며 그 중요성 또한 크게 시사된다.

이러한 측면을 고려해 볼 때, 외체계 내에 예방요인이 존재해야 한다. 복지기관이나 상담기관에서 저소득층가정이나 학대가정 등을 위한 부모교육 프로그램을 실시하거나 정부차원에서 최소한의 경제적 지원이 이루어져야 할 것이다. 또한 가까운 친족들의 지원, 교회 지원 등도 아동학대의 가능성을 줄일 수 있는 방안 중의 하나이다.

(4) 거시체계

거시체계는 가장 넓은 체계로서, 아동, 아동의 학교, 부모의 직장 등은 문화적 환경의 한 부분이다. 문화는 여러 세대를 거쳐 전수된 행동양식, 신념 및 산물 등으로서 아동의 발달적 맥락을 둘러싸고 있으며 그들 속에 스며 있다. 법률 등과 같이 명백한 형태를 가지고 있는 것도 있으나 대부분 비형식적인 것으로 문화적 신념, 정치적 이념, 관습, 일상생활습관 등이 여기에 속한다. 거시체계의 요소는 한 시대의 성공의 기준을 제시하기도 한다. 한 예로, 최근 들어 피겨선수 '김연아', 축구선수 '박지성' 등의 선전으로 우리나라의 부모들이 학업적 성공 외에 스포츠 영역의 성공에 대한 관심을 넓히게 되었고 아동들이 아주 어린 시기부터 피겨 혹은 축구에 매진하는 현상을 볼 수 있다(사진 참조).

거시체계의 예-활성화되고 있는 어린이 축구교실의 모습

일반적으로 같은 문화적 집단의 구성원들은 공통된 정체감, 유산, 가치를 가지고 있다. 거시체계는 다른 체계들에 비해 변화가 덜하고 안정적이지만, 때로는 사회적 변화로 인해 아동의 발달에 부정적 영향을 미칠 수 있다. 예를 들어, 한국전쟁으로 인해 수십만 명의 전쟁고아가 생겼다. 이들은 자신의 의지와는 상관없이 부모의 제대로 된 돌봄 없이 성장해야 했고, 경제적으로 심리적으로 궁핍한 생활을 이어가야 했다. 또 다른 예로, 우리나라의 IMF 경제위기에서 아동이 지각하는 스트레스에 관한 연구(최명선, 1998)를 살펴보면, 경제위기는 직간접적으로 아동의 스트레스에 영향을 미치는 것으로 나타났다. 가정의 경제적 불안이 부모의 우울 및 부적응행동을 야기함으로써 아동의 스트레스에 영향을 미친다. 이와 유사하게, 가정의 경제적 불안은 가정 내의 생활수준의 변화를 가져와 자녀의 영양공급과 건강에 부정적인 영향을 주게 되고, 개인교습이나 교육적 장난감, 책, 컴퓨터를 등의 구입을 위한 지불능력이 떨어져 자녀의 학업성취에도 영향을 주는 것으로 나타났다(Amato, 1993).

한편, 거시체계는 시간에 따라 변화할 수 있는데, 현재 특정 문화에서는 진실인 것이 과거에는 진실일 수도 혹은 아닐 수도 있다. 한 예로, 남존여비 사상이 우월했던 조선시대의 여성상과 2010년의 여성상은 극명한 차이를 보인다. 21세기의 여성상은 '알파걸(Alpha Girl)'로, 학업, 운동, 리더십 모든 면에 있어서 남성을 능가하는 높은 성취욕과 자신감을 가지며, 사회적 지위를 갖춘 능력이 있는 여성들을 이르는 말이다. 21세기에 성장하고 있는 여아에게 조선시대의 양육방법을 적용하는 것은 이러한 변화를 전혀 고려하지 못한 것이다.

또한 사회마다 거시체계는 달라질 수 있다. 한 사회가 다른 사회와 다른 이유는 거시체계가 다르기 때문이다. 인사하는 방법, 타인에게 존경을 표하는 방법, 어른을 공경하는 방법, 자녀를 양육하는 방법, 감정을 표현하는 방법 등이 각 사회마다 다르고, 그러한 사회적 관습은 아동의 발달에 영향을 미친다. 한 예로, 아동이 속해있는 사회문화적 배경에 따라 부모의 양육태도 등 가치관이 달라지며 이러한 신념이나 가치관이 아동의 발달에 지속적으로 영향을 준다는 것이다. 이처럼 거시체계는 아동의 삶에 직접적으로 개입하지는 않지만 매우 강력한 영향을 미친다.

(5) 시간체계

시간체계는 미시체계, 중간체계, 외체계, 거시체계가 고정된 것이 아니고 유동적이라는 것을 알려준다. 시간체계는 아동이 처한 환경에서의 시간적 차원을 강조한다. 즉, 아동의 발달은 시간 혹은 결정적 시기에 의해 영향을 받는다. 형제의 출생, 학교 입학, 이사, 부모의 죽음, 이혼 등과 같은 아동이 성장하면서 겪게 되는 생의 중요한 사건들은 아동과 그들이 속한 환경 간의 관계를 수정하고 아동의 발달에 영향을 미치는 새로운 조건들을 만들어 낸다. 하지만 이러한 환경의 변화가 언제 일어나느냐에 따라 아동에게 미치는 충격의 정도나 성질은 달라질 수 있다(Berk, 2000). 일예로, 인간은 누구나 부모의 죽음을 맞이하게 되지만 아주 어린 시기에 부모의 죽음을 맞이하게 되는 것과 성인이 된 후에 부모의 죽음을 맞이하게 되는 것 간의 충격은 상당히 다를 뿐 아니라 어린 시절 부모의 죽음은 아동의 발달 경로를 바꾸어 놓은 사건이 될 수도 있다. 또 다른 예로, 형제의 출생은 가정 내에서의 자연스러운 현상이지만 형제간의 아주 큰 연령차를 유발하는 늦둥이의 출생은 가족 구성원 간의 상호작용을 변화시키게 된다.

이와 관련하여 헤더링턴(Hetherington)과 그의 동료들(1981)은 한부모로의 전환이 가족과정과 아동의 발달에 미치는 영향에 대해 연구하였는데, 이혼이 어머니-자녀 관계와 아동의 학교적응에 미치는 영향을 추적한 결과 이혼으로 인한 부정적인 영향은 이혼 후 1년 정도에 절정에 달하다가 2년째부터 감소하였고, 딸보다는 아들에게 더 부정적 영향을 미치는 것으로 나타났다. 또한 풀키넨(Pulkkinen, 1982, 1983)은 환경적 안정성과 변화가 8세에서 14세까지의 아동발달에 미치는 영향을 알아본 결과, 잦은 이사 횟수, 자주 보육기관이나 학교를 옮긴 경험, 어머니의 취업 등과 같이 불안정한 가정환경의 아동일수록 아동기, 청소년기에 더욱 공격적이고 순종적이지 않으며 분노수준도 높은 것으로 나타났고 심지어는 성인기에도 높은 범죄율을 나타냈다.

그러나 아동은 좀 더 성숙해가면서 환경적 변화에 다르게 반응하게 되고, 자신에게 영향을 주는 변화를 잘 결정할 수 있게 된다. 일례로 워너와 스미스(Werner & Smith, 1982)는 카우이 섬에서 태어난 아이들 698명의 신체적, 인지적, 정서적, 사회적 발달을 30여 년 동안 추적 조사하였는데, 출생 당시 장애가 있거나 화목하지 못한 가정에서 태어난 경우, 혹은 정신병리가 있는 부모에게 자란 경우 등과 같이 열악한 환경에서도 약 삼분의 일 정도의 아동은 심각한 문제없이 비교적 건강하게 성장하였다. '취약한 상태에 있지만 유능하게 자란 집단'과 '취약한 상태에서 잘 성장하지 못한 집단' 간의 주된 차이는 유능하게 자란 아동들의 경우 개인적인 측면에서 타인들과의 의사소통능력, 생활만족도, 사회적 능력 등이 높았고 환경적인 측면에서는 아동기와 청소년기에 만성적인 스트레스를 주는 인생사건이 적었다는 점과 사회적 지지를 받을 수 있는 친족관계망이 있었다는 점이다. 이처럼 단일 사건만이 영향을 미치는 것이 특정한 사건이 어떤 시기에 발생하였고, 어느 시기 동안 지속되느냐, 또한 그러한 변화를 어떻게 받아들이느냐에 따라 아동의 발달에 각기 다른 영향을 미치게 된다.

2) 인간발달에 대한 관점

생태학 이론에서는 '환경 속의 인간'이라는 총제적 인간관을 가지고 있다(Germain, 1979). 생태학 이론에서는 인간과 환경은 분리될 수 없으며, 인간과 환경은 지속적인 상호작용과 상호교환을 통해 서로에게 영향을 미치고 서로에게 적응하는 상호호혜적 관계를 유지하고 있다고 본다. 인간은 사회적 존재로, 사회를 떠나서 생활할 수 없으며, 사회적 관계를 형성하지 못하고 소외되어 있는 인간은 삶의 의미를 갖지 못하고 사회에서 제대로 기능하기 어렵다(그림 11-3 참조).

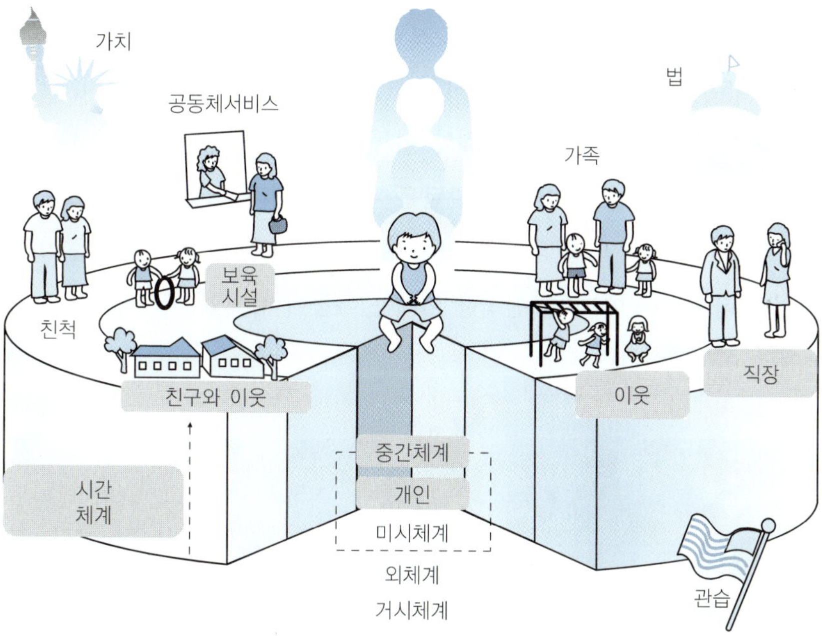

그림 11-3 인간발달생태학 체계

출처 : http://edfd127.wikispaces.com/Bronfenbrenners+Ecological+Systems+Theory

또한 생태학 이론에서는 인간에 대해 낙관론적인 관점을 가지고 있다. 인간을 무기력한 존재로 보기보다는 자신의 환경을 적극적으로 구성해나갈 수 있는 자율적인 존재로 본다. 즉, 인간은 자신이 처해있는 환경의 영향을 받지만 동시에 그 환경을 새롭게 구성할 수 있는 힘을 가진 존재이다.

변화하는 사회 속에서 성장하는 아동은 사회의 변화에 따라 영향을 받게 된다. 일예로, 1950년대에 출생하여 한국전쟁의 폐허 속에서 성장한 대한민국 아동의 삶과 급격한 경제성장이 이루어진 2000년에 출생하여 성장한 아동의 삶은 다를 수밖에 없다(사진 참조). 전후세대에 성장한 대부분의 아동들은 먹고, 자는 것과 같은 기본적 욕구를 충족하기 위해 생존과 관련된 문제들에 집중할 수밖에 없었고, 그 욕구가 충족되는 것만으로도 행복감을 느낄 수 있었다. 하지만 2000년대 이후 출생한 아동들은 무엇을 먹고, 어디서 자는지, 그리고 무엇을 배워야하는지가 더욱 중요해졌다. 아동의 기본적 욕구가 어느 정도 충족되는 상황에서는 보다 더 질 높은 삶을 추구하는 방식으로 변화되었다. 사회가 변화하면 사회라는 맥락 속에 존재하는 가치, 규범, 인습 등이 변화하게 마련이다. 사회와 아동은 생태계의 구성요소로서 서로 상호작용하면서 발달한다. 아동의 발달은 환경에 의해 영향을 받으므로 그 아동이 속해있는 사회의 물리적, 심리적 요소는 아동의 발달에 영향을 미치게 된다. 따라서 아동에 대한 진정한 이해는 아동이 속해있는 사회문화적 맥락 속에서 이해되어야 한다.

폐허 속의 전쟁고아-집을 잃은 남매가 폐허 속에서 모닥불에 몸을 녹이는 모습

출처 : blog.chosun.com/blog.log.view.sc...D3115930

다양한 감각활동을 하고 있는 2000년대 유아들의 모습

출처 : www.toynews.kr/toybbs/list.php%3...%3Devent

생태학적 관점에서 보면, 인간행동은 성장하는 개인과 환경 간의 상호작용의 산물이다. 개인의 특성이 고립되어 존재하는 것이 아니라 전체적인 개인적 특성이 환경과의 상호작용을 통해 의미를 갖게 되고 표현된다(Germain & Gitterman, 1987). 즉, 인간은 자신의 환경을 지각하고 다루는 방식에 있어 지속적인 변화를 경험하는 과정에서 발달을 이루게 된다. 생태학적 이론에서는 특정한 인간발달 단계를 제시하지 않고 있으며, 일생을 통해 일어나는 개인과 환경 간의 상호적 역할에 초점을 둔다.

3) 생태학 관련 연구

1970년대 이후 인간과 환경 간의 상호작용을 중시하는 인간발달생태학 모형이 제시되자 아동발달 및 가족, 사회복지 분야에서는 생태학적 접근에 대한 관심이 증가하고 있다. 아동 및 가족의 건강한 발달을 도모하기 위해 이에 영향을 미칠 수 있는 변인들을 모색함에 있어 미시적인 변인에 초점을 두었던 것에서 벗어나, 보다 광범위한 체계적인 변인들을 발견하여 사회적인 지원 체계를 강화시키고자 하는 노력이 이루어지고 있다. 이와 관련하여 아동학대의 생태학적 접근, 노인복지 증진을 위한 생태학적 접근, 장애아 어머니가 지각하는 가족기능성에 관한 생태학적 접근에 관한 연구의 예를 살펴보고자 한다.

(1) 아동학대의 생태학적 접근

여진주(2008)는 아동학대의 발생 요인을 생태학적 모형을 기초로 각 요인들이 학대발생과 관련된 정도를 비교분석하였다. 아동학대의 요인을 가해부모, 아동, 가족환경으로 나누어 살펴보고 있으며, 또한 아동학대가 각 영역의 상호작용의 결과라는 입장을 취하고 있음을 참고하여, 생태학적 모형에 따라 부모 영역, 아동 영역, 가족특성 영역, 지역사회 영역, 문화적 영역의 5개 하위영역으로 구성하였다. 부모 영역에는 성격적, 기질적 결함(정신질환 포함),

알코올 및 약물문제, 피학대 경험, 부적절한 양육태도, 양육스트레스, 나쁜 건강상태가 포함되었고, 아동 영역에는 신체적, 정신적 장애, 문제행동이 포함되었으며, 가족특성 영역에는 낮은 경제적 상태, 부부불화가 포함되었다. 지역사회 영역에는 사회적 지지망 결여, 문화적 영역에는 체벌 지지가 포함되었다. 아동보호전문기관에서 아동학대로 판정받은 129건의 사정자료를 분석한 결과, 낮은 경제적 상태와 부부불화, 사회적 지지망 결여, 알코올 및 약물문제, 부적절한 양육태도, 부모의 성격적 기질적 결함 등이 아동학대와 관련이 있는 것으로 나타났다. 생태학적 분석틀의 5개 하위영역을 기준으로 살펴보면, 아동학대는 가족특성 영역 및 지역사회 영역과 가장 높은 관련성을 가짐을 알 수 있다. 아동학대 발생요인과 관련된 빈곤, 부부불화, 사회적 지지망 결여의 문제는 모두 포괄적인 서비스를 필요로 한다. 즉, 빈곤가정이나 불화가 있는 가정의 경우 부부간의 관계 개선이나 부모의 양육태도를 변화시켜야 할 뿐만 아니라. 생계형 방임의 경우 경제적 사회적 지원이 필요하고, 특히 부모의 건강상태가 나쁘거나 장애가 있는 경우에는 더욱 다양한 방법의 서비스 지원이 필요하다. 이러한 결과는 아동학대 정책과 그 실천에 있어서 생태학적 접근이 보편적, 예방적 접근을 할 수 있는 유용한 개념적 틀을 제공함을 입증한다.

(2) 노인복지 증진을 위한 생태학적 접근

손화희와 정옥분(1999)은 브론펜브레너의 인간발달생태학 모형을 기본으로 재가복지 수혜노인들의 주관적 안녕감과 관련된 체계변인들을 분류하고, 노인의 개인특성변인, 가족체계와 재가복지서비스체계가 포함된 두 개의 미시체계, 그리고 외체계 환경이 노인의 주관적 안녕감에 미치는 영향에 관해 포괄적으로 분석함으로써 재가복지 수혜노인의 주관적 안녕감을 증진시키기 위한 정보를 수집하고 사정할 수 있는 기회를 마련하고자 하였다(그림 11-4 참조).

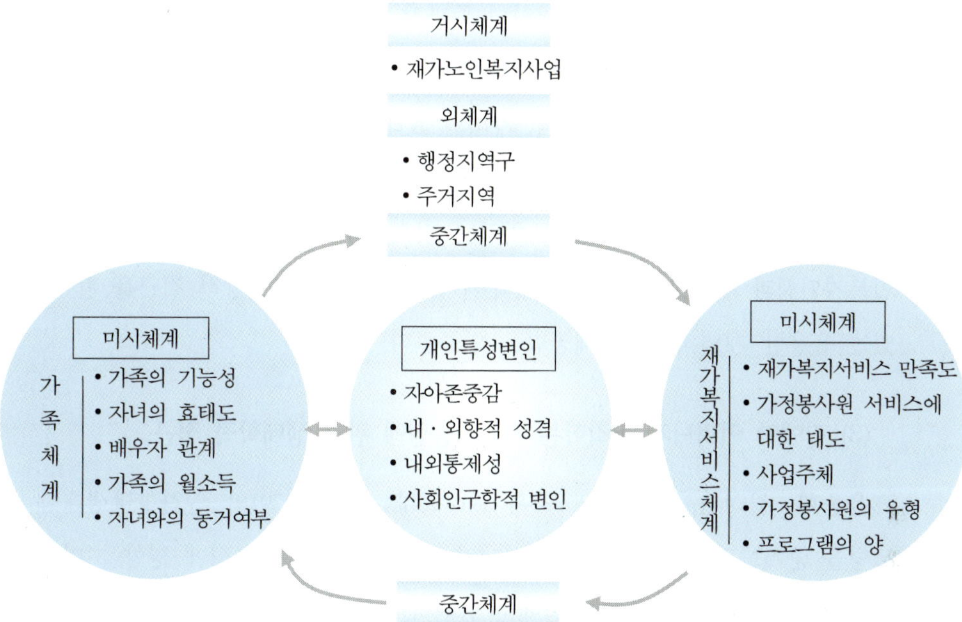

그림 11-4 생태학 접근의 연구모형

출처 : 손화희 · 정옥분(1999). 재가복지 수혜노인의 주관적 안녕감에 대한 생태학적 접근. 노년학회.

이를 위하여 서울시내에서 재가복지서비스를 받아오고 있는 만 65세 이상의 저소득 노인 287명을 대상으로 구조적 면접조사를 실시하였다. 그 결과 재가복지 수혜노인들은 대체로 생활여건에 대한 만족도가 낮았으나 그 안에서도 개인적 차이가 두드러졌으며, 시간적 차원에서 볼 때 재가복지서비스 수혜 이후의 생활만족도는 재가복지서비스 수혜 이전과 비교해 크게 향상된 것으로 나타났다. 생태학적 접근에서 보면 재가복지 수혜노인의 주관적 안녕감에 가장 영향력 있는 변인은 개인특성변인이며 그 가운데서도 성격특성인 것으로 나타남으로써 개인의 발달결과는 유기체와 환경간의 상호작용의 결과라는 인간발달생태학의 기본 가정과 일치한다.

생태학적 접근에서 보면 개인특성변인 다음으로 재가복지 수혜노인의 주관적 안녕감을 향상시키기 위해 제공되어야 하는 객관적인 생활 환경적 요소는 가족체계이며 그 가운데서도 자녀의 효태도가 가장 영향력 있는 변인으로 나타났다. 재가복지 수혜노인의 주관적 안녕감에 관한 상대적 영향력을 살펴보면, 외향적 성격과 자아존중감이 가장 큰 영향을 미치는 것으로 나타났으며, 그 다음으로는 주거지역, 자녀의 효태도, 가족의 월소득, 재가복지서비스 만족도, 서울시 가정도우미 팀운영센터, 자녀와의 동거여부, 종교의 순서대로 주관적 안녕감에 영향을 미치는 것으로 나타났다. 이러한 결과는 노인복지정책과 실천에 있어서 생태학적 접근은 보편적, 예방적 접근을 할 수 있는 유용한 개념적 틀을 제공함을 입증한다.

(3) 장애아 어머니가 지각하는 가족기능성에 관한 생태학적 접근

윤종희, 김리진, 하수민(2007)은 Bronfenbrenner(1979)의 인간발달생태학모형을 준거틀로 하여 장애아 어머니가 지각하는 가족기능성에 영향을 미치는 체계변인들의 생태학적 관점에서 탐색하며, 이 변인들이 장애아동 가족의 가족기능성에 미치는 상대적 영향력을 규명하고자 하였다. 이를 위하여 서울시에 소재하는 장애아동 통합어린이집을 이용하는 장애아동 어머니 143명을 대상으로 하여 설문조사를 실시하였다. 장애아동 어머니의 가족기능성에 영향을 미칠 수 있는 생태체계 변인들을 독립변인으로 하여, 유기체 변인 7개, 미시체계변인 11개, 중간체계변인 3개, 외체계 1개, 거시체계 1개를 포함하였다(표 11-1 참조).

연구결과, 어머니의 효능감, 남편의 협력, 치료기관의 부모교육 및 상담만족도, 주변 도움의 가용성 등의 4가지 변수가 장애아동 어머니가 지각하는 가족기능성에 상당한 영향을 미치는 것으로 나타났다. 이러한 결과를 살펴볼 때, 미시체계에서는 어머니의 효능감을 증진시키고, 남편의 협력을 촉진할 수 있는 개입이 필요하다. 또한 중간체계에서는 특수한 장애 상황을 반영한 부모교육과 상담서비스가 필요하다. 외체계에서는 장애자녀를 가진 가족도 보통 가족과 마찬가지로 일상적 도움을 얻을 수 있는 지역사회 지원서비스가 필요하다. 이러한 생태체계별 보호요인과 위기요인들은 장애아동가족에 대한 생태학적 접근의 효율성의 보여주는 예라 할 수 있다.

표 11-1 장애아동 어머니가 지각하는 가족기능성에 영향을 미치는 생태체계변인

<table>
<tr><th colspan="2">생태체계 분류</th><th>생태체계 변인</th></tr>
<tr><td colspan="2">유기체(장애아 어머니)</td><td>연령, 학교, 종교, 취업여부, 우울증, 양육스트레스, 효능감</td></tr>
<tr><td rowspan="4">미시체계</td><td>가정 미시체계</td><td>월 가구 소득, 결혼만족도, 남편의 학력, 친정어머니와 애착</td></tr>
<tr><td>장애자녀 미시체계</td><td>연령, 성별, 출생순위, 장애정도</td></tr>
<tr><td>통합 어린이집 미시체계</td><td>부모교육 또는 상담 경험 여부</td></tr>
<tr><td>치료기관 미시체계</td><td>부모교육 또는 상담 경험 여부</td></tr>
<tr><td rowspan="2">중간체계</td><td>통합어린이집 ↔ 가족</td><td>통합 어린이집의 부모교육 및 상담 만족도</td></tr>
<tr><td>치료기관 ↔ 가족</td><td>치료기관의 부모교육 및 상담 만족도, 치료비</td></tr>
<tr><td colspan="2">외체계</td><td>주변 도움의 가용성</td></tr>
<tr><td colspan="2">거시체계</td><td>가족 정책을 통한 가족지원서비스(필요성 여부와 서비스 만족도를 질문한 실태조사)</td></tr>
</table>

4) 사회복지 실천과의 연관성

사회들에 대한 경험은 나에게 2가지 심오한 영향을 미쳤다. 첫째, 종으로서의 인간(Homo Sapiens)은 생활하고 성장해가며 환경에 적응하고, 참아내고, 특히 그 환경속에서 환경을 창조해 나가는 능력을 가졌다는 증거를 얻게 한다. 또한 인간의 탄력성, 능력, 가능성에 대한 나의 인식을 급진적으로 확장시켰다.

인간을 인간답게 만드는 과정과 그 결과는 장소와 시간에 따라 분명히 달랐다. 비교문화적 시각과 역사적 시각으로 볼 때, 이 다양성은 인간본질에 있어서 그동안 알려진 것보단 훨씬 더 큰 힘을 가졌을지도 모르고, 생태학의 가능성에 대해 시사해주었다.

내가 배운 두 번째 교훈은 국가정책은 인간의 생활여건을 결정함으로써 인간의 복지와 발달에 영향을 미치는 힘을 가진다는 것이다. 이 교훈은 내가 과거 15년 간 고국에서 아동과 가족의 생활에 영향을 미치는 정책을 수정하고 개발하며 이행하는 데 깊이 관여하게 하였다(Bronfennbrenner, 1979)

(1) 생태학적 접근을 통한 복지프로그램의 예

브론펜브레너는 이론뿐 아니라 이론에 관한 연구가 실제로 적용되는 것에 많은 관심을 가져 미국과 다른 여러 나라에서 발달프로그램을 개발하는 데 적극적인 역할을 담당하기도 하였다. 헤드 스타트(Head Start) 프로그램 창시자 중 한 사람으로서 1965년에 아동발달에 관한 자신의 아이디어를 구체적인 운영모델과 사회정책으로 마련하였다. 헤드 스타트는 저소득층 가정의 아동을 위해 교육, 건강, 영향에 관한 종합적인 서비스를 제공하며 빈곤의 악순환을 예방하기 위한 가장 성공적이고 장기적인 프로그램의 하나로 손꼽히고 있다. 여기에서는 생태학적 관점이 적용된 헤드 스타트 프로그램, 코넬대의 가족문제 프로젝트, 가정기반 서비스 프로그램을 살펴보고자 한다(윤종희, 2001).

① 헤드 스타트(Head Start) 프로그램

헤드 스타트는 문화적 자극과 지적 자극이 극히 떨어지는 저소득층 아동을 대상으로 하는 유아교육 프로그램이다. 1965년부터 운영된 이래, 사회적 지원이 필요한 2,000만 명의 아동과 그의 가족들이 이 헤드 스타트의 혜택을 받았다. 2002년 한 해 동안만 해도 미국 전역에 위치하고 있는 2,590개소의 헤드 스타트에서 9십만 명의 자원봉사자가 활동하는 가운데, 900,000명의 아동과 그의 가족들이 도움을 받았다. 헤드 스타트는 The Head Start Bureau, Administration onChildren, Youth and Families(ACYF), Administration for Children and Families(ACF), Department of Health and Human Service (DHHS)의 관장 하에 운영되고 있다.

헤드스타트 프로그램

출처 : http://fsi.re.kr

헤드 스타트와 조기 헤드 스타트(Early Head Start)는 저소득층의 0세에서

5세까지의 아동과, 임신 여성, 그리고 그들 가족들을 대상으로 하고 있는 프로그램이다. 이 프로그램들은 아동에 초점을 맞춘 프로그램으로 저소득층 아동의 학교준비도를 증진시키는 것을 종합적 목적으로 하고 있다.

헤드 스타트의 서비스영역을 살펴보면, 크게는 장애서비스, 교육서비스, 가족지역사회 서비스, 건강서비스, 프로그램 관리와 운영서비스를 포함한다. 장애서비스를 살펴보면, 헤드 스타트에는 장애아동이나 비장애아동 모두가 대상이고, 헤드 스타트에 참여하고 있는 스태프도 장애 여부와 관계없이 채용되어야 하며, 아동의 부모들도 장애 여부와 관계없이 이 프로그램의 혜택을 받을 수 있어야 한다. 교육서비스 측면에서 헤드 스타트의 교육목표는 취원하고 있는 아동이 학교에 입학할 때 학습할 수 있는 준비가 되도록 하는 것이다. 모든 교육활동은 아동의 학습기술이나 지식을 향상시키기 위한 것들로 구성되어 있다. 또한 학부모와 지역사회 구성원이 적극적으로 프로그램에 참여할 때 가장 효과적인 프로그램이 창출될 수 있다는 인식 아래, 헤드 스타트는 적극적으로 부모와 지역사회 구성원을 프로그램에 참여시킨다. 이들은 프로그램의 운영, 견제(governance), 평가에 직접 참여하게 된다. 건강 서비스와 관련하여 헤드 스타트에서는 각 아동의 일반적인 건강사항 검진, 치아관리, 위생, 영양, 안전에 대한 사항을 통합적으로 제공한다. 마지막으로, 각 기관에서 저소득층 아동에게 양질의 프로그램을 제공할 수 있도록 프로그램 관리와 운영에 대한 서비스를 제공한다(http://www.acf.hhs.gov/programs/hsb/performance/index.htm., 2010).

가족과 아동 경험 조사(The Family and Child Experience Survey, FACES)에서 미국 전역의 헤드 스타트 출신 아동의 발달에 대해 종단연구를 실시한 결과, 헤드 스타트 출신 아동은 헤드 스타트 프로그램을 졸업할 쯤에는 학습할 준비가 되어 있는 것으로 나타났다(U.S. Department of Health and Human Services, 2001). 또한 헤드 스타트는 가족 전체를 대상으로 운영되어, 헤드 스타트 프로그램이 끼친 영향은 더욱 광범위하다. 문자를 읽지 못하는 부모에게 문자교육을 하고, 취업하기 위한 기술을 습득할 수 있는 프로그램을 기획 · 운영하고, 복지기금을 받는 부모가 노동시장에 참여하여 경제적으로 자립할 수 있도록 유도하고, 헤드 스타트 기관의 정책결정에 부모들이 참여하도록 권장함으로써 그 효과가 상당한 것으로 나타났다.

② 코넬대의 가족문제 프로젝트

코크란(Cockran, 1988)과 브론펜브레너가 개발한 코넬대의 가족문제 프로젝트는 생태학 모형을 사용한 가족개입 프로그램이다. 이 프로젝트에서는 가족을 지원함에 있어 가족이 처한 문제점보다는 그들이 가진 장점에 입각하여 생태학적인 시각에서 부모의 능력을 강화시키는 접근을 시도하였다. 연구자들은 먼저 대상가족의 부모역할을 긍정적으로 인식해주고, 부모가 자녀양육에 필요한 정보를 이웃 및 지역사회와 교환하는 것을 활성화하였으며, 가족 내 부모자녀 간 활동을 격려하고 강화하는 한편 사적인 사회적 지원망을 활성화하도록 권장하였다. 그리고 프로그램 참여자들이 자녀들에게 협조적인 행동을 취하게 하였다. 두 번째로 연구자들은 자녀를 양육할 책임이 있는 성인들이 갖추어야 할 '자원'이 무엇인지에 대해 프로그램에 참여하는 부모들이 더욱 잘 이해하도록 하는 목적을 가지고 프로그램을 설계하였다.

생태학적 관점에서 보면 이 프로그램은 유기체 내부 변수보다는 부모와 자녀라는 각각의 미시체계와, 부모의 사적인 사회적 관계망 및 가정 학교 간 의사소통이라는 두 개의 중간체계에 더 초점을 맞추었다. 특히, 자녀의 발달에 영향을 미칠 수 있는 잠재력을 가진 더 큰 광역의 체계 예를 들면, 사회적 관계망, 이웃학교, 직장들의 영향력을 중재할 수 있는 부모역할에 대해서 관심이 모아졌다. 그 결과 이 프로젝트의 주요구성요소인 가족능력강화 프로그램은 사회적 지원망, 부모자녀활동, 가정과 학교 간 의사소통, 자녀의 학업성취 등의 변수에 긍정적 영향을 미치는 것으로 평가되었다. 출발부터 연구자들이 내세웠던 두 개의 기본가정, 즉 모든 가족은 그 나름대로의 강점을 가지고 있다는 점과 자녀양육에 관한 가장 이용가치가 있고 타당한 지식은 대학교수나 다른 전문가들의 두뇌나 책보다는 지역사회 안에서, 세대 간에 걸쳐 사회적 관계망 안에서, 그리고 인종적, 문화적 전통 안에서 찾을 수 있다는 점을 입증하였다.

③ 자녀위탁 비율을 감소시킨 가정기반 서비스 프로그램

P · A · C · T(Parent And Child Together) 프로그램이 실시된 지역은 뉴욕 시 동부 가족조합이 위치한 지역과 디트로이트 시이다. 이 지역은 만성적 빈곤, 열악한 주거, 열악한 건강 상태, 대인 간 갈등, 약물오남용 등 복합적인 문제를 지닌 전형적인 위기집단이 주로 거주하는 곳이다(Ziefert, 1985). P · A · C · T(Parent And Child Together) 프로그램 또한 코넬대의 가족사건 프로젝트와 마찬가지로 가족의 문제점 대신 가족이 가진 장점과 성장추구적인 힘에 초점을 맞추었다. 그리고 프로그램 효과가 조직의 구조, 다른 사회 체계 및 물리적 환경에 골고루 영향을 주도록 고안되었다. 이들이 시도한 다양한 내용의 개입프로그램 중 가장 효과적이었던 프로그램은 가족의 역량을 강화하는 직접적 · 미시적 서비스인 가정도우미제도인 것으로 나타났다. 뉴욕 시 가족조합에서 파견된 가정 도우미는 아동 돌보기, 조리, 가사 업무와 같은 가사노동 기술과 금전관리, 영양, 자녀양육을 부모들에게 가르쳤다. 이들 가족들에게는 필요하면 밤이나 주말에도 가정도우미 이용이 가능하도록 조치되었다. 이 지역은 원래 390가족 중 141가족이 자녀의 위탁보호 서비스를 요청하는 위기집단이었으나 이 프로그램의 시행 후 단지 10가족만 위탁보호 서비스를 희망하였고, 자녀 위탁보호 서비스도 단지 몇 개월만 위탁하는 임시조처이었다.

디트로이트 시의 P · A · C · T 프로그램 또한 프로그램 참여 가족들에게 조직적이고 위생적인 가정환경을 조성하도록 하고, 자녀양육 및 부모역할 기술을 습득하게 하였으며, 가족 개개인의 건강과 영양 상태를 향상시켜주고, 지역사회 및 재정적 · 사회적 자원을 좀 더 효과적으로 활용하도록 지원함으로써 각자의 자아존중감을 신장시키고자 하였다. 이 프로그램의 실시 결과, 참여가족 중 62%가 어떤 형태로든 긍정적인 변화를 일으킨 것으로 보고되었다. 이처럼 가족 개입프로그램들이 성공을 거둔 이유는 가족과 사회복지사 간에 서로 협동하려는 노력이 병행되었고, 서비스가 적절하게 제공되었으며, 개입 기관이 장기간에 걸쳐 개입가족에 대해 책임을 지는 서비스였다는 점이다.

(2) 사회복지 실천과의 연계

실제로 1970년대 이후 인간과 환경 간의 상호작용을 중시하는 인간발달생태학 모형이 제시되자 사회복지 분야에서는 생태학적 접근에 대한 관심이 증가하고 있다(Cantor & Little, 1985; Shanas, 1979). 앞서 살펴본 바와 같이, 생태학적 접근은 유기체와 환경 간 점진적으로 이루어지는 호혜적인 적응에 초점을 둔다. 또한 생태학적 접근에서는 가족성원간 상호작용은 물론 가족 및 조직, 이웃, 지역사회, 거시사회 그리고 문화와 같은 환경에도 주목한다. 생태학적 이론에서는 하나의 체계가 더 큰 체계 안에 겹겹이 포개어진 상호작용적 구조로 형상화 되어 있어, 유기체가 직접 경험하는 현실 환경을 결정하는 가장 중요한 힘이 바로 상호의존적인 체계들 간의 상호작용임을 확인해 준다(Bronfenbrenner, 1979). 그리고 생태학적 접근은 생활하기에 적합한 환경의 "질"과 그 "질"에 도달하기 위한 수단을 쟁점으로 삼고 있다(Willems, 1975). 마지막으로, 생태학적 접근은 가족 및 그 구성원의 삶의 질을 결정짓는 데 있어 정치적 · 경제적 · 사회인구학적 요인들이 고려되어야 할 필요성이 있음을 보여준다. 이러한 관점들은 결국 인간의 발달은 환경 맥락에서 완전히 벗어나서 이루어질 수 없다(Garbarino, 1977)는 점을 강조하고 있다. 상황 속의 인간이라는 개념을 강조하는 생태체계적 접근은 사회복지 실천의 다양한 이론과 모델을 통합적으로 구성하는 데 관심을 갖는다.

생태학적 접근은 다양한 상황에 놓여있는 개인 및 가족에게 보편적, 예방적 접근을 할 수 있는 유용한 개념적 틀을 제공한다. 워프(Wharf, 1988)에 따르면 개인과 환경 간의 상호작용에서 나타나는 문제는 공동체적인 것이며, 따라서 공동체 속에서 그 원인을 파악해야 한다는 입장을 취한다. 그러므로 생태학적 접근으로 본 복지정책실천은 개인에 대한 원조와 사회변화의 기회를 동시에 제공하는 것이며 통합주의적인 입장을 취하고 있다.

실제로, 아동학대와 관련된 아동복지문제, 저소득계층의 아동발달과 관련된 아동복지문제, 약물오남용과 관련된 청소년 복지문제, 가정폭력과 관련된 여성복지문제, 미혼모, 취업모 및 위기 가족의 자녀양육과 관련된 문제들은 관련된 개인이나 개별 가족이 개인의 노력으로 쉽게 해결될 수 있는 문제가 아니다. 생태학적으로 접근된 연구사례들과 개입프로그램이 예시하는 가족 및 개인의 문제에 대한 다양한 연구주제는 생태학 모형의 적용 범위가 광범위하다는 것을 증명한다. 생태학적 접근은 가정복지에 관련된 복잡한 쟁점들을 하나의 모형 안에서 조망하게 해 준다.

생태학적 접근에서는 환경과 상호작용하는 개인을 개입의 기본단위로 보고 있지만 개인뿐만 아니라 가족, 지역사회 또는 전체 사회가 개입할 필요성이 있다는 것을 인정하고 있다(Meyer, 1976). 생태학적 접근에서는 내담자의 대처능력을 강화하고 환경을 개선하는 데 목적을 두며 이를 통해 내담자와 환경 사이에 보다 높은 수준의 적합성이 이루어질 수 있도록 도와주고자 한다(Germain & Gitterman, 1976). 한 예로, 아동학대를 받은 아동의 경우 오랜 기간의 학대로 인해 자아존중감이 심각하게 저하되어 있을 수 있으므로 개인적인 측면에서 아동의 자아존중감을 높이고 긍정적 정서를 강화할 수 있는 프로그램을 실시하는 것이 바람직하다. 동시에 아동학대의 가해자이자 직접적인 환경인 부모에게 필요한 교육 및 치료를 제공함으로써, 더 이상 가정 내에서 학대가 이루어지지 않게끔 지원하는 것이 필요하다. 사회적 차원에서는 아동학대 예방에 대한 홍보를 적극적으로 펼침으로써 사회적으로 아동학대 실태 및 결과의 심각성을 인식하게끔 하는 것이 중요하다. 이처럼 생태학적 접근에서는 개인과 개인을 둘러싼 직·간접적 환경을 개선함으로써 궁극적으로는 개인의 발달을 최적화하는 데 초점을 둔다.

chapter 12

사회환경의 수준 : 가족과 집단

1 가족

가족은 인간의 행동과 발달에 영향을 미치는 사회 환경 가운데 가장 기본적이며 일차적인 환경이며 인간 사회에 있어서 다른 모든 체계들과 불가분의 관계를 맺고 있는 기본적인 사회단위이다. 가족은 시대의 변천과 더불어 형태가 다양해지고 그 기능에도 변화를 보이고 있지만 우리 사회를 구성하는 기본 단위로서 개인의 심리적 · 정서적 · 사회적 환경으로 지대한 영향을 미치고 있으며 가족의 유형과 기능의 변화에도 그 본질적 모습과 사회적 기본 단위로서의 역할은 계속 유지될 것이다.

또한 집단은 개인의 성장과 발달에 영향을 미치는 사회체계로 가족 다음으로 친숙한 환경이 된다. 개인은 생애주기를 통해서 여러 집단을 경험하게 되며 집단의 유형과 그 집단 속에서 수행하는 과업과 역할은 개인의 성격형성, 인간관계 등 성장과 발달에 지대한 영향을 미친다.

이 장에서는 사람을 둘러싼 일차적 환경으로서 가족과 집단을 이해하기 위해 먼저 가족과 집단에 대한 정의를 살펴보고, 시대와 함께 변화해온 가족과 집단의 유형과 형태, 가족문제, 집단의 문제에 대해 살펴본다. 또한 다양한 문제와 상황에 처해 있는 클라이언트를 효과적으로 도와주기 위한 방법으로서 가족과 집단의 사회복지 실천과의 연관성을 살펴본다.

1) 가족의 정의

사전적인 의미로 가족은 '부부, 부모, 자녀, 형제 등 혈연에 의하여 맺어지며 생활을 함께 하는 공동체, 또는 그 성원'으로 정의된다. 또한 가족관계를 정의하는 〈민법〉의 친족편에서는 "배우자, 혈족과 그 배우자, 기타 본 법에 의하여 그 가(家)에 입적한 자는 가족이 된다."라고 하여 가족의 구성 범위를 규정하고 있으며, 〈건강가정기본법〉에서는 "가족은 혼인, 혈연, 입양으로 맺어진 관계"로 규정하고 있다.

인류학자 머독(Murdock, 1949)은 부부와 출산자녀 및 입양자녀로 구성된 형태로, 주거를 함께 하고 자녀 재생산 및 공동 가계를 이루는 경제적 협력을 하는 사회집단으로 가족을 정의하고 있으며, 레비-스트라우스(Levy-Strauss, 1969)는 결혼에 의해 출발하고, 부부와 자녀, 그리고 다른 근친자로 구성되어 법적 유대, 경제적 및 성적 의무와 권리, 존경 및 애정 등과 같은 다양한 심리적 감정을 공유하는 집단으로 정의하고 있다. 또한 기든스(Giddens, 1992)는 정서적이고 물리적인 지지에 기반을 둔 둘 또는 그 이상의 사람들이 상호간에 기대를 갖고 그들의 삶의 유형과 관계없이 상호 책임감 · 친밀감과 계속적인 보호(care)를 주고받는 구성체로 정의하고 있다.

가족은 다양하게 개념정의 되어 왔지만 지금까지 논의되어 온 가족에 대한 개념은 두 가지 측면에서 정리해 볼 수 있다. 첫째는 가족을 생물학적인 욕구에 대한 보편적 반응으로서 인류사회의 보편적인 제도로 정의하는 관점이다. 이 관점에 의하면 가족이란, '자녀양육의 기능을 중심으로 특정한 공간

(가정)과 특정한 애정의 유대(사랑)로 연결된 특정한 사람들의 집합체(핵가족)'이다. 이러한 관점에서 가족은 자녀양육과 교육을 담당하는 가장 강력한 사회체계이며 이러한 가족의 개념은 여성의 영구불편의 역할인 양육과 재생산 역할에 의해 규정된다는 신념에 근거하고 있다. 둘째는 가족을 특정한 사회질서 안에서 나타나는 도덕적, 철학적, 그리고 이념적인 구성단위로 파악하는 관점이다. 예컨대 가족은 혈연관계로 이루어진 자연적 집단이 아니라 가정 내부에서 인간관계를 조직하고 유지하는 방식으로 인식되며, 개인들이 재산을 소유하고 보호와 복지를 제공하고 특히 자녀양육의 단위이고 국가에 의해 형성된 영역, 즉 현대 정치와 경제를 지배하는 비인격적 규범과 대립되는 사랑과 친밀함의 범주로 개념화된 영역으로 간주된다. 이 관점에 따르면, 가족은 사회변동이나 의도적인 정치적 개입에 의해 변화하는 실체이기 때문에, 산업화와 도시화 등 사회적 조건의 변화에 대해서 역동적으로 적응할 수 있다고 본다(최옥채, 2007 : 292).

이상의 내용을 정리하면, 가족이란 부부와 그들의 자녀로 구성되는 기본적인 사회단위로서 구성원들은 이익관계를 초월한 애정에 기초한 혈연집단이며, 같은 장소에서 기거하고 취사하는 동거동재 집단이고, 그 가족만의 고유한 가풍을 갖는 문화집단이며, 양육과 사회화를 통하여 인격형성이 이루어지는 인간발달의 근원적인 집단임과 동시에, 사회변동과 함께 의도적인 정치적 개입에 의한 변화에 대해서 역동적으로 적응할 수 있는 사회제도의 하나라고 할 수 있다(조흥식 외, 2003 : 26).

2) 가족의 기능

가족은 사회의 가장 기본적인 제도로 사회의 존속과 관계되는 중요한 기능을 수행하고 있다. 머독(Murdock)은 가족의 기능을 자녀출산, 경제적 협조, 성적 욕구충족이라고 하였으며, 데이비스(Davis)는 재생산(출산), 가족성원들의 보호, 그들에 대한 사회적 지위부여와 사회화를 들고 있다. 스타크

(Stark)는 여기에 덧붙여 가족의 정서적 기능을 강조하기도 한다.

전통적으로 가족의 기능은 경제적 기능, 성관계를 통한 세대유지의 기능, 자녀의 양육과 사회화의 기능, 정서적 지지의 기능 등이 그 고유기능으로 정의되어 왔다. 그러나 산업화, 도시화로 인해 전통적인 가족의 기능에는 많은 변화가 발생하였으며 가족이 기존에 수행하던 많은 기능은 다른 사회제도에 이전되거나 공유되었다. 자녀의 양육기능과 사회화 기능은 보육시설과 학교로 이전되었으며, 경제적 기능은 생산이 이루어지는 일터와 교환이 이루어지는 시장의 기능이 되었다. 그리고 아동, 노인, 병약자 등 의존적인 가족구성원에 대한 보살핌은 사회적 서비스의 발달로 사회복지 영역에서 그 기능을 이전하여 담당하고 있다.

그러나 이같이 급변하는 시대변화에도 불구하고 가족이 담당하는 보편적인 기능은 계속 이어지고 있으며, 스트롱(Strong, 1992)은 현대가족이 수행하는 대표적인 기능을 다음과 같이 제시하고 있다.

첫째, 가족은 친밀한 관계의 근원을 제공한다. 사회가 발달하고 복잡해질수록 사람들은 가족 내에서 애정과 친밀함을 발견하려고 노력한다. 개방적인 가족체계 내에서 가족구성원들과 희망을 공유하고 자녀를 양육하게 된다.

둘째, 가족은 경제적인 협조의 단위로서 기능한다. 전통적으로 가족은 성별분업이 이루어지는 경제적 협조의 단위이다. 가족을 소비단위로 생각하기 쉬우나 가족은 중요한 생산단위이기도 하다. 아내의 자녀양육이나 가사노동, 남편이 아내를 돕는 일, 자녀들의 가족원 돌보기, 청소하기 따위는 모두 생산적인 활동이다.

셋째, 가족은 자녀의 출산과 그들을 사회화시킨다. 전통적으로 자녀출산은 가족의 주된 기능이었으며 가족은 자녀를 출산하고 양육하여 사회의 지속적 유지에 기여하는 기능을 담당한다. 가족은 아동에게 자신을 보호하고 타인과 관계 맺는 방법과 사회 적응 기술을 습득시킨다. 이러한 사회화의 기능은 인간을 인간답게 만드는 중요한 역할이다.

넷째, 가족은 구성원에게 지위와 역할을 부여한다. 결혼을 통해 가족이 형성되면 남편이나 아내에게 새로운 가족역할이 부여되고, 사회로부터 진정한 성인의 지위를 획득하게 된다. 또한 가족은 개인의 사회경제적 배경과 문화, 종교를 결정하기 때문에 사회 내에서 특정한 지위와 위치를 획득하게 된다. 가족 내 역할 수행을 통해 개인적 · 사회적인 정체감의 많은 부분을 형성하게 된다.

급변하고 있는 현대사회의 가족기능은 가족의 구조적 측면에 초점을 맞춘 전통적 개념보다는 가족원 사이의 상호작용의 기능적 측면인 가족의 일상보호, 휴식과 회복, 자발성, 지도 등의 기능도 큰 비중을 차지하게 되었으며 그러한 변화는 지속될 것이다.

3) 가족의 유형

가족의 유형은 가족의 크기, 가족의 구성, 부부의 권력, 가계계승, 가족관계 중심, 부부의 결합형태 등에 따라 분류할 수 있다.

(1) 가족의 크기에 따른 유형

가족구성원의 수로 기준을 삼아 대가족(large family)과 소가족(small family)으로 나눌 수 있다. 일반적으로 대가족은 가부장적 가족이나 확대가족이 해당되며, 소가족은 부부가족, 핵가족이 해당된다.

(2) 가족의 구성에 따른 유형

가족의 구성에 따라 가족의 형태를 구분하면 핵가족(nuclear family)과 직계가족, 방계가족으로 구분할 수 있다. 핵가족(unclear family)은 부부와 혼인으로 출산한 자녀로 구성된다. 직계가족(stem family)은 종적가족이라고도 하며 결혼한 자녀 중 한 부부가 부모와 동거하는 가족의 형태이며, 방계가족(collateral family)은 횡적가족이라고도 하며 이는 형제자매의 부부 혹은 그 이상으로 확대된 혈연을 같이한 사람과 한 가족을 이루는 형태의 가족이다.

(3) 가계계승에 따른 유형

가족의 유지와 계속에 내재하는 관계의 연계(連繫)계승을 중심으로 구분하면 부계가족, 모계가족, 양계제가족(bilineal family)으로 나눌 수 있다.

(4) 부부의 권력에 따른 유형

부부의 권력 소재의 중심에 따라 구분하면 부권가족(partriarchal family), 모권가족(matriarchal family), 평등가족(equalitarian family)으로 나눌 수 있다.

(5) 거주 형태에 따른 유형

결혼 후 거주의 형태에 따라서는 아버지 또는 남편의 편에서 거주하는 부거가족(夫居家族), 어머니 또는 아내 편의 가족과 사는 모거가족(母居家族), 형편에 따라 어느 편에서도 살 수 있는 양거가족(兩居家族), 결혼과 더불어 분가하여 거주하는 신거가족(新居家族)으로 구분할 수 있다.

(6) 가족관계의 중심에 따른 유형

가족관계의 중심을 어디에 두는 가에 따라 부부중심가족(husband-wife oriented family)과 친자중심가족(parent-children oriented family)로 구분할 수 있다. 부부중심가족은 남편과 아내로서의 역할과 기대에 비중을 두는 가족이며, 친자중심가족은 부모와 자녀로서의 도리와 기대에 큰 비중을 두는 가족이다.

(7) 부부의 결합 형태에 따른 유형

부부의 결합 형태에 따라 구분하면 부부가 각기 1인으로 결합되어 있는 형태를 단혼제 또는 일부일처제(monogamy)라고 하고, 남편과 아내가 동시에 한 사람 이상의 배우자와 결혼생활을 할 수 있는 제도를 복혼제(polygamy)라 한다. 복혼제는 다시 1인의 남편과 다수의 아내가 동거하는 일부다처제와 1인의 아내와 다수의 남편이 동거하는 일처다부제로 나눌 수 있다.

4) 사회의 변화와 새로운 가족의 형태

우리사회는 급속한 산업화, 도시화로 인해 가족규모가 축소되고 핵가족과 같은 가족형태가 일반화되고 있으며, 한부모가족과 여성가구주 가정, 노인가족, 다문화가족 등 다양한 가족형태가 증가하고 있다. 그뿐만 아니라 가족내부 에서도 탈권위적인 가족관계의 형성과 소비기능의 강화와 같은 변화를 보이고 있다. 이러한 가족의 변화는 동시에 많은 가족문제를 초래해 왔으며 이는 관심과 개입이 필요한 사회복지 실천 대상영역이다.

현대사회의 변화와 다양한 생활 형태에 따라 등장하고 있는 가족 형태로는 한부모가족, 독신가족, 노인가족, 계부모가족, 혼합가족, 장애인가족, 공동생활가족, 다문화가족 등이 있다. 여기서는 한부모가족, 노인가족, 재혼가족, 혼합가족을 살펴본다.

(1) 한부모가족

한부모가족은 점차 늘어나는 가족의 형태로, 혼전 임신, 배우자 사망, 별거, 이혼, 입양 등의 사유로 부모 중 한쪽만 있거나 법적 또는 현실적으로 부모의 역할을 다하지 못하게 되는 가족의 형태이다. 일반적으로 남겨진 한쪽 부모가 고립되고 과다한 역할로 갈등을 느끼며 경제적으로 어려움을 겪을 가능성이 높으며, 자녀는 양부모가정의 자녀보다 정서적으로 불안정하며, 성취도가 낮고, 성역할 동일시에서 혼란스러워할 수 있다. 한부모가족의 적응은 자원에 좌우될 수 있는데 편모가족이 편부가족보다 일반적으로 경제적 문제를 많이 경험하며, 편모의 이전 직업경험과 경제적 자원은 적응에 큰 도움이 된다.

(2) 노인가족

노인가족은 산업화에 따른 사회구조와 가치관의 변화로 핵가족화되면서 노인만으로 구성된 가족세대이며 증가 추세에 있다. 노인이 자녀와 별거하려는 선호도도 점점 늘고 있어 앞으로 노인가족은 더 늘 것으로 전망된다. 그러나 노인시기에 대한 개인적 대비 부족과 사회보장제도의 기능 미흡 등으로 노인가족은 빈곤, 소외, 우울, 자살 등 각종 노인문제를 야기할 수 있다.

(3) 재혼가족

가족을 재구성함으로써 서로 다른 가족원이 함께 살게 된 일차 집단으로 가족성원은 계모, 계부 그리고 먼저 결혼에서 낳은 자녀들로 구성될 수 있으며 새롭게 출산할 수도 있다. 증가하는 이혼율을 고려한다면 계부모가족의 형태는 보편화될 수 있으며 재혼가족의 부부는 계부모로서의 기능, 자녀양육의 태도, 가치관의 갈등 등으로 문제 발생의 개연성이 높을 수 있다.

(4) 혼합가족(blended family)

혼합가족은 인척이나 인척이 아닌 사람들이 동거하면서 전통적인 가족 역할을 수행하는 형태의 가족을 말하며 이들의 관계는 혈연이나 법적으로 아무런 관계가 없을 수도 있다. 혼합가족은 가족을 '기능'적 측면에서 보고 있다.

5) 체계로서 가족의 특성

각각의 가족단위는 고유한 특성을 가지고 있으며, 나름대로의 규칙, 역할, 세력, 구조, 의사소통의 유형을 발전시켜온 하나의 사회체계이다(Goldenberg & Goldenberg, 1980). 이러한 가족은 다양하게 기능 하면서 체계로서의 균형을 유지하려는 자기조정능력을 갖고 있는 물리적 · 심리적 공간을 점유하는 개인들의 집합체 이상의 단위이다.

가족구성원 각자와 전체로서의 가족은 가족을 둘러싼 환경체계의 영향을 받기 때문에, 가족 내에 어떤 문제가 발생하면 그것은 특정 구성원의 문제라기보다 가족 전체의 문제로서 이해되어야 하며, 사회복지사는 한 개인의 성장과 발달. 그리고 문제를 이해할 때 이러한 체계론적 시각에서 접근할 필요가 있다. 사회체계로서 가족의 특징을 몇 가지로 살펴보면 다음과 같다.

(1) 가족체계의 역동성

체계이론은 한 개인의 문제를 그 개인을 둘러싼 전체로서의 가족이라는 맥락에서 이해하려고 한다. 체계론적 관점에서 가족체계 개념의 핵심요소는 다음과 같다.

첫째, 가족은 각 부분의 특성을 합한 것 이상의 특성을 지닌 체계이다.

둘째, 이러한 가족체계의 움직임은 어떤 일반적 규칙(family rule)에 의해 지배되고 있다.

셋째, 가족은 변화와 안정성의 균형을 맞추려고 노력한다.

넷째, 가족성원의 행동은 순환적 인과관계로 가장 잘 설명된다.

다섯째, 가족은 더 큰 사회체계에 속하며 많은 하위체계를 포함한다.

여섯째, 가족체계의 한 부분의 변화는 가족체계 전체의 변화를 초래할 수 있다.

또한 가족은 가족구성원의 욕구와 상위체계인 사회체계의 욕구를 모두 충족시켜야 하는 역동적인 단위로서 다음과 같은 특성을 가진다.

첫째, 가족구성원 모두는 가족 내에서 다른 가족원에게 일어나는 영향을 받으며 또한 각자와 전체로서의 가족은 가족을 둘러싼 다른 많은 환경 체계에 영향을 받는다.

둘째, 가족문제에 대한 해결책을 찾는데 있어 개입의 표적은 가족체계이다.

셋째, 모든 가족체계는 경계(boundary)를 가지고 있다. 이와 같은 경계의 특성은 가족 체계가 어떻게 기능하는가를 이해하는 데 중요하다. 가족과 외부체계를 구분하는 경계는 엄격성과 침투성 정도에 따라 다양하다.

넷째, 가족은 시간이 지나면서 반복되는 상호패턴, 즉 적응과 균형을 추구하는 단위이다.

다섯째, 가족체계는 완전하지 않으므로 항상 비교적 안정된 상태를 유지하려는 경향이 있다.

여섯째, 가족체계의 기능 중에는 체계 간의 의사소통(communication)이나 피드백(feedback) 기능이 중요하다.

일곱째, 다른 열린 체계와 마찬가지로 가족체계는 목적을 가지고 있다.

여덟째, 가족체계는 여러 하위체계에 의해서 성립되며, 또한 가족체계는 지역사회와 같은 보다 큰 상위체계의 일부이다(Barker, 1986).

(2) 체계로서 가족의 특성

가족구성원은 가족 내에서 다양한 위치에서 서로 상호 의존하고 시간이 지나면서 반복되는 적응과 균형을 추구하는 단위이며 더 큰 사회체계의 요구와 가족성원들의 요구를 모두 충족해야 하는 체계이다. 사회체계로서 가족을 이해하는 데 필요한 몇 가지 기본 개념들은 다음과 같다.

① 기능적 혹은 역기능적 가족체계

가족은 기능에 따라 기능적 가족과 역기능적 가족으로 구분할 수 있다.

기능적 가족은 가족체계가 가족 구성원을 위해 충분히 효과적으로 기능하는 가족이다. 즉, 가족 개개인의 물리적인 필요나 욕구에 대응하는 기능과 가족들의 정서적인 욕구에 대응하는 기능, 양자의 안정성이 유지되는 가족을 일컫는다. 또한 기능적 가족은 명료한 가족 경계선을 가지고 있으며, 각자의 역할에 대한 이해와 개인의 자율성이 존중되면서 동시에 전체로서의 가족체계로 유지되는 특성을 가진다. 의사소통이 자유롭고 가족규칙은 가족상황에 따라 융통성 있게 조절될 수 있다.

역기능적 가족은 가족의 하위체계 경계선이 혼란스럽거나 경직된 가족체계이다. 가족규칙도 뚜렷하지 않아 구성원들에게 혼란스러움을 주기도 하며, 가족의 경계선은 애매하거나 경직되어 있다. 가족의 역할도 명확하지 않아 자신들에게 욕구되는 역할과 기대가 무엇인지 모르고 가족 간의 의사소통이 간접적이고 권위적이며 명료하지 않은 특성을 보여 가족체계가 가족 구성원을 위해 제대로 기능하지 못한다.

② 가족의 항상성

모든 체계는 스스로 평형 상태를 유지하려는 내적 기제를 갖고 있으며 가족도 가족 내의 균형을 이루기 위해 변화에 저항하려는 성향을 가족의 항상성(homeostasis)기제라고 한다. 항상성 개념은 생물학과 체계이론에서 빌려온 것으로 가족을 내적 기능의 상대적 항상성을 유지하는 동질 정체 단위로 보고 이 같은 변화에 저항하는 단위로서 가족을 이해한다. 예를 들면, 잦은 부부싸움이 발생하는 가정에 한 자녀에게 증상행동이 나타나고 그 증상행동으로 부모는 싸움을 그치고 자녀의 증상에 관심을 갖는다. 이때 환자의 증상이 가족의 안정을 유지시켜주는 기제로 작용하게 된다.

③ 가족규칙

가족은 규칙이 있는 체계이다. 가족의 규칙은 일종의 명령으로 인간이 원가족 내의 경험에서 획득하여 내면에 가지고 있는 규칙으로 행동이나 반응으로 나타나 개인들이 대응하는 대처방식의 일부가 된다. 가족은 일련의 명시적이거나 암시적인 규칙(rule)을 만들어 내는데 가족구성원들이 서로 협력하고 조화를 이루기 위해서는 규칙을 지켜야 한다. 만약 한 구성원이 어떤 규칙을 위반하면 다른 가족구성원이 그것을 통제하는 힘을 행사한다. 이와 같이 가족규칙은 구성원의 행동에 영향을 주는데, 어떤 규칙은 각 구성원들의 역할과 기대와 관련하여 명확한 것도 있으나, 어떤 규칙은 불명확하고 암시적인 것도 있다.

④ 가족신화

가족신화(family myth)란 가족구성원 모두가 공유하고 있는 가족 혹은 가족구성원에 대한 잘못된 신념과 기대를 의미한다. 가족신화는 일반적으로 현실에 대한 왜곡이나 수정은 물론 현실을 위장하는 요소를 가지고 있으며, 가족 내에서 가족구성원의 행동은 물론 가족구성원 간의 관계에 영향을 미치는 등 가족구성원의 상호작용에 영향을 주고 가족의 일체감과 안정성을 보장하는 가족규칙 강화에 기여한다. 가족구성원이 상호작용을 통해서 서로 의문을 제기하지 않으면서 이러한 신념 내지 기대를 공동의 것으로 만들어 간다. 이러한 신화는 가족 내의 항상성을 유지하기 위해 필요하다.

⑤ 가족 내 하위체계

가족은 개인의 상위체계로서 그 조직의 구성에 따라 다양한 하위체계를 갖는다. 가족은 또한 지역사회의 한 하위체계이고, 지역사회는 좀 더 큰 전체 사회의 부분이다. 이러한 체계적 시각에서 2세대의 양부모와 자녀들로 구성된 핵가족의 경우 부부 하위체계, 부모 하위체계, 부모-자녀 하위체계, 형제자매 하위체계로 구성된다. 이들 하위체계는 체계 간 경계가 명확하고, 서로 개방적인 의사소통과 상호 교류가 많을수록 건강한 가족이라 할 수 있다.

⑥ 가족의 경계

경계는 한 체계와 다른 체계를 규정하는 구획 혹은 선을 의미한다. 가족이 건강하게 기능하기 위해서는 체계 간 경계(boundary)가 명확하고 융통성 있는 것이 바람직하다. 경계는 체계를 보호하는 기능을 한다. 가족의 경계가 지나치게 경직되어 있거나 혼란스러운 경우 가족 내에 문제발생 가능성이 높다. 명확한 경계선을 가진 가족의 경우에는 경계가 매우 유연하고 융통성이 있다. 그러나 가족구성원들이 서로 지나치게 친밀하여 체계 간의 구분이 어려운 경우에는 밀착된 경계를 나타낼 수 있으며, 반면 경계가 너무 굳어져서 융통성이 없는 경우에는 격리된 경계를 만들어 낼 수 있다.

2 집단

집단은 개인의 성장과 발달에 영향을 미치는 사회체계이다. 개인은 생애주기를 통해서 또래집단을 비롯한 학급, 동아리, 학교, 직장, 사회단체, 지역사회에서 다양한 목적과 조건에 따라 수많은 집단을 경험한다. 개인이 경험하는 집단의 유형과 그 집단 속에서 수행하는 과업과 역할은 그의 성격형성, 인간관계의 질, 그리고 생활과업 수행에 직접적 혹은 간접적으로 영향을 미친다. 따라서 개인이 경험하는 다양한 집단은 가족 다음으로 친숙하고 직접적이며 활발한 상호작용이 일어나는 사회체계라고 할 수 있다. 개인을 둘러싼 다양한 체계들 가운데 가족 다음으로 개인의 성장과 발달에 영향을 미치는 집단을 이해하기 위해 집단의 정의, 유형과 특징에 대해 간략하게 살펴본다.

1) 집단의 정의

집단은 "적어도 2인 이상이 모여, 공동의 목적 혹은 인지적 · 감정적 · 사회적인 면에서 관심을 공유하면서, 서로에 대한 호감을 가지며, 규범을 형성할 뿐 아니라 집단 활동을 위한 목적을 발달시키고, 스스로 혹은 타인에 의해서 그 집단의 구성원으로 인식할 수 있는 정도의 응집력을 발달시킬 수 있도록 충분한 상호작용과 교류가 이루어지는 상태"로 정의할 수 있다(Hartford, 1971). 또한 체계로서 집단이란 "한 개인으로서 서로 인식하고 상호작용하며, 사회적 실체로서 집단에 대한 의식을 공유하고, 구성원들의 집단과 연관된 행동에 영향을 받으며, 자연적이고 표현적인 행동이 지배적인 두 명 이상으로 구성된 사회조직의 한 형태"로 정의된다(Norlin & Chess, 1997).

이러한 정의를 종합해 보면, 집단이란 "서로 동일한 집단에 소속하고 있다는 집단의식이 있고, 공동의 목적이나 관심사가 있으며, 이들 목적을 성취함에 있어서 상호의존적이며, 의사소통, 인지, 그리고 반응을 통하여 상호작용하며, 단일한 행동을 할 수 있는 능력이 있는 2인(혹은 3인) 이상의 사회적 집합체"라고 정의할 수 있다.

2) 집단의 특징

집단은 일정한 목적을 갖고 움직이는 체계로서 단순히 다수의 개인들이 모여서 만들어진 모임과 구분된다. 집단은 내적으로 구성원들을 통제하기 위한 독특한 규범과 문화를 발전시킬 뿐 아니라, 외적으로 환경체계의 영향을 받는다. 이러한 집단은 다음과 같은 몇 가지 특징이 있다.

첫째, 일정한 구성을 갖는다. 집단의 최소 단위는 2인 이상이고, 전체의 크기는 작다고 할 수 있다. 이러한 집단의 크기는 구성원 상호 간의 상호작용으로 인해 제한을 받는다. 상호작용이 이루어지지 않을 정도로 규모가 큰 경우에는 더 이상 집단이라고 말할 수 없다.

둘째, 공통된 목적이 존재한다. 집단에는 구성원들이 함께 공유하고, 실제로 달성할 수 있는 목적이 있어야 한다. 체계론적 시각에서 목적은 체계를 유지하고 과업을 성취하는 기능을 한다.

셋째, 정체성을 갖는다. 모든 구성원은 전체로서의 집단에 대한 정체성을 갖는데, 이는 다양한 집단활동을 통해 형성되는 '우리의식'이라 할 수 있다.

넷째, 집단은 개인의 행동에 영향을 미친다. 집단은 구성원들에게 사회통제의 기능뿐 아니라 중요한 사회화의 기능을 수행한다. 즉, 각 집단은 독특한 하위문화를 형성하는데, 이것은 구성원들의 집단 관련 행동에 영향을 미치는 규범이 된다. 집단규범이 형성되면, 이 규범은 구성원 각자의 자아인식으로 내면화된다.

다섯째, 상호작용은 일차적으로 정서적 맥락에서 이루어진다. 집단 내 상호작용은 구성원들의 내적 혹은 자연적인 상태를 기반으로 한다. 이러한 의미에서 집단 관련 활동들은 일차적으로 이성적이기보다 감정적이다.

여섯째, 집단참여에는 한계가 있다. 한 개인이 가족 이외의 다양한 집단에 참여하는 것은 일정한 관심과 흥미에 기초하여 자발적으로 결정된다. 그리고 각 집단은 구성원들에게 상호작용을 요구하고, 이는 결과적으로 구성원들의 힘과 에너지를 필요로 한다. 따라서 자연적으로 한 개인이 집단에 참여하는 정도와 수는 제한적이기 마련이다.

3) 집단의 목적과 기능

집단의 목적은 그 집단에 관여한 모든 사람의 기대가 융합된 것으로 집단의 존립이유, 기대, 희망 등을 포함하여 하나일 수도 있고 복합적일 수도 있으며, 다수의 하위 목표를 가질 수 있다. 전체집단의 목적은 성원의 개인적 목적, 기관의 서비스 목적, 집단사회복지사의 목적이 통합되어 전체집단이 공공으로 나타나는 집단 활동의 바람직한 결과를 의미한다.

또한 집단은 여러 가지 활동을 통해 목표달성의 기능, 집단의 유지기능, 개인적 기능을 갖는다. 목표달성의 기능은 그 집단이 갖는 공동의 목표를 달성하는 기능이다. 집단유지의 기능은 집단이 구성원의 욕구를 충족시키고 그들을 결집하여 그 집단을 계속해서 유지하려는 기능을 말한다. 개인적 기능은 구성원의 자기 가치감을 높여 주는 기능, 구성원의 구체적 행동을 규정하는 기능, 구성원에게 가치관과 그 가치관을 표현하는 행동방식을 습득하는 기능 등이 있다(손광훈, 2008 : 422-423.)

4) 집단의 유형

개인이 경험하게 되는 집단의 유형에 따라 집단은 개인에게 상이한 영향을 미치는 사회환경이 된다. 개인의 사회환경으로서의 집단의 유형은 집단의 크기, 성원 간의 상호작용, 정서적 결속정도, 집단 구성방법, 집단이 성취하고자 하는 목적과 기능에 따라 분류된다.

(1) 일차집단과 이차집단

쿨리(C. Cooley)는 성원 간의 상호작용과 정서적 결속정도에 따라 집단을 일차집단과 이차집단으로 분류하였다. 일차집단(primary group)은 혈연과 지연을 바탕으로 이루어진 자연발생적 소규모 집단으로 가족, 친구, 또래 등이 이에 속하는 집단이다. 반면, 이차집단(secondary group)은 목적달성을 위해 상호작용하며 인위적인 계약에 의해 만들어진 집단으로 사회와 군대조직이 이에 속한다.

일차집단에서의 인간관계는 감정적인 측면이 강조되는 반면 이차집단에서는 개인 자체보다 집단 내에서 수행하는 개인의 기능과 역할을 중시함으로써 합리성이 강조되는 특징이 있다.

(2) 자연집단과 형성집단

자연집단(natural group)과 형성집단(formed group)은 집단의 구성 동기에 기초한 분류이다(김종옥 · 권중돈, 1993). 자연집단은 자연발생적으로 일어난 사건, 대인관계상의 매력 또는 구성원의 욕구 등에 근거하여 자연발생적으로 구성된 집단으로 공식적 후원체계가 없는 것이 특징이다. 가족, 또래집단, 갱집단 등이 자연발생적인 집단에 포함된다. 또한, 형성집단은 특정 목적 달성을 위해 의도적으로 구성된 집단으로 공식적 규칙과 일련의 과업을 가지므로 구조화되고 지위에 의해 층화되는 특징을 가지고 있다. 치료집단, 위원회, 클럽, 팀 등이 포함되는데 어떠한 외부의 영향력이나 전문가의 개입을 통하여 의도적으로 구성된다. 형성집단은 구성원의 교육, 성장, 행동 변화, 사회화에 대한 욕구 충족 목적의 치료집단과 과업성취를 목적으로 하는 과업집단으로 분류되기도 한다.

(3) 치료집단과 과업집단

사회복지사가 자주 개입하는 집단은 치료집단과 과업집단의 두 범주로 나눌 수 있으며 다음과 같은 특징이 있다.

① 치료집단(therapy group)

치료집단은 성원의 사회 · 정서적 욕구에 대한 만족을 증가시키려는 광범

위한 목표를 지닌다. 치료집단에서는 의사소통이 공개적으로 이루어지고 성원들이 적극적으로 상호작용할 수 있도록 격려하며 치료집단에서의 과정은 집단에 따라 유연하거나 형식적일 수 있다. 또한 치료집단에서 자기공개성은 매우 높고, 진행과정은 집단 내에서만 이루어지며 집단과정의 성공은 성원들의 치료목표가 성공적으로 충족되었는가에 근거한다.

또한 치료집단은 교육, 성장, 치유, 사회화의 기본적 목적을 중심으로 다음과 같이 분류할 수 있다.

◦ 교육집단

교육집단(educational group)의 목적은 성원이 자기 자신과 자신이 속한 사회를 잘 이해할 수 있도록 교육을 통해 원조하는 것이다. 모든 교육집단에서는 성원이 보다 많은 정보나 기술을 획득하게 하는 데 집단의 목적이 있으며, 전문가가 이러한 정보와 기술, 지식을 가르친다. 이러한 집단은 병원, 학교, 교정기관 등에서 많이 활용되고 있다.

◦ 성장집단

성장집단(growth group)의 목적은 능력과 자의식을 넓히고 개인적인 변화를 유인하여 자아향상을 추구한다. 그러므로 집단은 성원이 자신의 능력을 최대한 발휘하기 위한 하나의 도구로서 의미를 지니며 사회정서적 병리를 치료하기보다는 사회정서적 건강 증진에 중점을 둔다. 성장집단의 구성은 서로 다른 특성이 집단성장의 밑거름이 될 수 있으므로 다양한 속성을 지닌 성원구성이 바람직하며 대부분의 성장집단에서는 성원의 자기표출 정도가 높은 편이다.

◦ 치유집단

치유집단(remedial group)의 일차적인 목적은 성원들 스스로 자신의 행동을 바꾸고 개인적 문제들을 완화하거나 대처하고, 사회적 외상이나 건강상의 외상 이후에 스스로 원상복귀시킬 수 있도록 원조하는 것이다. 이 집단은 성원의 개인적 목적을 성취할 수 있도록 원조하는 과정에서 전통적 의료모델의 사회조사-진단-치료의 과정을 따르는 경우가 많다. 치유집단에서 성원은 자신의 문제를 해결하기 위하여 집단활동을 하는데, 집단사회복지사는 전문가, 권위적 인물 또는 변화 대리인으로서의 역할을 수행한다. 집단 성원의 자기표출 정도는 일반적으로 높은 편이지만, 성원이 경험하고 있는 문제에 따라 그 정도는 다르다.

◦사회화 집단

사회화 집단(socialization group)은 성원이 사회적 기술을 습득하고, 사회적으로 수용되는 행동 유형을 학습함으로써 지역사회의 생활에서 효과적으로 기능할 수 있도록 원조하는 데 일차적 목적이 있다. 사회화 집단은 사회기술훈련 집단, 자치집단, 여가집단 등의 포함되며, 사회화 집단에서 집단구성원은 게임이나 역할연습, 여가활동 등의 특정 프로그램에 참가하여 결속력을 발전시키며 대인관계기술을 향상시킨다.

② 과업집단(task group)

과업집단은 과업의 달성을 위하여 성과물을 산출하거나 명령의 수행을 위해 만들어진 위원회, 행정집단, 협의체 등이 포함될 수 있다. 과업집단에서는 의사소통이 특정과업에 관한 논의에 집중되며 과업집단에서 하는 역할들은 각 성원들에게 할당될 수도 있다. 또한 과업집단에는 보통 형식적인 일정과 규칙들이 있으며 과업집단은 자기공개성이 낮고, 집단의 성공은 성원들이 그 과업이나 명령을 달성했는가 또는 성과물을 산출했는가에 근거한다.

(4) 자조집단

자조집단(self-help group)은 공통된 쟁점에 대해 개인 또는 환경에 바람직한 변화를 가져오기 위해 뜻을 함께하는 사람들로 구성된 집단으로서 구성원 간의 지지와 스스로 자신의 삶을 책임질 수 있는 환경을 만들어 주는 데 강조점을 둔다. 마약이나 암 또는 비만과 같은 핵심적인 공동 관심사가 있다는 점에서 치료집단이나 과업집단과는 구분될 수 있다. 사회복지사가 자조집단을 형성하는 데 도움을 줄 수도 있지만 이 집단 자체는 집단의 성원으로서 같은 이슈에 관심이 있는 비전문가들이 이끌어간다. 자조집단이 강조하는 것은 구성원 개인 간의 지지와 또한 개개인이 그들의 삶을 책임질 수 있는 환경을 만들어 주는 것이다.

(5) 개방집단과 폐쇄집단

개방집단(open-ended)과 폐쇄집단(close-ended)은 구성원의 가입과 탈퇴의 자율성 여부가 집단 구분의 기준이 된다. 개방집단은 집단이 진행되는 동안 언제나 새로운 구성원의 입회가 가능한 집단이다. 이 집단에서는 구성원들의 가입과 탈퇴가 자유로울 뿐 아니라 구성원이 바뀌면서 새로운 생각과 신념, 가치관이 유입될 수 있는 장점이 있다. 폐쇄집단은 구성원의 자격을 분명히 설정한 후 집단이 운영되는 기간 동안 새로운 구성원의 유입 없이 일정하게 운영되므로 집단 응집력이 높고, 집단의 공동목표와 개별목표를 효과적으로 달성할 수 있는 가능성이 높다.

5) 집단역동의 이해

사회체계로서 집단이 인간행동에 미치는 영향은 집단의 역동성으로 나타나게 된다. 집단역동이란 하나의 공통장면 또는 환경 내에서 일어나는 복합적이고 상호작용적인 힘을 지칭하는 것으로 개별적 구성원들로는 생각하기 어려운 힘이 그들의 상호작용을 통해 나타날 수 있다. 집단의 역동성을 잘 활용하면 집단과 구성원 모두에게 긍정적인 영향을 미칠 수 있지만, 그렇지 못할 경우 오히려 역기능적인 영향을 미칠 수도 있다. 집단의 역동성에는 다음과 같은 개념들이 포함된다.

(1) 사회적 상호작용

역동적인 힘의 작용을 일컫는 사회적 상호작용은 사람들 간의 접촉이 태도와 행동을 변화시킨다는 것을 시사한다. 사회적 상호작용의 핵심인 커뮤니케이션은 정보, 느낌, 태도 등이 전달, 수신, 해석, 반응되는 복잡한 사회과정이며, 개방된 커뮤니케이션 체계는 구성원들이 자신들의 문제와 집단의 문제에 대처하고 해결할 기회를 증가시킨다.

(2) 집단규범

집단규범은 집단이 기대하는 행동의 기준인데 이 규범이 발달하는 과정은 집단이 무엇에 가치를 부여하고 수용하는가에 대한 집단구성원들의 동일시에서 시작된다. 다시 말해서, 집단규범은 사회적 상호작용의 산물로서 가치에 관한 구성원들의 합의라 할 수 있다.

(3) 응집력

응집력은 구성원들이 상호 간에 그리고 집단에 대해 응집시킬 수 있는 정도를 의미한다. 보통 집단의 매력은 구성원의 욕구를 충족시키는 정도에 따라 결정되는데, 집단의 응집력이 강할수록 구성원에게 미치는 영향력이 크다.

강한 응집력은 집단구성원에게 긍정적 결과뿐 아니라 부정적 결과를 가져올 수도 있다. 집단에 매료되어 있는 구성원은 변화되어야 하는 집단의 부정적 측면을 감지하지 못하거나 다른 집단구성원의 부적절한 영향을 받을 수 있다.

(4) 집단문화

집단문화는 집단의 집단구성원이 공통적으로 가지는 가치와 신념, 관습, 전통 등을 말하는 것으로, 집단이 발달함에 따라 서서히 나타나게 된다.

구성원들은 집단의 독특한 가치형성에 기여하는데, 집단의 가치는 구성원의 일반적 속성, 문화, 인종, 민족 등에 따라 달라지며, 이러한 가치는 집단에서 이루어지는 의사소통과 상호작용에 용해되어 나타난다.

6) 집단발달 단계

집단은 두 사람 이상으로 구성되어 상호간 영향을 미치면서 특정 공동목표를 달성하고자 함께 활동하는 특성인 동태성(movement)을 지니고 있기 때문에 끊임없이 변화 · 발전의 과정을 거치게 된다. 즉, 집단은 활동주기(life cycle)에 따라 성숙단계로 발전하게 된다. 이러한 집단발달의 각 단계를 파악함으로써 각 단계에서 다루어야 할 독특한 행동을 예측할 수 있고 집단에서 발생하는 행동의 중요성을 인지할 수 있다. 갈랜드(Garland, Johnes, Kolodny, 1965) 등은 집단의 발달단계를 5단계로 제시하였다.

(1) 1단계(친밀 전 단계 : 접근과 회피행동)

책임지기, 타인과의 상호작용, 프로그램 활동과 사건에 대해 탐색하며 비교하는 등으로 집단에 속하기를 주저한다. 성원은 또 다른 성원의 사회적 지위나 역할을 자신의 잣대로 규정하거나, 자기소개서를 정형화하거나, 지적 토론에 집중하는 경향이 있다. 초기에는 행동에 대한 불안감, 집단구조의 불확실성 등으로 대부분 지도자를 중심으로 의사소통한다.

(2) 2단계(권력과 통제단계 : 변화의 시간)

이 단계의 준거틀은 '전환(transition)'이다. 성원은 상황을 이해하고 예상할 수 있게 되면서 관계의 틀을 구성하려고 노력한다. 집단에서의 투쟁을 거쳐, 성원은 다른 성원과의 관계에서 '서열'에 주의를 기울인다. 낮은 지위의 성원에 대한 언어적 침해, 공격, 거부 등과 같은 구성원 상호간의 갈등이 자주 나타나며, 하위집단에 속하지 못한 고립된 성원은 다음 모임에 참석하지 않을 수도 있다.

(3) 3단계(친밀단계 : 친밀한 관계발전)

갈등의 단계를 통과하면 집단은 점차로 응집성을 형성하며 발전하게 된다. 성원 간에 개인적 소속감이 강해지며, 집단경험에 대해 중요하게 인식한다. 성원 각자의 독특성을 인지하기 시작하면서 상호 신뢰하기 시작한다. 3단계에서는 집단의 문화, 양식, 가치체계에 따라 집단의 '특성'이 나타난다. 개인의 관심이나 기질 또는 다른 긍정적 힘에 따라 분명하게 규범을 세운다.

(4) 4단계(분화단계 : 집단정체성 발달과 내적 준거틀)

이 단계는 집단 응집력과 조화로 표현된다. 이 단계는 집단구조가 완전히 기능을 다하고 집단구성원은 서로를 수용한다. 집단구성원은 갈등이 발생하여도 이를 해결하는 방법을 습득하여 자율적으로 처리할 수 있게 되고, 행동에 대한 책임을 질 수 있으며 집단의 문제해결과정에도 확신 있는 태도로 적극적으로 참여하게 된다. 집단중심의 기능이 이뤄지며 개인과 집단의 욕구는 조화를 이룬다. 집단은 그 자체의 관습과 구조를 형성하는데, 즉 집단은 그 자체의 준거틀을 형성한다.

(5) 5단계(종결단계 : 헤어짐의 시작)

이 단계는 집단의 목표나 과업이 성취된 이후의 시기로 과업행동은 종결되고 집단구성원으로서의 관계가 해체되거나 분리되는 시기이다. 집단을 종료하는 시기에 지도자나 다른 성원에 대한 분노를 표출할 수 있으며, 이전에 잠재되었던 말싸움이 재등장하거나, 지도자에게 더욱 의존적이 될 수도 있다. 종결은 집단이 달성한 것을 평가하고 숙고하며 배운 것을 공고히 하는 시간이다. 집단에 대한 관심을 거두어들이고 외부에 에너지를 쏟기 시작하는 성원은 두려움, 희망, 미래, 다른 사람에 대한 관심 등을 이야기할 것이다(허남순, 2004 : 411-414).

3 가족 · 집단과 사회복지 실천의 연관성

가족과 집단은 전통적으로 사회복지 실천의 고유대상으로 인식되어왔으며, 가족사회사업, 집단사회사업은 사회복지 실천의 고유한 방법론으로 사용되어 왔다. 사회복지사는 클라이언트의 문제와 상황을 파악하고 효과적으로 개입할 수 있는 방법을 찾기 위해서 클라이언트의 환경체계인 가족과 집단에 대해 체계론적인 이해와 접근이 필요하다. 이러한 가족체계와 집단체계의 사회복지 실천과의 연관성을 정리하면 다음과 같다.

첫째, 환경체계로서의 가족과 집단에 대한 이해의 관점이다. 환경은 개인을 둘러싸고 있는 다양한 체계로 인간에게 영향을 미칠 수 있으며 개인은 주변체계로부터 영향을 주고받기도 한다. 따라서, 사회복지사들은 개인의 성격형성과 사회적 관계형성에 직 · 간접적으로 영향을 미치는 일차적이고 간접적인 환경체계로 가족과 집단을 이해하는 관점이 필요하다.

둘째, 실천방법론의 대상으로서 가족과 집단에 대한 이해의 관점이다. 전통적인 사회복지 실천방법론으로서 집단사회사업과 가족사회사업은 가족과 집단을 대상으로 하는 실천방법론이다. 구성원들의 문제를 효과적으로 해결해주고 개인의 사회적 기능의 수행 향상을 위해 사회복지사들은 가족과 집단이 갖는 다양한 유형과 특징을 이해하고 문제를 효과적으로 해결할 수 있는 구체적인 지식과 기술을 갖추어야 한다.

셋째, 도움이 필요한 클라이언트로서의 가족과 집단에 대한 이해의 관점이다. 사회복지사는 도움을 요청하는 가족의 다양하고 복잡하며 다면적인 문제를 원조해야 하고 또한 도움을 요구하는 다양한 집단과 일을 한다. 이때 사회복지사는 구성원들의 목적에 따라 집단을 활용하거나 구성하여 개입해야 하므로 효과적인 집단 운영을 위해, 구성원들의 특성과 욕구, 문제 사정, 집단운영의 기술과 능력을 갖추어야 한다.

넷째, 지지체계로서 가족과 집단에 대한 이해의 관점이다. 개인에게 가족과 집단은 문제나 어려움에 처해 있을 때 다양한 도움을 줄 수 있는 지지체계(support system)로서 존재한다. 따라서 사회복지사는 어려움을 가진 클라이언트와 전체로서의 가족을 도울 때, 클라이언트가 소속되어 있는 가족과 집단을 지지체계로 활용할 수 있어야 한다. 이러한 지지체계는 클라이언트가 전문적 도움을 종료하고 사회생활을 유지하는 과정에서도 지속적 도움을 받을 수 있는 긍정적인 자원으로 기능할 수 있다(최옥채 외, 2007 : 310-313).

chapter 13

사회환경의 수준 : 조직과 지역사회

1 조직

조직은 인간행동에 중요한 영향을 미치는 거시체계 중 하나로서 특정 목표를 가진 개인들로 구성된 하나의 사회체계 또는 집단이다. 조직을 통해 개인은 자신의 욕구나 기대를 성취하고 조직은 개인을 통해 조직의 목적을 달성한다. 이처럼 조직과 지역사회는 인간행동에 영향을 미치는 밀접한 환경이며, 동시에 상호작용하는 체계이다. 따라서 인간행동의 총체적 이해를 위해서는 개인의 둘러싸고 있는 조직과 지역사회에 대한 이해가 필요하다.

이 장에서는 인간행동에 영향을 미치는 중요한 환경이면서 지역사회실천의 방법과 자원으로서 조직과 지역사회를 사회복지 실천 측면에서 정리한다.

1) 조직의 정의

사전적 의미로 조직은 '어떤 목표를 달성하기 위하여 일정한 지위와 역할을 지닌 사람이 모여서 질서 있는 하나의 집합체를 이룸'으로 정의된다. 또한 미국사회사업가협회(NASW)는 '어떤 목적들을 얻기 위해 발전되었거나 설립된, 확인할 수 있는 경계를 가진 하나의 사회적 단위이며, 주어진 목표나 목적을 달성하기 위해 자원과 기술의 사용을 조정하는 사람의 공식화된 집단'으로 정의하고 있다.

조직에 대한 학자들의 정의도 다양한데, 파슨즈(Parsons)는 조직은 '특정한 목표를 추구하기 위한 사회적 단위 또는 집단'이며 회사, 군대, 학교, 병원, 교회, 교도소 등이 이에 포함된다고 하였다. 밀러(Miller)는 '조직은 여러 가지 목표를 가지고 있으며, 목표를 추구하려고 상호작용하는 하위체계로 구성된 체계'라고 정의하였다. 또한 굴드너(Gouldner)는 조직의 특성을 세 가지로 정리하였다. 첫째, 조직체는 하나의 체계이며, 유기적 속성을 가진다. 둘째, 구조적 변화는 합리적 작용에 의해서라도 조직의 평형상태를 깨트리는 위협에 대한 누적적 · 비계획적 · 적응적 반응의 결과이다. 셋째, 조직의 욕구 중 가장 중요한 것은 목표의 달성이다.

홀랜드(Holland)는, 사회복지 실천 시각에서 일반적인 조직과 차별하여 사회서비스 조직을 강조하고 사회복지 실천에서 보는 조직의 특성을 명확히 정리하였다. 즉, 사회서비스 조직은 사회화와 같은 정상적인 인간의 기능을 지원하거나 수입 유지를 돕는 데 중점을 둔다. 따라서 사회서비스 조직은 소비자들에게 직접 서비스를 전달하며, 서비스 제공자와 받는 자 간 인간관계를 중요한 과정으로 간주하고, 서비스를 받는 자들의 복지 향상에 조직의 정당성을 부여한다. 조직에 관한 이 같은 설명은 사회복지 실천 과정에서 사회복지사가 지켜야 할 가치관과 활동목적과 전문성을 반영하고 있다(최옥채 외, 2007 : 316-319)

이상의 내용을 정리해보면, 조직은 공동의 목적을 가지고 있고, 목적의 달성을 위해 의도적으로 만들어진 체계화된 구조를 바탕으로 조직구성원들은 상호작용 및 역할분담을 하며, 개인과 개인, 조직과 조직 간, 즉 조직 자체의 경계를 가지고 있어 다른 조직과 구별하며 내 · 외부 환경에 적응하게 되는 인간의 사회집단으로 정의할 수 있다(강인숙 외, 2006 : 178).

2) 조직의 주요개념

인간행동에 영향을 미치는 밀접한 환경이며, 동시에 상호작용하는 체계로서의 조직과 관련한 주요개념은 다음과 같다.

(1) 조직체계

조직은 조직구성원에 의해 형성될 뿐만 아니라 일정한 형식, 즉 조직체계에 따라 형성된다. 따라서 조직체계는 조직을 구성하는 조직구성원 각자에게 지위와 역할을 부여함으로써 조직의 튼튼한 기틀을 구축하는 근간이 된다. 이 같은 조직체계는 조직을 결속하여 조직이 추구하는 목적을 달성하는 데 더욱 큰 힘을 발휘할 수 있다. 이뿐만 아니라 조직체계는 외부로부터 조직으로 인정받는 데 중요한 역할을 한다.

(2) 조직규율

조직규율은 조직의 목적을 달성하고 조직체계를 유지하기 위해 조직의 구성원이 지켜야 할 규칙을 의미한다. 목적이 없는 조직은 없으며, 조직은 특성상 의사소통과 조정의 기능을 지니므로 조직에 있어 규율은 매우 중요하다. 구체적으로 조직규율은 조직구성원이 수행해야 할 의무, 권리, 조직의 운영방식 등을 명시함으로써 조직이 추구하는 목적을 달성하고 기능을 원활하게 한다.

(3) 조직화

조직화(organizing)는 클라이언트(체계)의 문제를 해결하기 위해 필요한 인력이나 서비스를 규합하고 조직의 목표를 성취하도록 합당하게 운영해 나가는 과정이다. 나아가 '지역사회실천에서 조직화는 집합행동을 성공적으로 수행하기 위한 힘을 지니는 사람에 관한 것', '지역사회 주민과 함께 일함으로써 얻는 힘을 가르치는 것'으로 정의하고 있다. 한편 조직화 이론에서 조직화는 상호의존적 행동을 의미 있는 연속체 속으로 결합시켜 의미 있는 산출물을 끌어내게 한다고 강조하고 있다(최옥채 외, 2007 : 318).

조직화는 조직구성원의 역량을 바탕으로 조직의 목적을 성취하게 하고 이 목적은 조직구성원 간의 협력을 통해 조직이 사회적으로 선량한 과업수행을 기반으로 하는 것이며 사회복지 실천에서 조직화는 클라이언트의 욕구나 문제를 해결하기 위해 필요로 하는 자원을 효과적 · 효율적으로 활용하며 나아가 지역사회의 특정 문제를 해결하기 위해 지역사회 주민의 개입을 구체화하는 데 필요한 기술로 간주할 수 있다.

(4) 조직문화

조직문화는 '한 조직의 구성원을 다른 조직의 구성원과 달라지게 만드는 집합적 정신 프로그램'이라고 정의할 수 있다. 이 같은 정의는 조직문화가 철저히 조직을 구성하는 구성원 각자의 공통된 문화에 근거할 뿐만 아니라 조직구성원의 생각, 느낌, 행동이 유기적으로 연계되어 이루어진다는 데 중점을 두고 있다. 따라서 조직문화는 조직구성원의 공통된 성향과 조직의 외부환경을 반영함으로써 조직 고유의 특성을 가늠하게 한다.

(5) 집합행동

집합행동은 "기존의 규범, 정책, 가치 따위의 변화를 지향하는 다수의 각 개인에 의한 공동행동"으로 정의하고 있다. 따라서 집합행동은 조직구성원의 결집을 강화하여 한 조직이 대외적으로 큰 힘을 발휘할 수 있다는 데 중점을 두고 있다. 실제로 집합행동은 사회행동(social action)과 같이 특정 조직이 동등한 대우나 자원 확보를 위해 더욱 큰 공동체에 대항하려는 불만과 불이익을 당하고 있는 세력이 있다는 점을 인정한다(손광훈, 2008 : 449).

3) 조직의 유형

조직의 유형을 공공조직, 영리조직, 사회봉사조직, 상조조직, 비공식조직으로 구분하여 살펴보면 각 조직의 유형의 특성은 다음과 같다.

(1) 공공조직

공공조직은 중앙정부나 지방정부의 업무를 수행하는 조직을 일컫는다. 이들 조직은 모든 국민의 포괄적 복지를 위해 존재한다. 동시에 공공조직은 조직 간 위계를 형성되어 상하위조직이 존재하며 이들 조직 간 그리고 조직 내의 구성원 간 위계질서가 분명하다. 대부분 조직구성원은 일정 선발기준을 통해 조직의 구성원으로 참여하며 조직구성원은 철저한 계급으로 구분되고 정기적 업무 이동이 있다.

정부의 사회복지업무 담당조직은 사회복지 실천현장을 감독하며 사회복지사의 행정업무와 사례활동에 많은 영향을 미친다.

(2) 영리조직

영리조직은 영리 추구가 일차적인 목표가 되는 기업 관련 조직이다. 영리조직은 최소의 투입으로 최대의 산출을 얻으려는 기업주의 욕구를 철저히 반영한다. 따라서 영리조직은 '최소 투자로 최대 생산'을 강조하기 때문에 조직 안에서 휴머니즘을 기대하기 어려울 뿐만 아니라 조직구성원 간 과열경쟁이 나타난다. 특히 영리 조직은 일의 과정보다는 결과를 더욱 중시한다.

조직구성원은 기업주의 인사관리 원칙에 따라 채용된 피고용자들이다. 기업주가 필요로 하는 능력을 갖춘 자를 선발하여 이들을 적임 부서에 배치한다. 아울러 조직국성원은 기업주가 원하는 최대 산출을 위해 뛰어야 하고, 자신의 활동 내용에 대해 기업주로부터 철저히 평가받는다.

영리조직은 물적 자원은 물론 인적 자원까지도 사회복지사업에 제공할 수 있어 사회복지 실천의 활성화에 크게 기여한다. 이런 면에서 영리조직의 가치와 사회복지의 가치가 크게 다름에도 사회복지 실천과 밀접한 관계를 맺고 있다.

(3) 사회봉사조직

사회봉사조직은 조직과 관련하는 자들에게 이익이나 도움을 주고자 하는 조직이다. 기업, 종교단체, 대학교 따위의 관련 사회봉사조직이 국민의 포괄적 복지 향상을 위해 활동하고 있다. 사회봉사조직의 중요한 목표는 정부의 불합리한 정책을 개선하는 데 있다. 아울러 이 조직은 정부가 주도하는 사회복지사업에 인적 · 물적 자원을 제공함으로써 정부를 비롯하여 사회복지시설을 지원한다.

사회봉사조직에는 전문 지식을 가진 구성원이 유 · 무급으로 참여한다. 유급으로 참여하는 구성원은 상근하면서 조직을 주도적으로 운영 · 유지하고, 무급 조직구성원은 대체로 특정 업무를 위해 주기적으로나 일정 기간 참여한다. 이들 참여자들은 시민의식이 투철한 자들이라고 할 수 있다.

사회봉사조직은 사회복지 실천현장에서 사회복지사업을 이끌어 가기도 하고, 사회복지 실천현장과 서로 도움을 주고받고 있다. 사회봉사조직은 앞으로 사회복지운동과 같은 프로그램을 실천하는 데 중요한 자원이나 주도자로서 역할을 할 것으로 예상한다.

(4) 상조조직

조직구성원들의 이익을 위한 조직으로 정당, 노동조합, 전문가 단체 따위가 포함된다. 상조조직은 조직구성원의 이익뿐 아니라 정부의 불합리한 정책에 대응하여 사회 전반에 걸친 변화를 주도하기도 한다. 따라서 상조조직은 시대의 흐름을 반영하고, 자발적 참여를 강조하나 실제로는 회원제 원리를 지키기 때문에 조직구성원에 대한 통제 규범을 가지고 있다.

상조조직의 구성원들은 조직의 운영과 유지를 위해 기여해야 하고, 나아가 자신들의 권익을 조직으로부터 보장받는다. 상조조직은 전문가 집단이 참여하기 때문에 사회복지 실천현장에서는 이들과 연대하여 사회복지사업을 펼쳐 나갈 수 있고, 이를 위해 이들 전문가의 전문 지식이나 기술을 도움 받을 수 있다.

(5) 비공식적 조직

비공식조직은 정규구조 밖에 있는 조직으로 법적으로 인정받는 조직이 아니며, 조직구성원의 욕구를 반영하여 형성된 조직이다. 비공식조직은 특별히 정하고 있는 규정이 없기 때문에 조직으로서 정해진 역할과 책임은 없으나 특정 상황에 신속히 대처할 수 있는 강점이 있다. 특히, 공식조직에 비하여 조직 안에서 구성원 간 위계나 조직구성원을 통제하는 규정이 없다. 아울러 규모가 작으며, 쉽게 만들어지는가 하면 쉽게 소멸하기도 한다. 대체로 주부와 학생들이 비공식조직의 구성원으로 참여하고 있다. 특별히 규정하고 있는 내용이 없기 때문에 대규모로 성장할 수 없으며, 장기간 지속하기도 어렵다.

비록 일정한 규정에 의해 운영되는 조직은 아니지만 사회복지 실천현장에서는 이들 조직을 중요한 인적 자원으로 활용할 수 있다. 공식조직보다 비공식조직을 동원하는 것이 절차상 쉬워 평소 사회복지사가 흔하게 이용하는 조직이다.

4) 조직이론

조직이론은 대부분 경영 분야에서 도입한 것으로, 기업과 사회서비스기관은 모두 운영을 위해 자원이 필요하며, 일정한 과정을 통해 결과물을 만들어 내야 하는 것과 같은 공통점이 있다. 조직 운영 방법의 4가지 이론적 관점, 즉 과학적 관리이론, 인간관계이론, 동기이론, 구조모델, 체계이론을 간단히 살펴보면 다음과 같다.

(1) 과학적 관리이론

조직의 과학적인 관리를 위해 공식적인 구조와 엄격한 직원 조직망이 효과적인 조직 경영과 목표달성에 가장 중요하다고 강조한다. 모든 직원은 명확하게 규정한 직무와 이를 어떻게 수행해야 하는지 알아야 한다.

전통적인 관료주의는 고전적인 과학적 관리이론을 적용한 것이다. 관료주의는 매우 구체화된 업무를 수행하는 전문 부서와 관리에 필요한 다양하고 세부적인 규정, 직원의 자율적인 판단이나 결정을 최소화 할 것을 강조한다.

(2) 인간관계이론

인간관계이론은 현대조직의 복잡성을 이해하기 위해 '조직 기능의 비공식적이며 심리사회적인 부분의 역할'을 강조한다. 중요한 개념으로 직원의 근로의욕과 생산성, 만족, 동기, 지도력, 소집단 행동의 역동성을 포함한다. 이 이론은 조직의 개인적 관심과 긍정적인 사회적 상호작용의 중요성을 강조하며, 비공식적인 규범, 리더십 구조, 의사소통 유형, 참여 수준에 따라 조직의 효율성과 생산성이 영향을 받을 수 있다고 본다.

(3) 동기이론

동기는 행동을 활성화시키거나 작동시키는 내적 상태(Steiner)로 개인은 스스로 동기가 강하게 유발될수록 자신의 목표와 목표를 달성할 수 있는 방법에 대한 생각이 명확해질 수 있고 이러한 조직구성원의 동기가 조직의 발전에 기여할 수 있음을 강조한다.

조직적 환경은 조직구성원의 동기를 강렬하게 할 수도 있으며 감소하거나 둔화시키기도 할 수 있다. 조직의 환경은 욕구를 억제하는 경우도 있으며, 동기를 자극할 수도 있다. 그러므로 조직의 목표달성과 조직의 발전을 위한 동기부여를 위한 방법이 필요하며, 조직 내에서 동기부여를 위한 방법으로는 첫째, 개인차를 인정하고, 둘째, 분명한 목표의 제시와 활동과정에서 적합한 피드백이 제시되어야 하며, 셋째, 개인의 특성에 적합한 조직 내에서의 역할과 과제가 주어져야 한다. 넷째, 목표달성 정도에 따른 보상이 주어져야 하며, 다섯째, 친교, 존중, 소속감, 자아실현 등 상위욕구의 만족을 얻을 수 있도록 동기를 부여할 때 조직의 발전에 기여할 수 있게 되는 것이다(손광훈, 2008 : 453).

(4) 구조모델

구조모델은 '조직에 있어서 구조와 과정 모두'를 강조한다(Sarri, 1987). 이 모델은 조직의 합리적인 구조와 그 구조에 관여하는 사람들의 비합리적이며 불완전한 행동 모두에 초점을 둔다. 직원의 생산성을 최대한 활용하기 위해 의견을 신중하게 제안하고 모든 변수를 고려한다.

(5) 체계이론

체계론적 접근에서는 조직을 상호작용과 균형 상태에서 기능하는 상호 관련된 부분들 또는 하위체계로 이루어진 사회체계로 해석한다. 체계이론은 관련된 다양한 하위체계간의 상호작용을 강조한다. 또한, 환경의 중요성과 조직에 대한 다른 체계의 영향력을 강조한다. 비합리적인 상호작용을 무시하기보다는 예측과 지속적인 사정과 적응을 강조한다.

5) 조직에 대한 관점

(1) 개방체계 관점

'체계(systems)'란 상호작용하는 관련부분과 외부환경의 집합으로서, 여기서 환경은 한 부분의 변화가 다른 부분의 변화를 자극하는 것을 말한다. 조직은 상호교환과 서로간의 역학적 균형상태에서 기능하는 상호 관련된 각 요소의 사회적 체계로서 작용한다. 이와 같은 조직적 체계는 그 구성단위에 의해 수행되는 기능의 전문성의 증가와 함께 복잡하게 성장하는 경향이 있다.

(2) 행동주의 관점

조직에 대한 행동시각(behavioral perspective)은 조직 내 사람의 행동과 선택에 중점을 두고 있다. 불확실한 상황, 목표 사이의 갈등, 불완전하나 정보, 모호한 결과 등은 많은 조직, 특히 사회서비스 전달조직의 특징을 규정한다.

(3) 경제적 관점

조직의 경제적 시각은 최선의 결과를 얻기 위한 이성적인 결정에 중점을 둔다. 이러한 접근은 주어진 투자수준에서 효과를 최대화하는 비용-편익 분석의 구조뿐만 아니라 최저 비용으로 바람직한 결과를 산출해내는 비용-효율성 분석 구조를 사용한다. 조직의 경제적 접근은 각 행동단계의 비용과 결과의 객관적 비교를 통해 자원의 대안적 사용에서 의사결정자가 가질 수 있는 선택에 중점을 두고 있다.

(4) 문화적 관점

문화적 시각은 기본적 가설, 기대치, 관습에 지배되고 있으며, 이러한 것들은 오랜 시간을 두고 발전해 온 것으로 서서히 인간의 감지의식(conscious awareness)에서 분리되어 나오는 것들이라고 본다. 조직적 문화시각은 관계자의 기초가 되는 가설 및 가치에 대한 인식에서 시작되어야 한다고 강조한다. 이것은 구성원이 어떻게 의무감을 인식하고 처리하는가, 왜 그 집단이 현재의 행동습관을 유지하는가, 구성원은 자신과 타인에 대해서 무엇을 간주하고 바라고 있는가 등에 주목한다.

6) 사회체계로서의 조직

조직은 개인들로 구성된 하나의 사회체계이다. 조직구성원인 개인은 조직과의 상호작용을 통해서 다른 구성원뿐만 아니라 전체 조직에 영향을 미치며, 조직은 또한 구성원 각자의 행동에 영향을 미친다. 개인은 조직을 통해서 자신의 욕구를 충족시키고 다른 구성원의 조직행동에 영향을 미치며, 조직은 개인을 활용하여 목적을 달성한다.

조직은 사회환경과 상호작용을 하면서 생존해 나간다. 즉, 조직은 끊임없이 환경변화를 선택적으로 흡수하면서 환경에 적응하며, 사회환경은 조직 내의 개인이나 집단의 행동에 직접적으로 또는 간접적으로 영향을 미친다. 이와 같이 조직과 사회는 상호의존적이며, 조직은 사회를 떠나서 존립할 수 없고, 사회는 조직의 업적을 통해서 변화된다.

조직과 사회는 투입과 산출을 통해서 상호 교환관계를 유지하고 있다. 사회는 조직이 필요로 하는 투입을 제공해 주며, 조직은 특정한 목적의 달성을 통해서 사회에 산출을 공급한다. 즉, 조직은 사회로부터 구성원, 금전, 물자 등을 공급받아 유지하고 발전하며, 산출물을 생산하여 사회에 공급한다.

조직은 구성원들 간의 상호작용 성과에도 많은 영향을 준다. 또한 조직은 경제적 기능, 사회변화기능, 적응기능 등을 수행하여 사회에 유익하기도 하지만, 개인에게 소외감, 좌절감, 부적응 등의 역기능을 제공하기도 한다.

2 지역사회

지역사회(community)는 개인을 둘러싼 환경이면서 사회복지 실천의 장으로 매우 중요한 개념이다. 사회복지 실천방법들이 개인, 집단, 지역사회를 기반으로 하기 때문에 사회복지사는 지역사회에 관한 분명한 이해가 필요하다.

지역사회에 대한 이해를 돕기 위한 학자들의 정의와 지역사회와 관련한 주요개념들을 살펴보면 다음과 같다.

1) 지역사회의 정의와 개념

지역사회에 대한 학자들의 정의는 다양하지만 일반적으로 지역사회는 공통의 지리적 구역, 또는 공유 이익이나 공통 관심사로 이루어진 기능으로 정의된다. 헬렌(He len, 1989)은 이런 정의에 제3의 정의를 추가하여 집합적 정치력(collective political power)이나 조직화된 주민집단(organized constituencies)으로서의 지역사회를 정의했다. 세 가지 정의가 지닌 모든 기능에 비춰볼 때, 지역사회 구성원은 스스로를 결집할 수 있는 잠재력을 가진 단위로 간주된다.

공통의 지리적 구역의 의미로 지역사회의 개념을 제시한 파크(Park)와 버제스(Burgess)는 사람, 조직, 지리적 분포 등의 요소를 고려한 지역적인 의미의 지역사회를 강조하였다. 또한 맥키버(MacIver), 스트로우프(Stroup)는 지리적 경계에 대한 구체적인 지적이 없이 사회적인 동질성을 강조하여, 모든 형태의 공동생활지역으로서 지리적인 특성보다는 성원간의 상호관련성을 가지는 개념으로 지역사회를 소수의 부락 집단에서 국가에 이르는 모든 형태의 사회조직이 포함된 개념으로 보았다.

모르건(Morgan)과 포스톤(Poston)의 경우는 민주주의의 이념을 실현시킬 수 있는 가장 기본적인 단위로 지역사회를 정의하였다. 그들에 의하면 지역사회는 민주적인 공동생활을 영위하는 '작은 사회' 로 공동의 유대관계, 공동의 기능을 하는 다양한 이해관계와 상호부조적이며 주민의 민주주의가 실현되는 단위이다.

그린(Green), 브루너(Bruner), 할렌벡(Hallenbeck)은 사회적인 상호작용의 역동성을 강조하여 지역사회란 상호 관련되어 있고 상호의존적인 집단들이 단합된 지역의식을 갖는 결합체(network)로 정의하였다.

히어로니머스(Hieronymus) 등은 지리적 및 사회적 동질성을 강조하는 자연지역으로서의 지역사회를 정의하였는데 그는 지역사회라고 하는 것은 지역 내에서 공동관심사를 위해서 함께 행동하게 되는 사람들로 구성되며 한 지역사회에 있어서 어떤 부분들(segments)은 그 지역사회내의 다른 부분들보다도 타지역사회의 부분들과 오히려 더 많은 관련을 맺을 수 있다고 함으로써 개방체계(open system)로서의 지역사회 개념을 역설하였다.

이상을 종합하면 지역사회에 관한 정의는 두 부류로 구분될 수 있다. 우선, 지역사회를 '일정한 지리적 공간인 생활권 안에서 사회적 상호작용을 통하여 공통된 이해관계, 문화 따위를 형성하여 공통의 경험과 공공생활을 향유하는 일정 지역의 범위'(강준열, 1997 : 15)로 정의하는 경우이다. 이 경우 지역사회는 일정한 경계를 갖는 지역, 사람들의 삶터, 지역사회에서 생활하는 사람들, 지역사회 내에서 하위 공동목표를 갖는 사람들의 집합체, 지역사회 주민들이 문화를 공유하는 과정을 중심으로 구성된다.

또한 지역사회를 '공동체'나 '공동사회'의 개념을 포함하여 정의할 경우는 지리적 공간 속의 주민뿐만 아니라 친목회나 기관들의 협의회 같은 공동체 의식을 갖는 개인이나 기관들의 결합체도 지역사회의 범주에 포함된다.

지역사회의 두 부류의 정의를 종합하여 최옥채(2005)는, 지역사회를 '다양한 욕구나 문제를 가지고 있으며, 일정한 규모의 지리적 공간 안에서 지역사회 주민의 상호작용이 활발하게 이루어지고, 지역사회의 욕구나 문제를 해결하기 위해 사회복지 실천이 가능한 일정 규모의 장(場, field)'으로 정의하였다.

2) 지역사회의 기능

길버트(Gilbert)와 스펙트(Specht)는 지역사회의 기능을 (1) 생산 · 분배 · 소비, (2) 사회화, (3) 사회통제, 사회통합, (5) 상부상조의 기능으로 설명하고 있다.

(1) 생산 · 분배 · 소비의 기능

지역사회 주민이 일상생활을 영위하는 데 필요로 하는 재화(goods)와 서비스를 생산하고 분배하고 소비하는 과정과 관련된 기능을 말한다. 현대사회에서 재화와 서비스를 생산하고 분배하는 기능은 기업과 정부를 위시한 각종 전문기관, 종교단체, 교육기관이 담당하고 있다. 오늘날 사람은 의식주, 보건, 교통, 고용, 여가생활 등과 관련된 다양한 영역에서 재화 및 서비스 같은 기본적인 욕구를 충족시키기 위하여 서로 의존하고 있다. 따라서 지역사회의 다양한 개인 및 조직은 이러한 기능을 수행하게 되며, 지역사회는 이러한 활동이 이루어지는 환경이 된다(박태영, 2004 : 15).

(2) 사회화(socialization)의 기능

사회화의 기능은 그 사회가 향유하고 있는 일반적인 지식, 사회적 가치, 행동양태를 그 사회 구성원에게 전달시키는 과정을 의미한다. 지역사회는 개인에게 지식, 사회적 가치, 그리고 행동양태를 전달시키며 생활양식을 터득하게 한다. 이러한 사회화의 과정은 개인의 어린 시절과 일생을 통해서 계속되는 것이 일반적이다.

(3) 사회통제(social control)의 기능

지역사회가 그 구성원에게 사회의 규범에 순응하게 하는 것을 말한다. 지역사회는 사회의 규범(norms)에 순응하게 하는 장치로 법, 도덕, 규칙을 갖게 되는데, 이러한 규범을 준수하도록 하는 강제력이 결여된 지역사회의 경우 사회질서가 파괴되어 비행과 범죄가 만연되는 사회해체현상을 경험하게 될 것이다. 사회통제를 담당하는 일차적인 기관은 정부이며, 정부는 경찰력과 사법권을 통해서 보편적으로 적용될 수 있는 법을 집행하는 강제력을 발한다. 가정, 학교, 교회와 사회기관들도 부분적으로 수행하게 된다.

(4) 사회통합(social intergration)의 기능

사회체계를 구성하는 사회단위 조직 간의 관계와 관련된 기능을 말한다. 지역사회가 정상적인 기능을 하기 위해서 결속력(solidarity)과 사기(morale)가 필요한데 사회통합의 기능은 구성원 스스로 규범을 준수하여 바람직한 행동을 하도록 하는 것이라고 말할 수 있다. 사회통합의 기능은 정치적 · 사회적 · 경제적으로 급격한 변화를 경험하고 있는 사회와 시대에 특히 강조되는 경향이 있다.

워렌(Warren)은 사회통합이라는 용어 대신 사회참여(social participation)라는 용어를 사용하였으며, 우리나라의 경우, 1970년대의 정부에 의해서 강조된 '국민총화'나 1980년대 '국민화합'이라는 표어는 사회통합과 유사한 개념이다.

(5) 상부상조(mutual support)의 기능

상부상조의 기능은 사회제도에 의해서 자기 자신의 욕구를 충족할 수 없는 경우에 필요하게 되는 사회적 기능이다. 전통적인 사회에서 상부상조의 기능은 가족과 친척, 동네사람들, 친목단체나 자선단체와 같은 일차적인 집단에 의해서 수행되어왔다. 그러나 현대의 산업사회에서는 이러한 상부상조의 기능이 정부, 민간사회복지단체, 종교단체 등으로 옮겨지게 되었다.

3) 지역사회의 특성

(1) 역동성

'지역사회는 곧 주민'이라는 측면에서 지역사회는 역동성을 띤다. 이 역동성은 지역사회를 구성하고 있는 지리적 공간, 생활공간, 주민, 조직, 상호작용 따위가 지역사회가 추구하는 목표를 달성하기 위해 움직이는 상태를 의미한다.

(2) 변화성

정지된 채로 남아 있거나 변화가 없는 지역사회는 존재하지 않는다. 지역사회의 역동성이 지역사회 안에서 지역사회 구성요소가 서로 작용하는 데 초점을 두었다면, 지역사회의 변화성은 지역사회가 자기 변화를 꾀하기 위해 외부환경과 대처하는 상황에 중점을 두고 있다. 따라서 지역사회는 지역사회

주민의 제반 상황이 바뀌면서 지역사회가 처하고 있는 형편에 의해 긍정적이거나 부정적인 변화를 시도한다.

(3) 서비스 요구성

지역사회는 그 상황에 따라 적절한 서비스를 요구한다. 이는 지역사회가 욕구나 문제를 지닌다는 측면에서 강조할 수 있는 지역사회의 특성이다.

(4) 변화능력

지역사회가 변화능력을 가지고 있다고 보는 것은 인간에 관한 인본주의 관점에 의한 것이다. 지역사회의 형성과 변화과정을 인간이 주도하기 때문에 인간의 변화능력을 인정한다면 지역사회 역시 스스로 변화할 수 있는 능력을 지니고 있다고 보아야 한다.

(5) 다양성

인간의 개별성과 독특성을 인정하고 있는 측면에서 여러 사람으로 구성된 지역사회의 다양성은 한층 강조되어야 한다. 실제로 모든 지역사회는 그 구성요소의 특성이 달라 다양한 유형으로 존재한다.

(6) 시민의 변화를 위한 최적 단위

지역사회는 시민의 변화를 위한 개입활동에 최고 적합한 규모의 공간이라고 할 수 있다. 시민의 사회복지에 대한 관심과 참여를 강조하는 사회복지운동은 지역사회를 기본 단위로 여러 지역사회에서 동시에 이루어지는 것이 적합하다.

4) 지역사회의 유형

지역사회를 구성하는 주민을 비롯하여 지역사회의 지리적 위치, 지역사회

내의 기관 등 지역사회를 구성하는 요소의 특성에 따라 지역사회의 유형은 달라질 수 있다. 지역사회를 유형화하는 인구의 크기에 따라 구분(대도시, 중소도시, 작은 부락 등)으로 구분하거나, 경제적인 기반(광촌, 어촌, 산촌), 정부의 행정구역(특별시, 광역시, 도, 시, 군, 구, 읍 · 면 · 동)에 따라, 인구 구성의 사회적 특수성(도시의 저소득층, 노인 밀집지역, 할렘가, 차이나타운 등)을 기준으로 구분하는 등 그 기준과 방법에 따라 지역사회의 유형은 다양하게 나타날 수 있다(손광훈, 2008 : 474).

(1) 공동사회와 이익사회

집단의 주요 목적과 성원들의 결속력의 질적인 차이에 따라 지역사회를 구분하면 공동사회와 이익사회로 구분할 수 있다. '공동사회'는 비개방적이고 구성원 상호간의 정이나 신뢰를 바탕으로 자연적으로 형성된 사회집단을 의미하며 산업화 이전에 대부분을 차지했던 지역사회의 유형이다. '이익사회'는 계약이나 공동의 이익, 형식적이고 분명한 공식적인 생활과 참여가 전제되고 개인의 역할이나 업적에 따라 이익 또는 책임이 분배되는 지역사회의 유형으로 산업화가 가속화된 현대사회에서 증가하는 지역사회의 유형이다.

(2) 기능적 지역사회와 지리적 지역사회

지역사회를 '기능'의 차원과 '지리적 경계' 차원에서 구분하면, '기능적 지역사회'는 상업, 종교와 같이 주로 같은 기능을 담당하는 집단을 의미하는 지역사회 단위로 정당, 의사협회, 변호사협회와 같은 전문직 단체, 성당과 교회 같은 종교단체가 포함된다. '지리적 지역사회'는 행정구역상의 경계로 나누어지는 읍 · 면 · 동 등이 포함된다.

(3) 사이버공동체와 현실공간의 공동체

인터넷이 상용화되면서 최근에 생겨난 개념으로 지역사회를 '사이버공동체'와 '현실적 공간의 공동체'로 구분한다. 사이버공동체는 인터넷상의 조직의 하나로 인터넷문화의 급속한 보급으로 확대되어 기존의 지역사회의 역할보다 가상공동체인 사이버공동체의 활동이 더욱 활발해지고 있다. 사이버공동체의 활동이 현실공간의 공동체 활동으로 연결되는 경우도 증가하고 있다. 공간의 제약을 뛰어넘는 사이버상의 다양한 커뮤니티의 활동은 우리의 행동과 삶의 양식을 혁신적으로 바꾸고 있으며 이에 맞게 사회복지를 실천하는 방법도 변화해 가고 있다(강인숙 외, 2006 : 194-196).

(4) 사회복지 실천의 장으로서 지역사회 유형

최옥채(2005)는 특정 분류방법에 의존하지 않고 사회복지사가 활동하면서 밀접하게 관련을 맺고 있는 지역사회 유형으로 영구임대아파트단지, 유흥가. 신시가지, 농촌지역사회, 산업단지 등을 제시하였다.

영구임대아파트단지는 입주지역주민의 특성상 경제적 취약계층, 노인, 장애인이 주민인 비율이 높다. 이들은 지역사회에 대한 정체감이 절대적으로 부족한 상태이며, 결손가족 가정이거나 가족구성원의 역할이 부족하고, 가족구성원 간 기능이 부족할 개연성이 높다. 이러한 이유로 아파트단지 주변 환경의 열악성, 아동과 청소년의 각종 부적응 문제, 지역사회 응집력의 결여 등 영구임대아파트단지의 독특한 문화가 형성되고 있어 영구임대아파트단지는 도시 중심의 사회복지 실천 관련 주요 지역사회라고 할 수 있다.

유흥가는 일탈행위를 비롯하여 미풍양속을 해치는 정도가 심각하기 때문에 사회복지 실천의 주요 지역사회로 간주된다. 유흥가는 그 자체가 한 지역사회로서 뿐만 아니라 유흥가를 출입하는 사람들과 관련된 문제를 유발하고 있기 때문에, 변화되어야 할 클라이언트로서도 중요하지만 인간행동에 악영향을 미치는 중요한 환경으로도 이해할 필요가 있다.

신시가지는 도시의 외곽지역이나 산동네와 같은 빈곤 지역사회가 개발된 곳, 대도시 인근에 새로 개발한 신도시의 일부분으로 교통, 편의시설, 범죄, 유흥업소의 침투와 같은 문제가 예상되거나 문제에 봉착한 곳을 들 수 있어 사회복지 실천활동의 개입이 필요한 범주의 지역사회이다.

농촌지역사회는 도시화 정보화라는 변화에 따라 전통적인 농촌지역사회의 특성은 상실되고 성인기 인구의 감소와 노년기 인구의 증가라는 특성을 나타내고 있다. 따라서 농촌지역사회는 사회복지 실천에서 중요하게 다루어야 할 지역사회의 한 유형이 된다.

산업단지는 단지 내에서 일하는 근로자의 복지와 생산시설 가동에 따른 공해로 욕구나 문제를 갖는 사회복지 실천의 클라이언트라고 할 수 있다. 특히, 산업단지 내에 취업하고 있는 여성 근로자와 외국인 근로자의 권익과 근로환경은 사회복지 실천에서 중요하게 다루어야 할 부분이다. 아울러 산업단지는 각 단지별로 다종다수의 기업을 유치하고 있어 사회복지 실천의 인·물적 자원을 풍부하게 갖추고 있으므로 클라이언트로서 뿐만 아니라 자원으로서 관심을 가져야 할 중요한 지역사회의 유형이다.

5) 지역사회에 관한 이론적 관점

(1) 구조적 관점

구조적 관점은 체계의 부분이 전체를 이루기 위해 어떻게 구성되었으며, 구성요소가 서로 어떻게 연결되었는지를 강조한다. 따라서 구조적 관점은 사람들이 지역사회를 통해 지배적인 정부구조와 어떻게 연결하는가를 강조하면서 정치적 실체, 힘, 지리적 구성의 3차원에서 구분한다. 첫째, 지역사회를 공간, 모수(parameter), 국가라는 총체와 그 지역사회 정체성과의 관계를 다룬다. 둘째, 구조적인 관점에서 지역사회는 종종 개인과 국가 간의 중재자적인 구조를 의미한다. 뒤르껭은 지역사회를 개인과 국가로 대표되는 전체적인 사회의 고리, 즉 개인을 형성하고 사회화시키며 변형시키는 연결 고리로 파악했다. 셋째, 지역사회는 흔히 정치적 실체로 보이며 지역, 읍·면, 근린지역 등으로 조직된다. 이러한 구조는 많은 정치적 사회적 기능을 수행하며, 핵심적 권력으로서의 국가와 개인을 중재한다.

(2) 인류생태학적 관점

환경과 지역주민 간의 관계에 초점을 두면서, 지역사회 내의 분업이나 지역사회 내부와 지역사회간의 상호의존성으로 어떻게 직업의 계층구조가 발생하는지 강조한다. 주요개념인 경쟁, 격리, 통합은 사회복지사가 지역사회를 분석할 때 모든 지역주민을 공평하게 지지적으로 대할 수 있도록 돕는다. 지역사회를 인류생태적 관점으로 접근하면 타인보다 더 적은 자원을 가진 사람이 직면하는 문제가 불공정에 초점을 두는 데 도움이 된다.

(3) 기능주의적 관점

워렌(Warren)은 주민이 일상생활에 필요한 광범위한 활동영역에 접근이 가능하도록 하는 사회적 활동의 조직이 지역사회라고 정의한 바 있다. 지역사회는 자신을 유지하기 위해 어떤 사회적 기능(아동의 양육, 자원의 분배 등)을 수행해야 한다. 지역사회가 기능적이 되기 위해서는 어떤 공통된 관심사, 즉 복지, 교육, 종교, 보건과 같은 관심사를 공유하는 사람의 집단이 있어야 한다.

기능주의적 관점은 지역사회의 목적, 기능, 지역사회가 그 목적을 성취하기 위한 노력을 어떻게 지속하고 있는지를 강조한다. 기능주의적 접근은 또한 지역사회가 어떻게 성장해 왔고, 행동해 왔는지에 초점을 맞춘다. 공식적 및 비공식적 수준에서 지역사회가 어떤 의사결정을 내렸고 어떤 행위를 해 왔는지의 과정을 보면, 지역사회의 구조와 기능을 이해하는 데 도움이 된다.

(4) 사회체계 관점

지역사회 내의 다양한 사회체계들이 어떻게 상호작용하는가를 분석하는 것을 강조한다. 체계적 관점은 더 커다란 사회환경의 다양한 하부체계들이 지역사회에 미치는 영향을 인식하도록 하며 또한 지역사회가 더 커다란 사회환경과 상호작용하며 변화한다는 점을 인식하게 한다. 사회체계적 관점에서 지역사회를 보는 것은 클라이언트가 속한 지역사회 및 클라이언트의 상황을 사정하고 그들을 돕기 위한 사회복지사의 역할을 찾는 데 도움이 된다.

6) 지역사회 모델

지역사회 실천은 지역사회에 개입하여 지역사회에 존재하는 각종 제도에 영향을 주고 지역사회의 문제를 예방하며, 그것을 실천적으로 해결하려는 일체의 사회적 노력을 포함한 개념이다. 로스만(Rothman)은 지역사회 실천을 위한 지역사회조직사업의 분야를 지역개발, 사회계획, 사회행동의 3가지 모델로 제시하였으며, 지역사회조직사업을 하나의 현상으로 보는 것보다는 독특한 지역사회관계의 형태로 파악해야 한다고 하였다. 로스만이 제시한 지역사회 모델의 내용은 다음과 같다.

(1) 지역개발 모델

지역개발 모델(또는 지역사회개발 모델)은, 지역사회의 변화가 지역사회 수준에서 다양한 사람들의 폭 넓은 참여로 이루어진다는 것이다. 이 모델은 문제를 발견하고 해결하는 데 있어서 다양한 계층의 사람들을 포함한다. 여기서 강조하는 것은 민주적 절차와 합의, 자발적 협조, 토착적인 지도력 개발, 자조 등이다. 실천가의 역할은 지역사회 문제를 해결함에 있어 조력자, 분석가, 조정자, 문제해결 기술과 윤리적 가치를 교육하는 교사의 역할이다.

(2) 사회계획 모델

사회계획은 지역사회 문제해결의 기술적인 과정을 강조한다. 이 접근에서는, 복잡한 산업사회에서 지역사회가 변화하기 위해서, 복잡한 변화 과정을 지도할 고도로 훈련받은 숙달된 계획가가 필요하며, 따라서 전문가의 역할을 중요시한다. 실천가는 숙달된 계획가, 전문가의 역할을 수행하여야 한다.

(3) 사회행동 모델

사회행동은 지역사회 문제 해결에 있어서 민주주의와 사회정의에 따라 자원과 처우를 향상하도록 지배계층에 압력을 가하는 것으로, 소외된 집단을 조직하는 것이 중요시한다. 사회행동 접근은 주요 제도나 공공조직의 기본 정책을 바꾸는 것으로, 흔히 힘과 자원의 재분배를 요구한다. 지역개발가가 통합된 지역사회를 기대하는 반면, 사회행동가는 행동 목표인 지배계층과 대립한다. 실천가는 사회행동가로서 역할하여야 한다.

3 조직 · 지역사회와 사회복지 실천과의 연관성

조직과 지역사회가 사회복지 실천과 관련하여 맺고 있는 연관성을 파악하는 것은 사회복지 실천에서의 조직의 활용 가치와 방법을 모색하는 데 도움이 되기 때문에 매우 중요하다. 사회복지측면에서 조직과 지역사회가 관련하고 있는 연관성을 정리하면 다음과 같다.

첫째, 개인의 환경으로서 조직을 이해해야 한다. 개인은 인생주기에 있어 자발적이거나 의무적으로 조직구성원이 되며, 조직은 조직구성원에게 생활환경으로서 중요한 의미를 지닌다. 또한 개인은 조직을 통해 개인에게 지위와 역할에 합당한 보상을 하기도 하는데 이처럼 조직은 개인에 의해 운영됨과 동시에 개인들의 제반 생활에 많은 영향을 미치고 있다. 따라서 사회복지사는 개인에 대한 총체적 이해를 위해 그 개인이 속하고 있는 조직을 염두에 두고 파악해야 한다.

둘째, 조직화 기술의 토대로서 조직에 대한 이해가 필요하다. 조직화는 지역사회 실천의 한 기술로서 사회복지사가 갖추어야 할 중요한 기초 기술이 된다. 지역사회의 욕구나 문제를 해결하고, 지역사회의 유용한 자원을 효과적으로 활용하기 위해 조직화는 필수적이며 이러한 조직화 기술은 조직을 토대로 형성되므로 사회복지사는 조직을 충분히 이해해야 한다.

셋째, 자원으로서의 조직과 지역사회의 이해이다. 사회복지 실천은 조직으로부터 특정 유형의 자원을 지원받으며, 아울러 조직을 주요 자원으로 활용할 수 있다. 따라서 사회복지사는 조직의 성향과 특성을 충분히 숙지해야 하며 조직을 더욱 효과적이고 효율적으로 활용할 수 있도록 조직의 운영방법을 터득해야 한다.

한편 지역사회는 욕구나 문제를 지니고 있는 집합체이면서 아울러 사회복지 실천의 중요한 자원을 보유하고 있는데 사회복지사가 지역사회에 산재해 있는 주요 자원을 효과적이고 효율적으로 발굴하고 동원하기 위해서는 지역사회에 대한 이해가 전제되어야 한다.

넷째, 지역사회는 한결 안정된 상태를 유지하거나 긍정적 변화를 꾀하기 위한 욕구를 지닌 유기체로서 제때에 해결되지 못한 지역사회의 욕구는 지역사회의 문제가 된다. 이러한 지역사회의 욕구가 문제는 사회복지 실천의 개입 대상이 되는데 사회복지사는 지역사회의 욕구와 문제에 개입할 때 일정한 틀에 의해 치밀하게 지역사회를 이해한 후 합당한 방법으로 지역사회의 변화를 위해 개입해야 한다.

다섯째, 사회복지 실천의 장으로서 지역사회의 이해이다. 사회복지 실천은 클라이언트와 사회복지사, 사회복지기관 및 자원봉사자, 후원자 등의 참여자가 함께 이루는 활동이다. 이러한 개인과 기관의 활동이 지역사회 안에서 이루어진다는 의미에서 사회복지 실천에서 지역사회가 갖는 의미는 크다. 특히, 사회복지 실천현장에서 다양한 대상자에게 다양한 서비스의 제공이 강조됨으로써 다종다수의 기관과 개인의 참여가 확대되고 있는 추세여서 사회복지사는 유용한 지역자원을 중심으로 사회연계망(social network)을 구축하여 활용할 수 있어야 한다. 친척, 친구, 이웃과 같은 유용한 지역자원으로 구성된 사회연계망은 클라이언트를 위해 정서·관계적 자원을 제공함으로써 지역사회의 일부로 작용한다(최옥채 외, 2007 : 336-339).

chapter 14

사회환경의 수준 : 문화

1 문 화

문화는 '지식 · 신앙 · 예술 · 도덕 · 법률 · 관습 등 사회구성원으로서의 인간에 의해 획득된 모든 능력과 관습의 복합적 총체'로서 문화는 인간이 접하는 모든 것이라고 볼 수 있을 정도로 일상생활과 밀접하게 관련되어 있다. 인간은 태어날 때부터 문화를 학습하고 창조할 수 있는 가능성을 지니며 자신이 속한 사회의 문화를 내면화함으로써 한 사회의 구성원으로 사회화되고 사회적 관계나 상호작용을 통해 새로운 문화를 창출하기도 한다.

또한 문화는 전체 사회 속에 존재하는 개인, 집단, 조직 및 지역사회에 영향을 미치는 거시 체계로서 세대 간에 전승되면서 가치, 규범, 신념체계 등이 사회구성원들에게 내면화되어 인간집단의 행동방식을 제시하고 구조화하며 그 행동에 의미를 부여한다.

이 장에서는 특정세대와 사회의 맥락 안에서 상대적으로 이해되어야 할 문화에 관한 다양한 정의와 개념을 정리하고 문화의 형태와 기능을 살펴봄으로써 인간을 둘러싼 거시체계로서 문화에 대한 이해를 돕도록 한다.

1) 정의와 개념

문화는 시대에 따라 다양하게 정의되어 왔으며 철학, 역사학, 인류학 등과 같은 학문분야에서 다양하게 정의하고 있다.

문화의 사전적인 의미는 "인간이 자연상태에서 벗어나 일정한 목적 또는 생활이상(理想)을 실현하려는 활동의 과정 및 그 과정에서 이룩한 물질적 · 정신적 소득의 총칭이며 특히 학문 · 예술 · 종교 · 도덕 등 인간의 내적 활동의 소산"으로 정의된다. 테일러(Sir Edward B. Tyler)는 "지식 · 신앙 · 예술 · 관습 및 기타 사회의 구성원으로서의 인간이 획득한 모든 능력이나 습관의 복합적 전체"라고 하였으며, 필립 K. 보크는 "문화는 어떤 인간집단의 구성원의 행동에 영향을 끼치는 기대 · 양해 · 신앙 혹은 동의의 모든 것을 포함한다. 이것의 공유관념은 반드시 의식적인 것이라고는 할 수 없지만, 항상 사회적 학습에 의해 전달되는 것이며, 그것은 온갖 인간 사회가 당면하는 적응상의 여러 문제에 대하여 일련의 해결법이 되는 것이다."라고 정의하였다.

또한 협의의 의미에서 문화는 도구, 행동, 제도 등을 포함하지 않고, 단지 사고양식, 즉 행동을 유도하고 그런 행동에 이르게 하는 기준, 표준, 규칙의 개념이며, 광의의 의미에서 문화는 환경에 적응하는 과정에서 인간이 축적한 모든 능력이나 도구의 복합총체로서 인간이 만든 도구, 기술, 사회조직, 관습, 신앙 등으로 총체적으로 개념화된다.

이상을 종합하면 문화는 "공유하는 가치와 믿음, 생활의 일과로 조직된 활동, 감정적인 의미를 지니는 상호작용 경험 따위의 혼합체"(Huntington & Harrison, 2001 : 231)로, "사회의 구성원인 인간이 획득하는 능력과 습관을 포함하는 복잡한 총체로서 지역적 · 사회적으로 구분되며, 집단과 개인들에게 정체성과 다른 사람에 대한 차이를 만드는 요소이며, 사회구성원들이 서로에 대해 그들의 환경과 관련하여 지니는 방향지시의 요소"(Warnier, 2000 : 25)로 정의된다.

한편 사회체계로서의 문화는 개별 클라이언트에게 영향을 미치는 거시체계의 하나로 인간이 접하고 있는 그 사회의 제도, 언어, 종교 따위와 인간관계 안에서 형성된다는 점에 주목할 때 사회복지영역에서 의미가 더욱 크며 클라이언트의 욕구나 문제를 해결하기 위해 문화적 속성에 대한 폭넓은 이해가 필요하다.

2) 문화와 관련된 개념

(1) 문화변용

문화변용(acculturation)은 독립된 문화를 지닌 둘 이상의 사회가 장기간 직접적인 접촉에 의해 한쪽이나 양쪽의 문화체계에 변화가 일어나는 현상을 의미한다. 문화변용은 상이한 문화 속의 개인, 가족, 집단, 조직, 지역사회의 역동으로 상호작용할 뿐만 아니라 그 사회가 추구하는 제도, 관습, 가치 따위와 같은 사회적 상황에 의해서도 영향을 주고받는다.

(2) 문화생태학

문화생태학(cultural ecology)은 인간사회가 환경에 적응하고 환경을 변형시키는 방식들에 관한 연구의 영역이다.

문화생태학은 인간과 환경 간의 관계를 중시한 생태학을 바탕으로 문화를 환경에 대한 적응체계로 간주하고 문화의 특정 영역이 환경과 밀접한 관계를 맺는다는 점을 강조한다. 물론 여기에서 환경은 자연환경뿐만 아니라 사회환경인 제도나 풍습 따위도 포함한다. 문화생태학이 기술, 경제, 생산에 연관된 사회조직의 요소를 강조함으로써 환경적 요인을 중시하는 입장을 취한다.

(3) 문화층

문화층(layers of culture)은 개인이 접하는 문화의 여러 수준을 의미한다. 한 개인은 다양한 수준에서 문화를 복합적으로 형성함과 동시에 각 수준의 문화로부터 영향을 받는데 이는 인간이 여러 유형의 집단이나 같은 생활현장에서 층층이 각 수준의 문화를 가지고 있기 때문이다.

문화층은 개인과 조화를 이루어 영향을 미치기도 하고, 마찰을 일으켜 갈등을 발생시킬 수도 있다. 따라서 사회복지사는 개인의 행동을 제대로 이해하기 위해 개인이 지니고 있는 다양한 문화층을 이해할 필요가 있다.

3) 문화의 특성

(1) 공유성

사회구성원 개개인의 독특한 생각이나 행동유형은 개인적인 습관이지 문화로 간주되지 않는다. 즉, 문화는 그것들이 사회의 다른 성원들에 의해 공유되어져야 하는 것이다. 인간행동의 많은 부분들은 그가 소속해 있는 집단의 행동양식을 따르는 것이며. 이러한 행동양식은 집단구성원들끼리 비슷한 양식으로 나타난다.

(2) 사회성

문화는 인간에게만 존재하는 것이다. 즉, 사회적 동물로서 인간과 문화는 떼어놓을 수 없는 관계에 있으며, 바로 이 문화가 다른 동물과 인간을 구분해 주는 기본이 된다.

이러한 의미에서 문화는 비생물학적이고 비유전적인 것이다.

(3) 학습성

문화는 일시적으로만 나타나는 현상이 아니라 언제나 특정한 부류들에 의한 '사회적인 상속'으로 전승되어 온 전통이나 유산이 되어 온 것(고병익, 1989 : 2 재인용)으로 강조된다. 즉, 문화는 태어나면서 선천적으로 소유하는 것이 아니라 성장하면서 사회성원들에 의해 공유된 특질이 후천적으로 학습에 의해 획득되는 것이다. 인간이 공유하고 있다고 해서 모두 문화하고 할 수는 없으며, 어떤 것이 문화적인 것으로 간주되기 위해서는 지속적으로 학습된 것이어야 한다.

(4) 축적성(누적성)

문화는 한 세대에 의해서 학습, 공유되는 것이 아니라 한 세대에서 다음 세대로 전승되는 사회역사적 소산이다. 또한 문화의 내용은 그대로 전승되는 것이 아니라 새로운 지식과 생활양식이 축적되면서 이어져 간다. 그러므로 현재의 문화는 과거문화들의 축적된 결실이라고 할 수 있다.

(5) 상징성

문화의 상징성이란 모든 문화가 외형으로 드러나는 것 외에 속으로 품고 있는 의미가 따로 있음을 의미한다. 이 같은 문화의 특성은 인간이 다른 동물과 비교하여 자유롭게 의미를 창작하고 이를 사물과 행동에 부여하는 능력을 가졌다는 맥락에서 강조된다(손광훈, 2008 : 490).

(6) 보편성

문화는 모든 사회에 존재하는 그 사회의 보편적 생활양식이다. 문화의 보편성은 모든 사회에 공통적인 형태가 있음을 의미하는데 모든 사회에 존재하는 복잡한 체계의 언어, 혼인제도, 가족제도, 종교제도 등은 각 나라가 형성하고 있는 보편적인 문화의 유형들이다(노길명 외, 1999 : 85).

(7) 전체성(체계성)

문화는 사회집단이 가지고 있는 지식, 신앙, 예술, 도덕, 법률 등과 같은 수많은 부분들이 각기 독립적으로 존재하는 것이 아니라 상호 긴밀한 관계를 유지하면서 하나의 전체 또는 체계이다. 문화는 하나의 영역이 고립된 현상을 보이지 않고 거의 모든 영역에 부수적인 영향을 미치고 있다. 즉, 한 사회의 문화를 구성하고 있는 부분들은 상호 밀접한 관련을 맺고 있어서 한 영역에서의 변화는 그 영역은 물론 다른 영역들에도 변화를 초래한다.

(8) 다양성

문화의 다양성은 인간사회의 문화 형태는 매우 상이함을 일컫는다. 문화는 인간 사회에서 보편적인 현상이므로 서로 구조적 유사성을 보이지만, 동시에 문화는 그 내용면에서 볼 때 다양성을 나타내고 있다. 문화의 차이를 의미하는 이 특성은 각 국가나 지역문화들의 다양한 모습을 통해 알 수 있다.

(9) 가변성

문화는 시간적인 차원에서 볼 때 정체되어 있지 않고 항상 변화하고 있다. 즉, 문화는 계속적으로 누적되는 성격을 가지고 있지만, 장기간에 걸쳐 똑같은 형태를 지니고 있지 않고 점진적으로 변화되어 간다. 문화의 한 부분의 변화는 다른 부분의 연쇄적인 변화를 일으켜 전체로서의 문화변동이 일어나게 된다. 한편 계속적으로 변화하는 과정 속에서도 문화는 그 안에 소속된 사람들의 사회적 안정과 균형상태의 유지에 기여한다.

4) 문화의 유형

문화의 유형은 분석 목적과 의도에 따라 여러 형태로 구분할 수 있다. 소로킨(P. A. Sorokin)은 문화의 형태를 물질적 문화, 행동적 문화, 이데올로기적 문화 등으로 구분하였으며 볼드릿지(Baldridge)는 경험적 문화, 규범적 문화, 관념적 문화로 구분하였다. 일반적으로 사용되고 있는 세 가지 유형으로 물질적 문화, 규범적 문화, 관념적 문화를 들 수 있다.

(1) 물질적 문화

물질적 문화는 인간에게 생활수단을 제공하는 것으로 인간이 만들어내고 사용하는 모든 물질적인 것으로 사회성원들이 자연환경에 적응하도록 직접적 수단을 제공하는 문화를 의미한다. 즉, 물질적 문화에는 기술이 포함된다.

(2) 규범적 문화

규범적 문화는 사회의 유지를 위하여 사람들에게 준수할 것을 기대하는 행동의 기준에 관한 문화로 행위의 규범을 정함으로써 '어떤 것이 옳고 그른가와 해야만 하고 해서는 안 되는가?'의 기준을 설정해 준다. 규범은 크게, 관례, 관습 그리고 법 등이 있다.

(3) 관념적 문화

관념적 문화는 사회체계와의 관련에서 완전히 평가적 함의를 지니고 있는 정신문화를 총칭한다. 즉, 특정집단이나 사회체계가 존속하기 위하여 현실을 이해하고 혹은 합리화하기 위하여 갖는 표상, 인식, 확신, 전망 등 제 관념의 복합체이다.

5) 문화의 기능

문화는 개인의 성장과 사회적응에 기여할 뿐만 아니라 생리적 · 심리적 욕구를 충족시켜 준다. 또한 문화는 개인의 행동을 규제하고, 사회를 존속 유지시키는 기능을 수행한다.

(1) 사회화

문화는 개인이 사회에서 어떻게 행동하고 어떻게 말하며 어떻게 세상을 인식할 것인가를 가르쳐 주는 지침이 된다. 따라서 개인은 문화가 만들어낸 산물로서 사회에서 문화를 습득하면서 성장하며, 문화를 변동시키고 문화를 이끌어 나간다. 문화는 개인이 성격을 형성하고 변화시키며, 개인에게 다양한 생활양식을 내면화시켜 개인이 사회에 적응하며 살아갈 수 있게 한다.

(2) 욕구충족

문화는 개인의 생리적 욕구와 심리적 욕구를 충족시켜준다. 즉, 문화는 다양한 생활양식을 통해서 의식주와 같은 개인의 기본적 욕구를 충족시켜 주며, 개인이 다양한 문화와 접하면서 사회적으로 안정감을 가지고 살아갈 수 있게 한다. 예를 들면, 문화는 혼인제도를 통하여 개인의 성적 욕구를 충족시켜 주며, 사회의 혼란을 방지하고 개인의 심리적 안정과 사회질서를 유지하게 한다.

(3) 사회존속

문화는 사회를 유지시키고 존속시키는 데 필수불가결한 요소이다. 즉, 문화가 없이는 사회가 존재할 수 없으며, 사회가 없이는 문화도 존재할 수 없다. 사회가 계속해서 존재하는 것은 사회가 문화의 학습과 전승을 통해 새로운 구성원들에게 필요한 생활양식을 전해주기 때문이다. 문화는 사회의 다양한 분야에 대한 영향을 통하여 사회의 존재를 유지시키며, 사회의 존속을 위해 기여한다.

(4) 사회통제

문화는 개인의 행동에 대한 규제와 사회악의 제거를 통해 사회통제의 기능을 수행한다. 즉, 문화는 개인의 행동양식을 규정하기 때문에 개인의 대인관계와 사회생활에서 자기의 행동이 상대방에게 어떤 영향을 주고 상대방이 어떤 반응을 보일 것인가를 알고 적절히 행동할 수 있게 한다. 또한 문화는 도덕, 관습, 신앙 등을 통해서 사회에서 필연적으로 발생하는 사회의 안정과 질서에 악영향을 미치는 문제들을 제거하거나 조절하는 기능을 한다.

2 한국문화의 특수성

최옥채 등(2006)은 한국인과 한국의 문화의 전승과 창조에 작용한 영향요인을 기후, 농경사회의 특징, 민간신앙, 유교, 가족제도 등으로 들고 있으며, 한국문화의 고유한 특징을 다음과 같이 제시하고 있다.

(1) 정(情)

우리나라 문화의 특징인 정은 주어진 대상에 대한 직접적 또는 간접적인 공동경험을 통해 무의식적으로 형성된 일종의 정신적 유대감을 의미하며, 이해타산적 목적 없이 장기간 공유하는 경험을 통해 형성되는 특성을 가진다. 그래서 정을 바탕으로 한 행동은 동의성이 약하고 규범에 의한 책임과 의무의 요구가 비교적 미약함으로써 정으로 맺어진 사이에서는 사회정의나 원칙의 적용이 지켜지기 어려울 수 있다.

또한 정은 개인과 개인, 개인과 집단을 결합시켜 주는 중요한 역할을 하는데 가족관계에서 비중 있게 형성되며 사회생활까지 연결되어 사적이고 공적인 인간관계에 광범위한 영향을 미친다. 한국사회는 이러한 정을 바탕으로 형성된 인간관계를 중요시하므로 상호간 의리와 관계의 배신행위를 가장 금기시하는 문화적 특징을 지닌다.

(2) 체면(體面)

체면은 개인이 공적으로 드러낸 겉모습으로서 사회적으로 바람직하다고 생각하는 가치로 구성된 이미지를 의미하며, 이러한 체면은 세계의 여러 문화권에서 찾아볼 수 있는 현상이다. 그러나 한국인의 경우 생활 전반에 지배적인 영향을 미친다는 점에서 한국 사회 체면문화의 독특성이 있다. 한국인의 체면문화는 생활에서 일상적으로 나타나는데 상대방의 체면을 세워주는 각종 호칭과 자기과시를 위한 자동차나 의복의 치장, 인사치레로 거짓말을 하는 체면손상의 터부시 등이 그러한 예이다.

체면문화의 장점은 사회에서 본인의 체면이 주위 사람이나 아랫사람의 행위로부터 영향을 받기 때문에 일정한 질서유지의 역할을 한다는 것이다. 그러나 지나친 체면문화는 체면을 차릴 경우는 거리감을 주고 위선적으로 여겨지지만, 안 차리면 체통이 떨어지고 믿음을 잃게 되므로 기준이 모호하며 상황에 따라서 적절히 처신해야 하는 한국사회의 독특한 사회심리적 기제로 작용하고 있다.

(3) 눈치

눈치는 '다른 사람의 기분이나 또는 어떤 주어진 상황을 때에 맞게 빨리 알아차리는 능력'이라는 의미로, 다른 사람의 기분을 빨리 파악하고 대인 관계를 유지시키기 위한 중요한 한국 문화이며 의사소통에 필요한 매우 중요한 요소이기도 하다.

이러한 눈치는 한국인의 대인교류가 지니는 중요한 특징으로 관계를 해치지 않으려는 염원에서 발달된 의사소통의 고유한 형태이며, 단순한 의사소통 이상의 기제로 생활의 지혜와 겸손한 행위로 간주된다(한규석, 1995 : 468-469).

눈치문화는 상대방의 의도를 파악하여 편안하게 함으로써 재치를 발휘하고 좋은 관계를 형성하는데 기여할 수 있다. 그러나 한국사회의 눈치는 기준의 모호함과 공 · 사 경계의 혼돈스러움으로 인해 공식적인 회합이나 조직에서의 발언이나 행동이 그 후의 일상 생활영역에 영향을 미친다는 부정적인 측면도 있다(최재석, 1994 : 196).

(4) 가족주의(familism)

가족주의는 집단으로서의 가족을 개개의 가족성원보다 중시하고, 가족적 인간관계를 가족 이외의 사회관계에까지 의제적(擬制的)으로 확대 적용하는 가치체계를 의미한다. 한국사회의 가족주의는 전통적 농업사회와 성리학, 유교의 요소에 영향을 받아 형성되었으며, 일상적인 '우리'라는 표현과 감정적 연대, 정, 친밀감, 동질성, 유대성의 강조로 나타난다.

한국문화에서 가족주의는 자손의 가계계승과 더불어 출세에 중요한 의미를 부여함으로써 가족의 관심이 교육부분에 지나치게 집중되어 왔다. 이러한 문화로 인해 한국 사회에서는 자녀를 성숙한 시민으로 양육하는 일보다 가족의 일원으로 의무를 철저히 수행하는 가족구성원으로 만드는 데 중점을 두었다. 그 결과 가족주의를 바탕으로 한 한국인의 공동체지향의식은 공동체로부터 미분화된 개인을 낳게 하였고(최재석, 1994 : 207), 사회질서나 발전은 상하의 신분서열의식에 의해 유지되었다(최재석, 1994 : 117). 이러한 한국인의 가족주의는 자신이 속한 집단과 다른 집단을 차별하는 배타성으로 나타나게 되었으며 나아가 이러한 차별성향은 지역 간 갈등, 질서의식의 부족, 공동체 의식의 결여와 같은 고질적인 사회병리 현상의 원인이 되고 있다.

(5) 연줄

연고주의가 일상의 인간관계로 표면화된 상태로 인간관계의 끈 또는 유대를 의미하며 연줄은 한국인의 사회심리적 속성이다. 한국인의 연줄문화는 처음 만나는 사람과 성, 이름, 나이 등을 묻고 동족, 동향, 동년 등의 확인을 통해 자신과 친소관계 정도의 성립을 가늠하는 경향을 가지고 있다. 한국인들은 연고에 의한 동질성을 공유하는 집단성원에게는 매우 개방적이지만 연고를 달리하는 타 집단성원에게는 매우 폐쇄적이고 배타적인 특성을 지닌다. 또한 한국인은 혈연, 지연, 학연 등과 같은 연줄을 형성하고 이를 바탕으로 '우리'라는 연계집단을 형성하여 연계적 방식에 입각한 행위를 통해 삶의 문제를 해결한다(최봉영, 1996 : 186).

이러한 연줄 지향문화는 지나칠 경우 권력지향으로 변질되기도 한다. 줄서기를 통해 형성된 인맥은 하나의 힘이며, 가장 중요한 사회적 자본으로서 사회생활에 실질적인 영향력을 행사하게 된다. 연줄은 자기 집단성원 간에는 서로 도움이 될 수 있으나 연고에 의해 파당화됨으로써 연고가 다른 구성원

간의 적개심을 조장하여 사회발전을 저해하는 원인으로 작용한다(류승호, 1995 : 116-117).

3 문화와 사회복지 실천

문화는 전체 사회 속에 존재하는 개인, 집단, 조직 및 지역사회에 영향을 미치는 거시 체계로서 세대 간에 전승되면서 가치, 규범, 신념체계 등이 사회구성원들에게 내면화되어 인간집단의 행동방식을 제시하고 구조화하며 그 행동에 의미를 부여한다.

인간은 태어날 때부터 문화를 학습하고 창조할 수 있는 가능성을 지니며 자신이 속한 사회의 문화를 내면화함으로써 한 사회의 구성원으로 사회화되고 사회적 관계나 상호작용을 통해 새로운 문화를 창출하기도 한다. 이처럼 인간과 문화는 상호 관계를 맺고 서로의 생존, 안정 그리고 변화에 지대한 영향을 미치게 된다.

사회복지 실천에서는 상황속의 인간, 환경속의 인간으로서의 시각을 가지고 클라이언트를 이해하고 클라이언트의 문제에 개입한다. 따라서 기본적으로 문화가 인간에 미치는 영향을 정확히 이해하고, 내담자의 문제를 해결할 수 있는 전략을 고안하는 과정에서 문화적 요인을 중요하게 고려해야 한다.

특히 개인과 인간의 환경체계로서 가족, 집단, 조직, 지역사회를 토대로 이루어지는 사회복지 실천의 측면에서 각 환경체계와 문화의 연관된 측면들에 대한 이해가 전제되어야 하며, 가족환경체계, 집단환경체계, 조직환경체계, 지역사회환경체계와의 연관성을 정리하면 다음과 같다.

첫째, 가족과 환경의 측면이다. 가족환경체계 내에서 개인은 자신의 독특한 문화를 형성하게 되며, 가족은 인간의 사회화에 지대한 영향을 미치는 환경이다. 따라서 사회복지사는 개인이나 가족의 문제에 개입할 때 개입대상의 사회적 맥락을 통찰하여 가족의 특정 구성원이나 그 가족, 가족의 문화를 이해하는 것이 바람직하다.

둘째, 집단과 문화의 측면이다. 한국인의 사고방식은 집단에 순응하는 집단 지향적 경향이 강하며(민문홍, 1999 : 105), 집단 내 구성원 간 관계를 중심으로 화목을 강조하는 관계주의적 특성을 지닌다. 이러한 한국의 집단순응적이며 관계주의적 경향을 이해하기 위해서는 '집단의 원초적 단위는 가족'(한규석 · 최상진, 2000 : 186)이라는 측면에서 신분서열을 중시하는 가족문화를 이해할 수 있어야 한다.

셋째, 조직과 문화의 측면이다. 조직은 그 구성원들의 주관적인 문화적 욕구에 적합하도록 구조화된다(Hofstede, 1996). 또한 조직은 조직 내 구성원들의 행동이 직접적으로 연관된 어떤 관계, 권리, 의무, 강요, 책임감이라는 체계적인 연계망에서 조직 밖의 사람들에게 영향을 미친다(유태용, 1999 : 135 재인용). 그러므로 사회복지 실천의 기술로 조직을 활용하거나 조직화할 때 조직구성원의 문화적 특성과 조직 문화에 대한 이해가 전제되어야 한다.

넷째, 지역사회와 문화의 측면이다. 지역사회는 '공동의 장소, 이해, 정체감, 문화, 활동에 기반하고 있는 사람들이 구성한 사회 단일체'(Fellin, 1995 : 114) 또는 '일정한 생활권 안에서 사회적 상호작용을 통해 공통된 이해관계, 문화 따위를 형성하여 공통의 경험과 공동생활을 향유하는 일정 지역의 범위'(강준열, 1997 : 15)로 정의할 수 있다. 따라서 지역사회가 사회복지 실천의 대상이 되었거나 지역사회 자원을 동원하고 활용해야 할 경우 사회복지사는 지역사회의 문화적 특성과 지역사회에 영향을 미치는 문화적 요인을 이해할 수 있어야 한다.

참고문헌

강경미 외(2005). 아동발달. 대왕사

강문희 외 3인 공저(2006). 가족상담 및 심리치료. 신정.

강문희(2005). 아동발달. 서울 : 교문사

강인숙 외(2006). 인간행동과 사회환경. 태영출판사.

______(2007 : 90). 인간행동과 사회환경. 태영출판사.

강정구(2000). 현대 한국사회의 이해와 전망. 서울 : 한울

고병익(1989). "한국문화와 세계문화". 한국사 시민강좌, 4. 서울 : 일조각.

구혜영(2009). 인간행동과 사회환경. 서울 : 신정.

구효진 · 최진선(2007). 농촌 다문화가정 유아의 인지적 특성에 관한 연구. 열린유아교육연구, 12(6). 43-67.

권두승 · 조아미(2002). 성인학습 및 상담. 교육과학사.

권연옥(1995). 지역사회개발론. 서울 : 형설출판사.

권중돈(1997). 대전지역 교회의 사회봉사 프로그램 개발. 대한예수교 장로회 대전지역 사회선교협의회.

____(2010). 노인복지론. 서울 : 학지사.

권중돈 · 김동배(2005). 인간행동과 사회환경. 서울 : 학지사.

권진숙 외(1994). "한국문화와 가족치료." 한국사회복지학, 통권 제23호.

김동배 · 권중돈(1999). 인간행동이론과 사회복지실천. 서울 : 학지사.

__________(2005). 인간행동이론과 사회복지실천. 서울 : 학지사.

__________(2009). 인간행동이론과 사회복지실천. 서울 : 학지사.

김미숙 외 12인 공저(2002). 가족의 사회학적 이해. 서울 : 학지사.

김선아 외 7인 공저(2006). 인간행동과 사회환경. 대왕사.

김영룡(1997) "제1장 잔잔한 정의 나라, 한국." 임태섭 편저. 정, 체면, 연줄 그리고 한국인의 인간관계. 서울 : 한나래.

김영미(2002). 저소득가정 아동의 부모특성 및 가정환경과 아동방임의 관계에 관한 연구. 충남대학교 사회복지학과 석사학위청구논문.

김영호 외(2005). 인간행동과 사회환경. 양서원.

김의철 · 박영신 · 곽금주(1999). 한국 청소년의 생활만족도와 스트레스 형성

요인 : 도시와 농촌 청소년을 중심으로. 한국가정관리학회지, 17(2). 121~34.

김일철(1998). 지역사회와 인간생활. 서울대학교 출판부.

김정남(2000). 직장과 심리학. 경상대학교 출판부.

김종옥 · 권중돈(1993). 집단사회사업방법론. 서울 : 홍익재.

김태련 외(2004). 발달심리학. 서울 : 학지사.

김태련 · 장휘숙(1998). 발달심리학(제2판). 서울 : 박영사

__________(1998). 발달심리학. 서울 : 박영사

남기민 외 8인 공저(2006). 고령화 사회와 노인복지. 양서원.

노길명 외(1999). 문화인류학의 이해. 서울 : 일신사.

노안영 · 강신영(2003). 성격심리학. 서울 : 학지사.

두산동아 사전편찬실(1997). 동아 새국어사전. 서울 : 두산동아.

모선희 외 3인 공저(2005). 현대노인복지론. 서울 : 학지사.

문미옥(1988). 구성주의 유아교육과정의 효과에 관한 연구. 이화여자대학교 대학원 박사학위논문.

문수경(2004). 청소년의 부모-자녀관계에 영향을 미치는 생태체계 변인. 숙명여자대학교 대학원 박사학위논문.

민문홍(1999) "한국인의 사고방식". 일상문화연구회 엮음. 한국인의 일상문화. 서울 : 한울.

박기순(1997) "제12장 유교적 인간 관계의 현대적 의미". 임태섭 편저. 정, 체면, 연줄 그리고 한국인의 인간관계. 서울 : 한나래.

박성연 역(1991). 인간발달 I. 서울 : 교육과학사.

박차상 외 5인 공저(2002). 한국노인복지론. 서울 : 학지사.

사회복지교육연구센터 편저(2010). 인간행동과 사회환경. 나눔의집.

서봉연 · 이순형(1983). 발달심리학 : 아동발달. 중앙적성출판사.

손광훈(2008). 인간행동과 사회환경. 서울 : 공동체.

손명희 · 박세정 · 김백수 · 임동빈 · 천덕희(2008). 인간행동과 사회환경. 서울 : 창지사.

손홍숙(2008). 아동발달론. 서울 : 공동체

손화희 · 정옥분(1999). 재가복지수혜노인의 주관적 안녕감에 대한 생태학적 접근. 한국노년학, 19(1). 83-103.

송 복(1991). 조직과 권력. 서울 : 나남출판.

송명자(1994). 발달심리학. 서울 : 학지사.

______(1996). 발달심리학. 서울 : 학지사.

송성자(1997). "한국문화와 가족치료 : 해결중심 가족치려 적용". 한국사회복지학, 통권 제32호.

신수진(2000). "가족 성원의 삶을 산다는 것". 국제한국학회 엮음. 한국문화와 한국인. 서울 : 사계절.

신용하 · 장경섭(1997). 21세기 한국의 가족과 공동체 문화. 서울 : 지식산업사.

신종우 · 윤경원 · 이우언(2008). 인간행동과 사회환경. 동문사.

양옥경 외(2000). 사회복지실천론. 서울 : 나남출판.

엄신자(2008). 인간행동과 사회환경. 인간과 복지.

여진주(2008). 아동학대 발생요인에 대한 생태학적 분석. 보건사회연구, 28(1). 3-26.

연세대 사회발전연구소, 한국방정환재단(2010). 2010 한국 어린이 · 청소년 행복지수.

유안진 · 김혜선(1996). 인간발달. 한국방송통신대학교출판부.

윤운성(1998). 자기효능감 연구의 분석과 연구의 동향. 교육심리학, 3(2). 3-14.

윤종희 · 김리진 · 하수민. 2007 장애아어머니가 지각하는 가족 기능성에 영향을 미치는 생태체계 변인 탐색. 대한가정학회지, 24(2). 149~163.

윤종희(1994). 아동 · 가족연구에 대한 생태학적 접근의 적용. 생활과학대학 창립 30주년기념 국제학술심포지움. 연세대학교 아동학과, 47-70.

______(2001). 가정복지의 생태학적 접근. 대한가정학회지, 39(8). 93-105.

이 숙 외(2009). 인간행동과 사회환경. 서울 : 창지사.

이근홍(2006). 인간행동과 사회환경. 경기 파주 : 공동체.

______(2007). 인간행동과 사회환경. 경기 파주 : 공동체.

이소희 외 13인 공저(2004). 인간행동과 사회환경. 서울 : 학현사.

이소희 · 손홍숙 · 홍숙자 · 송순 · 이명옥 · 이규미 · 강란혜(2004). 인간행동과 사회환경. 서울 : 현학사.

이옥형(2002). 아동 · 청년 발달. 서울 : 집문당.

이윤로(2006). 인간행동과 사회환경. 서울 : 창지사.

이인수(2002). 노인복지론. 양서원.

이인정 · 최해경(2000). 인간행동과 사회환경. 서울 : 나남출판.

______(2005). 인간행동과 사회환경. 서울 : 나남출판.

______(1995). 인간행동과 사회환경. 서울 : 나남출판.

______(2007). 인간행동과 사회환경(2판). 서울 : 나남출판.

이종복 · 전남련(2007). 인간행동과 사회환경. 서울 : 학현사

이훈구 · 윤소연 · 정혜경(1998). 실직가정 아동과 비실직가정 아동의 정서문제 비교연구. 한국심리학회 1998년 연차대회발표논문.

임춘식 외 18인 공저(2007). 노인복지학 개론. 서울 : 학현사.

장수한 외(2008). 인간행동과 사회환경. 경기 파주 : 공동체.

장인협 · 최성재(2006). 노인복지학. 서울 : 서울대학교 출판부.

전혜영(2000). "한국어에 반영된 유교 문화적 특성." 국제한국학회 엮음. 한국문화와 한국인. 서울 : 사계절.

정승모(1997). "제4장 가족과 친족." 신용하 외 엮음. 한국 사회사의 이해. 서울 : 문학과지성사.

정옥분 역(2001). 인간발달 II : 청년기, 성인기, 노년기. 서울 : 교육과학사.

______(1991). 인간발달의 이론. 서울 : 교육과학사.

______(2002). 성인발달의 이해-성인 · 노인 심리학. 서울 : 학지사

______(2003). 아동발달의 이론. 서울 : 학지사.

______(2004). 발달심리학. 서울 : 학지사.

______(2004). 발달심리학 : 전생에 인간발달. 서울 : 학지사

______(2005). 아동발달의 이해. 서울 : 학지사

______(2005). 청년심리학. 서울 : 학지사.

정하성 외(1995). 지역사회개발론. 서울 : 백산출판사.

조복희 외 3인(2004). 인간발달. 교문사.

조흥식 외(2002). 가족복지학(개정판). 서울 : 학지사.

최명선(1998). 경제위기 하에서 아동의 스트레스에 영향을 미치는 생태학적 변인의 구조분석. 숙명여자대학교 대학원 석사학위 청구논문.

최봉영(1995). 한국인의 사회적 성격. 서울 : 도서출판 느티나무.

최순남(1995). 인간행동과 사회환경. 서울 : 한신대학교출판부.

최옥채 외 3인 공저(2007). 인간행동과 사회환경. 경기 파주 : 양서원.

최옥채 외(2006). 인간행동과 사회환경. 경기 파주 : 양서원.

최옥채 외(2009). 인간행동과 사회환경. 경기 파주 : 양서원

최옥채(2005). 사회복지사를 위한 조직화 기술. 경기 파주 : 학현사

_____(2006). 사회복지실천론(개정판). 경기 파주 : 양서원.

최옥채 · 박미은 · 서미경 · 전석균(2007). 인간행동과 사회환경(3판). 경기파주 : 양서원.

최재석(1994). 한국인의 사회적 성격. 서울 : 현음사.

통계청(2009). 고령자 통계; 인구동향조사.

_____(2009. 12). 인구동향조사.

한국임상사회사업학회 편저(2004). 노인복지론. 경기 파주 : 양서원.

한규석 · 최상진(2000). "교류행위를 통해 본 한국인의 사회심리." 국제한국학회 지음. 한국문화와 한국인. 서울 : 사계절.

홍봉선 · 남미애(2007). 청소년복지론. 서울 : 공동체.

홍숙자(2001). 노년학 개론. 하우출판사.

황성철(1997). "지역사회복지와 전문적 사회복지실천." 한국사회복지학회 1997년 추계학술대회.

Amato, P.R. (1993). Children's adjustment to divorce : Theories, hypotheses, and empirical support. *Journal of Marriage and Family, 55,* 23-38.

Andrews, M. P., Bubolz, M. M., & Paolucci, B. (1980). An Ecological Approach to the Study of the Family. *Marriage and Family Review, 3,* 29–49.

Ashford, J. B., LeCroy, C. W., Lortie, K. L. 2009. *Human Behavior in the Social Environment-A Multidimensional Perspective*(4th ed.) Thompson Learning.

Atchley, R. C.(2000). *Social Forces and Aging : An Introduction to Social Gerontology*(9th Ed.). Belmont, CA : Wordsworth.

Bandura, A. (1965). Influence of models' reinforcement contingencies on the acquisition of imitative responses. *Journal of Personality and Social Psychology, 1,* 589-595.

__________ (1992). Self-efficacy mechanism in psychobiologic functioning. In R. Schwarzer (Ed.), *Self-efficacy : Thought control of action* (pp. 355-394). Washington, D.C. : Hemisphere.

__________ (1995). Exercise of personal and collective efficacy in changing societies. In A. Bandura (Ed.), *Self-efficacy in changing societies* (pp. 1-45). New York : Cambridge University Press.

__________ (1997). Self-efficacy and health behaviour. In A. Baum, S. Newman, J. Wienman, R. West, & C. McManus (Eds.), *Cambridge handbook of psychology, health and medicine* (pp. 160-162). Cambridge : Cambridge University Press.

__________ (2000). Social cognitive theory. In A. E. Kazdin (Ed.), *Encyclopedia of psychology*. New York : Oxford University Press.

__________ (Ed.). (1971). *Psychological modeling : Conflicting theories* New York : Aldine-Atherton.

Bandura, A., & Schunk, D. H. (1981) Cultivating competence, self-efficacy, and intrinsic interest through proximal self motivation. *Journal of Personality and Social Psychology, 41*, 586-598.

Bandura, A., & Walters, R. H. (1963). *Social learning and personality development*. New York : Holt, Rinehart, & Winston.

Barker, P. 1986. *Basic Family Therapy*, New York : Blackwell Scientific Pup.

Bee, H. L.(1996), *The Journey of adulthood*(3rd Ed.) (Englewood Cliffs, N J : Prentice Hall), pp. 106-107.

Berk, L. E. (2000). *Child development*(5th ed.). Needham Heights, MA : Allyn and Bacon.

Bornstein, M. H.(1995). *Parenting Infants*. In M. H. Bornstein (ed.). Handbook of Parenting NJ : Erlbaum, 3~41.

Bower, T. G. R.(1979). *Human development*. San Francisco ; freeman.

Bowlby, J.(1969). *Attachment and Loss* : vol, 1. Attachment. London ; Hogarth Press.

Bozarth, J. D., Zimring, F. M., & Tausch, R. (2002). Client-centered therap y : The evolution of a revolution. in D. J. Cain & J. Seeman(Eds.), *Humanistic psychotherapies : Handbook of research and practice*(pp.147-188). Washington, DC : American Psychological Association.

Bronfenbrenner, U. (1979). *The Ecology of Human Development.* Cambridge. MA : Harvard University Press.

__________________ (1986). Ecology of the family as a context for human development : Research perspectives. *Developmental Psychology, 22(6)*, 723-742.

__________________ (1989). Ecological systems theory. *Annals of Child Development, 6*, 185−246.

__________________ (1995). Developmental Ecology Through Space and Time : A Future Perspective. In P. Moen, G.H. Elder, Jr., and K. Luscher (Eds.), *Examining lives in context : Perspectives on the ecology of human development.* Washington, D.C : APA Books.

Bubolz, Margaret M. & Whiren, Alice D. (1984). The family of the handicapped : Ecological model for policy and practice. *Family Relations, 33*, 5-12.

Cantor, M., & Little, V. (1985). Aging and Social Care. In : R. H. Binstock. & E. Shanas (Eds.), *Handbook of Aging and Social Sciences.*

Cattell, R. B.(1963), "Theory of fluid and crystallized intelligence : A critical approach", *Journal of Educational Psychology, 54(1)*, pp. 1-22.

___________ (1987), Intelligence : Its structure, growth and action (Amsterdam : North-Holland).

Cockran, M. (1988). Between cause and effect : The ecology of program impact. In A. R. Pence(Ed.), *Ecological Research with Children and Families* (pp. 143-169). New York : Columbia University Teachers College Press.

Colletta, N. (1981). Social support and the risk of maternal rejection by adolescent mothers. *Journal of Psychology, 190*, 191-197.

Collins, J. (1982) *Self-efficacy and ability in achievement behavior.* Paper presented at the annual meeting of the American Educational Research Association, New York.

Cox, M. J., Paley, B., & Harter, K. (2001). Interparental conflict and parent-child relationships. In J.H. Grych & F.D. Fincham (Eds.),

Interparental conflict and child development (pp. 249-272). Cambridge, England : Cambridge University Press.

Crain, W. C. (2000). *Theories of development : Concepts and applications* (4th ed.). Upper Saddle River., NJ : Prentice-Hall.

Crockenberg, S. & Leerkes, E. (2003). Developmental history, partner relationships, and infant reactivity as predictors of postpartum depression and maternal sensitivity. *Journal of Family Psychology, 17*, 1-14.

Denney, N. W.(1982), Aging and cognitive changes. In B. B. Wloman(Ed.), *Handbook of developmental psychology* (Englewood Cliffs, NJ : Prentice Hall), pp. 807-827.

Dill, F. & McGillivary, B.(1992). 'Chromosome Anomolies'. J, M. Friedman. F. J. Dill. M. R. Hayden. B. C. McGillivray eds., *Genetics*. Baltimore, MD : Williams and Wilkins.

Durkheim, E. (1951). *Suicide*. Translated by J.A. Spaulding and G. Simpson. Glencoe., Ill : Free Press.

Eden, D. Y., & Aviram, A. (1993). Self-efficacy training to speed reemployement : helping people to help themselves. *Journal of Applied Psychology, 78*, 352-360

Elkind, D. (1978). Understanding the young adolescent. *Adolescence, 13*, 127-134.

Erickson, E. H.(1992). *아동기와 사회 : 인간발달 8단계 이론*. 윤진 · 김인경 역. 중앙적성출판사.

__________ (1963). *Childhood and Society* (2nd ed.). NY : Norton.

Flavell J. H., Miller, P. H., Miller, S. A. (1993). *Cognitive Development*. Englewood Cliffs, NJ : Prentice-Hall. 3rd ed.

Forsyth, D. R. 1991. *집단역학*. 홍성열 역. 서울 : 양서원

Garbarino, J. (1982). *Children and families in the social environment*. New York : Aldine.

Germain, C. (1979) *Social Work Practice* : People and Environment, New York : Columbia University.

Germain, C. B. & Gitterman, A. (1987). Ecological perspectives. In A.

Minahan et al.(eds.). *Encyclopedia of Social Work*. MD : National Association of Social Workers.

Ginsburg, H. P., & Opper, S. (1988). *Piaget's theory of intellectual development : An introduction*(3rd. Ed.) Englewood Cliffs, N.J. : Prentice-Hall.

Harter, S.(1990). Issues in the Assessment of the Self-Concept of Children and Adolescents. In A. LaGreca (ed.). *Through the Eyes of A Child*. Boston : Allyn & Bacon. 292-325.

Havighurst(1972)

Hersen, M., & Bellack, A.S (1977). Assessment of social skills. In A.R. Ciminero, K.S. Calhoun, & H.E. Adams (Eds.), *Handbook for behavioral assessment*. New York : Wiley.

Hohmann, M., Bunet, B. and Weikart, D. W. (1979) *Young Children in Action*. Michigan : The High/Scope Press.

Horn, J. L.(1985), Remodeling old models of intelligence. In B. B. Wolman(ed.), *Handbook of Intelligence* : Theories, measurements, and applications. New York : Wiley.

http://mybox.happycampus.com

http://www.moleg.go.kr

Hutchison, E. D. 2007. *Dimensions of Human Behavior : Person and Environment*(3rd ed.). Thousand Oaks, CA : Sage

Kail, R. V. & Cavanaugh, J. C.(1996). *Human Development*. Pacific Grove, CA : Brooks/Cole.

Kalmuss, D. 1984. "The intergenerational Transmission of Marital Aggression." *Journal of Marriage and the Family, 46*.

Kandel, D. (1986) Risk factors for delinquency and illicit drug use from adolescence to young adulthood. *Journal of Drug Issues, 16*, 67-90.

Kerestes, M., & Youniss, J. E. (2003). Rediscovering the importance of religion in adolescent development. In R. M. Lerner, F. Jacobs, & D. Wertlieb (Eds.), *Handbook of applied developmental science : Vol. 1. Applying developmental science for youth and families—istorical and theoretical foundations* (pp. 165–84). Thousand Oaks, CA : Sage.

Klineberg, O.(1938). Emotional Expression in Chinese Literature. *Journal of Abnormal and Social Psychology, 33*, 517-520.

Kohlberg, L. A.(1976). Moral Stages and Moralization. In T. Likona (ed.). *Moral Development and Behavior*. NY : Rinehart & Winston.

Levinson, D.(1978), *The Seasons of a Man's Life*. New York : Ballantine Books.

Maslow, A. H. (1950). *Self-actualizing people : A study of psychological health, Personality symposium # on values*. New York : Grune & Stratton.

__________ (1962). *Toward a psychology of being*. Pricceton, N. J. : Van Nostrand.

__________ (1964). *Religious, values, and peak experiences*, Columbus, Ohio : Ohio State University Press.

__________ (1972). *Motivation and personality*(2nd ed.). New York : Harper & Row.

Mearns, & Cooper, M. (2005). *Working at relational depth in counselling and psychotherapy*. London : Sage.

McHale, J., Khazan, I., Erera, P., Rotman, T., DeCourcey, W., & McConnell, M. (2002). Co-parenting in diverse family systems. In M. Bornstein (Ed.), *Handbook of parenting : Vol. 3 : Being and becoming a parent* (2nd ed.). Mahwah, NJ : Lawrence Erlbaum Associates Publishers.

Merton, R. K. (1971). "Social Problems and Sociological Theory." In R.K. Merton and R. Nisbet(eds.). *Contemporary Social Problems*. New York; Harcourt Brace Jovanvich.

Muuss, R.E. (1996). *Theories of Adolescence*. NY : McGraw-Hill.

Myers, D., & Diener, E. (1995). Who is happy?. *Psychological Science, 6*, 10-19.

Newman. B. M. and Newman, P. R.(1987). *Development through Life : A Psycho-social Approach*, 4th Ed. Chicago : Dorsey press

__________________ (1991). *Development through Life : A*

Psycho-social Approach, 5th Ed. (California : Brooks/Cole Publishing Co.)

Norlin, J. M. and Chess, W. A. 1997. *Human Behavior and the Social Environment : Social System Theory*. Boston : Allyn and Bacon.

Nye, R. D. (1992). *The legacy of B. F. Skinner : Concepts and perspectives, controversies and misunderstandings*. Belmont, CA : Thomson Brooks/Cole Publishing

________ (2000). *Three Psychologies : Perspectives from Freud, Skinner, and Rogers*(6th ed.). Pacific Grove, CA : Brooks/Cole.

Papalia, D. E., Olds, S. W., and Feldman, R. D.(1998), *Human Development*(7th Ed.). New York : Mcgraw-Hill.

Papalia. D. E., & Olds, S. W.(1998). *Human development*(7th ed). Boston : MoGraw-Hill.

Parsons T. (1954). *Essay in Sociological Theory*. New York : Free Press.

________ (1966). *Societies : Evolutionary and Comparative*. Englewood Cliffs, N.J : Prentice-Hall.

Piaget, J. (1964). *Six Psychological Studies*. New York : Vintage.

________ (1973). *The Child and Reality : Problems of Genetic Psychology*. New York : Grossman.

________ (1981). *Intelligence and Affectivity. Their Relationship during Child Development*. Palo Alto : Annual Reviews.

________ (1983). "Piaget's Theory". In P. Mussen (Ed.) *Handbook of child psychology*. Wiley.

________ (1952). *The Origins of Intelligence in Children*. New York : International Universities Press.

________ (1965). *The Moral Judgement of the Child*. NY : Free Press.

Piaget, J., & Inhelder, B. (1969). *The psychology of the child*. New York : Basic Books.

Pulkkinen, L. (1982). Youth development and smoking and drinking. A Finnish 12-year longitudinal study. *The International Society for the Study of Behavioural Development Newsletter, 2*, 2-3.

____________ (1983). Youthful smoking and drinking in a longitudinal perspective. *Journal of Youth and Adolescence, 12*, 253-283.

Robbins, S. P., Chatterjee, P., Canda, E. R.. 2006. *Contemporary Human Behavior Theory : A Critical Perspective for Social Work*(2nd. ed.). Prentice-Hall.

Rogers, C. (1977). *Carl Rogers on personal power : Inner strength its revolutionary impact*. New York : Delcorte Press.

Rogers, C. R., & Freiberg, H. J. (1994). *Freedon to learn*(3rd ed.). Upper Saddle River, NJ : Prentice-Hall.

Rushton, J. P. (1975). Generosity in children : Immediate and long-term effects of modeling, preaching, and moral judgment. *Journal of Personality and Social Psychology, 31*, 459-466.

Santrock, J. W.(1999). *Life-span Development*(7th ed.). Boston : McGraw-Hill.

Schaie, K. W.(1996), "The course of adult intellectual development", *American Psychologist, 49*, pp.304-313.

Schriver, J. M. 2010. *Human Behavior and the Social Environment-Shifting Paradigms in Essential Knowledge for Social Work Practice*-(5th ed.). Boston : Allyn and Bacon.

Schultz, D., & Schultz, S.E. (1994). *Theories of personality* (5th ed.) Pacific Grove, CA : Brooks/Cole.

Shanas, E. 1979 "Social myth as hypothesis : the case of the family relations of old people." *Gerontologist 19*, 3-9.

Simmons, R. C. & Blyth, D. A.(1987). *Moving into Adolescence*. NY : Aldine & de Gruyter.

Skinner, B. F. (1938). *The behavior of organisms : An experimental analysis*. New York : Appleton-Century-Crofts.

__________ (1972). *Beyond freedom and dignity*. New York : Vintage Books

Specht, R. and Craig, G. J.(1987). *Human Development : A Social Work Perspective*, 2nd Ed. Englewood Cliffs, NJ : Prentice-Hall.

____________________ (1987). *Human Development A Social Work Perspective*. NJ : Prentice-Hall.

Tallman, K., & Bohart, A. C. (1999). The client as a common factor : Client as self-healers. In M.A. Hubble, B.L. Duncan, & S. D. Miller(Eds.), *The heart and soul of change : What works in therapy*(pp.91-131). Washington, DC : American Psychological Association.

Thoits, P. A.(1982). Life stress, social support, and psychological vulnerability : Epidemiological considerations. *Journal of Community Psychology, 10*, 341-362.

Thorne B. (2002). *The mystical power of person-centred therapy : Hope beyond despair*. London : Whurr Publishers.

Von Hofsten, C.(1983). "Catching skill in infancy". *Journal of Experimental Psychology : Human Perception and Performance 6* : 632-650.

Werner, E. E., and Smith, R. S. (1982). *Vulnerable but invincible : A longitudinal study of resilient children and youth*. New York : McGraw-Hill.

Wharf, B. (1988). Implementing the ecological perspective in policy and practices. In Alan R. Pence(Ed.), *Ecological research with children and families*. New York : Teachers

Wile, D.(1993). *Couple Therapy : A Non-Traditional Approach*. New York : Wiley.

Zastrow, C. & Kirst-Ashman, K. K.(2001). *Understanding human behavior and the social environment*, Belmont : Wadsworth/Thomson Learning.

________________ (2002). *Understanding human behavior and the social environment*, Thomson.

________________ (2009). *Understanding Human Behavior and the Social Environment*(8th ed.). Chicago : Nelson-Hall Publishers.

________________ (2009). *Understanding Human Behavior and the Social Environment*. Belmont : Wadsworth/Thomson Learning.

Ziefert, M. (1985). Homemaker and day-care services. In J. Laird & A. Hartman (Eds.), *A handbook of child welfare : Context, knowledge, and practice*(pp.417-438). NY : The Free Press.

저자 소개

- 천덕희 동원대학 사회복지과 교수
- 김향은 고신대학교 사회복지학부 교수
- 김경은 남서울대학교 아동복지학과 교수
- 이영순 한일장신대학교 사회복지학과 교수
- 전천운 호원대학교 사회복지학과 교수
- 이인순 창원문성대학 청소년복지과 교수
- 배은영 재능대학 사회복지과 교수
- 최미영 중부대학교 평생교육원 교수

인간행동과 사회환경

초판 1쇄 발행 2011년 2월 25일
3쇄 발행 2014년 9월 2일

지은이 | 천덕희 · 김향은 · 김경은 · 이영순
전천운 이인순 · 배은영 · 최미영
펴낸이 | 김기섭
편집인 | 최창숙
펴낸곳 | 창지사 www.changjisa.com
153-802 서울시 금천구 가산동 345-13
파트너스타워 1차 9층
전화 (02) 719-2211~3
팩스 (02) 701-9386
등 록 | 1977년 4월 28일 · 제1-421호

ISBN 978-89-426-2214-6 (93330)

값 22,000원